● 한일 지식인들의 9대 정책 제언 日韓の知識人たちの9大政策提言 ─────

1. **한일관계 개선의 돌파구를 마련하기 위해서는 한일 정상회담의 조기 개최가 필요하다.**

   日韓関係改善の突破口を開くため、日韓首脳会談を早期開催する必要がある。

2. **2015년 한일 국교 정상화 50~~~~~~~~~~~~~~~~~~~~~~~~~~~~~~~황을 반영한 새로운 한일 공동선언이 필~~~~**

   2015年日韓国交正常化50周年~~~~~~~~~~~~~~~~~~~~~~~~~~~~~反映した 新しい共同宣言が必要である。

3. **한일 간 소통의 부족을 감안하여 전략대화를 포함한 다양한 협의 채널을 활성화할 필요가 있다.**

   日韓間のコミュニケーション不足に鑑み、戦略的な対話を含めた多様な協議チャネルを活性化する必要がある。

4. **양국은 한일관계 강화를 위하여 동아시아의 평화와 번영을 위한 다자간 협력도 적극 모색할 필요가 있다.**

   日韓関係を強化するためには、先に東アジアの平和・繁栄のためにも積極的に協力する必要がある。

5. **일본군 위안부 문제는 고노 담화에 기반하여 조기에 해결한다.**

   從軍 慰安婦の問題は河野談話に基づき、早期に解決しなければならない。

6. **2015년 한일 국교 정상화 50주년을 기념하는 사업을 추진할 필요가 있다.**

   2015年日韓国交正常化50周年を記念する事業を推進する必要がある。

7. **한일관계 발전을 위해서 양국 매스컴 간 교류를 통해 상호 이해를 증진시켜야 한다.**

   日韓関係発展のためには、日韓マスコミの交流を通じて相互理解を深めなければならない。

8. **한일 양국은 동북아, 동아시아 및 아시아－태평양 지역의 경제 협력을 위해 적극 노력할 필요가 있다.**

   日韓両国は東北アジア、東アジア及びアジア太平洋地域の経済協力のため積極的に努力する必要がある。

9. **한일 외교적 갈등으로 인해 정체된 경제 협력, 인적 교류, 문화 교류, 지방 간 교류 등을 활성화해야 한다.**

   日韓外交対立により、停滞している経済協力、人的交流、文化交流、地域交流などを活性化する必要がある。

2014년 8월 제주 회의에서

한일관계,
이렇게
풀어라

한일관계, 이렇게 풀어라

1판 1쇄 인쇄 2015. 1. 8.
1판 1쇄 발행 2015. 1. 15.

편저 NEAR재단

발행인 김강유
책임 편집 임지숙
책임 디자인 안희정
제작 안해룡, 박상현
제작처 민언프린텍, 금성엘엔에스, 대양금박, 정문바인텍
마케팅부 김용환, 김재연, 박제연, 박치우, 백선미, 김새로미, 고은미, 이헌영

발행처 김영사
등록 1979년 5월 17일 (제406-2003-036호)
주소 경기도 파주시 문발로 197(문발동) 우편번호 413-120
전화 마케팅부 031)955-3100, 편집부 031)955-3250
팩스 031)955-3111

저작권자 ⓒ NEAR재단, 2015
이 책은 저작권법에 의해 보호를 받는 저작물이므로
저자와 출판사의 허락 없이 내용의 일부를 인용하거나 발췌하는 것을 금합니다.

값은 뒤표지에 있습니다.
ISBN 978-89-349-6967-9 03910

독자 의견 전화 031)955-3200
홈페이지 www.gimmyoung.com
이메일 bestbook@gimmyoung.com

좋은 독자가 좋은 책을 만듭니다.
김영사는 독자 여러분의 의견에 항상 귀 기울이고 있습니다.

이 도서의 국립중앙도서관 출판시도서목록(CIP)은 서지정보유통지원시스템 홈페이지
(http://seoji.nl.go.kr)와 국가자료공동목록시스템(http://www.nl.go.kr/kolisnet)에서
이용하실 수 있습니다.(CIP제어번호 : CIP2014038013)

국교 정상화 50년, 한일 지식인들의 권고

한일관계, 이렇게 풀어라

HOW TO FIX THE IMPERILED KOREA-JAPAN RELATIONS

NEAR재단 편저

김영사

한 권으로 요약한 한일 관계의 큰 그림

이 책은 한일 갈등의 전모를 압축한 축소판이자 한일 관계를 주제로 격론을 통해 정리한 해부서다. 특히 전문 학자들의 머리와 가슴에 남아 농축된 바람직한 선택의 길이기도 하다. 오랫동안 서로 마음에 담고 있던 이웃 국가에 대한 솔직한 생각을 정리한 귀중한 결론을 담은 이 책은 한일 양국 지식인들이 학문적 양심과 전문적 견해를 누구의 눈치도 보지 않고 종합 정리한 한일 관계 총서인 것이다.

그런데 정치인에 비해 지식인에게는 어떤 특별한 것이 있는가? 정치인은 국민을 책임져야 하는 부담 속에서 그들의 뜻을 반영해 자기 생각을 표현하려 한다. 정치인의 생각은 국익이라는 명제 앞에서 망설이거나 간혹 민족주의에 심각하게 영향을 받으며 사회의 일반적 여론을 반영하려 한다.

이에 반해 지식인은 평생 축적한 전문 지식을 비교적 외부의 영향 없이, 그 결과에 대한 직접 책임 없이 자유롭게 발표한다. 우리는 그들의 자유분방한 표현의 자유를 지지한다. 이 시점에서 우리는 때로는 무책임할 수도 있는 지식인의 생각과 지식을 담담히 정리할 필요가 있다. 전문 지식인의 생각도 편견과 오류를 걸러낼 필요가 있었다.

특히 한일 외교 관계가 정상화된 지 50주년을 앞두었음에도 계속 꼬여만 가는 최근의 상황을 다시 회복 또는 재정리할 때가 되었다는 열망 속에서 이 책을 발간하게 된 것이다. 지난 8월 말 제주도에서 두 나라 지식인들이 어려운 여건을 극복하고 한데 모였다. 그리고 서로의 생각과 지식의 수정에 주저하지 않고 상대방을 인정하며 스스로를 두드리기 시작했다.

이 책은 세계3대 경제권의 하나로 부상한 동아시아, 특히 동북아시아 지역의 새로운 역학 구도와 맞닿아 있으면서도 한일 관계의 새로운 갈등 양상을 그리고 있다. 이러한 양상이 이 지역과 국가에 어떤 파장을 가져올 것인지와 그 해소 방안을 제시하려 한다. 이 책이 꼭 필요하다고 굳게 믿고 출발했으나 많은 어려움을 겪었다. 그래도 보람된 지난 1년이었다.

동상이몽의 한일 관계

2014년 2월 NEAR재단은 한일 관계를 주제로 국제회의를 기획하고 주변의 의견을 들었다. 대부분 매우 부정적이었다. 양국 정부의 분위기도 최악으로 달리고 있었다. 더욱이 회의에서 제기된 각자의 의견이 종합 정리되어 한일 국교 정상화 50주년을 기념하는 책자로 발간된다는 사실이 그들의 생각을 더욱 부정적으로 만들었다. 일본 국우 단체들의 혐한 운동이 극도에 달하고, 아베 총리의 기름 붓는 발언은 계속되고 있었다. 제주 회의는 이러한 분위기를 역류하면서 차질 없이 준비되었다. 무엇보다도 여건과 분위기가 악화될수록 마지막 보루인 지식인들의 중립적 견해가 중화제 역할을 해야 한다는 생각은 더욱 견고해졌다.

제주 한일 지식인 회의는 아주 자유로운 분위기에서 최소한의 격식에 따라 발표와 토론이 진행되었다. 그 자리에 참석한 8명의 저명한 일본 학자는 처음에 NEAR재단의 초청을 받고 참석하길 주저했으나 시간이 흐르면서 태도가 바뀌기 시작했다. 무엇이 그들을 제주도까지 오게 했을까? 가와이 마사히로 도쿄대학교 교수는 기조 발언에서 토론 주제나 인적 구성을 볼 때 올 수밖에 없었다고 설명했다. 그는 최근의 한일 관계를 매우 우려하며 지식인으로서 무언가 자신의 견해를 다시 정리할 좋은 기회로 생각했을 것이다. 그만큼 한일 관계는 부쩍 악화되고 일부 정치인에서 촉발되어 일반 시민에까지 확산된 것이 사실이다.

일본은 중국의 급부상과 패권 지향에 극도로 긴장하고 있다. 한국이 중국과 밀월 관계를 유지하면 할수록 그들의 마음은 점점 더 협소해진다. 일본은 오랫동안 대국의 지위를 누려왔으나 마음가짐은 대국과 거리가 있는 것 같다. 그러면서도 국력을 바탕으로 높은 자부심을 뿜낸다. 아시아를 놓고 싶지 않으면서 구미를 지향하는 이율배반적 태도다. 우리는 일본과 동상이몽의 꿈을 꾸고 있는가? 세상을 바라보는 그들의 마음이 좀 더 넓어졌으면 하는 바람이다.

농축된 선비 정신과 재생된 사무라이 정신의 복고적 라이벌전

이번 제주 회의에서는 오랫동안 농축된 선비 정신과 최근 들어 재생되고 있는 사무라이 정신이 드러나며 불꽃을 튀기기도 했다. 한국인 사이에서 선비 정신은 최근 매우 옅어진 반면 일본 정치에서 사무라이 정신은 다시 재생되고 있다.

이러한 오래된 정신세계의 기초 자산이 은연중 남아 있어 강한 라이벌 의식으로 표출된다. 산업사회에서 일본은 일찍이 1차적 승자로 떠올랐으나 한국은 이를 반세기 만에 뒤쫓으며 일본을 긴장하게 만들었다. 축구 선수들은 몸이 부서져라 뛰고 부딪치며 한일전을 치른다. 한일전은 진정한 라이벌전이다. 이제는 축구 이외에 배구, 핸드볼, 농구 등 모든 스포츠에 라이벌전이 확산되었다. 무엇이 이들을 그렇게 치열하게 만들었을까?

한일 양국은 아직도 복고적 정신 유산에 깊이 매여 있다. 과거를 청산하고 미래로 가자는 구호는 공감하면서도 정신적 거부감에서 벗어나지 못한다. 한국에는 아직도 3월이 되면 유관순 누나를 가장 먼저 떠올리는 세대가 생존해 있고, 치유 절차 없이 지나온 지난 100년의 멍울이 남아 있다. 안중근 의사의 동양 평화론을 뿌리로 한 평화주의가 주변 4강의 각축 속에 난도질당하며 생존권을 위협받은 지난 세월의 잔영도 짙게 드리워 있다. 일본은 너무도 빨리 찾아온 경제 부흥에 취해 진정한 자기반성의 기회를 놓치고 국제적 문제를 돈으로 해결하려는 데 익숙해 있다. 자신들도 피해자라는 논리에 안도하고 일왕 중심의 국가 정체성이 흔들리지 않도록 철저히 방어하며, 자국의 자존심에 손상을 입지 않으려 1급 전범을 애국자로 숭배한다. 아직도 일본은 탈아입구脫亞入歐의 사고 틀에서 벗어나지 못하고 아시아를 경시하는가? 이 모든 과거의 앙금과 잘못된 시각을 정리하고 화해와 반성을 이끌어낼 계기를 마련해야 할 지도력이 필요하다.

국력의 격차와 한일 관계

한국은 매우 짧은 시간에 일본을 추격해왔으나 일부 산업을 제외하고는 아직 국가 경쟁력상의 격차가 존재함을 인정할 수밖에 없다. 우선 국토 면적이나 인구수에서 그리고 명치유신 이후 오랫동안 잘살아온 민족으로서의 축적이 그렇다. 일본이 쇠퇴기에 진입하고 경제 사회 구조가 노령화되어 큰 미래를 꿈꾸기 어렵다 해도 그들의 기초 과학 수준은 미국, 독일, 영국과 경쟁 관계에 있을 만큼 높다. 그들은 질서를 잘 지키며 정부와 당국에 순응하며, 인내심도 매우 높다.

한국이 일본에 위협적 수준까지 국가 경쟁력을 높이려면 혁신

DNA를 발동해 새롭게 나라를 이끌어야 한다. 남북통일 또한 중요한 목표다. 통일 이후 한반도는 일본 못지않은 규모의 경제를 이루고 방대한 개발 수요를 창출하면서 향후 역동적인 지역으로 변모할 것이다. 산업구조의 조정을 통해 생산성도 크게 향상될 수 있고, 통일 과정에서 수반되는 비용 요소를 잘 극복한다면 동북아 3국의 균형이 가능하다. 이를 바탕으로 동북아시아 평화 체제 확립 과정에서 우리의 영향력이 향상될 수 있다.

일본으로부터 진정한 의미의 반성을 이끌어내는 데 기초가 되는 것은 국력 신장이다. 지속적인 자기 혁신으로 젊은 나라를 만들어 21세기를 중흥해야 한다.

진정으로 강한 나라

동북아시아가 100여 년 만에 격랑 속으로 빠져들고 있다. 네 마리 메기와 더불어 사는 한국이라는 붕어는 어떻게 생존권을 지킬 수 있을 것인가? 총체적 경제력, 국민의 창의력과 혁신 DNA 등 작지만 강력한 기질을 갖춰나가야만 한다. 약한 자는 씨름판에서 샅바를 놓친 씨름꾼과 같이 독자적 공격력과 방어력의 선택권도 없이 그저 끌려다닐 수밖에 없다. 진정으로 강한 나라가 되어야 한다. 그렇다면 강한 나라란 무엇인가? 빠르고 강한 기질에 단호하나 유연함을 갖춘 나라가 아닐까? 뇌과학자 김대식 교수의 논리를 소개한다.

미래의 행복을 위해 현재의 아픔을 통제할 수 있는 냉철함, '내가 만약 북한, 일본, 중국, 러시아라면?' 하고 시뮬레이션해볼 수 있는 인지적 객관성, 인정하고 싶지 않은 역사적 진실 역시 받아들일 수 있는 '쿨'한 태도. 이런 마음가짐이 없이는 한국은 앞으로도 국제사회라는 서치라이트 앞에 눈부셔 얼어버리는 나약한 한 마리의 사슴에 불과할 것이다.

만방래조와 탈아입구 사이에서

동북아시아에 형성되는 새로운 질서는 중국의 급부상과 세력 확장 그리고 이에 대해 일본이 탈아입구적 DNA 활성화를 통해 맞서는 가운데 미국, 러시아가 신냉전 체제적 각축에 들어가는 것으로 요약된다. 동아시아 국가 중 중국은 이웃 나라에 대한 전통적 복속주의, 즉 만방래조萬方來朝적 DNA가 확실히 살아 움직이며 주변국을 긴장시키고 있다. 주변 20개국 대부분이 중국의 이러한 부정적 기질을 우려하며 진정한 우군이 되지 못한다. 일본의 탈아입구적 DNA는 미국에 대한 밀착을 통해 중국과 한국의 밀월 관계에 대응하는 데 초점을 맞춘다. 그 사이에 낀 한국은 혁신 DNA가 유일한 방법으로, 부정적 현주소를 과감히 털어내야 한다. 우리가 버려야 할 부정적 태도는 다음과 같다.

- 과거의 실패를 빨리 잊어버리며 잘못된 역사를 반복하려는 개발
  도상국 증후군

- 못 먹고 살 때의 나쁜 관행과 습관을 버리지 못하고 장기간 지속되는 관성의 법칙
- 굳어져가는 경제의 정치화와 도덕적 해이
- 남의 눈치를 너무 보아 애처롭게 보이는 외교력

이 모든 부정적 찌꺼기를 하나씩 청소해나가는 혁신 DNA는 하얀 치아를 드러내며 으르렁거리는 중국의 만방래조 DNA, 일본의 탈아입구 DNA 사이에서 우리의 생존권을 지켜나갈 최후의 보루가 된다. 특히 국력이 쇠퇴하면 자국민의 복지를 위해 세계 경찰 국가의 역할에서 벗어나 누구도 버릴 수 있는 미국에 대해 동물적 애정을 지닌 혈맹이라고 굳게 믿는 착각을 버리는 날, 우리의 독자 생존 능력은 더욱 배가될 것이다.

동북아시아 DNA로의 융합과 농축

세계는 지금 새로운 대안 없이 그리고 절대적 강자들의 리더십도 없이 각자 도생에 골몰하고 있다. 대안으로 떠오르는 동북아시아 3국도 기존의 발전 모형이 포화 상태에 이르러 중저성장과 정체의 시대로 향하고 있다. 따라서 동아시아 시대의 준비는 동북아시아 3국의 변화와 혁신, 새로운 DNA의 무장으로 시작해야 한다. 이제 한중일 3국은 각자 도생적·복고적 DNA를 버리고 동아시아 시대를 이끄는 넓은 시야와 합리적 경쟁심을 바탕으로 동북아시아 통합적

DNA로 전환해야 한다. 동아시아를 하나로 묶는 동인이 될 동북아시아 DNA로의 융합과 농축이 절실히 요구되는 시기다. 동북아시아 DNA를 바탕으로 이 지역의 새로운 정치경제 생태계를 새로 조성해 나가야 한다.

중국은 지난 40년간 고성장의 원동력이던 사회적 지배구조에 대한 과신과 복고적 복속주의를 버리고 주변국과 친화해야 한다. 앞으로 5~6% 수준의 중성장 시대를 대비하여 체제상의 모순, 지역·소득계층 간의 갈등, 중국식 시장경제 내부에 누적되어온 위험 요소 등을 국가사회와 시장이 함께 관리할 수 있는 체제적 전환이 필요할 것이다.

일본은 협소한 섬나라 기질과 폐쇄회로적 경제·경영에서 벗어나 대국의 풍모를 갖추고 새롭게 태어나야 한다. 돈으로 남과 사귀는 방식은 더 이상 유효하지 않으며 앞으로 지속 가능하지도 않다. 진정으로 좋은 나라Goodmen가 되고 국제사회에서 자유로운 나라Freemen로 전환하여 새로운 시대를 열어야 한다.

한국은 한반도 통일을 염원하며 새로운 기회와 함께 많은 비용을 지불하도록 강요받고 있다. 실로 고난도 게임이다. 이를 준비해야 하는 한국으로서는 세계 어느 나라와도 척을 지고 살 수 없다. 주변 국가들이 그 어려운 고난도 게임 과정에서 모두 합심하여 도와줄 수 있도록 정부와 국민이 참고 견디며 이 어려운 게임에 임해야 한다.

한중일의 융합된 DNA 형성 과정에서 문명국가인 한일 두 나라가 선도적 역할을 담당하고 생각을 바꾸도록 코페르니쿠스적 대전환을 제의한다.

이 책을 마무리하면서 감회가 깊다. 한일 갈등의 쟁점 정리부터 쟁점별 최고 전문가를 선정하고 섭외하는 일, 수준 높은 책을 완성하겠다는 약속으로 꺼리는 그들을 설득하고 참여시킨 일, 그들 모두를 제주도로 모이게 하는 일과 초벌 원고를 확보하는 일, 토론 내용을 녹취록으로 정리하는 일, 최종 원고를 받아 일정한 규격과 체계를 갖추는 일까지, 그 단계마다 우리는 알을 낳기 위해 부심하는 연어의 분투를 계속했다. 이 과정에서 신각수 전 주일대사, 정재정 교수, 진창수 박사, 이상연 박사, 김홍규 교수 등의 희생정신이 빛을 발했다. 심심한 감사를 드린다.

우리는 국내 굴지의 출판사인 김영사와 출판하기로 합의했다. 그들은 출판의 명인답게 원고 확정 이전부터 발간을 위한 절차를 전문적으로 진행했다. 김영사 김강유 회장님과 임직원 여러분께 존경과 감사를 올린다.

이번 프로젝트는 뜻 있는 분들의 후원이 없었으면 불가능했을 것이다. 동아제약그룹 강신호 회장의 후원과 방향 제시는 이 책의 산파역할을 했다. 아울러 국민금융지주, 하나금융지주의 조건 없는 후원에 심심한 감사를 드린다.

마지막으로 소수의 인원으로 묵묵히 어려운 일을 해낸 NEAR 재단 사무국 직원들에게 그들의 분투가 헛되지 않음을 알리고 싶다.

부디 이 책이 많은 사람, 특히 양국 국민의 오해와 편견 그리고 지식적 오류를 바로잡는 데 조금이라도 기여할 수 있다면 더할 나위 없는 기쁨이 될 것이다. 한일 지식인, 그들의 학자로서 높은 이름을 새기며.

2015년 1월

NEAR재단 정 덕 구

:: 정덕구

우리나라의 대표적 독립 싱크탱크인 NEAR재단을 창립해 이끌고 있는 국제경제 및 동아시아 전문가. 고려대학교 상대를 졸업하고 위스콘신대학교 매디슨교 경영대학원에서 경영학 석사학위를 받았다. 행정고시와 공인회계사 시험에 합격한 이후 재경원 대외경제국장, 기획관리실장, 제2차관보, IMF 협상 수석대표, 뉴욕 외채 협상 수석대표, 재정경제부 차관, 산업자원부 장관, 제17대 국회의원을 지냈다. 서울대학교 국제대학원·중국 베이징대학교·런민人民대학교 초빙교수로 지내면서 후학들을 양성하는 데도 힘써왔다. 중국사회과학원 정책고문(2013~2014)으로서 시진핑 시대의 제2단계 개혁 개방 정책 수립에 조언했다. 현재 NEAR재단 이사장과 IFRS(국제회계기준)재단 이사직을 맡고 있다. 저서로 《거대 중국과의 대화》, 《외환 위기 징비록》, 《키움과 나눔을 넘어서》, 《동아시아 시대의 준비》(공저), 《한국을 보는 중국의 본심》, 《Toward an East Asian Exchange Rate Regime》 등이 있다.

한일 관계 50년을 회고하고 다음 50년을 조망하는 책이 발간되어 기쁘기 한량없습니다. 이 책을 보면서 문득 J 씨가 생각났습니다.

1997년 동아시아 위기가 수습된 후 우리는 동아시아 경제가 세계 경제의 한 축이 될 것을 기대하면서 전제 조건을 깊이 논의하고, 지난 10여 년간 달러 스탠더드에서 벗어나 동아시아 통화 체제를 확립하는 데 많은 연구를 같이 했지요. J 씨가 너무 앞서가려 하면 나는 베이징의 인민폐 국제화론자 Y 씨를 붙여 중화하는 역할도 자주 했는데, 이 과정에서 우리는 모처럼 보석 같은 저술들을 발표했지요. 그러나 이 논문들이 동아시아에서는 현실적으로 통용되기 어렵다는 사실에 함께 동의했지요.

동북아시아의 통화 제도를 논하려면 이 지역의 외교·안보 지형에서 평화와 번영의 틀이 유지되어 정치적 유대가 필요하다는 사실을 발견한 것은 그리 어려운 일이 아니었습니다. 확실히 국내외적으로 정치가 경제의 상위 개념이라는 사실을 절감한 시기였습니다.

우리는 중국이 스스로 장벽을 허물고 세계에 모습을 드러내며 동북아시아의 일원으로 다시 등장했을 때 일본이 그렇게도 예민한 반응을 보일 줄 몰랐습니다. 심지어 다소 비이성적 태도까지 보이며 기존의 평화 체제를 쉽게 깨버릴 줄은 예측하지 못했지요. 아베 내각이 우경화 정책을 펴기 시작했을 때 그렇게도 빨리 국민의 지지를 받을 줄은 미처 몰랐습니다. 다시 말해, 아베노믹스Abenomics로 점철된 일본 정치인들의 우경화 운동이 일본 국민의 마음을 그렇게 쉽게 자극할 줄 예상하지 못했습니다. 지난 30여 년간 일본 경제도 중국 경제와 경제적 이익의 균형을 잘 이루어왔기 때문입니다. 일본 내에서 정교한 국익을 계산하는 데 실패한 것인가요? 역사적 사실을 놓고 일본인이 과거사에 대한 자국의 자존심 손상을 그렇게 두려워하는지 우리는 새롭게 인식했습니다.

이제 이 모든 과도한 편견을 정리하고 다음 50년을 기약할 때가 되었습니다. 아시아에서 자유민주주의 시장경제 체제 그리고 인권과 인류의 보편적 가치를 숭상함으로써 OECD 회원국이 된 두 나라가 다른 나라를 선도할 수 있는 리더 국가가 되어야 하지 않을까요?

일본은 과거사에 대한 정리 이전에 너무 빨리 경제 부흥에 성공하면서 고통스러운 자기반성과 성찰에 실패했다는 한국 모 학자의 말

씀에 동의합니다. 돈 이외에 인류의 문명사적 가치 체제의 복원이 더욱 중요합니다.

이번 제주 회의가 좋은 결실을 맺도록 노력해주신 J 씨께 다시 한번 머리 숙여 경의를 표하며 2015년 6월 한일 국교 정상화 50주년에는 한중일이 모여 묵은 회포를 다 풀 수 있기를 기대합니다. 지난 회의에서 합의한 한일 지식인의 9개 합의 사항이 잘 지켜지고 더욱 구체화되었으면 좋겠습니다.

한국과 일본의 큰 바위 얼굴을 기다리며

정덕구 드림

| 차례 |

제1장
동북아 지역을 뒤흔드는 세력 전환의 틈바구니에서

외교 · 안보

제2장
한국과 일본의 진정한 본심 읽기

정치 · 사회 · 문화

| 서론 |

긴장과 갈등 속의 한일 관계, 무엇이 문제인가

장달중 서울대학교 명예교수

2015년은 한일 국교 정상화 50주년이 되는 해다. 하지만 국교 정상화 이후 반세기가 흐른 지금, 한일 관계는 오히려 더 악화되고 있다. 한 언론의 표현대로 한일 관계는 '복합 골절骨折', '1965년 국교 정상화 이후 최악'의 상태다.

지난 반세기 동안 한일 간의 협력 관계는 동북아 질서와 평화, 역동적 발전의 축을 형성해왔다. 하지만 이 '자만했던' 평화와 발전의 파트너십이 지금 붕괴 직전에서 삐걱거리고 있다. 이는 일본의 과거사 수정 움직임에서 비롯된 현상이다. 아마도 그 분기점은 아베 총리가 강행한 2013년 12월의 야스쿠니 신사참배일 것이다. 위안부 강제 동원을 인정한 고노 담화 검증이나, 집단적 자위권 행사 용인 등 아베 내각의 잇따른 우경화 움직임은 일본이 더 이상 전략적 파트너십의 틀 속에서 함께 행동하기를 거부하는 것으로 비치고 있다. 그래서 지난 반세기 동안의 한일 간 파트너십이 이제 더 이상 작동하기 어려운 상황에 빠져들고 있는 것 아니냐는 우려를 하기에 이르렀다.

탈냉전으로 '역사의 종언'을 구가한 지 사반세기, 그동안 과거사를 극복하고 미래로 가려는 움직임은 끊임없이 있어왔다. 군 위안부 강제 동원을 인정한 1993년의 고노 담화, 일본의 식민지배를 사죄한 1995년의 무라야마 담화에 이어 1998년 김대중 대통령과 오부치 총리의 '21세기를 향한 한일 파트너십 선언'은 한일 관계를 한 단계 업그레이드하는 데 적지 않은 역할을 했다. 한일 관계를 과거 지향적 '마찰 관계'에서 미래 지향적 '협력 관계'로 전환한 획기적 움직임들이었다. 실제로 한일 미래 파트너십을 제창하고, 한중일 정상회담을 정례화하는가 하면, 동북아 경제 공동체의 움직임이 태동하기도 했다.

하지만 이러한 역사의 종언에 대한 기대도 잠시, 동북아는 물론 한일 간에는 과거사를 둘러싼 '역사가 다시 시작'되고 있다. 냉전 기간 동안 동북아 역사는 사실상 '정지되어' 있었다. 그런데 이처럼 정지된 역사가 지금 다시 시작되고 있는 것이다. 냉전은 미소 양 대국 간의 정치적·군사적 대결이었을 뿐 아니라, 공산주의와 자유민주주의 간의 이념적 대결이기도 했다. 그래서 양대 블록에서는 각 진영에 속한 국가들의 독립적 움직임을 억제할 수밖에 없었다. 따라서 '역사의 정지'는 피할 수 없는 냉전 체제 대결의 산물이었다.

냉전이 도래하자 미국은 일본의 전쟁 잔재 청산을 보류하고, 일본을 냉전 대결의 교두보로 삼는 이른바 '역코스reverse course' 정책을 단행했다. 일본을 대소 반공 정책의 군사 동맹 파트너로 만드는 게 더 중요했던 것이다. 냉전의 양극 체제 대결에서 승리하기 위해 일본의 민주화보다는 안전보장과 경제 발전을 더 중시했다.

공산주의의 위협에 공동 대응하는 냉전 체제에서 한국과 일본은 역사적 마찰을 자제했다. 반공 연대가 역사 문제에 우선한 것이다. 하지만 탈냉전 이후 미국 일극주의의 쇠퇴와 중국의 부상에 따른 동북아 국제정치의 구조적 변화는 일본인에게 이른바 '감정의 갈등'을 불러일으키기 시작했다. 이는 더 이상 미국에 의해 억제되어온 '역사의 정지'를 받아들일 수 없다는 정치적 흐름으로 이어졌다. 아베 정권은 바로 이러한 흐름을 주도하고 있는 정치 세력이다. 식민지배와 침략 전쟁을 부인하고 연합국에 의한 전범 재판을 부정함은 물론, 미국이 부과한 평화헌법을 수정하려는 정치적 움직임을 부추기고 있다.

일본의 이런 우경화 과정이 초래한 역사 갈등이 지금 우리가 목격하는 한일 관계의 현주소다. 중일 간의 역사 갈등은 더욱 심각하다. 단순한 역사 갈등이 아니라 안보와 경제가 얽혀 있기 때문이다. 동북아의 평화와 안전, 번영이 위태로워지고 있다. 그동안 동북아의 질서와 평화, 발전의 축으로 작동해온 한일 파트너십도 이러한 위기에 봉착했다. 과거사를 둘러싼 한일 갈등이 탈냉전 이후 더욱 심화하고 있다.

한국과 일본의 이중적 상호 인식

한일 간에는 극복하기 어려운 문제가 많다. 그중 가장 심각한 것은 구체적 역사 사건과 밀접하게 연관되어 있는 서로에 대한 이중적 상호 인식의 스테레오타입stereotype 문제다. 19세기 서구 제국주의의 영향에 대한 한국과 일본의 서로 다른 차원의 대응이 상호 인식에 결정적 영향을 미쳤다. 일본은 재빨리 서구의 근대적 기술과 문명을 수용하며 적극적으로 적응해나간 데 반해 조선은 이에 제대로 적응하지 못했다. 그 결과는 엄청났다. 일본은 근대화를 이룩한 반면 조선은 일본의 식민지로 전락해버렸다. 이러한 서구 제국주의에 대한 서로 다른 대응은 근대화를 먼저 이룬 일본의 우월적 편견을 낳았다. 명치 이후 일본이 부르짖어온 '탈아입구론脫亞入歐論'은 그러한 인식의 원형이다. 이렇게 우열의 서열 관념에 기반을 둔 일본의 한반도 인식은 2000년대 초반까지 이어졌다. 오모네리(치켜세우기)와 아나도리(경멸하기)의 이중적 모습이 정형화된 것이다.

한국의 일본 인식 또한 이중적 성격을 띠고 있다. 조선 말기 개화파들에게 일본은 선망과 모방의 대상이었다. 하지만 일본의 한반도 식민지화는 일본에 대한 이들의 감탄을 증오로 바꾸어놓았다. 한반도를 착취하는 제국주의적 악한이 다름 아닌 일본이었기 때문이다. 이러한 선망과 증오라는 이중 인식은 한일 국교 정상화 이후에도 정형화된 일본 인식으로 계속 이어져왔다.

이렇게 역사적으로 형성된 이중적 태도는 오늘날까지 이어지고 있을 뿐 아니라 더욱 심해지고 있는 것이 사실이다. 일본의 한국에 대한 오모네리는 이제 아나도리로 변하고 있으며, 한국의 대일 선망은 경시와 불신으로 바뀌고 있다.

일본은 더 이상 한국을 뒤따라오는 우등생으로 치켜세울 여유나 자신감을 상실한 것처럼 보인다. 경제적·정치적으로 중국과 더욱 밀접해지고 있는 한국을 경계의 대상으로 보는 것이다. 식민지배에 대한 속죄 의식 같은 것이 더 이상 설 자리를 잃었을 뿐 아니라 근대화 선발국으로서 누리던 경제적 여유마저 상실해버린 듯하다.

반면 한국은 일본을 대수롭지 않게 보면서도 일본의 우경화에 대해서는 더욱 강한 의구심을 가지고 있다. 일본에 대한 기대나 선망은 이미 사라진 지 오래이고, 중국과의 경제 관계가 한층 중요해지면서 일본을 비난하기보다 경시하는 경향이 두드러졌다. 특히 언론이나 학계 등 지식인 사회에서 일본에 대한 관심은 현격히 줄어들고 있다. 중국이나 미국에 비해 일본발 뉴스는 더 이상 한국에 심각한 영향을 미칠 사건으로 받아들여지지 않고 단지 하나의 새로운 소식으로만 취급될 뿐이다. 하지만 식민통치의 역사적 경험에서 비롯한 인식의 스테레오타입은 계속 한일 관계에 부정적 영향을 미치고 있다. 아베 정권이 추구하는 과거사 부정 움직임, 영토 분쟁, 평화헌법 개정 움직임 등은 이러한 인식의 스테레오타입을 더욱 강화하고 있다.

물론 이렇게 역사적으로 형성된 인식의 스테레오타입이 한일 갈등의 주요 원인이라고 말하기는 어려울지 모른다. 한일 갈등을 촉발하는 다른 주요한 문제가 적지 않기 때문이다. 다만 여기서 강조하고자 하는 것은 역사적 경험에 의해 형성된 한국의 일본 인식이 현재의 이슈들에 의해 더욱 강해지고 있다는 점이다. 하지만 이러한 인식의 스테레오타입은 전략적 차원에서 일본에 대한 한국의 현실주의적 이해를 어렵게 만들고 있다.

일본의 부정적 한국 인식 또한 더욱 높아지고 있다. 과거사 사죄에 대한 피로감이 일본 사회에 팽배해 있다. 일본의 식민지배와 침략 전쟁에 대해 일말의 속죄 의식을 지닌 전전戰前 세대가 퇴장함에 따라 전쟁의 기억은 풍화되고 선발국으로서 여유와 우월감도 더 이상 누리기 어려워졌다. 중국의 경제성장과 더불어 한국의 중진국 부상은 근대화 선발 국가로서 일본이 누리던 우월적 서열관의 붕괴를 의미하는 것이기 때문이다. 하지만 이러한 변화에 일본은 아직 제대로 적응하지 못하는 모습이다. 지금 일본에서 벌어지고 있는 헤이트 스피치hate speech(특정 민족이나 인종에 대한 혐오 발언)나 혐한嫌韓 운동 등은 2020년 도쿄 올림픽을 유치한 일본으로서는 부끄러운 시대 역행적 행동이다.

국교 정상화 50년, 그동안 한국과 일본은 서로 교류하며 관계 증진을 모색해왔다. 하지만 오늘날 벌어지고 있는 양국 간의 갈등을 보면 과연 50년 전보다 상대방을 더 잘 이해하고 있는지 의문스럽다.

중국의 부상과 한국의 중국 경사론

일본의 한국 인식에서 가장 심각한 문제는 바로 한국의 중국 경사론傾斜論이다. 작금의 중일 관계를 흔히 제1차 세계대전 전의 영국과 독일 관계에 비유하기도 한다. 독일 출신의 미국 정치학자 헨리 키신

저가 냉전 상태에 빠져들고 있는 중일 관계의 위험성을 경고하고 나선 가운데, 아베 총리 또한 현재 중일 관계를 제1차 세계대전 전의 영국과 독일 관계와 유사하다고 말한 것이다.

중국의 부상은 지금까지 미국이 주도해온 국제 질서에 일대 변화를 몰고 왔다. 미국 국력의 상대적 저하, 일본의 정체 그리고 중국의 부상과 아시아 시대의 도래가 동북아에 다극적·복합적인 국제 질서를 형성하고 있는 것이다. 하지만 이러한 파워 시프트에서 비롯한 동북아의 국제 질서는 아직 불확실하고 불안정하다.

이런 상황에서 일본은 동북아의 세력 전이 현상에 촉각을 곤두세우고 있다. 미중 간의 '신형 대국 관계'로 구조화되고 있는 동북아 질서에 편승할 것인가, 아니면 새로운 역할을 찾아 나설 것인가 하는 기로에 선 것이다. 아베 정권은 중국에 대항해 동북아에서 힘의 우위를 점하기 위한 새로운 역할을 모색하고 있다. 집단적 자위권 용인에서 보듯 군사력을 포함한 '보통국가'로의 발돋움을 구체화하고 있는 것이다.

일본의 국제정치적 행위는 국제 질서가 안정적일 때는 체제 순응적이었지만 국제 질서가 불안정할 때는 체제 변혁적 시도를 서슴지 않았다. 청일전쟁을 통한 동아시아 식민화 과정은 말할 것도 없고, 중일전쟁과 태평양전쟁을 통한 일본적 질서의 모색은 체제 변혁적 시도의 대표적 예다. 전후에도 일본은 미국적 질서에 안주하며 경제성장과 평화를 누려왔다. 하지만 중국의 부상과 미국의 상대적 쇠퇴로 이제 그러한 안주는 더 이상 불가능하다고 판단하는 것 같다. 그래서 아베 정권은 일본 나름대로 새로운 체제를 모색하는 데 발 벗고 나서야 한다는 절박감을 갖고 있는 듯하다.

일본과 중국의 충돌은 한국의 경우처럼 역사 문제를 둘러싼 단일 이슈의 충돌이 아니다. 역사 문제를 둘러싼 가치의 차원은 물론, 동북아에서 우위를 점하기 위한 힘 차원의 경쟁 그리고 영토나 무역, 영해를 둘러싼 국익 차원의 경쟁이 하나로 묶인 전면적 충돌 양상을 띠고 있다. 이러한 상황에서 박근혜 정부 출범 이후 전개되고 있는 한중 밀월 관계는 한미일 공조 체제를 기반으로 한 일본의 대중국 전략의 관점에서 볼 때 매우 부정적일 수밖에 없다.

일본은 박근혜 대통령이 취임 이후 일본보다 먼저 중국을 방문한 것에 상당한 충격을 받은 듯하다. 일반적으로 우방인 미국과 일본을 먼저 방문한 후 중국을 방문하는 것이 외교적 관례였다. 하지만 박 대통령은 미국 다음으로 중국을 방문했다. 또 그동안 한국 외교·안보의 기저이던 한미일 공조 체제 대신 한미중 공조 체제의 가능성을 내비쳤다. 이를 두고 일본은 '닉슨의 더블 쇼크'를 떠올리고 있는 듯하다. 닉슨은 1972년 중국을 방문할 때 동맹인 일본과 사전에 상의 없이 결행했고, 동시에 미국에 수출하는 일본산 제품에 10%의 가산세를 부과하는 정책을 발표했다. 이른바 일본이 받은 '닉슨의 더블 쇼크'다.

일본인의 중국관은 매우 복잡하다. 중국의 부상에 따른 중국 경계론을 말하면서도, 한편에서는 중국의 내부 문제에 초점을 맞추어 독재와 부정부패, 빈부 격차, 소수 민족 문제 등을 안고 있는 모순 덩어리 문제 국가로 멸시하는 태도를 보이고 있다. 그래서 한국이 이런 중국과 밀월 관계를 추진하는 것을 이해할 수 없다는 입장이다. 한국이 중국을 너무 모르거나, 아니면 순진한 것 아니냐는 인식이 일본 사회에 팽배해 있다. 중국을 경계하기는커녕 오히려 중국과 함께 반일 연대를 추진하는 듯한 움직임에 매우 불쾌해하는 분위기다.

사실 박근혜 대통령은 2014년 7월 서울에서 열린 시진핑 주석과의 회담에서 역사 인식에 관한 한중 정상 간의 공감대를 언급했다. 박대통령은 일본의 올바른 역사 인식이 전제되지 않는 한 양국 관계 정상화는 어렵다는 말을 여러 차례 해왔다. 여기에 한국의 외교·안보 당국자들도 전략적 차원에서 일본을 고려하지 않고 미국과 중국에 올인한 게 사실이다. 그 때문에 일본은 박근혜 정권이 한일 정상회담을 의도적으로 회피하고 전략적 차원에서 일본을 경시하는 것 아닌가 하는 의구심을 나타내고 있다.

일본 언론의 논조는 한층 노골적이다. 한미일 공조 체제에서 한국이 중국으로 떨어져나간 것처럼 보도하는 경향이 두드러지고 있다. 한국의 대중국 외교를 사대주의의 전형인 양 비아냥거리는 매체도 적지 않다. 이러한 논조는 일본 내에 혐한 분위기를 조장하는 데 지대한 영향을 미치고 있다.

한국의 민주화와 일본의 우경화

앞에서 지적했듯이 1965년 국교 정상화 이후에도 역사적 마찰은 그치지 않았지만, 한일 두 나라는 협력의 파트너십을 유지해왔다. 이

것이 가능했던 것은 냉전적 동북아 질서와 전전 세대의 식민지배에 대한 속죄 의식 그리고 일본의 경제적 여유였다.

한국과 일본은 동북아에서 자유민주주의 체제를 유지하기 위해 한미일의 반공 공조 체제가 필수임을 알았다. 과거사 문제보다는 전략적 차원에서 안보 공존을 더 우선한 것이다. 북한과의 첨예한 대립 속에서 경제 발전을 이뤄야 한 한국은 가능한 한 대일 마찰을 억제하려 노력했다. 일본 또한 한국의 정치적 민주화나 역사 인식 문제에 대해 안보 관점에서 타협하는 자세를 보여왔다. 하지만 탈냉전으로 이러한 반공 유대 의식은 한일 양국 모두에서 희석되었다.

일본의 전후 세대들은 오히려 침략전쟁과 식민지배에 대한 속죄 의식을 '자학사관'이라 비판하며 패전의 잿더미 속에서 이룩한 발전을 자랑스럽게 여기고 있다. 과거사에 얽매이기보다는 일본의 국력에 걸맞은 정치적·군사적 역할을 모색하려는 것이다.

지금까지의 여러 변화 가운데 일본이 가장 충격적으로 받아들이는 것은 근대화에 앞선 일본이 그동안 누려온 우월적 지위가 한국과 중국의 경제성장으로 더 이상 통용되지 않는다는 현실이다. 근대화를 먼저 이룬 일본은 수직적 서열관에 기초해 한국과 중국을 바라보는 관점을 유지해왔다. 일본은 선진국이고 한국과 중국은 후진국이라는 인식이다. 이러한 우월 의식은 한일 관계에서 어느 정도 양보와 관용의 여유로 나타나기도 했다. 하지만 한국의 경제성장과 민주화는 더 이상 수직적 한일 관계를 허용하지 않고 있다. 한국의 민주화는 '과거사 동결' 위에서 형성된 반공의 유착 관계를 청산하고 진정한 '과거사 반성' 위에서 과거를 뛰어넘는 한일 관계를 요구하고 있다.

여기에서 일본인이 받아들이기 어려운 것은 한국의 중국 경사와 일본 경시 현상이다. 일본인들은 동북아에서 일본이 점점 '경시'당하고 있을 뿐 아니라 '실종', 더 나아가 존재감조차 인정받지 못하는 것이 아닌가 하는 불안감에 사로잡혀 있다. 이에 더해 한국이나 중국 등 주변 국가들에 대한 일본의 배려는 약화되고, 아베 정권의 거침없는 우경화 행보에 일본 군국주의의 망령을 떠올리는 사람이 적지 않다.

이런 일본과 대화할 수 없다는 박근혜 대통령의 결심은 확고하다. 박 대통령이 대일, 대북 등 대외 관계에서 핵심으로 들고 나오는 개념은 '진정성'이다. 따라서 일본이 과거사 문제에서 진정성 있는 자세를 보이기 전에는 한일 관계에 돌파구를 마련하기가 쉽지 않을 것이다. 그러나 불행하게도 아베 정권에서 이런 진정성 있는 과거사 반성을 기대하기는 어려워 보인다. 일본 국내 정치의 우경화는 날이 갈수록 심화되고 있으며, 이를 견제할 야당이나 시민 단체도 영향력이 거의 없기 때문이다. 총리나 각료들의 신사참배도 거침없이 이어지고 있다. 여기에 아베 총리는 2기 내각에 극우 인사들까지 중용하고 있어 마치 오스트리아 경제학자 조지프 슘페터가 분석한 '사회적 격세주의social atavism' 현상이 나타나고 있다는 생각마저 든다. 슘페터는 청산하지 못한 사무라이 계급의 잔재가 팽창적 군국주의의 원인이라고 지적한 바 있다. 아울러 이러한 군사적 사회구조의 잔재는 격세유전적으로 나타난다는 것이다. 지금 우리가 목격하는 일본의 모습이기도 하다.

일찍이 미국의 인류학자 루스 베네딕트는 저서 《국화와 칼》에서 양극단적인 일본의 모습을 분석한 바 있다. 베네딕트의 분석처럼 일본은 전후 70여 년간 평화 국가로서 손색없는 모습을 보여왔다. 하지만 지금 이런 모습은 사라지고 있으며, 어떤 극단으로 향할지 모른다. 도쿄대학교의 나카네 지에 명예교수는 이런 일본이 국제적 역할을 모색할 때 위험할 수 있다고 경고했다. 일본에는 수평적 평등 개념이 희박하기 때문이다. 그래서 우리는 일본이 베네딕트가 묘사하고 나카네가 경고한 또 다른 극단으로 치닫지 않을까 우려하고 있다. 이 때문에 한일 양국 모두 두 나라의 관계를 비관적으로 보는 견해가 대세다. 무엇보다도 과거사를 둘러싼 갈등이 새로운 형태의 민족주의를 만들어내고 있기 때문이다. 박근혜 대통령과 아베 총리는 민족적 자존심을 어떠한 국가적 목표보다도 우선하고 있는 듯하다.

그러나 한일 관계는 중일 관계보다 덜 심각하기 때문에 낙관적인 전망도 가능하다. 중일 관계는 전면적 대결 국면으로 빠져들고 있다. 과거사뿐 아니라 동북아에서 우위를 점하기 위한 파워 경쟁을 포함해 영토나 영해, 무역 등을 둘러싼 대립과 경쟁 등이 뒤섞여 전면적 형태로 전개되고 있다. 이에 반해 한일 관계는 위안부 문제에 대한 해법만 찾으면 돌파구를 마련할 수 있을 것으로 보인다.

한일 관계 정상화를 위한 움직임

한일 국교 정상화 50주년인 2015년에는 무언가 다른 질적으로 한 단계 업그레이드된 한일 관계를 바라는 여론이 적지 않다. 우리 정부도 과거사에 얽매이던 그동안의 자세에서 벗어날 필요가 있다. 북핵 문제 해결과 동북아 질서 재편 등 양국이 머리를 맞대고 풀어야 할 난제가 산적해 있기 때문이다. 다행스럽게도 우리 정부는 과거사 문제에는 원칙을 가지고 대처하되 경제와 안보 문제 등은 좀 더 탄력적으로 풀어가려는 방침을 정한 것처럼 보인다. 국장급 실무 대화에 이어 차관급 전략 대화도 열리고 있다.

이런 분위기 속에서 양국의 지식인들이 갈등의 문제점을 분석하고 해법을 찾기 위해 2014년 8월 말 제주도에서 이틀간 회의를 열었다. 양국이 민주주의와 시장경제의 가치를 공유한 이웃 나라로서 1965년 국교 정상화 이후 반세기를 맞이하는 시점에서 무언가 돌파구를 마련할 방법은 없을까 하고 머리를 맞댄 회의로, 주제는 '위기의 한일 관계, 어떻게 타개할 것인가?'였다. 인식의 차이는 있었지만, 한일 관계의 중요성에 대해서는 이견이 없었다. 네 개의 주제를 중심으로 발표와 토론이 이루어졌다. 첫 번째 세션에서는 한일 관계와 동북아 외교·안보, 두 번째 세션에서는 역사와 과거사 문제, 세 번째 세션에서는 아베 정권의 정치 노선과 문화 관계를 집중적으로 논의했다. 네 번째 세션에는 한일 관계 경색이 경제 협력에 미치는 영향을 분석하고, 마지막으로 한일 관계의 미래에 대한 전망을 놓고 허심탄회하게 의견을 개진했다.

제1세션의 첫 번째 발표에서 신각수 전 주일대사는 한일 관계를 악화시키는 단층으로 지정학적 단층, 역사적 단층, 영토적 단층, 감정적 단층을 들며 그중 가장 구조적인 것은 동북아의 세력 전이로 발생하는 지정학적 단층이라고 보았다. 그는 이러한 지정학적 구조 변화가 몰고 올 예측 불가능하고 불안정한 전략 환경에 한일 양국이 머리를 맞대야 한다고 주장했다. 세력 전이 과정은 전쟁으로 이어질 위험을 내포하기 때문이다. 따라서 동북아 국가들은 '투키디데스의 함정'에 빠지지 않도록 각별한 주의를 기울일 필요가 있다고 지적했다.

다음으로 한일 관계에 대한 미국의 입장을 다룬 이상현 박사는 한일 관계의 악화가 지속되면 박근혜 정부가 추구하는 동북아 평화 협력 구상도 어려워질 뿐 아니라 미국과의 관계도 순탄치 못할 것으로 진단했다. 이상현 박사는 한일 양국의 관계가 악화하고는 있지만 안보 문제에 관한 한 거의 같은 시각을 공유한다고 강조했다. 따라서 아무리 한중 관계가 우호적이라 하더라도 아직 중국과 안보 문제에 관한 전략적 이해를 공유하는 데는 한계가 있으므로 한국은 일본의 전략적 가치를 냉정하게 판단할 필요가 있다고 주장했다.

김흥규 교수는 중일 관계의 변화가 한중 관계에 미치는 영향을 분석하면서 중일 갈등은 특정한 이슈에 기인한 것이 아니라 지역 세력 전이와 깊은 연관성이 있다고 보았다. 그뿐 아니라 중국과 일본의 국내 권력 게임과 밀접한 연관을 맺고 있기 때문에 중일 갈등은 구조적 차원과 미시적 차원의 국내 정치적 변수를 면밀히 검토할 필요가 있다고 주장했다. 그리고 지금 한일 양국의 중국에 대한 인식은 현격한 차이가 있으므로 한중 관계와 한일 관계를 제로섬zero-sum적으로 보는 착시 현상을 극복할 필요가 있다고 강조했다.

미중 갈등과 동아시아 협력 문제를 다룬 최운도 박사는 가까운 미래의 동아시아 정치 지형은 중일 갈등이나 중국과 베트남, 중국과 필리핀의 갈등에 영향을 받겠지만 종국적으로는 미중 관계가 가장 중요한 변수로 작용할 것이라고 주장했다. 그 때문에 미국과 중국의 전략을 파악하는 것이 무엇보다 중요하다고 말했다.

북일 관계가 동북아 지형에 미칠 영향을 다룬 신정화 교수는 한일 두 나라는 역사, 영토 문제뿐 아니라 대북 정책을 둘러싸고 대립할 가능성이 높다고 진단했다. 북일 간의 5·28 스톡홀름 합의 이후 대북 정책에서 한미일 공조 체제가 붕괴하고 일본의 '두 개의 한국Two Korea' 정책이 본격화할 가능성이 있다고 설명했다.

제2세션에서 정재정 교수는 한일 간의 역사 인식은 서로 공명하는 특수 관계에 있다고 진단했다. 일본의 한국 인식이 개선되면 일본의 인식도 개선되고, 한국의 일본 인식이 개선되면 일본의 한국 인식도 개선되는 경향을 보여왔다는 것이다. 따라서 앞으로 양국은 먼저 상대방에 대한 역사 인식을 개선하는 데 노력을 기울일 필요가 있다고 주장했다.

이어서 도고 가즈히코 대사는 한국인이 생각하는 것과 달리 일본의 일반 국민은 식민통치를 반성하고 있으며, 그러한 인식의 결과가 무라야마 담화라고 설명했다. 그는 한국의 경제성장과 한류로 인해 한층 유연하고 좋아진 일본의 한국 인식이 최근 위안부와 독도 문제로 악화되고 있는데, 이를 극복하기 위해서는 가능한 분야부터 개선해나갈 것을 제안했다.

세 번째로 아리미쓰 겐 전후보상네트워크 대표는 위안부 문제에 관해 국제적으로 일본의 잘못을 지적하는 여론이 확산되고 있는 만큼 한국, 중국, 필리핀 등은 위안부 문제에 관한 연구 조사를 통합해 기본 사실을 밝힐 필요가 있다고 주장했다. 그리고 일본 국내 여론이 양분되어 있기 때문에 한일 양국이 과거와 미래를 포괄하는 공동선언을 채택해 문제를 해결할 것을 제안했다.

현대송 교수는 독도 문제와 관련해 일본의 정책이 즉흥적이거나 일회적인 것은 아니지만 그렇다고 처음부터 장기적 전략에 따라 치밀하게 진행된 것은 아니라고 보았다. 1996년의 UN해양법협약 비준에 따른 국제 해양 질서의 변화, 냉전 붕괴로 인한 한일 반공 유대의 약화, 자민당 일당 체제 붕괴에 따른 세대교체, 행정개혁에 의한 정관政官 관계 변화가 영향을 미쳤다고 보았다. 아울러 아베 내각이 2013년 내각관방에 '영토주권대책기획조정실'을 설치하면서 독도 문제는 더욱 악화되었다고 분석했다.

마지막으로 역사 인식과 한일 관계에 대해 발표한 조양현 교수는 한일 관계가 악화한 근인으로 군 위안부 문제로 대표되는 한일 간 역사 인식의 괴리를 들었다. 특히 1990년대에 들어서면서부터 과거사 문제가 한일 관계의 쟁점으로 부상한 것은 냉전 종식에 따른 한일 안보 연대감의 약화, 한중 접근에 따른 한일 관계의 상대적 중요성 약화, 일본 사회의 총체적 보수화 경향 때문이라고 설명했다. 그리고 일본의 역사수정주의를 대표하는 아베 총리의 보수우익적 성향에 대해, 위안부 문제와 야스쿠니 참배를 사례로 분석하여 2012년 말에 출범한 제2차 아베 내각의 역사 인식이 제1차 내각 시기에 비해 한층 퇴행적 행태를 보이고 있음을 지적했다.

제3세션은 아베 정권의 정치 노선과 문화 관계를 다루었다. 먼저 아베의 등장과 한일 관계를 다룬 진창수 박사는 아베가 총리로 있는 한 한일 정상회담은 전기를 마련하기 어려울 것으로 보았다. 아베는 일본 정치권에서 그동안 금기시하던 우파의 역사 인식을 확대하고 있을 뿐 아니라 야스쿠니 신사참배를 통해 '강한 일본'에 대한 향수를 조장하고 있기 때문이다. 한미일 공조에 균열이 생기는 것은 물론 일본의 '보통국가화' 행보도 가속화할 것으로 진단했다.

한일 관계에서 공공외교의 역할을 논한 김상준 교수는 정부 간 외교나 민간 교류로는 과거사 문제 같은 민감한 사안을 해결하는 데 한계가 있다며 공공외교 활성화의 필요성을 주장했다. 특히 한일 간에는 정부 간 외교와 민간 교류를 보완할 수 있는 확장된 공공 영역의 의미를 인식할 필요가 있다고 지적했다.

제3세션에서 일본 측 참석자들의 견해는 한국 측 참석자들과 미묘한 시각차를 보였다. 아베 때문에 한일 관계가 악화됐다는 한국 측 주장에 대해 기무라 간 교수는 아베는 바뀐 게 하나도 없다고 주장했다. 야스쿠니 신사참배, 고노 담화 수정, 집단적 자위권 문제 등에 대해 기존의 입장을 되풀이하고 있을 뿐이라는 것이다. 오히려 박근혜 대통령의 경직된 리더십이 관계 악화의 원인이라고 주장했다.

뒤이어 한일 관계의 역사, 문화, 이데올로기 문제에 대해 발표한 오구라 기조 교수도 한국이 중국과 함께 지나친 도덕적 잣대를 가지고 일본을 몰아붙이기 때문에 일본에서 혐한주의자가 늘어나고 있다고 주장했다. 일본 우파들은 한국과 중국의 이러한 도덕적 잣대를 자신들의 정체성에 대한 공격으로 간주하고 있다는 것이다.

하코다 데쓰야 기자는 한일 미디어에 나타난 한일 관계의 인식 차이에 초점을 맞추었다. 그는 자국을 '상대적' 시각에서 보기를 거부하는 미디어의 보도가 한일 관계 악화에 지대한 영향을 미치고 있다고 설명했다. 이렇게 자국을 상대화하지 못하는 양국의 미디어가 사실보다 주관에 따른 보도를 통해 도발적 콘텐츠를 요구하는 여론에 영합하는 현상을 보이고 있으며, 이것이 결국 한일 관계를 더욱 소원하게 만들고 있다는 것이다. 그는 여기서 무엇보다도 우려할 점은 일본 언론이 과거의 한국 언론처럼 편협한 민족주의에 빠져들기 시작한 것이라고 지적했다.

한일 관계에 미친 역사 문제의 영향에 대해 논한 기미야 다다시 교수는 한국의 발전과 중국의 부상이 한일 관계를 복잡하게 만들고 있다고 주장했다. 한국은 더 이상 일본을 모델 국가로 보지 않고 과소평가하며, 대신 중국에 대해서는 과대평가하는 경향이 있다는 것이다. 이러한 과소-과대평가의 와중에서 일본에 대한 한국의 무관심이 젊은 층을 중심으로 확대되고 있음과 동시에 여타 중요한 이슈들은 제쳐둔 채 역사 문제만 부각시키고 있다고 주장했다. 반면 일본은 한국의 중요성이 더욱 증가했다고 판단하지만 한국의 수동적 자세 때문에 두 나라의 관계가 정체되고 있는 것으로 진단했다. 따라서 양국의 이익을 위해 한국이 위와 같은 과소-과대평가의 틀에서 벗어날 필요가 있다고 주장했다.

제4세션에서는 한일 관계 경색이 경제에 미치는 영향을 논했다. 박승록 교수는 그동안 안행 모형이라는 경제 발전 모델에 의해 상호 보완적 분업 체계를 유지해온 한중일 경제 관계가 일대 변화에 직면했다고 진단했다. 특히 역사와 영토 문제 등이 어느 때보다 심각하고 복잡한 양상으로 전개되고 있는 가운데 미국과 중국 사이에 낀 한국이 더욱 난처해졌다고 보았다.

'아베노믹스'의 성공과 한일 경제 관계 복원의 조건에 대해 분석한 김도형 교수는 한일 관계 악화는 정치적·외교적 갈등을 넘어 무역, 투자, 인적 교류의 동반 축소를 초래한다고 지적하며, 근본적 처방 없이는 동아시아 분업 체계의 와해와 한일 동반 추락의 위기를 맞을 수 있다고 경고했다. 아울러 이제 한일 양국이 동아시아 글로벌 최적화를 위해 구조적 개혁과 고차원의 경쟁 프레임을 재구축해야 할 시점에 있다고 지적했다.

한중일 갈등이 통화 협력에 미친 영향을 분석한 김정식 교수는 일본의 동아시아 전략 변화로 한중일의 갈등이 높아질 가능성이 있기 때문에 통화 협력은 그 필요성에도 불구하고 전망이 불투명하다고 보았다. 아울러 동아시아 통화 및 금융 협력에 대한 한국의 상대적 무관심을 비판하고, 아베노믹스를 반면교사 삼아 동아시아 통화 협력에 대한 장단기적 전략을 수립해야 한다고 주장했다.

중일 간의 군사적 갈등이 동북아 경제에 미칠 영향에 대해 논한 가와이 마사히로 교수는 한중일은 하나의 공급 체인supply chain으로서 경제적으로 밀접한 상호 의존 관계에 있다고 강조하며, 한중일의 협력 및 갈등 유무에 따라 '아시아의 세기'가 판가름 날 것으로 보았다. 그는 여기서 한국의 중재가 매우 중요하다고 주장했다.

끝으로 이승주 교수는 동아시아에서 동시에 벌어지고 있는 경쟁과 협력의 역학을 제도화 과정을 통해 분석했다. 그는 환태평양경제동반자협정TPP과 역내포괄적경제동반자협정RCEP 협상 과정에서 나타난 양국의 전략적 입장을 분석해 협력 조건을 제시했다.

종합 토론을 정리한 이종원 교수는 국교 정상화 50주년을 맞이한 지금, 한일 관계는 경제적 상호 의존의 심화와 더불어 사회적·문화적 교류가 일상화하고 있지만, 정치적·외교적 갈등의 증폭으로 상호 불신감도 전례 없이 확산되고 있다며 우려를 표시했다. '아시아의 패러독스'라 일컫는 역설적 구도가 가장 뚜렷하게 나타나고 있는 분야가 한일 관계라는 것이다. 아울러 이러한 관계를 새로운 차원으로 발전시키기 위해서는 역사 인식과 영토 문제 등이 왜 새삼스럽게 대두하는지를 분석할 필요가 있다고 주장했다.

:: 장달중

서울대학교 정치학과를 졸업하고 동 대학원에서 정치학 석사학위, 캘리포니아대학교 버클리캠퍼스에서 정치학 박사학위를 받았다. 현재 서울대학교 정치외교학부 명예교수로 있으며 외교부 정책 자문위원으로 활동하고 있다. 〈International Social Science Journal〉 편집위원으로 활동했으며 언론중재위원회 위원, 국방부 정책 자문위원, 통일부 정책 자문위원 및 통일부 정책평가위원회 위원장, 외교통상부 일본 역사 교과서 왜곡대책반 자문위원을 맡았다. 저서로 《현대 북한학 강의》(공저), 《북미 대립》(공저), 《전후 한일 관계의 전개》(공저), 《한일 정치 사회의 비교 분석》(공저), 《김정일 체제의 북한》, 《일본은 희생하는가》, 《세계화와 일본의 구조 전환》 등이 있다.

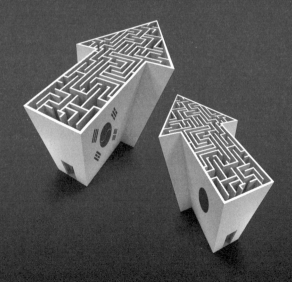

제1장

동북아 지역을 뒤흔드는 세력 전환의 틈바구니에서

외교 · 안보

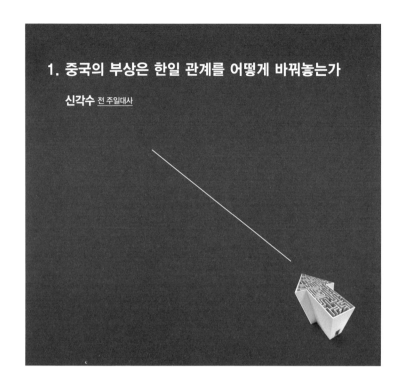

1. 중국의 부상은 한일 관계를 어떻게 바꿔놓는가

신각수 전 주일대사

　　최근 한일 관계를 악화시킨 단층은 크게 네 가지다. 지정학적 단층, 역사적 단층, 영토적 단층, 감정적 단층이 그것이다. 그중 가장 구조적인 것은 동북아 세력 전환과 관련한 지정학적 단층이다. 국제정치에서 세력 전환이란 주요 국가 간 국력의 변동으로 기존 질서의 재편이 이루어지는 상황을 의미한다. 즉 중국의 빠른 국력 신장에 따른 동북아 질서의 변동을 뜻한다. 세력 전환은 기존의 전략적 균형을 깨뜨린다는 점에서 전략 환경을 예측 불가능하고 불안정하게 만든다. 새로운 질서를 형성함으로써 전략적 균형에 도달하는 일련의 과정이 평화적 또는 무력적으로 이루어질 것인지가 관심의 초점이다.

이는 하버드대학의 그레이엄 앨리슨 교수가 지적한 '투키디데스의 함정'이 동북아에도 적용될 것인가의 문제다. 그는 펠로폰네소스 전쟁과 관련해 "아테네의 세력 신장이 스파르타의 두려움을 초래해 전쟁이 불가피했다"는 투키디데스의 기술을 빌려 부상 세력이 기존 세력의 두려움을 초래할 경우 전쟁으로 발전한다고 주장했다. 빠른 경제성장으로 국력을 신장하고 있는 중국의 부상이 동북아 질서에 어떤 영향을 미칠 것인가에 관한 문제라고 할 수 있다.

2014년은 제1차 세계대전 100주년이자 청일전쟁 120주년이 되는 해다. 모두 독일과 일본의 부상에 따른 세력 전환이 전쟁의 원인이었다. 그만큼 세력 전환이 '평화적 변화'로 이어진 사례는 드물다. 아베 총리가 2014년 다보스 포럼에서 "현재 일중 관계는 당시 영독 관계와 유사하며, 우발적 수준에서나 부주의한 방식으로 갑자기 충돌이나 분쟁이 발생할 수 있다"는 발언을 해서 파문을 일으켰듯 세력 전환 과정은 전쟁으로 발전할 위험을 내포한다.

중국의 성장으로 촉발된 동북아 세력 전환

동북아 세력 전환의 가장 큰 동인은 중국의 부상이다. 중국은 1978년 등소평의 개혁 정책 이래 연평균 10%에 달하는 빠른 경제 발전으로 2010년 세계 2위의 경제 대국으로 도약했다. 지금의 경제 발전 추세를 계속 유지할 경우 2020년대 초에는 미국을 추월할 것으로 보인다. 이러한 중국의 부상은 동북아 주요 국가들 간의 세력 관계에 변화를 가져왔고, 각각의 대응 전략에 따라 동북아 지역 전체에 전략 경쟁을 유발하고 있다. 미국의 아시아 재균형 정책Rebalancing to Asia, 일본은 보통국가화 정책, 러시아의 유라시아 외교는 중국 부상으로 변화하는 동북아 전략 환경에 대한 대응의 일환이라 할 수 있다.

동북아 세력 전환은 중국과 일본의 전략 경쟁으로 나타날 것이다. 센카쿠 열도를 둘러싼 일본과 중국의 긴장은 이런 징후의 하나이며 향후 중일 간 전략적 균형이 이루어질 때까지 당분간 지속될 것이다. 일본의 보통국가화 추구는 중국 부상에 따른 대응 측면이 강하며, 중국이 세계를 무대로 일본의 역사수정주의를 강하게 비판하는 것도 전략 경쟁에서 도덕적 우위를 점하려는 의도가 엿보인다. 한편 일본이 지난 40여 년간 세계 2위 경제 대국으로서 축적한 부는 중일 전략 경쟁의 향방을 점치는 데 고려해야 할 변수다. 앞으로 2020년대는 미국과 중국 간 전략 경쟁이 본격화할 것으로 예상한다. 이러한 동북아 세력 전환의 추이를 주요 국가들의 외교·안보 전략을 중심으로 살펴보려 한다.

중국의 신형 대국 관계

중국은 2000년 세계 6위의 경제력에서 불과 10년 만에 2위로 올라섰다. 최근 성장률이 7%대로 떨어졌지만, 2013년 OECD 회원국의 평균 경제성장률이 1.3%였던 것에 비하면 매우 높은 수치다. 그러나 빠른 경제성장의 후유증과 공산주의 정치 체제에서 비롯된 다양한 경제적·사회적 문제 때문에 지금까지의 성장 궤도를 계속 유지할지는 미지수다. 중국은 부패, 환경오염, 고령화, 민족 갈등, 소득 및 지방 격차 등 복잡한 사회 문제와 국가 자본주의의 한계, 공급 위주 경제정책 전환, 중진국 트랩, 부동산 버블 위험 등 다양한 경제 문제를 안고 있다. 이에 따라 금후 중국의 부상 속도는 현 지도부가 추진하는 경제 및 사회 개혁의 성공 여부에 달려 있다. 그러나 어떤 경우에도 지금까지보다는 발전 속도가 둔화할 것으로 예상된다.

중국의 국방력도 빠른 경제성장에 발맞추어 급속히 증가하고 있다. 스톡홀름국제평화연구소SIPRI 통계에 따르면 중국의 국방비는 2013년 1,713억 달러로 세계 2위를 기록했다. 물론 미국 6,186억 달러보다는 적지만 주변국인 러시아 878억 달러, 일본 594억 달러, 한국 323억 달러에 비하면 상당한 액수다. 중국 국방비는 2000년 370억 달러에서 2010년 1,362억 달러로 10년 만에 3.7배 상승할 만큼 빠르게 증가하고 있다. 중국은 동중국해와 남중국해에서 영토·해양 관할권 분쟁을 안고 있다. 2013년 10월 필리핀 인근 해역에서 사상 최대 규모의 해군훈련을 실시하는 한편, 동중국해에서는 2012년 이래 러시아와 합동 군사훈련을 실시하고 있다. 2014년 5월에는 양쯔강 부근과 동중국해 북부 해역 일대에서 러시아와 합동 군사훈련을 실시하기도 했다. 아울러 2013년 11월에는 동중국해에 일방적으로 방공식별구역을 선포했다. 이러한 해양 전략은 '반접근지역거부A2AD' 전략의 일환이라는 점에서 미국과 주변국의 경계심을 불러

일으키고 있다.

한편 외교 전략 측면에서도 2013년 제5세대 시진핑 지도부가 출범하면서 제4세대 후진타오 지도부와는 차별화된 전략을 구사하고 있다. 후진타오 정부는 대체로 평화 발전 노선을 강조하면서 대응적이고 수세적 외교를 펼쳤다. 그러나 시진핑 정부는 한층 적극적 대외 정책을 펼쳐나가고 있다. 미국과의 세력 분할을 전제로 한 신형 대국 관계의 추구는 사실상 G2를 의식한 정책으로 해석할 수 있다. 핵심 이익 개념의 확대를 꾀하고 영토·해양 관할권 분쟁에 공격적 대응을 하면서, 기존의 도광양회韜光養晦(칼날의 빛을 감추고 어둠 속에서 힘을 기르며 기다린다) 전략을 넘어서 유소작위有所作爲 돌돌핍인咄咄逼人의 요소를 증대해나가고 있다. 최근 중국이 아시아교류및신뢰구축회의CICA 정상회담에서 아시아 집단 안보 구상을 발표하고 유라시아 실크로드를 통한 유라시아 경제 통합을 추구하면서 미국과 일본을 배제한 아시아인프라투자은행AIIB 설립을 추진한 것은 종래와 달리 매우 공세적인 외교·안보 전략으로 평가받는다.

향후 중국 대외 정책은 미국과의 전략 경쟁을 계속하는 한편, 동아시아에서 우월적 지위를 확보하는 방향으로 펼쳐질 것으로 예상된다. 이 과정에서 중국 외교 정책을 관통하는 공산주의, 전통주의, 민족주의의 세 개 기둥 가운데 공산주의는 퇴조하고 대신 전통주의와 민족주의가 힘을 얻고 있다. 앞으로 중국은 심각한 국내 문제를 해결하는 과정에서 내부 관심을 외부로 돌릴 필요와 내부 개혁 동력을 유지하기 위한 안정된 대외 환경 확보의 필요 사이에서 선택을 할 것이다. 아울러 현실적으로는 공세적 또는 조화적 태도가 혼재하는 형태로 진행될 것이다. 결국 중국이 아시아에서 '책임 있는 이해 당사국Responsible Stakeholder' 역할을 할 것인지 여부가 아시아의 평화와 번영에 중요한 척도가 될 것이다. 이는 중국이 공통의 규범과 기준에 의한 지역 질서 구축에 협조할 것인지 여부와도 관련이 있다.

미국의 아시아 재균형 정책

2008년 리먼브러더스 사태는 미국 금융자본주의의 문제점을 드러내면서 미국 경제에 큰 타격을 주었다. 이에 따라 미국은 경제 재건에 힘을 쏟았고 아프간, 이라크 개입 실패로 적극적 대외 개입에 대한 반대 여론이 강해졌다. 냉전 이후 유일 초강대국으로서 미국의 지위가 더 이상 통하지 않게 된 것이다. 이러한 국내외적 요인을 배경으로 오바마 행정부는 부시 행정부의 일방주의 외교를 버리고 협력적 외교로 돌아섰다. 이와 함께 중동에 치우치던 미국 외교의 중심을 아시아로 돌리는 아시아 재균형 정책을 발표했다. 안보 면에서는 2020년까지 전 세계 미국 해군력의 60%를 아시아 지역에 배치하고 오키나와, 괌, 호주의 미군 기지 재편 계획을 세웠다. 외교적으로는 동아시아정상회의EAS에 가입하고 TPP를 주도하고 있다.

이러한 미국의 노력은 중국의 부상에 따른 대응과 함께 세계경제 활력의 중심인 아시아에서 자신의 존재를 계속 유지하려는 데서 비롯되었다. 방대한 무역 및 재정 적자로 인해 군사력 투사에 필요한 국방비를 삭감해야 하는 것도 원인 중 하나다. 향후 10년간 약 9,500억 달러의 국방비를 감축할 계획이라는 점에서 선택적 개입은 불가피하다. 최근 시리아, 우크라이나 사태에 대한 미국의 소극적 대응도 이런 추세를 반영한다. 따라서 미국의 안보와 경제에 가장 중요한 지역으로 외교·안보 자산을 재배치하는 것은 당연한 일이다. 해양 방어선을 확대하려는 중국의 움직임에 대항해 미국이 '공군해군전투air-sea battle' 개념을 통해 미군의 군사력 투사와 행동의 자유를 유지하려는 노력도 같은 맥락이다. 이러한 움직임을 미국의 중국 포위 전략으로 간주한 중국이 반발하면서, 미중 간 전략적 불신이 다양한 형태의 대립을 낳고 있다.

한편 2013년 오바마 행정부 2기에 들어와서는 아시아 재균형 정책의 실효성에 의문이 제기되고 있는 것도 사실이다. 아시아에 대해 적극적이던 클린턴 국무장관과 달리 케리 국무장관은 중동과 유럽에 중점을 두고 있다. 이란과의 핵 대화, 시리아 사태, 아프간 철군 작업, 이·팔 평화 교섭, 악화된 걸프 국가들과의 관계 개선, 이슬람 국가ISIS 문제 등 다양한 중동 이슈들이 미국 외교를 점하고 있다. 반면 오바마 대통령이 2013년 EAS 참석 및 아시아 순방을 연기한 것은 아시아가 미국 정책에 의심을 품는 계기가 되었다. 당초 미국은 중국이 제안한 신형 대국 관계에도 긍정적이었으나 일본의 반발 등에 부딪혀 부정적으로 선회했다. 앞으로 미국은 경제 회복 여부, 셰일가스 생산에 의한 에너지 안보, 국내의 신고립주의 대두 여부 등 다양한 변수에 따라 중국과의 전략적 관계를 관리해나갈 것이다. 결국 미중 전략 관계가 안정될 때까지 중국에 대해 연계와 보험, 경쟁과 협력의 이중적 자세를 유지할 것으로 전망된다.

일본의 보통국가화 정책

일본은 1960년대에 이미 경제를 회복하고 북미, 유럽과 함께 세계경제 3대 축의 하나로서 세계 2위의 경제력을 유지해왔다. 아시아에서는 유일한 OECD 회원국이자 세계경제와 정치 안보를 다루는 G7의 일원으로 활약했다. 1980년대 미국 경제를 위협할 정도로 강력한 제조업 기반을 자랑하던 일본 경제는 1990년대 초부터 약 20년간 이른바 '잃어버린 20년'이라는 장기 디플레이션으로 침체를 거듭했다. 그 결과 2010년에는 세계경제 2위 자리를 중국에 내주었다. 이와 함께 1990년대 초 해체된 자민당 중심의 1955년 체제를 갈음하는 새 정치체제가 자리 잡지 못한 채 정치적 혼란이 계속되었다. 최근 7년간 매년 총리가 바뀌는 정치적 불안정이 대표적 사례다. 거기에 2011년 발생한 3·11 동일본 대지진은 후쿠시마 원전 사고가 겹친 복합 재해로 일본 사회에 큰 충격을 주었다. 원전 54기가 모두 정지된 데 따른 발전용 석유·가스 수입 증가는 일본을 무역 적자 국가로 전락시켰다.

이러한 정치적·경제적·사회적 불안정을 배경으로 일본에서는 '강한 일본'에 대한 사회적 욕구가 증대하면서 보수우경화 경향을 보이고 있다. 자민당의 대안 세력으로 기대를 모은 민주당이 3년간의 실정으로 지난 총선에서 대패하면서 야당은 세력이 크게 약해지고 분열되었다. 또 자민당 내에서도 소선거구제로 인해 중도·진보 성향을 가진 정치인은 공천을 받지 못해 도태되면서 견제 세력이 거의 없는 상태다. 이런 사회 분위기 속에서 아베노믹스를 통해 집권에 성공한 아베 정부는 본격적으로 보통국가화와 역사수정주의를 추구하고 있다. 헌법 해석 변경을 통한 집단적 자위권 행사, 무기 수출 3원칙 수정, 국가 안보 전략 책정, 국가안전보장회의 신설, 자위대의 국방군 개편 움직임 등 전후 평화헌법 체제 아래서 유지해온 전수방위로부터 이탈을 시도하고 있다. 이와 함께 고노·무라야마 담화 수정 시도, 침략전쟁의 정의 부재 발언, 야스쿠니 신사참배, 교과서 개정 등 역사수정주의도 본격화하고 있다.

이와 같이 아베 정부의 일방적 우경화 정책과 역사수정주의 추구는 한국, 중국 등 주변국과 충돌을 초래하고 있다. 미국은 일본의 군사적 역할 강화는 지지하지만 역사수정주의에 대해서는 비판적이다. 2013년 12월 아베 총리의 야스쿠니 신사참배에 대해 주일 미국대사 명의로 "실망했다"라는 성명을 낸 것도 이런 맥락이다. 역사수정주의는 한일 관계를 악화시키고 중국에 도덕적 우위를 허용함으로써 미국의 아시아 정책에 부정적 영향을 미친다는 점을 의식한 것으로 여겨진다.

한편 일본의 대외 정책은 부상하는 중국을 견제하는 데 초점을 맞추고 있다. 이를 위해 적극적 평화주의를 내세우면서 미일 동맹을 강화하는 한편 동남아, 호주, 인도, 중앙아시아 등 중국 주변국과의 관계 강화를 꾀하고 있다. 이는 2012년 일본의 센카쿠 국유화 조치에 대한 중국의 폭력을 동반한 강압적 대응과도 관련이 있다. 일본은 중국의 이러한 강압적 대응을 우려하면서 전략적 균형을 확보하기 위해 절치부심하고 있다. 일본이 가치 외교와 법적 지배를 강조하는 것도 같은 맥락이다. 따라서 중일 양국 간에는 당분간 미중 간의 '경쟁과 협력' 같은 이중적 정책을 기대하기는 어려울 것으로 판단된다.

러시아의 유라시아 외교

러시아는 푸틴 대통령의 적극적 유라시아 외교에 따라 구소련이 지배하던 동구, 중앙아시아, 극동러시아를 연결하는 유라시아경제연합을 구축하려 한다. 또 외교적으로는 상하이협력기구SCO와 CICA를 통해 중국 및 중앙아시아 국가들과의 관계를 강화하고 있다. 이런 러시아 움직임의 배경은 크게 두 가지로 볼 수 있다. 첫째, 미국의 셰일가스 개발과 수출로 유럽 시장에 대한 의존도가 떨어지면서 새로운 에너지 시장을 개척하지 않을 수 없는 상황이다. 최근 중국과 대규모 가스 판매 계약을 체결한 것을 비롯해 일본과의 대화를 강화하는 것도 이런 맥락이다. 둘째, 최근 우크라이나 사태로 G8에서 축출되고 제재를 받은 가운데 미국·유럽 관계가 긴장되면서 대외 출구로서 동아시아의 중요성이 높아진 측면도 있다. 최근 부총리의 평양 방문 등을 통해 대북 관계를 강화하는 것도 동아시아에서 존재감을 확보하려는 시도의 일환으로 여겨진다.

다만 러시아가 동북아 세력 전환에 미치는 영향은 제한적이다. 대중 관계 강화는 동북아 전략 환경에 일정한 영향을 미칠 수 있겠지만, 전략적 이익의 상충으로 제약이 따르기 때문이다. 그런 점에서 동북아 내 미국-중국-일본 구도에 필적할 비중을 점할 것이라고 보기는 어렵다. 물론 러시아가 안보리 상임이사국이자 에너지 강국이라는 점에서 동북아의 새로운 질서 창출에 어느 정도 영향을 미칠 수는 있을 것이다.

동북아 새 질서에 대한 여섯 가지 시나리오

지금까지 살펴본 동북아 세력 전환은 향후 어떻게 진행되어 어떤 동북아 지역 질서를 형성할 것인가? 단순화의 오류 위험을 전제로 크게 여섯 가지 시나리오를 상정할 수 있다.

미국의 우월적 질서

미국은 1990년대 초 탈냉전과 함께 소련의 멸망으로 초강대국의 지위를 누렸다. 하지만 2008년 리먼브러더스 사태를 계기로 그 지위를 잃어버렸다. 미국의 우월적 질서가 한일 양국에 유리하겠지만, 미국 경제가 부활하고 중국 경제가 어려움에 처하는 상황에서만 상정할 수 있다는 점에서 실현 가능성은 그리 높지 않다. 특히 미국을 비롯한 서방 선진국의 경제가 성숙해 성장 한계를 드러내고 있다는 점에서 장기 추세 면에서도 기대하기 힘들다. 그리고 중국 또한 중국의 꿈中國夢을 이뤄 세계 1위이던 18세기 이전의 지위를 되찾겠다는 의도를 분명히 하고 있다. 따라서 중국으로서는 미국의 이러한 시나리오가 실현되는 것을 적극 타파하려 할 것이다.

미중 공동 영유

이 시나리오는 미국 경제가 부활한 가운데 중국 경제가 미국 경제를 추월할 경우 실현 가능성이 있다. 현재 중국이 제창하고 있는 신형 대국 관계와 같이 태평양을 미중 두 나라가 분할해 중국의 영향권을 확보하는 것이다. 이를 통해 공정하고 안정적인 지역 질서가 형성된다면 고려할 수 있겠지만, 현실적으로는 미중 담합을 통해 한국이나 일본에 불리한 지역 질서로 귀결될 위험이 있다는 점에 유의해야 한다.

중국의 우월적 질서

미국과 일본의 국력이 쇠퇴하는 가운데 중국의 부상이 계속 이어질 경우 이 시나리오가 실현될 가능성이 있다. 한국이나 일본으로서는 중국의 대외 정책이 평화적이고 안정된 정서를 담보하는 책임 많은 양태로 변화하지 않는 한 바람직하지 않은 시나리오이며, 미국이 아시아에 지속적으로 관여하는 한 실현 가능성은 그리 높지 않다.

새로운 협력적 지역 질서

미국이 적극적 관여를 유지하는 가운데 동북아 지역 협력 체제가 정착할 경우 실현될 여지가 있다. 미중 관계와 중일 관계의 안정을 전제로 한다는 점에서 실현되기까지 다소 시간이 걸릴 것이다. 한국과 일본에 가장 바람직한 시나리오라는 점에서 실현되는 데 필요한 두 가지 요건, 즉 미국의 지속적 관여와 지역 협력 체제 장착을 달성하기 위해 양국이 함께 노력해야 한다.

전략적 불확실 상태

향후 상당 기간 동북아에서 미중일 어느 국가도 우월적 지위를 얻지 못하고, 새로운 지역 질서 체제도 확립하지 못해 전략적 불확실 상태가 지속될 가능성도 있다. 불안정성과 유동성이 동북아를 지배하고, 이에 따라 상당한 비용을 지불할 수밖에 없는 상황이다. 지역 내 전략적 안정이 이루어지지 않는 한 매우 가능성 높은 시나리오다. 이 경우 한일 협력의 필요성도 증대할 것으로 예상된다.

미일과 중국의 충돌

미국과 중국 간의 충돌 가능성은 양국이 핵무기 보유국이라는 점에서 그다지 높지 않다. 또 양국이 다양한 전략 대화를 유지하고 있다는 점에서도 충돌로 발전할 위험은 크지 않다. 오히려 센카쿠에서 일본과 중국의 우발적 충돌이 발생하고 미일안보조약에 따라 미국이 개입하는 상황을 상정할 수 있다. 미국으로서도 이 가능성에 대해 상당히 우려하고 있으며, 이를 방지하기 위해 다각적으로 노력하고 있다. 이 시나리오는 한일 양국은 물론 동북아 지역 전체에도 바람직하지 않다.

장기적으로 중국의 부상은 지속되겠지만 내부 사정에 따라 진행 속도에는 차이가 있을 것이다. 부상한 중국의 대외 정책이 평화적일

지, 공세적일지 여부는 예측하기 어렵다. 그리고 동북아 질서 향방에 주요 관건인 미국의 국력 회복 여부는 제조업 경쟁력, 셰일가스 수출, 혁신력, 첨단 과학 기술력, 개방 사회 등의 장점으로 볼 때 장기적으로 가능성이 높다. 다만 미국이 국력을 회복하더라도 중국의 부상 추세에 비추어 탈냉전 이후의 초강대국 지위를 되찾기는 쉽지 않을 것으로 예상된다.

어쨌든 동북아는 미국 경제 활력을 유지하는 데 필수이고 전략적 중요성이 높다는 점에서 미국의 관여는 지속될 것이다. 이와 함께 일본이 경제 활력을 되찾을지 여부도 중요한 요소지만 중국 경제가 경착륙하는 경우를 제외하고는 인구 규모에 비추어 일본이 중국을 다시 추월하기는 어려울 것이다. 동북아 질서가 위의 여러 가지 시나리오 가운데 어느 방향으로 진행될지 예측하기는 쉽지 않다. 그러나 주요 당사국들은 전략적 균형을 통해 동북아 평화와 번영을 담보하는 시나리오를 실현할 수 있도록 노력해야 한다.

바람직한 동북아 질서의 구축을 위한 방안

중국 부상으로 인한 동북아 세력 전환의 향방과 안정화 기간은 유동적이고 불투명하다. 이런 가운데 동북아 국가들은 세력 전환이 동북아 지역의 평화와 번영을 보장하는 방향으로 이루어지도록 동북아 질서를 구축해야 하는 도전 과제를 안고 있다. 이런 노력은 크게 세

가지 방향에서 진행해야 할 것이다.

첫째, 주변국들은 중국이 '책임 있는 이해 당사국'이 되도록 중국과 적극 연계해나가야 한다. 중국이 기존의 평화 발전 노선을 계속 견지하도록 해야 한다. 동시에 중국이 '세계의 공장'으로서 세계 공급 체인의 핵심 역할을 수행하고 '세계의 시장'으로서 세계 수요를 흡수하도록 노력해야 한다. 이러한 노력은 동북아뿐만 아니라 동아시아, 아시아, 아태 지역, 범세계 차원에서 복합적으로 진행해야 한다. 평화적 세력 전환의 요체는 국제적 기준·규범에 근거한 공정한 국제 관계의 형성이다.

최근 중국은 남중국해에서 필리핀, 베트남 등 주변국들과의 영토·해양 관할권 문제와 관련해 힘에 의한 '살라미 전술'을 구사하고 있다. 동중국해에서는 방공식별구역을 일방적으로 선포함으로써 기존 질서에 대한 변화를 꾀하고 있다. 앞으로도 중국의 기존 질서에 대한 변화의 시도는 다양한 형태로 나타날 것이다. 그리고 이를 처리하는 과정에서 새로운 질서가 형성될 것이다. 연계의 목표는 중국이 평화적이고 규칙에 근거한 국제 관계의 이익이 중국 주도의 일방적 질서로 인한 기회비용보다 크다는 점을 분명히 함으로써 평화로운 발전을 추구하도록 하는 데 있다.

둘째, 부상하는 중국의 대외 정책 방향이 불확실한 만큼 보험 차원에서 역내 세력 균형을 유지하는 노력도 긴요하다. 다수의 주권 국가가 다양하게 중층적으로 이루어진 유럽과 달리 동북아는 남북한, 중국, 일본, 러시아, 몽골 등 소수 국가로 구성되어 있다. 중국과 일본의 비중이 압도적인 가운데 중국이 부상하면서 중일 간 격차도 심화될 것이다. 유럽과 달리 동북아 세력 균형은 역내 국가만으로 작동하기 어려운 배경을 갖고 있다. 이런 맥락에서 역외 세력인 미국의 지속적 관여가 동북아의 세력 균형에 중요하다. 중국은 2014년 5월 CICA 정상회담에서 아시아판 집단 안보 체제를 제안하면서 3국 대상 동맹의 배제를 주장했다. 그러나 중국의 압도적 비중에 비추어볼 때 아시아만의 집단 안보 체제를 구축할 여건이 내재적으로 불가능하다. 현실적으로는 미국이 참여하는 동북아 안보 기구를 만들어야 하며, 이는 한국이 지향하는 6자 회담의 발전적 확대를 통해 달성해야 한다.

셋째, 장기적으로 동북아의 평화와 번영을 담보하기 위해서는 자유롭고 공정한 가치와 규범에 바탕을 둔 지역 체제를 구축해야 한다. 안보와 경제가 이원화된 동북아 현실을 감안할 때 지역 체제도 두 개의 축으로 발전해야 한다. 유럽이 EU와 NATO(북대서양조약기구)로 이원화된 것과 마찬가지로, 동북아에서도 안보 및 경제 체제는 별도로 진행해야 할 것이다. 안보 면에서는 미국을 포함한 지역 안보 체제를 지향하고, 경제 면에서는 한중일 3국 협력 체제를 발전시켜나가야 한다. 한편 좀 더 넓은 차원에서 미중 간에 동아시아를 둘러싼 TPP와 RCEP의 대립이 있는 바 종국에는 중국 경제의 고도화와 함께 중국이 TPP에 가입하면 이를 해소할 수 있을 것이다.

동북아 지역 체제 구축은 역내 평화와 번영을 촉진하고 일국 주도 질서를 방지한다는 점에서 중요하다. 특히 동북아 세력 전환을 평화적으로 이뤄내는 데는 미국이 균형자 역할과 함께 중요한 안전판 역할을 담당해야 한다. 동북아는 지역화 면에서 세계에서 가장 뒤쳐진 곳이다. 한중일 3국 협력 체제도 당초 동남아시아국가연합ASEAN 주도 지역 협력의 틀 속에서 생겨나 독자 활동을 시작한 지 얼마 되지 않았다. 다행히 한국 주도로 비전 2020을 채택하고 사무국을 설치해 동력을 얻었으나, 일중 및 한일 관계의 악화로 2013년 정상회담을 개최하지 못했고 앞으로도 불투명하다. 조속한 재개를 통해 양자 대립을 완화하는 다자 기제로서의 역할을 해야 한다. 현재는 거꾸로 양자 관계가 악화하면 다자 포럼인 3국 회담도 열리지 않는 기현상을 보이고 있다. 초기 단계인 만큼 제도화의 성숙을 위해 힘써야 할 때다.

동북아 질서 안정을 위한 한일의 역할

한일 양국은 이웃이자 미국의 동맹국으로서 아시아에서는 단 2개국밖에 없는 OECD 회원국이다. 이는 양국이 세 가지 과제의 달성을 위해 협력할 여지가 크다는 것을 의미한다. 하지만 불행히도 협력의 필요성이 가장 큰 지금 양국 관계는 최악의 상태다. 동북아 세력 전환의 시대적 흐름 속에서 협력을 통해 전략적 이익을 극대화할 기회를 잃어버린 '상호 상실의 상황lose-lose situation'에 빠져 있다. 물론 양국의 전략적 이해가 반드시 일치하는 것은 아니다. 그럼에도 불구하고 한일 양국은 한층 안정되고 공정한 지역 질서를 구축하는 데 공통의 이해를 가지고 있다. 동북아 세력 전환의 '평화적 안착'을 위해 함께 노력해야 한다. 한일 양국은 이를 위해 어떤 역할을 수행해야 하는가.

첫째, 일본은 더 이상 역사수정주의를 추구해서는 안 된다. 이는 과거사를 왜곡함으로써 동북아 안정에 필수인 역사 화해의 길을 거스르는 태도다. 동북아가 대립과 충돌의 20세기 패러다임에서 벗어나 평화와 협력의 21세기 패러다임으로 전환하기 위해서는 역사를 직시하는 가운데 진정한 화해가 필요하다. 그러나 역사수정주의는 동북아 지역을 20세기 패러다임에서 벗어날 기회를 빼앗고, 역내 배타적 민족주의를 부추겨 전략 환경을 악화시킨다. 그런 상황에서 세력 전환이 평화적으로 이루어지기를 기대하기는 어렵다. 이 같은 맥락에서 미국은 일본의 보통국가화를 지지하면서도 역사수정주의에 대해서는 부정적 입장을 견지하고 있다.

둘째, 한일 양국은 대중 정책과 관련한 인식과 대응 측면에서 상당한 차이가 있다. 이 간극을 메우는 상호 노력이 긴요하다. 한국은 핵미사일을 포함한 북한 문제 해결과 중국 시장의 중요성 때문에 중국과의 성숙한 전략적 협력 동반자 관계를 추구하고 있다. 반면 센카쿠 분쟁과 더불어 일중 간 전략적 경쟁은 심화하고 있다. 한중 관계의 심화가 한일 관계의 악화와 겹치면서 일본은 한국이 중국에 기우는 것은 아닌지 오해하고 있다. 이는 한일 및 한중 관계를 제로섬으로 보는 착시에서 비롯된 것이다. 한일 관계 악화는 양국 사이의 문제를 해결하면 정상으로 회복될 것이다. 일본은 한국이 대중 관계를 심화하더라도 대일 관계를 경시할 이유가 없다는 점을 분명히 인식해야 한다. 한국도 일본 내 현실과 인식 간의 괴리를 좁히기 위해 이 문제에 대해 확고한 입장을 일본 사회에 알리는 노력을 해야 할 필요가 있다.

한국의 전략적 이익은 동북아 전체의 평화와 번영을 이룩하는 데 있으므로 일본과 중국 어느 한쪽에 기우는 일은 없을 것이다. 한국은 동북아에서 국제법과 UN헌장에 기초한 공정하고 안정된 질서를 추구하고 있으며, 이를 위해 자국의 전략적 가치를 극대화해야 할 입장이다. 다만 중국이 한국과의 전략적 협력 동반자 관계를 심화하기 위해 외교적 노력을 기울이는 반면, 일본은 한국을 향한 비난과 경시에 치중하고 있는 점은 문제다.

셋째, 한일 양국은 북한 문제에 대해 긴밀한 협조 체제를 유지해야 한다. 북한이 핵미사일 개발을 통해 실질적 핵무기 보유국이 되거나 무력 도발을 일으킬 경우 동북아 전략 환경에 심대한 영향을 미칠 것이다. 핵미사일을 포함한 북한 문제 해결은 동북아 세력 전환 과정의 평화적 관리를 위해 필수적이다. 따라서 한일 양국은 미국과 더불어 긴밀한 협조 체제를 유지하면서 중국이 북한의 한반도 교란 행위를 억제하게끔 해야 한다.

최근 북일 관계는 일본인 납치 문제를 매개로 빠른 진전을 보이고 있다. 하지만 인도적 사안이라는 점에도 불구하고 북한 핵미사일 문제로 인해 부과한 독자 제재를 해제하고, 한미 양국과 충분한 협의 없이 진행하는 것은 한미일 협조 체제에 혼란을 초래하고 있다. 한일 양국은 한국 통일까지 북한 핵미사일 프로그램을 해체하고 북한의 변화를 관리한다는 중장기적 시각에서 협력해야 한다. 일본은 한반도 통일 과정에서 일본의 협력이 진정한 한일 화해를 이루는 데 중요하다는 점을 염두에 두어야 한다.

넷째, 한일 양국은 미국의 아시아 재균형 정책이 실질적 의미를 갖도록 협력해야 한다. 미국에서는 리먼브러더스 사태 이후 대외 문제에 대한 관심이 현저히 떨어지면서 고립주의 양상이 나타나고 있다. 아울러 재정적 어려움으로 인해 대외 개입 능력에도 제약을 받고 있다. 오바마 대통령의 대외 정책 핵심 가운데 하나는 '제한적 개입'이다. 미국 내에서도 비판을 받고 있지만 이는 여론과 경제 여건을 반영한 정책 조정의 결과다. 그러나 중동 정세와 우크라이나 사태가 긴박하게 돌아가는 상황에서 과연 미국이 아시아와 중동 문제에 동시에 대처할 수 있을지 의문이다. 이런 맥락에서 한일 양국은 미국의 지속적 아시아 관여 확보를 위해 협력해야 한다.

다섯째, 한일 양국은 장차 미중 전략적 관계가 안정되도록 적극적 역할을 수행해야 한다. 동시에 미중 간 전략적 타협으로 아시아 국가들의 이익이 저해되지 않도록 노력해야 한다. 물론 이런 역할이 가능하기 위해서는 일중 관계를 회복해야 한다. 현재 일중 전략 경쟁이 첨예화된 상태에서 당분간 안정을 이룰 가능성은 그리 높지 않아 보인다. 그러나 안정적 일중 관계가 동북아 안정의 핵심 요소인 만큼 중장기적으로 양국 모두 전략적 균형을 모색할 것이다. 특히 미중 전략 경쟁이 본격화할 2020년대에는 한일 양국이 가교 역할을 담당할 여지가 커질 것으로 예상된다.

여섯째, 동북아 안정을 위한 다양한 형태의 소지역mini-lateral 협의체를 활성화해야 한다. 한미일, 한중일, 한미중 협의는 각각 동북아 지역의 다양한 문제를 해결하는 데 유용한 만큼 유연한 시각을 가질 필요가 있다. 한일 양국은 서로 자국이 빠진 협의체의 출현에 민감한 것이 사실이다. 그러나 한일 전략적 협의를 체계화하면 의구심도 해소될 것이다. 중층적 소지역 협의체는 동북아 지역 전체를 아우르는 지역 협의체가 현실화되지 않는 상황에서 중요하다.

이상에서 살펴본 바와 같이 동북아 세력 전환 과정이 평화적으로 안정되기까지 한일 양국이 전략적 차원에서 협력할 분야는 매우 다양하고 잠재력 또한 풍부하다. 한일 두 나라는 하루빨리 관계 정상화를 이루어 21세기 새로운 패러다임의 일부로서 협력해야 한다. 전략적 협력의 출발점은 상호 신뢰다. 그런데 현재는 일본의 역사수정주의와 과거사 현안의 미해결로 신뢰가 결여된 상태다. 21세기 동북아 평화와 번영을 위해서는 반드시 넘어야 할 산이라는 점에서 일본의 현명한 전략적 선택이 필요한 때다.

:: 신각수

서울대학교 법학과를 졸업하고 동 대학원에서 법학 석사 및 박사학위를 받았다. 현재 국립외교원 국제법센터 소장을 맡고 있으며, 서울대학교 일본연구소 특임연구원, 상설중재재판소 증재재판관 일원으로 활동하고 있다. 주 일본 및 주 이스라엘 대사 및 주 유엔 차석 대사를 지냈으며, 외교통상부 일본과장, 장관보좌관, 조약국장, 제2차관 및 제1차관을 역임했다. 한국 외교정책, 아시아, 한일 관계, 국제법, 국제기구 등 다양한 분야에서 활발한 저술 및 강연 활동을 하고 있다. 저서로 《한일 관계의 어제와 내일을 묻다》(공저) 등이 있다.

2. 한일 관계에 대한 미국의 시각과 전략은 무엇인가

이상현 세종연구소 안보전략연구실장

　　박근혜 정부의 외교·안보 정책에 대한 국민의 평가는 대체로 호의적이다. 박근혜 정부 출범 1년을 맞아 정부가 스스로 매긴 국정 과제 점수에 의하면 안보와 외교 분야는 합격점이지만, 경제 분야는 상대적으로 미흡한 것으로 나타났다. 대국민 여론조사에서도 외교·안보에 대한 평가는 긍정적이었다. 이는 박근혜 정부 외교·안보의 주요 축인 한반도 신뢰 프로세스, 동북아 평화 협력 구상, 유라시아 이니셔티브 등의 방향성과 목표가 대체로 타당하다고 생각하는 국민의 인식이 반영된 것으로 보인다.

하지만 이러한 호의적 평가는 상황에 따른 상대적 '반사이익'이 크게 작용했다고 할 수 있다. 따라서 외교·안보 분야에 대한 국민의 긍정적 평가는 상당 부분 정상 외교 등 '이미지 외교'의 효과가 큰 것으로 판단된다. 출범 첫해에 미국·중국·러시아와 성공적 정상회담을 개최했고, 동북아 평화 협력 구상 및 신뢰 프로세스에 대한 원론적 지지를 확보한 것은 긍정적 성과라 할 수 있다.

이러한 국내의 호의적 평가에도 불구하고 한국 정부가 처한 대외적 환경은 갈수록 어려워질 전망이다. 중국은 근래 들어 영토와 주권 그리고 경제적 이익과 관련한 '핵심 국가이익'을 포괄적으로 규정, 주변 지역에서 '유소작위有所作爲'를 넘어 '적극작위積極作爲'라는 표현이 나올 정도로 적극적인 목소리를 내기 시작했다. 최근의 크림공화국 사태에서 볼 수 있듯 푸틴의 러시아도 강력한 부활을 시도하며 국제 문제에서 매우 공세적 태도를 취하고 있다. 아울러 일본은 주변국의 우려에도 불구하고 내각 결의로 집단적 자위권 행사를 허용한다는 방침을 결정했다. 동북아 정세는 마치 '신냉전'이라 불러도 무방할 만큼 긴장의 파고를 높여가는 중이다.

우리 주변의 정세는 이렇듯 급박하게 돌아가건만 한국의 외교는 정체 현상을 빚고 있다. 박근혜 정부는 동북아 평화 협력 구상과 한반도 신뢰 프로세스 등 중요한 외교·안보 이니셔티브의 청사진을 성공적으로 제시한 것으로 평가받았다. 하지만 아직 행동 계획이나 로드맵을 정부 차원에서 구체화한 것은 거의 없다는 한계를 드러냈다. 이미 본격적으로 추진했어야 할 신뢰 프로세스, 동북아 평화 협력 구상

계획도 여전히 불투명하다. 특히 집권 첫해에 주변 4강과 정상회담을 하던 관례를 깨고 일본과는 아직 정상회담이나 관계 개선의 실마리도 찾지 못한 상태다. 오히려 북일이 납치자 문제 재조사로 고립 탈출의 실마리를 찾고, 아베 정부의 집단적 자위권 행사 결의로 상황은 더욱 악화됐다. 한일 관계 악화가 지속되면 동북아 평화 협력 구상 추진이 어려운 것은 물론 미국과의 관계도 순탄치 못할 전망이다. 한국과 일본 간에는 정부 차원을 넘어 전문가 집단과 일반 국민 차원까지 기 싸움, 실리 싸움, 명분 싸움 등 한 치의 양보도 없이 팽팽한 대결 구도가 형성되었고 두 국민 간 민족주의적 감정 대립까지 겹쳐 매우 힘든 상황이다. 외교·안보의 개념과 화두를 내세워 관심과 주의를 끌던 단계에서 벗어나 이제는 본격적인 이행 문제를 고민해야 할 때다.

동북아 정세 변화와 미국의 인식

미국은 방대한 태평양을 사이에 두고 아시아와 지리적으로 멀리 떨어져 있다. 하지만 미국이 역외 균형자off-shore balancer로서 큰 영향력을 행사하고 있다는 사실에는 의심의 여지가 없다. 그런 의미에서 미국은 아시아·태평양 국가라 할 수 있다. 오바마의 동아시아 정책 기조는 기존의 양자 동맹 체제 강화와 더불어 범지역적 지역 안보 체제 추진으로 요약할 수 있다.

미국은 아시아 국가가 아니면서 왜 아시아 지역에 집착하는가?

〈4개년 국방검토QDR: Quadrennial Defense Review〉(2014) 보고서에 의하면 미국의 국가이익은 대략 다음 네 가지로 요약할 수 있다. 첫째, 국가와 국민 그리고 동맹국과 파트너 국가의 안보를 수호한다. 둘째, 기회와 번영을 보장하는 개방적 국제경제 환경 속에서 강하고 혁신적이며 성장을 지속하는 미국 경제를 유지한다. 셋째, 미국을 포함해 전 세계의 보편적 가치에 대한 존중을 증진시킨다. 넷째, 전 지구적 도전에 맞서 강력한 국제 협력을 바탕으로 평화, 안전 및 기회 확대를 위해 노력하는 미국 주도의 국제 질서를 확보한다.

이러한 미국의 국가이익을 추구하는 데 아시아·태평양 지역의 전략적 중요성이 커지면서 이 지역에 대한 미국의 이익도 당연히 커졌다. 특히 중국의 부상으로 미국의 아시아 접근성이 제약받을지 모른다는 우려는 미국의 아태 전략에 심대한 전략적 함의를 내포한다. 전후 동아시아 질서 재건과 관련해 일본을 보는 미국의 시각에는 중국 견제라는 요소가 항상 내재해 있었음을 상기할 필요가 있다.

중국의 부상은 현재 진행형이다. 중국은 대외 전략에서 과거와 달리 공세적 측면을 숨기지 않는다. 미국은 중국의 부상으로 장기적으로 아시아에 대한 접근성이 제약받을까 우려한다. 이러한 배경 아래 최근 아태 지역 전체의 추세를 주도하는 두 가지 동인은 중국의 공세적 부상과 미국의 아태 전략적 재균형strategic rebalancing 정책이라고 할 수 있다. 중국은 근래 동·남중국해를 핵심 국가이익core national interest 으로 추가하고 이 지역에서 공세적 대응을 강화하는 한편, 미국에 대해서는 '신형 대국 관계' 설정을 요구하고 있다. 중국은 첫 항모 랴오

닝함 시험 운항, 스텔스 전투기 개발, DF-21D(항모 킬러) 미사일, 사이버전 능력 강화 등 군사 현대화를 급격히 추진하고 있다.

이에 대응해 미국은 2011년 하반기 이후 아태 재균형 정책을 적극 추진하고 있다. 미국은 이 정책을 중국 봉쇄의 차원이 아닌 한층 포괄적인 아태 지역 관여 정책으로서 접근하며, 군사·외교·경제 등 다차원적으로 규정한다. 또 재균형 정책이 일시적 정책 변화가 아니라 여러 행정부에 걸쳐 추진될 장기적 전략으로 규정하고 있다.

아태 재균형 정책과 주요국의 반응

	미국	중국	한국
군사적 측면	• 지리적으로 분산, 전략적으로 유연, 정치적으로 지속 가능한 해외 군사 배치 태세 • 오키나와 해병대 재배치(호주의 다윈, 괌) • 싱가포르, 필리핀, 코코스 제도 등 순환 배치 • 공군해군전투	• 군사 현대화, 해양 팽창 • A2AD • 비대칭 전력 강화(잠수함, DF-21D, 최초의 항모 취역) • 제1도련에서 제2도련으로 해양 방어선 확대	• 한미 동맹의 안정적 관리 • 21세기 전략 동맹 성숙화, 글로벌 이슈 관련 협력 확대 • 전작권 전환 이후 대비
외교적 측면	• APEC, ARF, EAS 등 지역 다자 체제 중시 • 동맹 및 우방과 협의 강화	• 신형 대국 관계 • 지역 다자 체제 참여 확대 • ASEAN에 대해서는 '분할 통치' 접근	• 중견국 이니셔티브를 통한 글로벌 거버넌스 참여 확대(G20 정상회의, 개발원조총회, 핵안보정상회의, 글로벌녹색연구소, 녹색기후기금)
경제적 측면	• TPP 협상 추진 및 가속화	• ASEAN + 3 위주 접근 • 한중일 FTA 협상 개시 • RCEP 협상 참여	• 미국, EU 등 거대 경제권과의 FTA로 전방위적 글로벌 네트워크 확대

중국은 미국의 아태 재균형 정책이 기본적으로 자국의 부상을 저지하려는 봉쇄의 일환으로 간주하며, 지역 정세에 불안정을 초래할 뿐이라고 비판한다. 이에 대해 미국은 아태 재균형 정책이 중국을 겨냥한 것은 맞지만 '중국만을' 겨냥한 것은 아니라는 입장을 견지하고

있다. 미국의 아태 지역 중시 선언의 배경은 아태 지역의 경제적 중요성 증대, 중국의 군사력 강화 및 공세적 성향 증대, 이라크 및 아프간에서 미국의 군사 작전이 마무리 단계로 돌입함에 따라 아태 지역에 집중 가능한 여력 발생, 국방 예산 삭감에 따른 선택과 집중의 필요성 등으로 요약할 수 있다.

미국이 아태 재균형 정책을 채택한 근본 원인은 아시아에서 중국의 부상이라는 구조적 변화가 진행되고 있으며, 그 이면에는 미중 간 세력 관계의 변화가 심화될 경우 미국의 아태 지역에 대한 접근성이 제약받을지도 모른다는 우려가 있다. 중국이 지금과 같은 추세로 계속 성장하고 미국은 점점 쇠퇴의 길을 걷는다면, 결국은 중국이 미국의 패권을 대신할 것이라는 결론에 도달할 수밖에 없다. 최근 미국의 움직임에는 이러한 전망이 가시화되기 전에 정책적 대응을 해야 한다는 절박감이 반영된 것으로 보인다.

또한 최근 동·남중국해 지역에서 중국이 공세적 태세를 강화하면서 아시아 전체의 위기인가, 기회인가 하는 논쟁도 벌어지고 있다. 국내외 주요 언론들은 대부분 한반도가 냉전 이후 최대의 안보 소용돌이에 휘말리고 있다는 취지로 보도한다. 분석의 요지는 미일 동맹 대 중국 구도가 형성되면서 동북아에서 본격적인 패권 경쟁이 일어나고 있으며, 한반도는 냉전 이후 최대의 안보 상황 변화에 직면했다는 것이다. 일부 전문가는 현 상황을 한국이 주변 강대국들의 권력정치에 희생당했던 '구한말'에 비유하기도 한다. 아울러 중국의 대규모 서해상 군사훈련과 미국의 미사일방어MD 체제 동참 요구, 일본과의 관계 악화에 대해서도 우려의 목소리가 커지고 있다. 주변 강대국들이 주도권을 잡기 위해 격돌하면, 경우에 따라 한반도와 관련한 중요한 결정에서 한국을 배제할 수도 있다는 점에서 위기 상황이 될 가능성도 있다. 불확실성 또한 커진다는 점에서 치밀한 상황 진단과 대처가 필요하다.

최근 이러한 논쟁에 불을 지핀 것은 중국의 방공식별구역 선포다. 중국의 일방적인 행동에 대해 미국은 일종의 위기 징후로서 향후 점점 더 높은 수준의 도발을 암시하는 시작일 수도 있다고 보았다. 이런 이유로 오바마 정부는 이번에 물러서면 앞으로 중국의 도발을 막을 수 없기 때문에 결코 좌시할 수 없다고 생각하는 듯하다. 특히 중국의 최근 행동이 A2AD 전략의 일환이라면 더더욱 물러서서는 안 된다고 생각하는 경향이 있다. 물론 당장 미중 간 군사적 충돌이 발생할 가능성은 적지만 통제 불능 상황으로 비화할 가능성이 높기 때문에 이러한 우려를 하는 것이다. 중국은 일본과의 관계에서 해양 균형을 상당히 달성했다고 인식(그동안 일본이 누린 독점적 우위를 상쇄)하고 있다. 아울러 2008년경부터 일본의 의지를 시험하기 시작해 이제는 공중에서의 균형 달성을 시도하는 것으로 분석할 수 있다. 이는 미일의 방공 구역에 도전하면서 근본적으로 중국의 전략적 경계를 해양으로 팽창하려는 움직임의 일환으로 이해할 수 있다. 또 미국은 중국 방공식별구역을 주변국과 '아무런 협의 없이' 선포했다는 점에서 우려의 소지가 있다는 시각을 갖고 있다.

중국의 일방적 방공식별구역 설정으로 촉발된 중일 갈등이 미중

간 신경전으로 확대되면서 이른바 G2 사이에 끼여 있는 한국은 군사 안보 차원에서의 대응이 복잡해지는 양상이다. 향후 동북아 안보 구조 재편 과정에서 갈등 소지가 있는 요소는 다음과 같다.

동북아의 갈등 요인

	미국·일본	한국	중국
집단적 자위권	• 일본: 자위대 작전 반경 확대 위해 추진 • 미국: 중국 견제 위해 지지	• "한반도 안보 및 우리 국익에 영향을 끼치는 사안은 우리의 요청 없이는 용인될 수 없다"(조태영 외교부 대변인)	• "일본의 진정한 의도에 대해 경계하지 않을 수 없다"(화춘잉 외교부 대변인)
방공 식별 구역	• 중국: 식별 구역에 '안정 위협' 반발	• 중국의 선포에 "유감" 자국 식별 구역엔 이어도 제외	• 이어도, 센카쿠 포함 선포
센카쿠 분쟁	• 일본: 영유권 주장 • 미국: 센카쿠는 미일 안보 조약 대상		• 영유권 주장 '핵심 이익'
북핵 6자 회담	• 북한의 비핵화 선조치 요구		• 조건 없는 재개
미사일 방어	• 중국 견제용 공조 추진	• 저고도 독자 MD 추진	• '중국 포위 전략' 강력 반대

중국을 제외한 아시아 국가들은 대체로 미국의 재균형 정책에 호의적이다. 일본 정부와 정책 전문가들은 주로 중국의 부상을 견제하는 차원에서 미국이 아시아에 대한 군사적 존재감을 강화해주기를 기대한다. 한편, 미국은 아태 지역에서 동맹과 우방국들이 공동 안보 이익을 위해 기여해주기를 바란다. 일본은 이러한 기대에 부응해 과거 10년간 동결했던 방위비를 증액하기 시작했고, 헌법의 해석 개헌을 통해 집단적 자위권 행사를 합법화하기 위한 조치를 취하고 있다. 다만 앞으로 논란의 소지가 있는 것은 센카쿠 열도에 대한 미국의 입

장이다. 2014년 4월 23~25일 2박 3일 일정으로 일본을 방문한 오바마 미국 대통령은 "센카쿠는 미일안보조약의 대상이며, 미국은 이곳을 지킬 의무가 있다"고 언급했다. 미국 대통령이 이런 입장을 공개적으로 밝힌 것은 처음이며, 이는 센카쿠가 공격받을 경우 미군이 개입하겠다는 의미다. 이에 대해 친강秦剛 중국 외교부 대변인은 "중국은 센카쿠를 미일안보조약 적용 대상으로 삼는 것에 결연히 반대한다"며 "미국이 영토 문제에 관한 한 한쪽 편을 들지 않겠다던 약속을 지킬 것을 촉구한다"고 말했다.●

한일 관계에 대한 미국의 시각

일본에 대한 미국의 전통적 시각은 '극동 전개의 불침항모不沈航母', '아시아의 영국'이라는 것이 지배적이다. 미국은 제2차 세계대전 이후 공산 세력의 극동 팽창을 저지하기 위해 한국전쟁에 개입한 이래 동아시아 지역에 상당히 중요한 전략적 의미를 부여해왔다. 그리고 아시아·태평양에서 영향력을 유지하기 위해서는 동아시아 연안 지역의 우호적이고 유용한 기지가 필요한 상태다.

국방부 동아시아전략보고EASR 1990년과 1992년 보고서에서는 미군 감축 전망을 제기했으나 1995년 이후로는 아시아에 대체로 10만 명을 유지한다는 원칙을 견지해왔다. 이들 병력 대부분을 한국과 일본에 집중 전진 배치한 것은 바로 두 나라가 지니는 전략적 중요성 때문이다. 그 당시까지 미국의 아시아 전략은 '포괄적 관여'로서 지역 차원의 위협에 대비하는 한편, 방위 공약을 유지함으로써 억지력 유지와 우호적 안보 환경 조성에 주력해왔다. 이과 관련해 대체로 중국의 부상 경계, 우방의 중요성 강조, 아시아에 대한 미군의 접근성 제고, 전진 배치한 군사력 유지를 강조하는 선에서 입장을 유지해왔다.

일본에 대한 미국의 전략적 시각을 잘 보여주는 것은 이른바 아미티지 보고서다. 여기에서 미국은 일본의 중요성과 미일 동맹의 가치를 일관되게 강조해왔다. 미국의 세계 전략 핵심은 아시아, 아시아 전략의 핵심은 일본과 미일 동맹이라는 인식이 고스란히 반영돼 있다. 1차 보고서는 소련 붕괴 이후 안보보다 경제를 우선시하면서 동맹이 표류했다고 지적하며 클린턴 행정부의 '중국 중심 실용주의' 외교 노선을 비판했다. 2차 보고서는 테러 및 이슬람 극단주의와의 전쟁에 몰두함으로써 미국의 대열강 정책이 소홀해질 가능성을 경계하면서 다시금 '미일 동맹' 강조로 복귀했다.**

2009년 신미국안보센터CNAS 보고서는 마지막 EASR(1998) 보고서 이후 아시아 지역의 전략 환경 변화를 다음과 같이 언급하고 있다. 우선

• 〈조선일보〉, 2014.04.25.

•• 1차 아미티지 보고서: 〈The United States and Japan: Advancing Toward a Mature Partnership〉(2000), 2차 아미티지 보고서: 〈U.S.-Japan Alliance: Getting Asia Right Through 2020〉(2007).

아태 지역의 정치적·경제적 위상이 크게 높아졌고, 중국의 부상이 더욱 가시화되었다. 또 인도, 파키스탄, 북한 등을 중심으로 WMD(대량 살상 무기) 확산 위협도 증가했으며 과거에 비해 다자주의·다자적 협력에 대한 관심도 높아졌다. 이러한 변화에 따라 미국의 아태 지역 군사 태세는 '전략적 주둔'이어야 한다고 지적했다. 요컨대 위의 보고서는 아태 지역의 중요성 선언, 관여와 공약에 대한 확고한 천명, 기존 양자 동맹의 굳건한 유지(일본, 한국, 호주), 현실적인 대중국 정책 수립 등을 언급했다. 여기에서는 당연히 일본에 대한 언급도 빠지지 않았다. 이어 〈4개년 국방검토〉(2014)에서는 지역 동맹과 관련해 2020년까지 미 해군력의 60%를 태평양에 배치하고, 그 일환으로 주일 해군 기지를 보강해야 한다고 지적했다. 그와 함께 싱가포르에 최신예 연안전투함LCS 순환 배치, 오키나와 해병 일부의 괌 재배치, 호주 다윈에 2,500명 규모의 해병대 순환 배치 등과 더불어 이라크·아프간 임무 종결에 따라 이 지역의 병력을 원래 소속 부대였던 아태 지역으로 복귀시킬 것임을 시사했다. 이러한 맥락에서 보면 미국의 전략은 당분간 아태 지역을 중시하는 선에서 큰 변화가 없고, 여전히 미일 관계를 중시한다는 것을 짐작할 수 있다.

하지만 아태 재균형 정책에 대한 미국의 의지와 공약에도 불구하고 역내 국가들의 신뢰 저하는 불가피하다. 중국의 부상은 갈수록 기정사실화되는 반면, 오바마 행정부의 대응은 미약한 것처럼 보이기 때문이다. 비록 미국이 의지와 관심을 가지고 있다 할지라도 그에 따른 능력과 자산의 부족으로 아시아 동맹국에 대한 책임과 역할 분담을 강조할 것으로 예상된다. 자동 예산 삭감으로 국방비 감축이 지속적으로 필요하고, 미래 전력 확보를 위한 신규 투자도 어려울 것이며, 군사 대비 태세도 약화될 것으로 전망된다. 따라서 미국에 부족한 부분을 동맹국들의 기여와 역할 분담을 통해 보완하고 동맹국들 간의 연계 정책을 추진할 것으로 판단된다. 이러한 추세가 지속되면 역내 국가들로서는 미국에 대한 안보 의존도를 낮추기 위해 대안적 방안을 모색할 가능성이 크다.

향후 미국의 아태 재균형 정책을 지속하기 위한 관건은 결국 미국이 역내 국가들에 대한 신뢰를 어떻게 확보할지, 미중 간에 존재하는 전략적 불신을 어떻게 극복할지에 달려 있다. 미국을 비롯한 동맹 및 우방국들이 국방과 안보에 투자하기 어려운 상황에서 안보 협력의 필요성은 더욱 커지고 있다. 특히 국방 예산 삭감이 가시화되면서 미국이 혼자 세계의 안보를 담당하기가 점점 더 어려워지면서 미국은 동맹과 우방의 역할 분담을 희망한다. 그런 이유로 미국 내 일각에서는 이제 미국과 우방국들이 힘을 합쳐 안보 문제에 대응하는 이른바 '연합 방위'의 필요성을 제기하고 있다. 이러한 구상에서 가장 중요한 두 파트너가 한국과 일본임은 두말할 필요도 없다. 그런데 문제는 가장 긴밀히 협력해야 할 두 나라가 최근 최악의 관계를 면치 못하고 있으며, 개선될 기미조차 보이지 않고 오히려 더 악화될 가능성마저 배제할 수 없다는 사실이다.

미국은 2013년 초까지만 해도 일본의 역사 인식에 문제가 있다는 시각이었다. 그러나 한국 정부가 일본을 계속 무시하면서 최근에는 한국이 너무한다는 여론이 조성되고 있음을 주목할 필요가 있다. 미국 일각에서는 한국의 비이성적이고 감정적인 대응이 한일 관계를 망치고 있으며, 한국이 한미일 전략 협력을 방해하는 주범이라는 인식이 점차 높아지고 있다. 한일 관계 악화는 현재 아시아와 관련해 미국의 가장 큰 걱정거리로, 한일 간 갈등 증대를 한미일 모두에 손해가 되는 상황으로 인식하는 것이다. 미국인은 일본의 집단적 자위권 문제와 관련해 실제로 한반도에 진출하는 것은 사실상 불가능함에도 한국이 이런 비현실적 이슈에 지나치게 감정적으로 반응한다는 인상을 받는다. 현실적 차원에서 한일 관계 악화는 연방 예산 삭감 이후 아시아에서 우방 및 동맹국들과 협력을 증대시키고자 하는 미국에 큰 걸림돌이 되고 있다.

일본은 과거사 문제와 관련해 자국이 한국에 '위안부 문제'를 사과하면 그다음에는 '징용 배상 문제'를 제기하고, 그다음에는 '역사 교과서 문제' 등을 계속해서 제기할 것이라고 우려한다. 일본의 일부 보수층에서는 한국과의 대화는 당분간 접고 중국과 타협하자는 주장도 나오고 있다는 사실을 알고 일본을 상대하는 것이 중요하다. 2013년 12월 아베 총리의 야스쿠니 신사참배로 더욱 악화된 한일 관계 개선의 필요성은 여전히 해결해야 할 과제로 남아 있다. 일부 미국인은 일본이 지난 70여 년간 이른바 '좋은 지구촌 시민'으로서 역할을 많이 했는데, 유독 한국과 중국은 일본의 그러한 기여를 전혀 인정하지 않고 있다고 생각하는 경향이 있다.

한일 관계 개선을 모색하려는 기류는 일본의 고노 담화 검증 결과 발표로 또 한 차례 암초에 부딪친 상황이다. 2014년 6월 일본 정부가 발표한 검증 결과를 보면, 아베 정부가 겉으로는 고노 담화를 계승하 겠다면서도 내심 한일 간 협의 내용을 자의적으로 편집해 사실 관계 를 호도함으로써 고노 담화의 신뢰성을 훼손하고 담화 자체를 형해 화하려는 의도를 갖고 있음을 분명히 알 수 있다.

한일 관계가 어려운 국면에 빠지면서 미국 주요 언론들도 최악의 한일 갈등이 미 외교 전략에 큰 걸림돌이라는 논조를 유지하고 있다. 예를 들어 〈뉴욕타임스〉는 과거사 문제를 놓고 냉각된 한일 관계가 미국의 아시아 외교·안보 정책에 새로운 두통거리로 부상했다고 보 도한 바 있다. 요컨대 "최근 최악의 상황에 빠진 한일 갈등이 버락 오 바마 행정부의 외교 전략인 '아시아로의 중심축 이동'에 큰 걸림돌이 되고 있다"고 보도했다. 아울러 한일 관계 갈등이 격화된 배경을 두 가지로 분석했다.

첫째, 미국이 '아시아로의 중심축 이동' 정책을 통해 중국을 견제 하기 위해 일본의 군비 확장을 지지함으로써 일본의 군국주의 회귀 에 민감한 한국을 자극했다는 것이다.

둘째, 박근혜 대통령과 아베 총리 등 양국 새 지도자들의 개인사도 한일 관계 갈등의 한 요인으로 작용했다는 것이다. 이와 관련해 〈뉴 욕타임스〉는 아베 총리가 오랫동안 제2차 세계대전 시기의 일본사를 긍정적으로 묘사하려고 시도해온 우파로서 총리가 되기 전부터 전범 으로 체포된 외조부의 결백을 증명하려는 깊은 욕망을 갖고 있었다 고 분석했다. 아울러 박 대통령에 대해서도 일제강점기 일본군 장교로 복무한 전력이 있는 박정희 전 대통령의 딸로서 일본과 유대를 가진 아버지와 거리를 두라는 끊임없는 압박을 받고 있다고 분석했다. 이명박 정부 당시 한일 군사정보보호협정GSOMIA 체결 무산 사례에서 볼 수 있듯 한일 간에 존재하는 역사적 앙금은 여전히 현실 정치에서 중요한 작용을 하고 있다.

이러한 상황에서 아베 내각의 결정으로 헌법의 해석 개헌을 통해 집단적 자위권 허용을 결의함으로써 상황이 더욱 악화될 것으로 보인다. 아베 정부는 7월 1일 각료회의(국무회의)를 열어 집단적 자위권 행사를 허용한다는 방침을 결정했다. 이날 각의에서 집단적 자위권 행사는 위헌이라는 기존의 헌법 해석을 변경한 것이다. 이에 따라 전후 확립된 일본의 자국 방위 중심 안보 정책이 무력행사를 확대하는 방향으로 일대 전환을 맞이했다. 일본 언론들은 '전수방위를 원칙으로 삼은 일본 안전보장 정책의 대전환'이라고 평가했다. 일본의 집단적 자위권 행사는 우선 한반도 유사시에 대비하고 세계 각국의 분쟁에도 개입한다는 포석이 깔려 있다. 아베 내각은 이날 각의 결정문에서 집단적 자위권 행사를 위한 요건을 제시했다.

첫째 밀접한 관계를 맺고 있는 타국에 대해 무력 공격이 발생해 일본의 존립이 위협받고 국민의 권리가 근저부터 뒤집힐 명백한 위협이 있는 경우, 둘째 다른 수단이 없을 때, 셋째 필요 최소한도의 실력 행사가 바로 그것이다. 요컨대 이 세 가지 요건을 모두 충족해야 집단적 자위권을 행사할 수 있다. 하지만 애매한 표현이 많아 자의적 확대 해석이 얼마든지 가능하다고 일본 언론은 비판한다. 한반도 유사시 헌법상 남북한 모두를 영토로 규정한 한국의 동의 없이 자위대를 북한에 파병할 수 있다는 우려도 있다.

일본 정부의 집단적 자위권 행사 의결에 대해 미국 정부는 즉각 공식 지지 의사를 밝혔다. 젠 사키 미국 국무부 대변인은 브리핑에서 "일본은 필요한 방식으로 자국을 방어할 모든 권리를 갖고 있다"고 말했다. 2014년 4월 일본 방문 당시에도 오바마 대통령은 집단적 자위권 추진을 지지한다고 발언했다. 미국이 일본의 군사 대국화에 대한 한국과 중국의 우려와 반발을 모를 리 없다. 그런데도 동북아 갈등 국면에서 일본의 손을 잡아준 배경에는 미국의 전략적 고려가 깔려 있다고 분석할 수 있다.

오바마 행정부는 이라크·아프간 전쟁 종료를 선언하면서 향후 미국의 외교적 여력을 아시아에 투입하겠다고 밝혔다. 세계경제·외교·군사 분야에서 급부상하는 중국을 견제하겠다는 의도가 담겨 있다. 이를 위해 미국이 선택한 파트너가 일본인 셈이다. 실제 일본 정부의 결정 이후, 미국과 중국의 반응은 찬반으로 뚜렷하게 갈라졌다. 하지만 아시아·태평양 지역에서 자국의 패권을 극대화하겠다는 의도만큼은 양국의 반응에서 그대로 드러났다. '아시아 중시' 전략을 내세웠지만 늘어나는 국방 예산이 부담스러웠던 미국은 동북아 안보 파트너로 일본을 선택했다. 중국의 부상을 견제하기 위해서는 일본의 집단적 자위권 행사를 허용하고 미일 동맹의 강화가 필수라는 계산이다.

미국의 지지를 얻어낸 일본으로서도 군사 대국화에 한층 가속페

달을 밟을 수 있는 길이 열렸다. 아베 총리가 공언한 '강한 일본'을 실현할 수 있는 발판을 마련한 셈이다.* 물론 각의 결정 자체로 법을 바꾸는 것은 아니지만, 이번 결의는 '집단적 자위권은 보유하되 행사하지 않는다'는 역대 내각의 헌법 9조 해석을 뒤엎었다는 점에서 상당한 구속력을 갖는다. 원칙적으로는 아베 내각에 국한된 견해로만 볼 수 있다. 법률 변경 없이 내각의 법 해석만 바꾼 것이기 때문이다. 따라서 아베 내각 이후에 다른 성향의 정부가 들어설 경우, 각의 결정을 통해 아베 내각의 헌법 해석을 뒤집는 것도 가능하다.

한일 관계 개선은 왜 필요한가

한일 간에는 두 나라가 미래 지향적으로 풀어야 할 과제가 있다. 일본의 역사수정주의와 관련한 논란이 그것이다. 아시아 국가들은 과거 군국주의 시대의 유산과 완전히 결별하지 않은 일본이 집단적 자위권을 앞세워 다시 군국주의로 회귀할 가능성을 우려하고 있다. 일본이 아직도 제국주의 유산을 완전히 청산하지 못했기 때문에 적어도 역사 문제에 관한 한 미국의 눈치를 보면서 미온적으로 대처할 사항이 아니다. 그것은 역사 문제인 동시에 이 시대 우리 민족의 정체성과 자긍심에 직결되는 문제기 때문이다. 특히 역사수정주의와 관련해서는 일본에 대해 도덕적 우위를 가지고 얼마든지 문제를 제기할 수 있다. 일본이 역사 문제에 대해 올바른 인식을 보여주지 않으면 한국은 불가피하게 이 문제로 중국과 공동전선을 펼 수밖에 없다는 카드를 보여줄 필요도 있다. 미국 또한 역사 문제에 있어서는 일본의 퇴행적 역사관이 동북아 질서에 역행하지 않도록 협력해야 한다. 다만 역사 문제에 발목이 잡혀 한일 관계가 전면 중단되는 것은 바람직하지 않기에 한일 간에는 역사 문제와 외교·안보 문제를 분리해서 접근할 필요가 있다.

한일 관계가 현재 나쁘다고 해도 안보 문제에 관한 한 두 나라는 거의 같은 시각을 공유하고 있다는 사실을 간과해서는 안 된다. 한일 관계가 나빠지고 최근 한중 관계가 우호적이라고 해서 한국이 안보 문제에서 중국과 전략적 이익의 우선순위를 공유하는 데는 한계가 있으므로 일본의 전략적 가치를 냉정하게 판단할 필요가 있다. 또 한반도 유사시 미군 증원 전력이 일본의 UN 후방사를 통해 한반도로 전개된다는 사실도 간과해서는 안 된다. 그런 의미에서 한미일 안보 협력은 여전히 중요하고 앞으로도 확대해야 한다.

아베 총리가 야스쿠니를 전격 방문하고 일본 고위 관료들의 퇴행적 역사 인식 발언이 나올수록 국제사회에서 우리의 입장은 유리해진다. 이처럼 우리가 도덕적으로 '유리한 위치'에 있을 때 일본을 향한 선제적 관계 개선 조치를 취해야 효과가 크다. 하지만 그 기회의 창은 그다지 오래 열려 있지 않을 것이다. 한국 정부는 일본에 우리가

• 〈조선일보〉, 2014.07.02.

원하는 게 무엇인지 분명히 제시하고, 최소한 만나서 대화하려는 자세를 보이는 것이 중요하다. 그래야 우리의 주장이 설득력을 가질 것이다.

감정적이거나 비전략적 대응은 자제하는 것이 바람직하다. 아태 재균형 정책의 수행과 관련해 미국에 일본이 더 중요한가, 한국이 더 중요한가 하는 논쟁은 의미가 없다. 한국과 일본은 미국의 전반적 아시아 전략 수행에서 중요한 파트너 때문에 미국이 어느 한쪽을 더 중요시하거나 편을 들기는 어려운 상황이다. 그렇기 때문에 한국과 일본을 지칭하는 미국의 표현, 예를 들면 핵심축linchpin, 주춧돌cornerstone 등에 집착해서 일희일비할 필요는 없다. 또 일본에서 나오는 과거사 관련 발언 하나하나에 민감하게 대응하는 대신 그것이 일본 전체를 대표하는 생각은 아니라는 점을 직시하는 것이 중요하다.

일본과의 관계 악화는 박근혜 정부 외교·안보 전략의 핵심인 동북아 평화 협력 구상을 이행하는 데 큰 장애 요소다. 박근혜 정부는 한반도 신뢰 프로세스와 동북아 평화 협력 구상을 통해 한반도와 동북아에서 평화와 안정을 확보하려 하고 있다. 북한을 포함한 역내의 다양한 불확실성에 대처해 한반도 신뢰 프로세스와 동북아 평화 협력 구상을 병행 추진함으로써 동북아 및 한반도의 평화가 선순환 구조를 이루도록 한다는 것이 주된 목표다.

동북아 평화 협력 구상은 미국을 비롯해 일본, 중국, 러시아, 몽골 등 역내 모든 국가의 참여를 전제로 한다. 아울러 유럽이나 동남아 같은 역외 국가들의 참여와 협력 가능성도 열어두고 있다는 점에서 '열린 지역 협력'의 성격을 지향한다. 하지만 일본과의 관계가 지금처럼 악화된 상태에서는 일본의 참여가 어렵고, 그만큼 동북아 평화 협력 구상의 당위성과 추진 동력이 떨어질 것은 분명하다.

:: 이상현

서울대학교 외교학과를 졸업하고 미국 일리노이대학교 어바나 − 샴페인캠퍼스에서 정치학 박사학위를 받았다. 현재 세종연구소 수석연구원이자 안보전략연구실장을 맡고 있으며 〈정세와 정책〉 편집위원장을 역임했다. 외교통상부 정책기획관을 지냈고, 한국국제관계연구소와 한국국방연구원KIDA의 연구원으로 근무했으며, 동아시아연구원EAI 국가안보패널NSP 연구위원, 〈매일경제신문〉 객원 논설위원, 통일부·육군·국방부의 자문위원으로 활동했다. 국제정치와 안보, 군사 전략, 한미 관계, 북한 문제를 주로 연구하고 있다. 저서로 《한국의 외교안보 퍼즐》(공저), 《새로 그리는 동아시아 안보 지도》(공저), 《변환 시대 국가 전략: 21세기 안보 환경 변화와 한국의 대응》, 《민중 사이에서 고뇌하는 한국의 외교안보, 연미화중으로 푼다》(공저) 등이 있다.

3. 미중 갈등이 동아시아 협력에 미치는 영향은 무엇인가

최운도 동북아역사재단 연구위원

냉전이 막을 내린 직후 미국 네오콘(신보수주의)의 핵심 이론 가이자 프린스턴대학교 교수 에런 프리드버그는 그의 논문에서 "유럽의 과거가 아시아의 미래가 될 것이다"라고 설명했다. 전쟁으로 점철된 유럽의 역사를 아시아 국가들이 되풀이할 것이라는 비관적 예언이었다. 그 후 동아시아 국가들은 다양한 다자주의 협력 기구를 창설하고 협의를 진행해왔다. 유럽 수준의 지역 통합은 아니어도, 초보적이지만 의미 있는 지역 협력 기구들을 통해 지역의 협력을 도모해 온 것이다. 그러나 세계적 금융 위기를 겪은 2009년에 그 기류가 바꾸기 시작했다. 미국이 아시아로의 회귀를 선언하고 중국이 이에 적극 대응하는 태도(적극적 유소작위)로 전환했으며, 아울러 동중국해와 남중국해에서는 해상 영유권과 수송로를 둘러싼 분쟁이 표면화하기에 이르렀다. 2012년부터는 한국과 중국이 역사 인식 문제로 일본과 갈등을 겪기 시작했다. 그리고 ASEAN+3, EAS, 아세안지역안보포럼ARF 같은 기존의 대표적 지역 협력 기구의 존재감이 약해진 반면, 새로이 힘을 얻기 시작한 APEC과 TPP는 아직 의미 있는 역할을 못하고 있는 실정이다.

　가까운 미래의 동아시아 정치 지형은 중국과 일본, 중국과 베트남, 중국과 필리핀의 갈등에 의해 크게 영향을 받을 것이다. 그러나 동아시아 국가들이 중국과 겪을 갈등이나 협력의 양태는 사실상 미중 관계의 틀 속에 놓여 있다. 미국과 중국의 관계가 이 지역에서 차지하는 의미는 단순한 국력의 합계만으로도 알 수 있다. 미국의 대중국 인식은 아시아로의 회귀와 아태 재균형 정책이 중국에 대한 개입 정책이 될지, 봉쇄 정책이 될지, 아니면 사실상 무관심 정책이 될지 결정할 것이다. 반대로 중국은 미국의 정책에 대한 인식이나 국내 상황에 따라 미국의 패권에 도전하거나, 적응하거나, 혹은 주변국에 대한 공세로 대응할 것이다. 미중 갈등이 동아시아 협력에 미치는 영향을 살펴보기 위해서는 갈등 상황에 대한 이해가 선행되어야 한다. 그러기 위해서는 양국의 전략을 파악해야 하는데 이는 다시 양국의 국력 차이에 대한 이해를 필요로 한다.

미중 양국은 과연 충돌할 것인가

이론적 시각

매년 싱가포르에서는 아시아 안보 회의가 열린다. 이 회의는 개최 장소인 샹그릴라 호텔, 즉 궁극적 평화가 보장되는 이상향을 뜻하는 이름을 따서 '샹그릴라 회의'라고 부른다. 2014년 5월 말 개최된 이 회의에서는 아베 총리의 중국에 대한 간접적 견제 발언에 이어 헤이글 미국 국방장관이 중국을 지목하면서, 최근 수개월간 남중국해의 정세를 불안정하게 만드는 일방적 행동을 일삼고 있다고 비난했다. 그러면서도 그는 중국에 함께 신형 대국 관계의 발전을 꾀해나갈 것을 제안함으로써 직접적 대립은 피해갔다. 이에 대해 중국의 왕관중 부총참모장은 일본과 미국의 연설이 매우 도발적이었다면서, 영토 문제 있어 중국이 먼저 도발한 적은 없다는 말로 응답했다. 회의가 끝난 후 중국의 〈환구시보〉는 지역의 신뢰와 협력을 구축하자던 샹그릴라 회의가 미국 중심의 '홍문연'이 되어버렸다고 보도했다. '홍문연'이란 항우가 유방을 살해할 목적으로 마련한 음모와 살기 가득한 연회를 의미한다. 그만큼 미일과 중국의 대립이 날카로웠음을 보여준다.

그렇다면 향후 미국과 중국 양국의 무력 충돌은 더욱 피할 수 없는 것일까? 프리드버그 교수는 이 주제에 대한 이론적 분석을 제시한 바 있다. 다음의 표는 국제정치를 보는 두 가지의 주요 시각인 현실주의와 자유주의가 미중 관계의 미래에 대해 낙관적이거나 비관적인 이유를 제시한다.

미중 관계의 미래

	낙관론	비관론
자유주의	• 상호 의존, 제도, 민주주의	• 중국의 레짐: 권위주의 · 불안정 • 체제 전환의 위험
현실주의	• 중국의 국력: 제한적 • 중국의 목표: 제한적 • 안보 딜레마: 약화	• 중국의 국력: 부상 • 중국의 목표: 확장적 • 안보 딜레마: 심각

Aaron Friedberg (2005)에서 구성주의 시각의 요소는 제외함.

현실을 얼마나 정확히 인식하는지에 따라 요소들의 조합이 결정될 것이며, 그에 따라 협력과 갈등이라는 양극 사이의 어느 지점에서 미중 관계가 결정될 것임을 보여준다. 바로 현실 인식의 불확실성이 양국 관계의 미래에 대해 낙관론과 비관론을 결정한다는 것을 알 수 있다.

국력 평가

미국과 중국이 무력 충돌을 한다면 어떠한 경로를 거쳐 어떠한 형태의 갈등을 겪을 것인가? 양국 관계를 가늠할 수 있는 구조적 틀을 이해하기 위해서는 국력 차이에 대한 정확한 분석이 선행되어야 한다. 정책 결정자뿐 아니라 일반 국민도 국제사회의 국가 간 관계의 기본 작동 원리로 국력의 분포를 근본적 요소로 꼽고 있기 때문이다.

2000년대로 접어들면서 국제사회는 미국이 유일 초강대국이라는 일극 체제를 인정해왔다. 볼포스는 향후 수십 년 동안 어떤 나라도 국력의 요소에서 미국을 따라잡을 수 없다고 했다. 1980년대 후반 미국의 상대적 쇠퇴를 주장함으로써 주목받은 예일대학교의 역사학자 폴 케네디는 2002년 칼럼에서 "지금까지 이 같은 국력의 차이는 어디에도 없었다, 어디에도"라고 썼다. 이러한 힘의 우위는 지속되었다.

2008년 리먼브러더스 사태로 인한 미국발 세계 금융 위기가 발생하자 분위기가 일변하기 시작했다. 그 위기로 미국은 금융 분야뿐 아니라 다른 분야에서도 국제사회의 유일한 초강대국으로서 신뢰를 잃었다. 대신 중국은 세계적 금융 위기에도 흔들리지 않고 경제성장을 이루어냄으로써 국제사회의 주요 국가로서의 지위를 인정받았다. 미국도 중국을 G2로 부르기 시작했다. 중국은 1990년대부터 계속된 급속한 경제성장의 결과 자신감을 얻었고, 덩샤오핑 이래 유지해온 '도광양회'의 국가 전략을 버리고 '유소작위'로 전환하기에 이르렀다. 이는 바로 동아시아에서 지역 패권 추구의 시작이었다.

중국과 미국의 국력 비교는 모두에게 초미의 관심사다. 중국의 국력 성장을 강조하는 주장은 최근에 나온 중국 학자들의 국력 평가를 통해 살펴볼 수 있다. 중국의 대표적 국제관계학자인 청화대학교 옌쉐퉁 교수는 《역사의 관성》(2013)이라는 저서에서 2023년이면 사실상 중국의 국내총생산GDP이 미국을 앞지를 것이라고 내다봤다. 그러나 중국의 종합 국력이 미국과 대등하다 할지라도 군사력과 문화력에서는 상당한 격차가 존재할 것이라고 주장했다. 청화대학교 교수인 후안강의 예상은 더욱 극적이다. 그는 2020년에 중국의 GDP가 미국의 1~1.7배에 달할 것이며 이는 미국이 지난 100년 동안 유지해온 세계경제 1위의 지위를 무너뜨리는 것이라고 설명했다. 아울러 2030년에는 중국의 GDP가 미국의 2배에 이를 것이라고 주장한다.

마이클 베클리는 기존의 국력 관련 연구는 대부분 포괄적 평가가 아니라 두세 가지의 지표(GDP, 인구, 에너지 소비량 등)에 의존하는 인상주의적 판단에 그치거나, 평가 시점의 국력에 대한 평면적 비교에 머무르고 있음을 지적했다. 그는 이러한 문제점을 넘어서기 위해 20년에 걸친 경제, 기술, 군사 분야의 수많은 지표를 비교했다. 그 결과 미국은 쇠퇴하기는커녕 오히려 중국에 비해 더 부유해졌으며 군사적·창의적 면에서도 훨씬 강력해졌다고 주장한다. 실제로 중국과 미국의 GDP 차이는 현격히 줄어들었다. 수출에서도 첨단 제품의 비중이 커졌으며, 과학자의 채용도 증가했다. 그러나 베클리에 따르면 중국 첨단 수출 제품의 90%는 외국 기업이 생산하고 있으며, 과학자의 채용도 양적 증가는 있었으나 질적 발전은 없었다. 아울러 재정적으로도 많은 혼란에 휩싸여 있다. 베클리는 중국의 부상을 언급하는 많은 주장이 근거로 삼는 GDP 차이에 대해서도 클라우스 노어를 인용해 국력에서 중요한 것은 국가의 부wealth가 아니라 쓰고 남은 부surplus wealth라는 점을 강조한다. 그에 따르면 2010년 미국과 중국의 일인당 GDP 차이는 1991년보다 1만 7,000달러나 더 커졌다. 그리고 2013년에는 그 차이가 2만 2,000달러로 확대되었다.

미중 충돌의 가능성과 경로

2009년 이후 미국은 동아시아 지역에 대해 '아시아로의 회귀'와 '아태 재균형 정책'으로 대표되는 아시아 중시 전략을 발표해왔다. 그러나 이러한 전략은 실효성 및 내용과 관련해 많은 논란을 낳고 있다. 국력의 정확한 평가가 향후 미국이 중국에 취할 정책을 결정하는 데 중요한 만큼, 현재 미국 정책의 내용과 의도가 무엇인지에 따라 미중 관계에서 갈등의 가능성과 경로에 대한 분석이 달라지기 때문이다.

최근 미국의 전략은 크게 개입, 봉쇄, 무관심으로 나뉜다. 개입이 목적이라면 중국과의 경제 교류와 외교, 다자간 협력 기구의 확대, 정책의 투명성 등을 추구할 것이다. 봉쇄가 목적이라면 국방력을 증강 혹은 보강하고, 아시아 국가들과의 동맹 관계나 군사적 협력 관계를 돈독히 하려 할 것이다. 무관심은 아시아로의 회귀라는 선언과 상관없이 지난 20여 년간 중시해온 유럽과 중동 지역에 대한 관심으로 동아시아 문제에 관여할 여력과 의사가 없음을 의미한다.

의도의 불확실성을 기정사실로 받아들인다면 국력의 차이를 인식하고 있는 중국으로서는 미국의 아시아 중시를 봉쇄로 받아들일 수밖에 없다. 그러나 미국 입장에서는 중국의 국력과 위협에 대한 인식에 따라 대중국 전략이 개입과 봉쇄 그리고 무관심 사이에서 갈라질 수밖에 없다. 동중국해와 남중국해를 둘러싼 공격적인 중국의 행위들이 중국 국내의 불안정에 대한 불안감에서 비롯한다고 보는 이들에게는 아시아로의 회귀가 필요 이상으로 중국을 자극하는 봉쇄 정책으로 보일 수 있음을 경계한다.

반면 중국의 공격적 행위들이 경제 부상에 따른 자신감에서 비롯된 것으로 보는 이들은 재균형을 통한 미국의 봉쇄를 필연적인 대응으로 생각한다. 그러나 문제는 오바마 정부의 재균형 정책이 애초 의도와 달리 아시아에 대한 무관심으로 비치고 있다는 점이다. 원론적으로 미국의 의도는 중국을 놀라게 하지 않으면서 동아시아 동맹국과 우호국에 안보상의 재확인을 제공하는 것이었다. 그러나 최근 오바마 정부의 행동은 이와 반대로 중국을 고립시키고 아시아 국가를 불안하게 만들며 기대한 지역 협력에 상처만 입히는 결과를 남기지 않을까 하는 우려를 낳고 있다.

미중 관계가 초래할 수 있는 갈등의 가능성은 이론적 측면에서 살펴보면 한층 명확해진다. 베클리는 유일 초강대국의 정책은 첫째 영토 문제에 대한 조정, 둘째 국제사회의 국가 간 연대, 셋째 힘의 분포에 대해 어떠한 입장을 취하는가에 따라 개입, 봉쇄, 무관심으로 분류될 수 있다고 주장한다. 아울러 일극 체제는 기본적으로 안정적이라는 다른 현실주의자들의 주장을 반박한다. 요컨대 일극 체제 아래에서도 무력 충돌의 가능성은 얼마든지 있으며, 이는 패권국이 위의 세 가지 정책에 대해 어떤 입장을 취하느냐에 달려 있다고 주장한다.

지역 강대국은 패권국으로부터 생존을 보장받는 만큼 패권국이 지배 전략을 유지하는 이상 직접적으로 이에 도전하지 못한다. 그러나 지역의 약소국들이 패권국의 의도를 오인함으로써 기존의 지역 질서를 변경하려 한다면 갈등이 유발될 수밖에 없다. 이라크 전쟁과 코소보 전쟁은 약소국이 패권국의 소극적 개입 의지를 믿고 무력 도발을 한 것으로 볼 수 있으며, 북한의 핵 개발은 패권국인 미국이 북한의 생존을 위협한다는 인식에 기초해 자신의 안보를 추구하는 것이 주변국들과 갈등을 유발한 것으로 볼 수 있다. 어느 경우든 패권국과 지역 패권을 주도하는 미중의 직접적 갈등과는 거리가 있다.

그러나 패권국이 지역 정세에 무관심한 경우 지역 약소국 사이에 영토 문제, 국가 간 연대 문제, 힘의 분포라는 세 가지 차원의 문제로 갈등이 발생하고, 결과적으로 패권국과 지역 강대국 사이의 무력 충돌로 이어진다. 이 이론적 시각에 따르면 미중 간 충돌은 중국이 미국의 아시아로의 회귀 정책을 무관심과 불개입 정책으로 인식할 경우 발생할 가능성이 높다. 결국 무관심 정책, 특히 불완전한 무관심 정책이 가장 경계해야 할 미국의 정책이라고 할 수 있다.

미중의 충돌은 가능한가

그렇다면 실제 미중 갈등은 어떻게 발생할까? 미국의 대표적 싱크탱크 중 하나인 랜드연구소는 2011년 미중 군사 갈등의 전망과 결과에 대한 보고서를 제출한 바 있다. 이 보고서에 따르면 무력 충돌의 발생 확률은 한반도, 타이완, 남중국해, 동중국해 그리고 중국과 인도 국경 지대 순이었다. 각 지역에서의 무력 갈등이 미중 충돌로 이어질 수 있다는 것이다. 여기서 주목할 것은 중일 간 무력 충돌의 가능성이 남중국해보다 낮다는 점이다. 그리고 남중국해와 동중국해의 경우, 미중의 직접적 충돌보다는 중국과 그 주변국들 사이의 변화와 관련이 있다. 결국 이 보고서는 이러한 상황이 미국 개입 정책의 약화에 따라 발생할 수 있으며, 그 결과 미국의 뒤늦은 개입과 미중 갈등으로 이어질 것임을 말해준다.

그러므로 이런 상황의 발생 양상과 관련국의 대응 및 대외 협력에 미치는 영향을 살펴보고(한국에 직접적 영향을 미칠 수 있는 세 가지 상황, 즉 북한 급변 사태와 남중국해 및 센카쿠를 둘러싼 갈등에 국한해 논의한다), 다음으로 미중 갈등이 동아시아에 어떤 영향을 미칠지 분석할 필요가 있다.

경로에 따른 미중 갈등의 양상과 각 지역의 대응

북한 급변 사태의 경우

북한 체제의 붕괴는 경제 파탄, 내부 권력투쟁, 한국과 무력 충돌에서의 실패 등 다양한 원인으로부터 시작될 수 있다. 어느 경우든 대량의 난민을 발생시키고 군부의 권력투쟁으로도 이어질 것이다. 이때 한미연합사령부의 주 임무는 북한의 대량 살상 무기와 탄도미사일을 확보하고, 장사정포를 무력화하는 것이다. 또 압록강 이남으로 남하하는 중국의 인민해방군에 대응하면서 여러 거점 지역을 차지하고 사태를 안정시켜야 한다. 이 경우 미국과 중국의 군대가 충돌할 가능성이 높을 뿐 아니라 상호 상승 작용의 가능성 또한 높다.

이런 상황이 발생하면 한미일 협력이 일차적 안보 문제로 대두하고, 한일 역사 갈등은 부수적 문제가 될 수밖에 없다. 만약 역사 갈등으로 인해 한미일 안보 협력이 원활히 이뤄지지 않는다면 한미 동맹 또한 위기를 맞을 것이며, 한반도 상황에 대한 한국의 주도권은 오히려 제한받고 입지 또한 더욱 좁아질 것이다. 위기 상황 이전의 한중 우호 관계가 상황 대처에 긍정적으로 작용하는 것도 한미일 협력을 전제로 했을 때 가능하다. 중국의 남하 의지가 압록강 이북의 안전 확보에 그칠 정도로 제한적이고 방어적인 것이 아닌 이상, 미국은 일본의 지원 없이 한미 동맹만으로 대처하기 어렵다고 판단할 것이다. 그러므로 중국이 압록강 이남으로 진격할 의사를 갖는 순간부터 한국은 미국과 중국 사이에서 선택을 요구받는다. 이 경우 우리는 한일 역사 갈등을 뒤로하고 한미일 안보 협력을 선택할 수밖에 없다.

남중국해 무력 충돌의 경우

남사군도와 서사군도를 둘러싸고 중국과 베트남, 중국과 필리핀 사이에 긴장이 고조되고 있다. 싱가포르와 인도네시아는 영유권 분쟁과 직접 연관은 없으나 해상 운송로의 안전 확보와 관련해 남중국해에서의 무력 충돌에 무관심할 수 없다. 말레이시아와 브루나이는 영유권 분쟁의 당사국들이다. 중국과 베트남의 해상 영토 분쟁은 육상무력 갈등으로 확대될 가능성을 안고 있으며, 미국과 동맹 관계에 있는 필리핀과의 무력 충돌은 미국의 개입을 부를 가능성이 높다. 남중국해 도서에 대한 중국의 영유권 주장은 도서 주변 지역에 대한 배타적경제수역EEZ 주장의 근거이고, 그 영역은 구단선九段線을 따라 남중국해의 대부분을 포함하는 지역에 이른다. 이 지역에서 중국의 영향력과 해상 지배권은 항해의 자유를 침해함으로써 미국의 국익에도 결정적 타격을 줄 수밖에 없다.

이 지역에서의 무력 충돌은 1990년대 이후 동아시아 지역주의의 운전석을 담당해온 ASEAN의 결속에 큰 타격을 줄 수 있다. 필리핀과 베트남, 말레이시아, 브루나이 등은 중국에 대결적 자세를 보일 것이지만 대중국 의존도가 큰 캄보디아, 미얀마, 라오스는 강경 대응에 동조하지 않을 가능성이 높다. 2014년 8월 미얀마 네피도에서 열린 ASEAN 외무장관회의에서 이런 상황이 벌어졌다. 필리핀이 남중국해에서 해상 분쟁을 유발할 수 있는 행위를 금지하는 행동 강령의 조속한 도입을 촉구했지만 이들 세 나라가 유보적 태도를 보임으로써 공동선언문은 유화적 표현을 하는 데 그쳤다. ASEAN의 결속력이 약해지면 ASEAN+3, EAS, ARF, RCEP, TPP 등 지금까지 쌓아온 지역주의 기구들이 유명무실해져 지역 협력의 진전을 기대하기 어렵다.

이 지역의 분쟁에 대해 미국이 강온 대응을 병행함으로써 중국을 자극하지 않으려 하는 데 비해, 일본은 한층 적극적인 외교적 지원 행동을 보이고 있다. 해상 운송로의 안보와 관련해 집단적 자위권을 행사할 일본 자위대는 미국의 제7함대와 공동 작전을 수행할 가능성이 있으며, 공적개발원조ODA를 군사적 용도로 활용해 중국과 대립하고 있는 베트남과 필리핀에 군사 장비를 지원할 수도 있다. 필리핀과 베트남은 위안부 및 전쟁 피해 문제로 일본과 갈등을 겪고 있으면서도 일본의 확대된 안보 역할을 환영한다는 입장이다. 일본은 동남아 지역에서 안보 지원을 통한 이미지 개선으로 안보리 상임이사국 지위 도전에 전기를 마련할 만큼 적극적으로 활동하고 있다.

센카쿠를 둘러싼 무력 충돌의 경우

센카쿠 열도의 중요성은 중국과 일본의 영유권 분쟁으로 인한 무력 충돌의 시발점이 될 수 있다는 것 외에도, 중국의 서태평양으로의 세력 확장의 길목이라는 점에서 미중 충돌의 도화선이 될 수도 있다는 데 있다. 그렇기 때문에 센카쿠 열도를 둘러싼 중일 분쟁의 가능성은 일본의 집단적 자위권 행사 허용을 촉구하는 더없이 좋은 명분이다. 이 도서 영유권에 대한 갈등은 중일 양국의 국내 정치, 즉 중국의 민족주의 배출구와 일본의 우경화 경향의 충돌, 다시 말해 역사 문제가 배경이라는 점에서 영유권 분쟁 이상의 의미와 높은 발생 가능성을 내포한다. 특히 이 지역을 둘러싼 중일 양국 간 분쟁과 갈등은 지역 패권의 귀속 여부와 관련 있는 것으로, 국력 평가의 불확실성이 근저에 있는 만큼 양국 관계의 균형을 찾아가는 과정이라고 볼 수 있다.

일본 입장에서 미국은 중국의 부상에 대한 외부 균형자에 해당한다. 즉 일본의 대중 강경 정책은 미국의 개입을 통해 지역 안정을 확보하고 자국의 방위 역할을 확대하는 데 목표가 있다. 미국은 미일 동맹을 통해 이 지역에서의 개입을 지속하고 서태평양에서 영향력을 유지하고자 한다. 그러나 분쟁이 발생할 경우 미국은 일본의 손실을 최소화하는 역할을 수행해야 할 뿐 아니라, 필요할 경우 중국 대륙에 대한 공격과 그로 인한 확전의 부담을 안을 수밖에 없다. 중국이 A2AD 전략을 수행하기 위해 국방력을 지속적으로 증대할 경우, 미국의 확전 부담은 늘어난다. 그러므로 미국으로서는 가능한 한 중일 무력 충돌의 가능성을 줄이기 위해 노력할 수밖에 없다.

미중 충돌이 다자주의 협력에 미치는 영향

현재 진행되고 있는 동아시아 지역의 다자주의 협력 구도는 다음과 같은 몇 가지 특징으로 요약할 수 있다.

첫째, 금융 및 무역 분야에서는 지역주의 기구의 상당한 발전이 있었으나(금융 분야에서는 치앙마이 이니셔티브 다자화협정CMIM, 무역 분야에서는 각종 양자 FTA), 안보 분야는 초보적 수준에 머물러 있고 문화 분야는 역사 갈등으로 인한 긴장이 오히려 높아지고 있다는 점이다. 그래서 최근 이 지역 경제의 성장과 교류 확대는 영토 분쟁으로 인한 갈등과 분리되어 이뤄지고 있다. 이는 경제 분야의 제도화가 안보와 역사 문제로 인한 갈등을 억제할 수 있는 수준에는 이르지 못했음을 의미한다.

둘째, 지난 20여 년간 지속된 지역주의 노력 덕분에 제한적 구속력과 영향력을 가진 다자주의 기구의 중첩적 제도화가 이뤄지고 있다는 점이다. 경제 분야에서는 ASEAN+3, TPP, RCEP, 아태자유무역지대FTAAP, 안보 분야에서는 EAS, ARF, 한중일 정상회의, 6자 회담 등이 서로 대립과 협조 관계 속에서 진행되고 있다. 경제 분야에서 수많은 양자주의 FTA와 중첩적 다자주의의 제도화는 '누들볼 현상Noodle Bowl Syndrome'을 낳았다. 이는 역내외 수많은 나라와 얽히고설킨

FTA 때문에 서로 간에 제도적 충돌이 발생하고, 이로 인해 많은 비용이 들뿐더러 비효율적 다국 간 관계가 형성되어 다자주의로 발전하는 걸 방해하는 경향을 일컫는다. 그렇기 때문에 아시아로의 회귀는 미국이 주도하는 실효성 있는 다자주의 기구의 설립과 운영을 목표로 삼고 있다. 바로 TPP를 통해 아시아·태평양 지역에서 높은 수준의 FTA를 체결하고자 한 것이 그 예다.

셋째, 동아시아 지역주의 기구들이 상호 협력보다는 기본적으로 미국과 중국, 혹은 중국과 일본의 경쟁 관계 속에서 이뤄지고 있다는 점이다. ASEAN+3의 경우는 그동안 ASEAN이 주도해왔으나 2000년부터는 중국이 적극 주도하기 시작했으며, 이에 대한 대응으로 일본은 EAS를 제안했다. 현재 진행되는 TPP와 RCEP 또한 각각 미국과 중국의 주도 아래 이뤄지고 있다. TPP의 경우, 2009년 미국이 아시아로의 회귀를 선언한 이후 일본이 협상 참가를 결정했고, 그때부터 주목받기 시작했다. 그로 인해 이전부터 진행해오던 ASEAN+3 자유무역협상은 빛을 잃어갔다. 그러자 일본이 EAS에서 제안한 ASEAN+6의 틀을 중국이 주도하는 자유무역협정의 틀로 변경해 이끌어가고 있는 것이 RCEP이다.

만약 위에서 살펴본 양상으로 미중 무력 갈등이 발생한다면, 이들 지역 다자주의 기구에 미치는 영향을 두 가지 정도로 나누어 예상해볼 수 있다. 첫째, 제한적 무력 충돌 후 사태가 안정될 경우 지금까지 존재해온 다자주의 기구들을 지역 질서 복구 과정에서 활용할 수 있다. 그러나 미중 충돌을 저지하거나 방지하지 못한 만큼 동아시아 지역 다자주의 기구들의 효용성에 대한 논란은 피하기 어려울 것으로 예상된다. 둘째, 그럼에도 불구하고 지역 참가국들이 다자주의 기구의 필요성에 동의한다면 구속력 있는 제도를 구축할 기회가 될 수 있다. 그러나 만약 무력 충돌이 장기화하거나 고강도 분쟁으로 번질 경우 미국과 중국의 경제는 심각한 타격을 받을 것이며, 역내 경제는 자유무역보다는 보호무역에 의존하는 경향이 높아질 것이다. 이는 동아시아 다자주의 제도화의 수준이 고강도 분쟁을 이겨낼 정도에 이르지 못했음을 의미한다.

정치적으로는 차갑고 경제적으로는 뜨거운 이중구조

지금까지 논의한 미중 무력 갈등의 양태를 이해하기 위해서는 전체적인 미중 관계의 구도 속에서 살펴볼 필요가 있다. 1990년대 이래 미중 관계는 정냉경열政冷經熱이라는 이중구조를 유지해왔다. 지난 수년 동안 진행되어온 중국의 부상과 동중국해 및 남중국해에서의 공격적 해양 전략을 고려해도 미중 무력 충돌에 이를 정도의 관계 악화는 아니라고 할 수 있다. 특히 미중 국력의 차이를 고려한다면 중국의 공격적 외교 정책도 사실은 지역 국가들에 대한 것이지 미국을 겨냥한 것은 아니다. 이러한 이중구조는 미국이 개입과 봉쇄라는 상반된 두 가지 전략을 경제 및 정치 관계에 각각 적용하고 있는 것으로 볼 수 있다. 이른바 '헤징hedgning' 전략이다.

정냉경열의 이중구조가 1990년대 이래 안정적 미중 관계라고 한다면 2009년 이후 중국의 '적극적 유소작위' 전략 추구는 경제적 상호 의존과 개입은 계속하면서도 정치적 마찰이 증가한 상황이다. 만약 미국과 중국이 경제 분야에서까지 마찰하며 경제 교류가 후퇴한다면 정치 분야에서의 상황 악화를 저지할 지지대가 사라지는 셈이다. 이런 상황에서 경제 분야에서의 분쟁이 악화하더라도 정치 분야에서의 양국 관계가 현재와 같은 제한적 분쟁 수준이라면 무력 충돌에는 이르지 않는 갈등 상황이라고 할 수 있다. 그런데 정치 분야의 분쟁이 악화함과 동시에 경제 분야 또한 갈등 수준의 분쟁을 겪는다면 무력 충돌이 가능한 상황이라고 상정할 수 있을 것이다. 그러므로 위에서 상정한 상황에서의 무력 충돌이 아니라면, 미중 갈등은 미국의 패권 아래 진행되는 정냉경열의 이중구조 틀에서 이뤄지고 있음을 알 수 있다.

최근 우리는 동남아 국가에 대한 미국의 관계 강화와 아베 정권의 안보 다이아몬드 구상, 집단적 자위권 행사 허용 그리고 동남아 국가에 대한 군사 지원 강화를 중국에 대한 봉쇄 정책으로 인식하고, 이것이 냉전 시기의 봉쇄 정책과 같은 갈등 상황을 초래할 것이라는 추측성 기사를 자주 접한다. 지금까지의 분석에 따르면 그러한 상황을 미국의 봉쇄 정책으로 인식하고 중국이 그에 대해 현실 변경을 시도할 것이라는 추측인데, 이러한 배경에는 하나의 가정이 깔려 있다. 즉 미국의 국력이 쇠퇴해 미중 국력의 차이가 줄어들면서 머지않은 미래에 중국이 미국과 패권 경쟁을 할 것이라는 인식이 그것이다. 그러나 기존의 연구 분석, 요컨대 당분간은 중국의 국력이 미국의 국력에 필적하지 못할 것이라는 점, 그리고 전망할 수 있는 미래까지는 미국의 국력이 압도적일 것이라는 점이 사실이라면 이러한 인식은 설득력을 잃는다.

지금까지 미중 안보 갈등이 동아시아 국가들의 역내 협력 관계와 동아시아 경제 분야 지역주의에 미치는 영향을 분석해봤다. 현재와 같은 미중 관계 속에서도 경제지역주의와 관련해 미국 중심 다자주의와 중국 중심 다자주의의 견제·대립이 존재하고 있다. 미중 사이에 무력 갈등이 심화할 경우, 이들 경제 분야 지역주의 기구가 갈등 완화 역할을 할 수도 있으나, 현재의 제도화 수준에서는 오히려 역할 상실의 가능성이 더 높다고 볼 수 있다. 다자주의적 지역주의 기구가 아직 정착하지 못해 그 필요성에 대한 인식의 강도가 높지 않으며, 구성원들의 소속감도 높지 않기 때문이다. 심각한 무력 충돌 이후에는 동아시아가 진영을 나누어 다자주의를 맺거나, 많은 양자주의 FTA가 이전의 느슨한 다자주의를 대체할 수 있을 것이다.

그러나 미국이 압도적 국력을 유지하는 한 무력 갈등은 제한적 충돌로 끝날 가능성이 높다. 그럴 경우에는 현재의 지역주의 기구들이 대화와 협력을 유도하는 역할을 수행할 것이고, 그러한 기구들을 한층 높은 수준으로 제도화하고 강화할 수 있다. 작은 실패의 경험이 오히려 구속력 있는 다자주의 협력을 가능케 하는 지역의 인식 변화를 불러올 수 있기 때문이다.

결국 미국의 국력이 미래에도 유일 초강대국으로서 유지된다면,

동아시아 지역의 안정을 위해 그리고 미중 관계의 안정을 위해서는 미국의 과잉 개입이 아니라 무관심을 경계해야 한다는 결론을 얻을 수 있다.

:: 최운도

연세대학교 정치학과를 졸업하고 콜로라도대학교 정치학 박사학위를 받았다. 동북아역 사재단 연구위원으로 활동하고 있으며 나가사키대학 객원교수, 연세대학교 동서문제연 구원 연구교수를 지냈다. 저서로 《日本の東アジア共同体構想と地域認識―アジアに 対する認識の変化を中心に》(편저), 논문으로 〈Conditions for Peaceful Resolution in Territorial Disputes of Northeast Asia〉, 〈일본의 집단적 자위권: 개념, 해석, 그리고 헌 법개정〉, 〈Abe's Visit to Yasukuni Shrine and the Impact on East Asian Regional Security〉 외 다수가 있다.

4. 중일 관계의 변화와
중국의 대한국 정책은 어떠한가

김흥규 아주대학교 교수

　　2010년대 접어들어 동북아 정세는 더욱 불안정하고 혼돈
스럽다. 그 핵심에는 중일 간의 갈등과 대립이 자리하고 있다. 흔히
말하는 동아시아의 역설paradox이라 일컫는 현상이 극명하게 드러나
고 있다. 경제적으로는 상호 의존과 교류가 상당한 수준에 이르렀지
만, 안보적으로는 더욱 대립하는 상황이다. 2014년 한국이 중국의 제
1무역 상대국이 되었지만, 그전까지만 해도 일본이 중국의 제1무역
상대국(현재는 2위)이었고 중국 역시 일본의 제1무역 상대국이었다. 그
러나 현재 중일 관계는 외교·안보적으로 역대 최악이라 할 만큼 상

대를 잠재적 적국으로 여기는 대립을 강화하고 있다.

작금의 중일 간 갈등을 설명하는 변수에는 여러 가지가 있다. 요컨대 지도자 변수, 역사 문제, 타이완·북핵·센카쿠 열도 등에서의 갈등, 민족주의 정서의 부상, 소통의 문제 등을 들 수 있다. 중일 갈등을 보는 전문가들의 일반적 시각은 국제정치에서 발생하는 세력 전이 같은 구조적 측면에 초점을 맞추고 있다. 역사상 중국과 일본이 현재처럼 동시에 강력한 상황에서 대립한 적은 없다. 일본은 과거 세계적 제국을 형성했던 중국보다 열세인 상황에 놓여 있었다. 그러나 19세기 들어 서구적 민족국가 체제를 형성하면서 중국을 압도하기에 이르렀으며, 1895년 청일전쟁에서 결정적으로 승리함으로써 청나라의 멸망을 재촉했다. 일본은 제2차 세계대전의 패전에도 불구하고 미국의 안보 지원에 힘입어 경제 재건에 성공했고, 마오쩌둥 시기의 중국은 내부적으로 큰 혼란에 빠져 있었다. 그러나 중국은 1978년 시작한 개혁·개방 정책을 성공적으로 이끌면서 30여 년 넘게 약 10%의 경제성장을 이룩해 2010년에는 경제 규모에서 일본을 추월했다. 이제 종합 국력에서도 지역 강대국인 일본을 추월하고 미국과 겨루며 세계에서 가장 강력한 민족국가로 거듭나려 하고 있다.

2010년 이후 불거진 중일 갈등은 기존의 특정 이슈에 연유한 것이 아니라, 지역의 세력 전이 상황과 깊은 관련이 있다. 이러한 갈등은 세계적 차원의 세력 전이와 연계되어 있어 더욱 이해하기 어렵다. 동시에 중일 국내에서 진행되고 있는 권력 게임과도 깊은 연관성을 지니고 있다. 강력한 리더십을 지닌 시진핑과 아베가 자신의 정치적 어젠더를 추진하기 위한 주요 수단으로 외교 정책을 운용하고 있기 때문이다. 따라서 이러한 갈등의 향배는 세력 전이뿐만 아니라 중일 양국이 국내 정치 권력을 얼마나 안정적으로 구축할 것인가에 따라 크게 영향을 받을 것으로 보인다.

시진핑이 집권한 중국에서는 기존의 '발전도상국'이라는 자아 정체성에서 탈피해 '신흥 강대국'이라는 인식이 주류로 등장하고 있다. 중국 외교 또한 이런 새로운 자아 정체성에 대한 인식에 기초해 대외 정책 전반, 즉 세계·지역·한반도 전략에 걸친 재검토가 이뤄지고 있다. 아울러 '새로운 강대국 관계론新型大國關係論'을 내세워 좀 더 평등한 입장에서 미국과의 관계를 재설정하고, 자국의 주요 전략적 이익을 지켜내겠다는 의지를 강하게 보이고 있다. 미국과의 직접적인 대립은 원하지 않지만 국가이익에 기초한 '핵심 이익'을 수호하고, 불가피한 경쟁은 피하지 않겠다는 것이다. 그 주요 수단으로 주변국과의 외교를 새로 주목하고 있다.

시진핑 시기 중국의 이러한 새로운 외교 방향은 중일 관계에 중대한 함의를 지닌다. 후진타오 시기 혹은 그 이전 장쩌민 시기의 중일 갈등은 대체로 제한적이었다. 이는 미국이 미일 동맹을 바탕으로 역내 안정자 역할을 수행하고, 중국 역시 발전도상국이라는 자아 정체성을 바탕으로 주변국과 첨예한 갈등을 회피하고 안정을 추구하면서 경제 발전을 최우선 목표로 설정했기 때문이다. 중일은 상호 간에 분쟁이 존재한다는 사실을 인정했지만, 이것이 양국 간의 극적 갈등으로 전환하지 않도록 잘 관리할 수 있었다.

과거 중국 외교에서 경제 논리가 외교적 논리를 압도했다면, 이제는 외교와 안보 논리가 경제 논리를 압도할 수 있다는 것을 보여준다. 과거에는 정경분리 원칙에 입각해 외교적 갈등에도 불구하고 경제적 교류와 유대를 지속할 수 있었다. 그러나 2010년 중일 갈등 과정에서 이러한 원칙이 크게 훼손되었다. 최근 자유무역협정이나 아시아인프라투자은행 설립 등과 관련해 중국의 외교적 행보를 관찰해보면 경제적 수단을 적극 활용해 외교·안보적 목표를 달성하려는 의지를 한층 강화하고 있음을 알 수 있다.

중국은 미국과의 직접적 대립 관계나 충돌을 원치 않지만, 미국을 견제하고 국제 외교 무대에서 한층 주도적 역할을 수행하려 한다. 아베 총리는 동아시아에서 미일 동맹을 바탕으로 중국을 견제하는 주춧돌 역할을 담당하는 전략적 선택을 했고, 이에 중국은 이전보다 강력하게 일본을 압박하고 고립시키려 할 것이다. 중국은 향후 주변국 외교를 대폭 강화하면서 자국을 견제하는 주변 국가들에 대해서는 더욱 강력한 압박을 가하는 데 주저하지 않을 전망이다. 센카쿠 열도 분쟁은 중국의 핵심 이익인 영해 주권 문제와 관련되어 양보와 타협이 쉽지 않은 상황이다. 중국은 경제 분야에서 미국과의 협력을 바탕으로 아시아개발은행ADB을 좌지우지한 일본에 대항해 이제 아시아인프라투자은행의 설립으로 아시아 금융 체제의 주도권을 잡으려 하고 있다.

중국의 경제 규모는 이미 2010년을 전후로 일본을 추월했으며, 그 격차는 점차 벌어질 것이다. 일본이 단독으로 중국을 견제하는 것은 현실적으로 불가능하다. 세력 전이 상황에 몰린 일본은 중국에 굴복하기보다는 국내 역량을 총동원해 보통국가화를 추진하는 한편, 역내 미국의 영향력과 전략적 이해를 대변하면서 자국의 영향력을 유지하겠다는 복안을 갖고 있다. 이러한 상황에서 일본과 중국의 갈등과 충돌은 불가피하다. 이제 중일 분쟁은 단순히 행위자 차원의 문제가 아니라 구조적 세력 전이 현상과 연관 있으며, 아울러 이에 대한 일본의 전략적 판단과도 연관되어 쉽사리 해결할 수 있는 상황이 아니다. 일시적 해결책을 찾기조차 쉽지 않은 상황이다.

중일 관계는 어떻게 변화할 것인가

2010년 센카쿠 갈등과 중일 관계

중일 관계의 근본적 전환점은 2010년 일본의 센카쿠 열도 국유화 조치였다. 이에 대해 일본은 국가가 분쟁 지역을 구입해 중일 간의 갈등을 억제하려는 의도에서 취한 조치라고 설명했다. 그러나 중국은 이를 1978년 중일평화우호조약 체결 시 합의한 '국가 개입 금지'라는 묵계를 깬 것이며, 일본이 조직적으로 교묘하게 센카쿠 열도에 대한 점유권 강화를 시도한 것으로 인식했다. 동시에 일본의 이러한 태도와 우경화 추세를 연관시켜 이해했다. 중국은 일본 측에 원상 회복을 요구하며 지속적인 압박 전략에 돌입했다. 이에 대해 일본의 간 나오토 내각은 미일 동맹 강화 정책으로 대응했으며, 이로써 센카쿠 열도 영유권 분쟁이 본격화되었다. 특히 2012년 집권한 아베 정권은 이 분쟁을 적극 활용해 일본의 보통국가화 정책을 추진했다. 중국 내에서도 세계 금융 위기 이후 자국의 급속한 부상과 자신감 상승, 새로운 국가 정체성에 대한 인식, 민족주의 발현 등이 나타났다. 이처럼 중일 양국은 서로 강수를 두는 정책을 채택했고, 이는 전 방면에 걸쳐 역내 안보 상황을 악화시키는 주요 요인으로 작용하고 있다.

2012년 민주당으로부터 정권을 넘겨받은 자민당의 아베 정권은 미일 동맹 강화를 기초로 중국을 견제하고 동아시아의 중심 국가로 남겠다는 전략적 선택을 했다. G2라 불릴 만큼 위상을 강화하고 있는 중국의 급속한 부상에 대해 일본이 취할 수 있는 선택은 두 가지였다. 즉 굴복이냐 아니면 미국과의 동맹 강화를 통해 지역 강대국으로서 자국의 역할을 수행하고 지위를 인정받느냐 하는 기로에 직면한 것이다. 일본은 전략적으로 명백히 후자를 선택했다. 이를 위해 역사 왜곡, 영토 갈등, 집단적 자위권의 해석 변경 등 주변국과의 마찰에도 불구하고 국가 역량을 최대한 동원하기 위한 노력(우경화)을 우선적으로 추진하고 있다. 2013년 2월에 개최한 미일 정상회담은 '미일 동맹의 부활'을 강조했다. 아베 총리는 중국의 부상과 시진핑 정권이 추구하는 새로운 형태의 적극적 외교에 맞대응하면서 일본의 보통국가화 정책을 적극 추진하는 한편, 역내 현상 유지 혹은 심리적 세력 균형 전략을 취하고 있다. 강력한 미일 동맹 관계 구축을 시도하면서 심지어 미국의 재정적 부담을 상당 부분 덜어주겠다는 입장도 취했다. 미국과 공동 안보 정책을 강화하는 내용을 담은 집단적 자위권의 법제화를 추진해 미국의 지지를 이끌어내기도 했다. 아울러 중국과의 영토 갈등에 대해서는 총력 태세로 군사 충돌도 회피하지 않겠다는 태도로 맞서고 있다. 외교적으로는 대중 견제 차원에서 호주, 인도 등과 네트워크를 형성하고 중국과 갈등 중인 베트남, 필리핀 등과 협력 관계를 강화하는 조치를 취했다.

일본의 이러한 미일 동맹 강화와 적극적인 대중국 견제 정책은 상대적으로 세력 전이 현상에 직면해 재정적 어려움을 겪고 있는 미국에 엄청난 전략적·재정적 공간을 확보해준 셈이다. 미국으로서는 동아시아 지역에서 중국보다 우위를 유지할 수 있는 주요한 틀을 확보했고, 일본 역시 자국의 자위력을 강화하기 위해 중요한 전략적 시간을 번 것이라 평가할 수 있다. 다만, 일본이 이러한 보통국가화 정책의 일환으로 지나치게 몰역사적 태도를 취하고 인류의 보편적 가치에 반하는 행동마저도 정치적으로 활용한다는 점은 미국의 우려를 불러일으키고 있다. 미국이 더욱 우려하는 것은 일본의 지나친 대중 적대적 태도가 중일 간의 충돌을 일으켜 미국이 본의 아니게 연루되고, 그로 인해 미중 관계가 파탄 나는 상황이다. 이는 미국 역시 감당할 수 없는 상황이기 때문이다.

일본의 아베 총리는 미중 간의 갈등과 경쟁에 적극 개입하는 대외 정책을 취하고 있다. 미국 국력의 상대적 쇠퇴와 재정적 어려움이 미일 동맹에서 일본의 대미국 입지와 자율적 공간을 크게 확대하고 있다. 미국은 일본의 과도한 행태에 대해 종종 거부감을 드러내기도 하지만 결국 일본을 지지할 수밖에 없는 상황이다. 그 한 예로 일본은 센카쿠 열도 분쟁이 미일안보조약 제5조의 적용 범위에 포함된다는 2012년 7월 10일의 미국 국무부 입장 표명을 이끌어냈다. 아울러 미국의 우려에도 불구하고 북한 및 러시아와 교섭을 강화하고 있다.

미국은 중일 갈등에 미국이 연루되는 것을 우려함과 동시에 미중 간의 직접적 갈등으로 전화되는 것을 바라지 않는다. 그렇다고 일본의 요구 또한 무시할 수 없는 입장이다. 주목할 만한 점은 일본 아베 정권이 노다 정권이 중시한 한미일 공조의 중요성을 포기하는 대신 한국이 중국 측에 이미 기울었다는 입장을 적극 전파함으로써 동아시아에서 일본과 미일 동맹의 중요성을 더욱 부각하려 한다는 것이다. 한국과의 갈등을 회피하지 않고 한국을 압박하는 한편, 한중 간의 유대를 강조하면서 동시에 미일 동맹을 강화하고 북한을 대한국 견제의 카드로 삼겠다는 의지도 표명하고 있다. 이러한 아베의 전략은 한일 간에 새로운 갈등의 불씨를 던져준다. 한미일 삼각 협력 체제를 강화해 중국발 불확실성에 대처하려는 미국은 이 같은 아베의 과도한 행태를 우려하면서도 현실적으로 확대된 일본의 자율성을 견제할 만한 영향력을 점차 잃어가는 추세다.

아베의 노골적인 대중 견제 정책, 새로운 미일 동맹의 강화, 대한국 고립 전략은 미국에 커다란 전략적 유연성과 공간을 안겨줌과 동시에 우려와 갈등을 야기하고 있다. 다만 현재 미국 입장에서는 미일 동맹 강화의 필요성이 어느 때보다도 중요하기 때문에 일본을 지지하지 않을 수 없는 상황이다. 하지만 이러한 아베의 정책은 중일 양국은 물론 한일 간 상호 적대감을 높여 맞대응하는 정책을 불러일으키고, 역내 안보 상황을 더욱 복잡하게 만들 뿐 아니라 한층 악화시키는 주요 요인으로 작용하고 있다. 이는 결국 미국으로서도 상당한 부담이다.

현재 중일 관계 악화는 이미 양국 차원의 문제를 넘어섰다. 중국의 부상에 따른 지역 내 세력 전이를 둘러싼 구조적 갈등이라는 양상을 띠고 있기 때문이다. 일본은 2010년을 기점으로 지역 강국으로서 지위 상실이라는 전환기적 국면을 맞이했다. 중국이 일본의 GDP를 추월해 세계 제2위의 경제 대국으로 부상한 것이다. 반면 일본에서는 후쿠시마 원전 사태와 대규모 자연재해로 국민의 자신감과 의욕 상실, 미래에 대한 불안감이 커지고 있다. 한국의 삼성에 일본의 거대 기업 소니가 추월당하고, 세계시장에서 도요타 자동차의 위상이 흔들린 것 역시 막대한 심리적 충격을 주었을 것이다.

한 가지 주목할 만한 흥미로운 사실은 미국 역시 2010년부터 점차 중국을 견제하기 위한 노력을 가시화했다는 점이다. 일본의 대중국 대항 국면의 강화는 이러한 미국의 대중 정책과 맥을 같이하고 있다. 세계 금융 위기로 국제적 위신과 지도력에 큰 상처를 입은 미국은 2010년부터 중국을 견제하기 위한 노력을 구체화하기 시작했다. 이로써 미국은 아시아의 중심축 역할을 유지하기 위한 전략(아시아 재균형 정책)을 본격 가동했다. 이러한 미국의 정책은 중국의 급속한 부상과 오만한 언행에 위협을 느낀 주변국들의 지지를 얻었고, 일본은 이에 적극 편승했다.

중일 간 갈등으로 양국의 국민 정서 또한 급격히 악화되었다. 여론조사 결과에 따르면, 2011년에는 일본 국민의 78.3%와 중국 국민의 65.9%가 상대국에 대해 부정적 인식을 가지고 있었다. 그러나 2012에는 각각 84.5%, 65%, 2013에는 각각 92.8%, 90.1%로 양국 모두 부정적 인식이 크게 상승했다. 시간이 경과할수록 부정적 인식은 더욱 확산되고 있는 실정이다.

이러한 변화는 양국 간의 경제적 협력에도 영향을 미쳤으며 관광·문화 교류 또한 감소하는 추세로 이어지고 있다. 실제로 2012년의 중일 무역은 3,290억 달러로 2011년 3,400억 달러에 비해 3.9% 감소했다. 이 수치는 2013년 3,078억 달러로 더 줄어들었다. 2003년 이후 10여 년간 중국의 최대 무역 국가이던 일본의 지위 역시 2012년에는 3위로 하락했다. 2012년 6월부터 2013년 6월까지의 시기를 기준으로 중국의 일본 관광도 30% 이상 감소했으며, 이러한 추세는 2010년을 기점으로 계속 이어지고 있다. 또 2012년 수교 40주년 기념행사를 비롯해 양국 간의 체육·문화 행사도 신변 안전을 이유로 취소 또는 연기되었다.

중일 관계 개선에 대한 일말의 희망은 다음 세 가지 측면에서 고려해볼 수 있다. 첫째, 현재 중일 양국 간에 이뤄지는 고도의 무역 관계와 이에 기초한 양국 경제 및 사회 내부 이해 네트워크의 존재다. 중국 경제의 급격한 부상, 2010년 GDP 역전 현상, 중국의 희토류 수출 제한 조치 등은 갈등의 주요한 요인이었다. 그러나 '정냉경열'이라는 표현이 함축하는 바와 같이 경제적 상호 의존은 여전히 경색된 중일 관계를 회복할 긍정적 변수로 작용할 가능성이 있다. 중일 관계가 극도로 악화된 2011년과 2012년에도 양국의 교역 규모는 각각 3,400억 달러와 3,290억 달러에 달했다. 아울러 2007년 이후부터 중국은 일본의 최대 교역국, 일본은 중국의 세 번째 교역 파트너로서 위상을 차지한다. 중일 관계 악화 및 일본 제품 불매 운동이 확산될 경우, 일본은 거대 시장을 상실할 우려가 있으며 중장기적으로는 일본 경제 회생에 지장을 초래할 수 있다. 2013년 일본의 대중국 투자는 1,900억 달러에 달해 여전히 홍콩에 이어 두 번째 투자 파트너이며, 중국에 진출한 2만 3,000여 개의 일본 기업은 100만 개 이상의 일자리를 창출해 중국의 국내 경제에도 중요한 역할을 하고 있다. 한편 2012년 대규모 반일 시위로 인한 일본 투자 기업의 총손해액은 약 100억 엔에 달하는 것으로 알려졌다.

둘째, 북한의 안보 위협, 국제적 테러, 환경 문제에 대한 세계 공동 협력의 필요성이 갈수록 증대되고 있다. 갈등의 장기화가 초래하는 지역 안보의 불안과 각국의 경제 상황에 미치는 부정적 영향에 대한 인식을 공유하면서 시간이 흐름에 따라 관계 개선의 당위성이 제기될 것으로 본다. 2013년 중일 합동 여론조사에 따르면, 일본 국민의 60%와 중국 국민의 71%가 정치적 갈등 상황임에도 불구하고 관계 개선의 필요성에 공감하는 것으로 나타났다. 2013년 광둥시(7. 29)와 다롄시(10. 18), 청두시(10. 23) 등 중국의 각 지방정부는 일본의 투자를 위한 대규모 투자 박람회를 유치했는데, 중일 관계의 민감성을 고려할 때 이들 행사는 중앙정부의 승인을 거친 것으로 추측된다. 여전히 영토 문제의 파장이 남아 있는 현재로서는 급진적 관계 정상화의 가능성을 예단하기 어렵다. 그러나 양국이 다방면에 걸친 의존 관계를 공유하고 있으므로 중일 관계의 회복을 견인할 수 있는 요인 또한 존재한다고 할 수 있다.

셋째, 중일 관계가 과도하게 경색될수록 무력 충돌의 가능성이 높아진다는 점이다. 현 상황에서, 센카쿠 열도를 놓고 중일 간 국지적 무력 충돌이 발생하면 중국은 일본의 군사력에 대응할 수 없다. 중국의 국내 경제 및 사회적 내구성 역시 취약한 상황이다. 중국은 이 점을 잘 이해하고 있으므로 실제 물리적 충돌로 갈 개연성은 적어 보인다. 다만 양국 간의 갈등이 점차 악화되고, 감성적 배타성이 상호 우발적인 물리적 충돌로 이어져 국지적 무력 충돌이 되는 상황은 충분히 우려할 만하다. 이는 중일 모두 감내할 수 있는 상황을 넘어 국제적 충돌로 확산될 여지가 충분하다.

중일 관계 전망

현재 중일 관계는 1972년 국교 정상화 이후 최악의 상황이다. 2014년 양국의 새 지도부가 출범한 지 2년 이상 경과했음에도 정상회담이 이루어지지 않았다는 사실은 이를 단적으로 증명해준다. 2013년 9월 20일 러시아 블라디보스토크에서 개최된 G20 정상회담에서는 아직 정상회담의 외적 여건을 마련하지 못했다는 이유로 양국 정상 간의 회동이 좌초되었다. 2014년 11월 중국에서 개최된 APEC 정상회의에서 양국 정상회담이 성사되었지만 낙관적으로 전망하기는 이르다.

우려할 것은 단기적으로 양국 간의 관계가 악화될 가능성이 더욱 높다는 점이다. 지금은 중국이 부상하면서, 일본이 자국의 내적 균형을 이루기 위해 극적인 노력을 하고 있어 경쟁과 대립 국면이 가열되고 있다. 2015년에도 일본은 보통국가화를 추진하고 중국은 정치 개혁을 추진하면서, 중일 간 갈등은 지속될 것으로 전망된다. 영유권 문제에서도 일본이 오히려 이 갈등을 주도할 개연성이 크다.

단기적 측면에서 중일 간의 갈등과 분쟁은 중국과 일본의 국내 변수가 더 중요한 영향을 미칠 것이다. 시진핑은 일반적 예상과 달리 집권 후 이른 시기에 권력을 장악한 것으로 보인다. 이를 바탕으로 대대적인 반부패 개혁을 추진하고 있다. 중국의 꿈을 이루고 '두 가지의 백년'• 목표를 달성하는 한편, 누적된 부패 문제를 해결하지 않고서는 더 이상 공산당 일당 체제를 유지하기 어렵다고 판단한 것이다. 이는 동시에 기존의 기득권층 어느 누구도 성역이 없는 정치투쟁을 의미한다. 제17대 공산당대회 정치국원이자 당 중앙군사위 부주석 쉬차이허우가 이미 당직을 박탈당하고 사법 처리에 직면해 있으며, 정치국 상무위원이던 저우융캉 역시 전례 없이 사법 처리 방침이 확정된 것으로 알려졌다. 그 외에도 2013년 31개 성에서 500명이 넘는 장관급과 국장급 이상 고위 관리들이 면직되거나 처벌을 받았다. 이처럼 광범위하게 진행되고 있는 반부패 사정에서 기득권층인 상해

• 중국 공산당 수립 100주년이 되는 2021년까지 중등 수준의 경제성장을 이룩하고, 중국 국가건국 100주년이 되는 2049년까지 강대국으로 부상하는 것을 지칭한다.

방, 공청단, 태자당 등 어느 누구도 자유로울 수 없는 실정이다. 이러한 개혁 조치를 추진하기 위해서는 무엇보다 시진핑에 대한 권력 집중이 필요하다. 아울러 역설적으로 시진핑의 지위는 물론 생명마저도 위태롭게 할 수 있는 심각한 정치투쟁이 전개되고 있음을 의미한다.

시진핑은 이러한 정치 개혁을 추진하는 데 필요한 정치적 정당성을 확보하기 위한 주요 축으로서 대외 정책을 적극 활용한다. 일본과의 센카쿠 열도 갈등처럼 중국의 핵심 이익, 영토 주권과 관련한 문제에 대해서는 매우 강경한 정책을 추진하고 있다. 미국에 대해서도 예상보다 훨씬 빨리 중국의 이해관계를 적극 개진하면서 세계를 무대로 중국 주도의 국제 질서라는 새로운 전략 구상을 드러내고 있다. 물론 일부 전문가는 이러한 정책에 우려를 나타냈지만, 대체로 일반 중국인의 광범위한 지지를 얻고 있다. 따라서 현재 중일 갈등은 일시적 사안의 문제나 양자 간 타협의 문제를 넘어 중국 내 정치 개혁 일정과 시진핑 권력의 안정성 문제와도 깊이 연계되어 있다고 할 수 있다.

최근 벌어지는 일본의 대중 강경 정책 역시 국내 정치의 영향을 크게 받을 것으로 보인다. 아베 정권의 공세적 대외 정책에 대해서는 일본 내에서조차 우려의 목소리가 높다. 특히 집단적 자위권의 재해석 문제는 과반수 이상의 국민이 반대하는 것으로 알려졌다. 그럼에도 아베 총리가 이를 추진할 수 있었던 것은 일본 경제 정체停滯의 오랜 고질병인 국내 경제 구조를 개혁하고 아베노믹스를 통해 경기를 부양할 수 있다는 기대감이 크게 작용했다. 아베 역시 한층 강경한 대외 정책과 민족주의 정서 고양을 통해(우려만큼이나) 정치적 정당성을 획득하는 데 큰 도움을 받고 있다. 향후 강력한 대중 견제 정책의 유지는 중일 간의 상호작용보다는 오히려 아베노믹스의 성패에 달려 있다고 할 수 있다. 요컨대 현 정부가 얼마나 정권의 안정성을 확보할 수 있느냐가 중요한 변수다.

중일 관계는 양국 정부가 추진하는 국내 개혁 정치의 성패에 크게 영향받을 것이다. 현재는 이 성패가 드러나지 않고 강력하게 추진 중인 상황이어서 갈등 상황이 계속 유지될 것이다. 양국은 각기 내적 균형을 추진하면서 권력을 집중시키고자 노력하고 있다. 그 성패는 중국 쪽보다는 당장 2015년 4월 지방 총선거와 10월 자민당 총재 선거를 앞둔 일본에서 먼저 가시화될 것이다. 1~2년 내의 단기적 중일 관계는 당분간 양국이 국내 정치적 필요에 의해 안보 분야를 경제 협력보다 중시하면서 대립 국면이 지속될 전망이다. 극한 대결과 충돌을 억제하고(미국 요인이 더해져서) 다양한 협상을 시도하겠지만, 본질적으로 대립 국면을 벗어나기는 어려운 형국이다.

중일 갈등과 중국의 대한반도 정책

중일 갈등으로 인한 한국의 전략적 지위 상승

탈냉전 시기 중일 갈등이 점증하는 과정은 역내 한국의 상대적 전략 지위 강화와 맥락을 같이한다. 일본은 미일 동맹을 중심으로 대중 전략을 수립하면서 한국을 그 동맹 체제로 편입시키기 위해 노력해왔다. 특히 일본 민주당 정권은 한미일 3국 협력을 강화해 중국을 견제하려 애썼다. 중국은 냉전 시기 북중 관계의 틀 속에서 한국과의 관계를 설정했다. 탈냉전 시기 초에도 중국의 대동북아 전략 속에서 한국의 존재감은 미미했다. 그러나 점차 한중 간 경제 협력 강화와 중일 경쟁을 통해 한국의 전략적 위상이 높아지고 있다.

특히 시진핑-아베 시기 중일 갈등 과정에서 한국의 전략적 위상은 크게 높아졌다. 중국은 한국과의 협력이 역내 질서의 새로운 냉전 체제 회귀를 방지하고, 일본 및 궁극적으로는 미국의 역내 영향력을 줄이고, 중국에 대해 존중을 표하지 않은 북한 견제 카드로 활용할 수 있기 때문이다. 중국 외교는 '새로운 강대국 관계'라는 전략적 타협을 통해 미국과의 관계를 안정화하는 한편, 주변국과의 관계를 정비하려 노력하고 있다. 협력 대상 주변 국가와는 제휴를 강화하고, 비우호적 국가에는 압박을 노골화하고 있으며 중국에 저항하는 일본에 대해서는 외교 및 군사적 압박을 강화하고 있다. 미국과는 전략적 타협 요구, 한국에는 전략적 제휴 강화, 일본에는 외교적 압박 강화, 베트남과 필리핀에는 군사적 압박을 강화하는 등 차별화 전략을 구사한다.

중국은 2014년 한중 정상회담을 미일 중심의 역내 외교·안보 질서를 중국 중심의 새로운 아시아 안보 질서로 전환하는 시발점으로 활용하려 한다. 시진핑 주석의 서울대 연설에서 볼 수 있듯이 중국은 한중 유대를 과시하면서 일본을 압박하려는 의도를 강하게 드러내고 있다. 한국의 전략적 가치 제고와 한중 협력에 대한 중국의 적극적 태도는 중국 외교에서는 드물게 현재의 한중 '전략적 협력 동반자 관계'

를 '전면적 전략 협력 동반자 관계'로 격상시키는 데 먼저 의욕을 드러낸 것에서도 알 수 있다. 한국의 전략적 가치 제고, 시진핑의 한층 능동적이고 적극적인 외교는 대한국 정책에서도 구체화되고 있다.

중국은 최근 강화되고 있는 미국과 일본의 대중 견제 및 한미일 협력을 우려하면서 미일과 중국의 대립 국면에서 최소한 한국의 중립화를 도모하고, 한국과 최대한 우호적인 모습을 보이려 할 것이다. 중국이 주변국 외교를 강화하고 한국을 전략적으로 중시하는 이 시기가 중국과 한국의 이해가 불일치하는 부분을 과감히 축소할 수 있는 기회다. 한중 정상회담은 장차 한중 간의 갈등이 배태되어 있는 외교·안보적 사안들을 해소하고 향후 불필요한 대중 갈등과 분쟁을 방지하며, 신뢰 축적의 계기로 활용할 중요한 기회였다. 이와 관련한 평가는 아직 불확실한 상태로 남아 있다.

현재 한중 관계는 한미 및 북중 관계의 종속변수에서 점차 독립성을 강화하는 방향으로 진화 중이다. 다만 여전히 미중 관계의 하부 체계에 위치해 있어 향후 미중 관계의 영향을 크게 받을 것이다. 동시에 한일 관계, 남북한 관계, 이어도 문제 등 민족주의에 민감한 다양한 변수의 영향을 받을 수 있어 한중 관계는 여전히 불안정하고, 양국 간 갈등이나 충돌 시 이를 수습할 위기 관리 체제 또한 미흡하다. 중국의 상대적 국력 상승이 한층 가시화될 경우, 한국의 전략적 가치는 떨어질 수 있다. 이때 한국은 냉엄한 강대국 국제정치의 현실에 직면해 선택의 압력을 강하게 받을 가능성이 크다.

중국은 기존의 북중 관계를 중심으로 한반도 문제에 접근하던 시각에서 벗어나 한중 관계를 한층 독립적 시각으로 인식하기 시작했다. 나아가 국가이익을 기준으로 남북한에 좀 더 균형 있게 접근하고, 남북한이 소통과 교류를 강화하도록 긍정적 균형자 역할을 통해 한반도 전체에 대한 영향력을 강화하는 접근법으로 전환 중이다.

중국은 한미 동맹에 대한 기존의 소극적 태도에서 벗어나 한미 동맹이 중국의 국가이익에 미치는 부정적 영향을 좀 더 적극적으로 제기하고 있다. 동중국해에서의 한중 공동 군사훈련, 한중러 안보 대화, 중러 군사훈련의 한국 측 참관 제안 등 과거에는 상상할 수 없는 수준의 안보 협력을 제안했다. 대일은 물론 대미 관계에서 한국을 중립화하려고 적극적으로 노력하고 있다. 이는 북한에 대한 배려가 중국의 대한국 외교에서 더 이상 주요 고려 대상이 아니라는 점을 말해준다. 중국은 추후 한국과 안보 분야에서 더욱 적극적으로 협력을 강화하는 조치를 취하려 할 것이므로 한국은 이 기회를 활용해 한반도 사태에 영향을 미칠 수 있는 중국군과의 교류와 소통을 강화해야 할 것이다.

청화대 옌쉐퉁이나 인민대 왕이웨이 교수 같은 신흥 강대국론자 중 일부는 한중 동맹의 추진을 제안하고 있다. 이들의 입장에서 보면 한국은 적어도 중일 갈등에서 전략적으로 중요한 포섭 대상이다. 한국의 대중 경제 의존성, 지리적 인접성, 문화적 유사성 등을 종합적으로 고려할 때 일본이나 미국보다 중국과 협력을 추진할 동인이 강하다고 판단한 것이다. 비록 소수지만 시진핑에게 의견을 개진할 수 있는 인물들이 이런 주장을 하고 있는 만큼 단순히 부정하기보다는 그

함의에 대한 분석과 이를 활용할 방안을 신중히 모색해야 한다.

한반도 평화를 위한 정책 제언

현재 진행되고 있는 중일 갈등은 기존과는 전혀 다른 차원의 구조적 갈등이므로 향후 이를 전제한 대중 및 대일 외교를 준비해야 한다. 중국의 부상은 한국 정부에 새로운 과제를 제시한다. 즉 한미 동맹을 바탕으로 한 한미일 협력 체제 강화와 한중 간 '전략적 협력 동반자' 관계의 내실화를 동시에 추구해야 하는 전략적 대응책을 모색하는 것이 중요한 의의를 갖게 되었다. 이는 한미 관계는 물론 심지어 북한 문제에도 영향을 미치는 사안이므로 그 연계 가능성에 대해서도 진지하게 고려할 필요가 있다.

한국의 중일 관계에는 균형이 필요하다. 북한의 안보 위협에 효과적으로 대응하고 한반도 신뢰 프로세스의 정상적 가동을 위해서는 한일 관계의 정상화와 한중 관계의 내실화가 필수적이다. 이와 동시에 중일 갈등이 안보 위협으로 확대되는 것을 방지하고 동북아 평화 협력 구상을 통한 공동의 미래 번영을 모색하기 위해서는, 한일 관계는 물론 중일 관계를 회복시키려는 한국 정부의 노력이 필요하다.

최근 들어 중일 정상회담의 가능성이 제기되고, 관계 개선을 위한 양국의 노력도 진행 중이다. 그러나 구조적 차원에서 보면 가까운 시일 내에 관계 개선은 불투명하다. 한국은 적어도 중일 갈등이 유지되는 상황을 전제로 대비책을 세워야 한다. 미국은 일본의 대중 견제 역할을 지지하면서도 중일 간 갈등과 마찰이 미중 간의 충돌로 전이되지 않도록 관리하려 한다. 중국은 대일 압력 강화에 한국과 공조하려 할 것이다. 역사 및 영토 문제에 대한 중국과의 대일 공조는 한일 관계를 더욱 악화시킬 것이다. 향후 일본과의 추가적 관계 악화는 한미 동맹에도 부정적 영향을 미치는 등 득보다는 실이 많다. 따라서 일본에 대해 감정적이고 상황을 악화시키는 접근보다는 중일 사이에서 균형을 잡고 상황을 완화시키는 접근이 필요하다. 이런 의미에서 한국은 중일 관계 정상화를 위한 환경을 조성하는 외교적 지원에 초점을 두는 것이 바람직하다. 이러한 상황 변화는 기존의 대일 접근 방식이 더 이상 유효하지 않을 개연성이 커졌으며, 새로운 전략이 필요한 시점이라는 사실을 말해준다.

:: 김흥규

서울대학교 외교학과를 졸업하고 미시간대학교에서 정치학 박사학위를 받았다. 현재 아주대학교 정치외교학과 교수 겸 중국정책연구소 소장으로 재직하고 있으며 외교부·국방부·청와대 안보실 정책자문위원을 맡고 있다. 국립외교원 및 성신여대 정치외교학과 교수를 역임했으며 통일부 정책자문위원으로 활동했다. 중국의 중앙–지방 관계 및 정책 결정 과정과 중국의 외교·안보 분야, 북중·한중·미중 관계, 동북아 국제 정세 등을 집중 연구하고 있다. 저서로 《한국의 외교안보 퍼즐》(공저), 《기로에 선 북중관계》(공저), 《중국 신외교 전략과 당면한 이슈들》(공저), 《한국 외교 2020 어디로 가야 하나?》(공저), 《중국의 정책결정과 중앙–지방관계》(공저), 역서로 《현대 중국의 이해》 등이 있다.

5. 북일 합의에 따라
동북아 지형은 어떻게 변화할 것인가

신정화 동서대학교 교수

일본과 북한은 지난 2014년 5월 28일 스웨덴의 수도 스톡홀름에서 양국 간 최대 현안인 납치 문제를 해결하고 그간의 적대적 관계를 개선할 것에 합의했다. 이른바 '5·28 북일 합의'다. 이 합의를 근거로 북한은 특별조사위원회를 설치해 납치 피해자를 포함한 일본인에 대한 재조사를 시작했으며, 이에 대한 응답으로 일본은 북한의 핵실험과 미사일 발사에 대해 취해온 대북 제재의 일부를 해소했다.

차츰 개선되고 있는 북일 관계와 관련해 한국과 미국은 핵미사일 문제 해결에 부정적 영향을 초래하지 않을까 우려를 표명하고 있다.

따라서 이 글은 다음과 같은 문제의식을 담고 있다. 일본과 북한은 그동안의 적대적 관계를 청산하고 국교 정상화를 이룩할 수 있을 것인가? 변화하고 있는 북일 관계가 한일 및 남북 관계에 어떠한 영향을 미칠 것인가? 더 나아가 중국의 부상으로 요동치고 있는 동북아시아 정세에 어떠한 영향을 미칠 것인가? 한국이 선택할 수 있는 효율적인 정책은 무엇인가?

북일 관계의 기본 구조와 주요 합의

현재 북한과 일본은 국교를 수립하지 못한 상태다. 1945년 8월 15일 일본의 패망으로 한반도는 독립을 달성했다. 그리고 3년 뒤인 1948년 국제적 차원의 냉전에 영향을 받으면서 38도선 이남에는 민주주의 국가인 한국이, 이북에는 사회주의 국가인 북한이 수립되었다. 이후 한국과 북한은 1950년 한국전쟁이 상징하듯 대립과 반목을 거듭해왔다. 1965년 일본은 자국과 마찬가지로 서방 진영에 속한 한국과 국교를 정상화하고, 정치·경제·문화 등 다방면에 걸쳐 교류와 협력을 확대해나갔다. 일본은 '부산적기론'으로 상징되는 한국의 공산주의화를 저지하고자 한국에 경제적 지원을 했다. 그리고 일본, 한국, 미국은 남방 삼각 체제를 형성해 북한을 비롯한 사회주의 국가의 세력 확장을 차단해왔다. 이에 대해 북한은 일본이 자국에 대해 적대 정책을 실시하고 있으며, 일본 군국주의가 부활*했다고 비난했다. 그러면서도 북한은 한국과의 경쟁에서 승리하기 위해 일본이 필요했으며, 일본에 관계 개선을 요구하기도 했다. 일본 또한 안전보장 확보와 한반도에 대한 영향력 확대라는 관점에서 북한과의 관계 개선을 필요로 했다. 그러나 냉전 체제 아래 대립하는 진영에 속한 일본과 북한이 관계를 개선하는 것은 불가능했다. 결국 일본과 북한이 관계를 개선하기 위해 본격적으로 움직이기 시작한 것은 냉전이 붕괴한 이후였다.

1991~1992년 북일 간 국교 정상화 협상

냉전 붕괴 직후, 일본과 북한이 처음으로 국교 정상화 협상을 개최했다. 일본은 한반도는 물론 동북아시아에 대한 영향력을 확대하기 위해 북한을 필요로 했다. 한편, 북한은 사회주의 국가의 몰락이 초래한 경제적 어려움과 국제적 고립에서 벗어나기 위해 일본을 필요로 했다. 일본은 과거 식민지배와 관련해 북한에 배상을 해야 할 의무가 있었으며, 북한과 적대적 관계에 있는 한국과 미국의 우방국이기 때문이었다.

- 일본의 대북 제재 조치의 개요 : ① 1998년(북한의 대포동미사일 발사): 한반도에너지개발기구KEDO 자금 동결, 재일 조선인 북한 방문 제한, 전역미사일방어구상TMD 미일 공동 기술 연구 참여, 정보 수집 위성 도입, ② 2002년(북한의 핵 개발 프로그램 시인): 대북 무역·자금 이동 규제, 문화·스포츠 교류 규제, KEDO 지원 재검토, 이지스함 동해 배치, ③ 2004~2005년(납치 문제 관련 제재): 특정선박입항금지법 및 경제제재법(외국환 및 외국무역법의 일부 개정에 관한 법률) 제정, ④ 2006년(북한 제1차 핵실험): 만경봉 92호 입항 금지, 수출입 중단, 북한 선박 입항 금지, 북한 국적자 원칙적 입국 금지, ⑤ 2009(북한의 제2차 핵실험)~2010년(천안함 사건): 자금 이동·무역 규제 전면 강화, 수출 규제 전면 강화, 화물 검사특별조치법 제정.

북일 양국은 1991년 1월부터 1992년 11월까지 약 2년에 걸쳐 총 8회의 국교 정상화 협상을 개최했다. 국교 정상화의 전제 조건으로 일본은 미국이 제기한 핵 개발 문제와 일본인 납치 문제에 대한 의혹 해소를 요구했다. 이에 대해 북한은 과거사와 관련한 사죄와 경제적 보상 문제를 강조하면서 핵 개발 문제는 자국과 미국이 해결할 문제 기 때문에 일본은 요구할 자격이 없다고 맞섰다. 그리고 일본 측이 제기한 일본인 납치 의혹 문제는 한국에 의한 날조라고 강력히 반발했다. 결국 일본과 북한의 의견이 팽팽히 맞선 가운데 국교 정상화는 실패로 끝나고 말았다. 그 후 북한과 일본은 납치 문제와 핵미사일 문제를 둘러싸고 지루한 공방을 계속했다.

2002년 북일 정상회담과 평양 선언

1992년 11월 제8차 회담을 끝으로 국교 정상화 협상이 결렬되고, 약 10년이 지난 2002년 9월 전후 최초로 일본의 고이즈미 준이치로 총리와 북한의 김정일 국방위원장이 정상회담을 개최했다. 양국은 2001년에 발생한 9 · 11 테러 이후 미국의 조지 부시 정권이 악의 축의 하나로 지명한 북한이 제2의 이라크가 되는 것을 방지하기 위한 동일한 이해관계를 갖고 있었다. 일본은 미국의 북한 공격이 북한의 일본 공격으로 이어지는 것을 막고자 했을 뿐 아니라, 북한과의 관계 개선을 통해 미국의 핵심 파트너로서 동북아시아 중핵 국가의 지위와 영향력을 확대 · 보전하고자 했다. 한편, 북한은 일본을 통해 미국의 위협을 차단하는 동시에 경제 재건에 필요한 종잣돈을 얻고자 했다.

정상회담 후 양국 정상은 빠른 시일 내에 국교 정상화가 필요하다는 공동의 입장을 표명한 '북일 평양 선언'을 발표했다. 주요 내용은 다음과 같다. 첫째, 과거사 청산 및 사죄 문제는 1995년 '무라야마 담화'에 근거해 해결한다(1항). 둘째, 식민지배에 대한 보상 및 배상문제는 국교 정상화 후 경제 협력 방식으로 처리한다(2항). 셋째, 양국 간 현안인 납치 문제는 재발하지 않도록 적절한 조치를 취한다(3항). 넷째, 국제사회가 우려하는 북한의 핵미사일 문제와 관련해 북한은 국제적 합의를 준수한다(4항).

그러나 '북일 평양 선언'이라는, 국교 정상화를 위한 가이드라인을 발표했음에도 양국은 국교 정상화에 실패했다. 미국이 북일 관계 개선을 마땅치 않게 생각했기 때문이다. 미국은 북한이 비밀리에 우라늄을 농축하고 있으며, 핵무기 개발에 착수한 증거가 있다고 주장하면서 일본의 움직임을 저지하려 했다. 일본 국내 여론도 북한과의 관계 개선을 반대했다. 김정일 국방위원장이 납치 사실을 인정하고 사과한 것이 오히려 반북 여론을 강화했기 때문이다. 이러한 반북 여론을 주도한 인물은 당시 관방부장관이던 아베 신조였다.

이후 일본 정부는 납치 문제를 '일본의 주권 및 국민의 생명과 안전에 관한 주요 문제'로 규정하고 '납치 문제의 전면적 해결이 없는 한' 북한과의 관계 개선은 없다는 입장을 표명했다. 일본은 납치 문제 해결을 위해 한국과 미국에 협조를 지속적으로 요구했다. 또한 납치 문제가 한반도와 동북아시아의 안정과 평화를 구축하기 위해 개최하는 6자 회담의 주요 의제로 채택되어야 한다고 주장했다. 이와 함께 일본은 납치 문제로 상징되는 북한의 위협에 대응한다는 명분 아래 미일 동맹 및 군사력을 꾸준히 강화·확대시켰다. 그리고 북한의 핵실험 및 미사일 발사와 관련한 국제사회의 대북 제재를 선도하면서 일본만의 독자적인 제재도 실시했다. 납치 문제와 핵미사일 문제로 대변되는 북한의 위협이 일본의 안전보장에 얼마나 심각한 영향을 주었는지는 차치하더라도 '북한 위협론'이 경제적 능력에 부합하는 군사 대국 일본을 구축하는 데 유용한 기제였음은 확실하다.

2008년 북일 실무자 협의안

납치 문제의 전면적 해결을 주장하면서 강경 정책으로 일관하던 일본이 2008년 6월과 8월, 2차에 걸쳐 북한과 실무자 협의를 개최했다. 일본이 실무자 협의에 임한 이유는 북한 핵 문제가 해결의 실마리를 찾은 가운데 미국이 북한과의 관계 개선을 추진하고 있었기 때문이다. 즉 2007년 2월, 6자 회담의 관계국들이 핵시설을 폐쇄하고 불능화하는 대가로 북한에 중유를 비롯한 경제적 지원을 하는 것을 주요 내용으로 하는 '2·13 합의'를 발표한 것이다. 이에 더해 북한 핵 문제의 당사국인 미국이 방코델타아시아은행의 북한 자금 동결을 해제하고, 테러 지원 국가 지정 해제 조치에 착수하는 등 북한과의 관계를 개선하고 있었다.

북한 핵 문제 해결의 실마리가 눈앞에 보이고 북미 관계가 개선되기 시작하자 일본에서는 그동안 강경파에 눌려 있던 온건파가 목소리를 내기 시작했다. 온건파는 납치 문제를 먼저 해결해야만 북한과의 관계 개선이 가능하다고 주장하는 강건파와 달리 북한과의 관계 개선을 통해 납치 문제를 해결하는 것이 국익에 좀 더 부합한다고 주장했다. 이러한 배경 아래 온건파인 후쿠다 야스오 총리는 외무성에 북한과의 협상을 지시했다.

6월에 개최된 북일 실무자 협의에서 북한은 납치 문제 재조사를 실시하고 '요도호' 관계자 문제 해결을, 일본은 북한에 대한 독자적 제재를 부분적으로 해제하기로 약속했다(인적 왕래의 규제 해제, 전세 비행기의 규제 해제, 인도적 지원 관련 물자 우송을 위한 북한 선적 선박의 입항 허가). 연이어 8월에 개최된 실무자 협의에서 북한은 일본이 제안한 납치 피해자 재조사의 형식과 방법을 수락하고(조사 대상에 납치 피해자 이외에 특정 실종자 포함), 일본은 북일 관계 개선을 위한 조치를 취하기로 합의했다.

두 번에 걸친 실무 회의에서 이루어진 합의가 실행에 옮겨질 경우, 일본과 북한의 관계 개선이 머지않을 것으로 전망했다. 그러나 북한과의 접근이 본격화하자 집권 정당인 자민당의 대북 강경파(대표 인물 아베)가 반대를 표명하기 시작했다. 일본 국민 또한 납치 문제에 대한 진전이 없는 가운데 일본이 먼저 대북 제재 조치의 일부를 해제하는 것을 부정적으로 받아들였다. 북한과의 관계를 진전시키기 위해서는 당 내 강경파를 누르고, 국민을 설득할 수 있는 리더십이 필요했다. 그러나 내각 지지율이 20%에 불과하던 후쿠다 총리가 리더십을 발휘하는 것은 불가능했다. 결국 2008년 8월 후쿠다 총리가 사임함에 따라 일련의 북일 합의도 무산되었다.

'5 · 28 북일 합의'와 북일 관계의 변화

아베 내각의 특징과 대북 정책

아베는 2006년 9월 제90대 총리로 취임했다. 전후에 출생한 최초이자 최연소 총리였다. 아베는 부친 아베 신타로의 도움으로 1993년 8월 자민당 의원으로 당선된 이래 당내 우파 의원들이 결성한 '역사검토위원회' 위원을 비롯하여 '종전 50주년 국회의원연맹', '밝은 일본 국회의원 모임', '일본의 앞날과 역사교육을 생각하는 소장파 모임' 등에서 앞장서 활약하는 등 당내 유수의 극우수정주의자로 행동해왔다. 이와 같은 아베가 대중 정치가로서 국민의 신임을 얻은 계기는 2002년 9월의 제1차 북일 정상회담에서 거론한 납치 문제에 대해 강경한 입장을 표명했기 때문이다.

제1차 아베 내각은 '전후 체제로부터의 탈피'와 '아름다운 나라' 일본 건설을 국정 방침으로 제시했다. 그리고 내각의 최우선 주요 과제로 납치 문제를 선정하고 담당 부서인 '납치문제대책본부'를 구성해 납치 문제의 해결 없이는 북한과의 국교 정상화도 있을 수 없다는 전제 아래 제재 중심의 대북 정책을 실시했다. 구체적으로 2006년 북한의 1차 핵실험과 관련해 UN안전보장이사회의 대북 제재 조치 결의안 제1695호를 주도하고, 일본만의 독자적 제재를 실시했다. 또 6자 회담에서 납치 문제를 핵미사일 문제와 함께 주요 현안의 하나로 다루어야 한다고 주장했다. 그러나 6자 회담 관련국들은 북일 두 나라 간의 납치 문제를 6자 회담의 주요 현안으로 다루려 하지 않았다. 그리고 북한은 납치 문제가 지난 2002년 북일 정상회담에서 김정일 국방위원장의 납치 사실 인정과 재발 방지 약속에 따라 이미 마무리되었다고 응수하면서 아베의 요구에 응하지 않았다. 결국, 제1차 아베 내각은 납치 문제에 대해 어떠한 성과도 거두지 못한 채 2008년 8월 붕괴하고 말았다.

2012년 12월 출범한 제2차 아베 내각은 '평화 창조 국가' 일본 건설을 국정 방침으로 제시했다. 이를 실현하기 위해 아베는 '고노 담화'와 '무라야마 담화'를 부정했다. 과거 침략 역사를 부인해 국민에게 일본인으로서 자부심에 근거한 애국심을 함양하고, 집단적 자위권을 통해 국제사회에서 군사적으로 적극적(능동적) 역할을 행사하고자 한 것이다.

제2차 내각은 제1차 내각과 마찬가지로 보수우경화 정책을 추진하고 있으나, 군사력 강화의 명분으로 내건 위협 대상은 상이하다. 즉 제1차 내각에서는 '북한위협론'을 주장했으나, 제2차 내각에서는 '중국위협론'을 공공연하게 주장하면서 일본 주축의 대중 포위망 구축을 추진하고 있다. 물론 납치 문제 해결은 제2차 아베 내각에서도 최우선 과제다. 그러나 해결 방안에서는 제1차 내각 때와 차이를 보이고 있다. 즉 제1차 내각 당시의 제재(압력)를 '종합적 대책'으로, '납치 문제의 완전한 해결'을 '조속한 해결'로 변경했다. 제1차 내각에서의 실패 경험을 바탕으로 해결 방안을 나름 보완한 것이다.

2013년 5월 14일 아베 총리의 특사 자격으로 이지마 이사오 특명담당 내각관방 참여가 북한을 방문해, 북일 국교 정상화 회담 재개 등과 관련한 대북 실무 협의를 완료했다. 2012년 2월 북한이 핵실험을 감행해 국제적 고립이 심해지고 최대 우방국인 중국과 균열이 발생한 시기부터 북한과 접촉을 시도한 성과였다. 2014년에는 납치 문제를 상징하는 요코다 메구미의 부모가 요코다의 딸로서 북한에 거주하고 있는 김은경과 만나기를 원하자 아베 총리는 납치문제대책본부가 아닌 외무성에 만남을 성사해주도록 지시했다. 3월 10~14일 몽고 울란바토르에서 요코다 부부와 손녀의 만남이 처음으로 이루어졌다. 이를 계기로 일본 외무성은 정부 간 협의 재개를 모색하기 시작했다. 같은 달 19~20일 중국 선양에서 북일 적십자 회담이 개최되었다. 그리고 같은 달 말경 베이징에서 북일 국장급 협의를 개최해 북일 관계 진전을 위한 논의가 이루어졌다.

'5·28 북일 합의' 배경과 주요 내용

'5·28 북일 합의'는 국제 정세와 지역 정세의 변화를 감지하면서 일본과 북한이 전략적으로 움직인 결과였다. 합의의 주요 내용은 다음과 같다. 먼저 일본 측은 첫째, 2002년 평양 선언에 기초해 국교 정상화를 실현한다는 의사를 표명한다. 둘째, 북한이 특별조사위원회를 설치해 조사를 개시하는 시점에 인적 왕래 등 특별한 규제 조치와 인도적 목적의 북조선 선박의 일본 입항 금지 조치를 해제한다. 셋째, 인도적 견지에서 적절한 시기에 북한에 대한 인도적 지원의 실시를 검토한다. 이에 대해 북한 측은 첫째, 잔류 일본인과 납치 피해자 등 모든 일본인에 관한 조사를 포괄적·전면적으로 실시한다. 둘째,

모든 기관을 대상으로 조사를 수행할 수 있는 권한을 가진 특별조사위원회를 설치한다. 셋째, 조사 상황을 일본에 수시 통보하며, 유골과 생존자 귀국을 포함한 거취 문제에 관해 일본과 협의한다. 넷째, 납치 피해자 및 행방불명자에 대한 조사를 통해 일본인 생존자를 발견할 경우 귀국시키는 방향으로 협의한다.

이처럼 합의에는 납치 문제 해결을 위한 전술적 내용뿐 아니라 2002년의 평양 선언과 2008년 후쿠다 내각 당시의 북일 실무 협의의 주요 사항을 포함하는 등 북일 양국이 활용 가능한 외교적 틀을 폭넓게 설정했다. 이는 아베 내각의 대북 정책이 제재 위주●의 강경 정책에서 제한적 관여 정책으로 변경되었음을 의미한다.

아베 총리가 대북 정책을 변경한 이유는 다음과 같다. 우선 국내 정치와 관련한 목적은 정권의 장기 안정화를 통한 헌법 개정이다. 그리고 좀 더 장기적 목적은 헌법 개정에 필요한 국민의 지지를 확보하는 데 있다. 즉 '공언公言'인 납치 문제를 해결함으로써 국민의 생명을 지키는 '믿을 수 있는 정치가'라는 이미지를 각인하고 그것을 헌법 개정에 필요한 지지와 연결시키고자 한 것이다. 다음으로 대외 정책 측면에서는 북한 카드를 사용해 중국의 동해로의 해상 진출을 봉쇄하

● 대북 정책의 주요 내용 : ① 납치 피해자의 안전을 확보해 즉시 귀국시키도록 북한에 계속해서 강하게 요구함. 아울러 납치에 관한 진상 규명, 납치 실행범의 인도를 요구함. ② 금후 북한 측의 대응 등을 고려해 한층 더 강력한 제재 조치를 검토함. …… ⑥ 납치 문제 해결을 위한 국제적 협조를 한층 강화함 〈拉致問題における今後の対応方針〉(2006.10.16) 拉致問題対策本部, 首相官邸 http://www.kantei.go.jp

고, 한반도에 대한 중국의 영향력을 억제하는 동시에 역사·영토 문제로 관계가 경색된 한국을 압박하려는 것이다. 한편, 북한이 김정일 시대에 해결했다고 주장하던 납치 문제의 재조사를 수락한 이유는 국내적으로는 '경제 건설과 핵무력 건설의 병진노선'에 필요한 외부 자금을 확보하기 위해서다. 대외 정책과 관련해서는 한미일 연대에 의한 대북 압박 정책을 균열시켜 국제사회의 제재와 고립에서 벗어나 정치적·경제적 실익을 챙기고자 하는 의도와 더불어 미국과 한국의 대북 압박 정책에 소극적이나마 동참하고 있는 중국을 견제하고, 북한에 대한 중국의 영향력 또한 축소하기 위함이다.

북일 관계의 전망

7월 1일, '5·28 합의'에 따른 첫 조치로 북한이 납치피해자조사특별위원회의 구성 현황과 조사 방법에 대해 일본에 설명하자 이에 대한 보상으로 이틀 후인 3일, 일본은 대북 독자 제재의 일부 해제를 정식으로 결정했다. 북한이 결성한 납치피해자조사특별위원회는 국방위원회 안전담당 참사 겸 국가안전보위부 부부장을 겸임한 서대하가 위원장을 맡고, 그 밑에 납치 피해자·행방불명자·일본인 유골 문제·잔류 일본인 및 일본인 배우자를 각각 담당하는 네 개 분과를 설치했다. 각 분과에는 북한 국가안전보위부, 인민보안부, 인민무력부, 최고검찰소, 보건성, 조선적십자사 등 주요 국가 기관의 요원 30여 명이 위원으로 소속되었다. 아울러 북한 최고 국가 기관인 국방위원회가 납치피해자특별조사위원회에 대해 모든 북한 내 국가 기관을 조사할 수 있는 특별 권한을 부여한 가운데 1년에 걸쳐 조사를 실시하고, 진행 상황을 수시로 일본에 보고하며, 조사의 투명성을 위해 일본 측 관계자의 방북을 허용하기로 했다. 한편, 일본이 해제한 대북 제재 조치는 2006년 7월 일본이 행한 단독 제재 중 일부로서 그 내용은 첫째 북한 당국자의 입국 금지 등 인적 왕래 규제 해제, 둘째 10만 엔 이상 현금 반출 및 300만 엔 이상 송금 신고 의무 해제, 셋째 인도주의적 목적의 북한 선박 입항 금지 해제였다.

7월 3일, 일본은 북한이 오랫동안 요구해온 도쿄의 조총련 중앙본부 매각 유보와 사용권 확보를 인정했다. 그리고 약 일주일 뒤인 9일, 북한이 미사일을 발사하자 이전과 달리 비판을 억제했다. 또 같은 날 ARF 외교장관회의에서 일본 기시다 후미오 외상과 북한 리수영 외상의 만남이 이루어졌다. 2004년 이후 첫 북일 정부 고위급의 접촉이었다. 5·28 합의 실현을 향해 일본과 북한이 한 단계씩 전진하고 있었던 것이다.

일본의 주요 매스컴에서 9월 10일 북한의 납치피해자특별조사위원회가 조사 결과(귀국자 리스트)를 발표하고, 9월 12일 아베 총리가 북한을 방문해 김정은과 정상회담을 개최해 북일 관계를 전격적으로 개선한다는 이른바 '아베 총리 9월 방북설'이 흘러나왔다. 그러나 9월 중순 북한이 납치자 조사에 대해 "전체적으로 약 1년 정도를 목표로 하기 때문에 초기 단계인 현시점에서는 설명하기 어렵다"는 입장을 표명함에 따라 방북설은 그야말로 '설'로 끝나버렸다. 그리고 현재 일본은 북한에 대해 조속히 납치자 재조사를 수행하고 그 결과를 일본에 통고할 것을 요구하고 있다. 그렇다면 일본과 북한의 관계는 어디까지 진전될 것인가? 다음은 이를 시나리오로 구성한 것이다.

북일 관계 진전 시나리오

	납치 문제	핵미사일 문제	북일 관계	결과
시나리오 1	진전	교착	북일 연락사무소 설치	핵미사일 문제 해결에 긍정적으로 작용
				일본·북한 대 한국·중국의 대립 구조
시나리오 2	진전	진전	북일 국교 정상화	동북아시아의 안정에 기여
시나리오 3	교착	교착	적대 관계 강화	동북아시아의 불안정 증대

먼저, 시나리오 1은 납치 문제 해결이 진전되어 일본과 북한이 국교 정상화의 전 단계로 연락사무소를 설치했으나 핵미사일 문제는 여전히 해결하지 못한 상태다. 이 경우 연락사무소 설치 후 일본과 북한이 핵미사일 문제 해결을 위해 노력한다면 동북아시아 안정에 도움을 줄 것이다. 반면 자국의 이익만 추구한다면 일본·북한 대 한국·중국의 대립 구조를 형성해 동북아시아의 불안정이 확대될 것이다. 시나리오 2는 납치 문제와 핵미사일 문제를 동시적으로 해결해 북한이 정상 국가로 변모함으로써 동북아시아의 평화와 안정이 이루어지는 것이다. 그러나 북한이 핵미사일을 포기하려 하지 않는 현 상태에서는 실현 가능성이 매우 희박하다. 마지막으로 시나리오 3은 납치 문제가 진전되지 않아 일본과 북한의 대립이 격화하고, 북한이 핵미사일 발사를 반복함으로써 북한과 주변 국가의 대립이 첨예화해 동북아시아가 더욱 불안정한 상황이다. 이들 시나리오 가운데 동북아

시아의 안정과 평화를 위해 가장 바람직한 것은 북한과 일본이 납치 문제를 해결하고 그 동력을 사용해 핵미사일 문제 해결을 추진하는 것이다.

동북아 외교 지형의 변화와 한국의 정책 방향

격변하는 동북아시아 정세

북한에 대해 대화나 협상보다는 '전략적 인내'라는 구호 아래 군사적 압박에 주력해온 미국의 오바마 정권과 한국의 박근혜 정부는 공통적으로 일본의 대북 정책 변화가 한미일 대북 공조 체제의 이완을 가져와 북한 김정은 체제에 유리하게 작용하는 것을 경계하고 있다. 그러나 일본이 납치 문제 해결을 위해 북한과 협상하는 것을 반대할 명분이 없기 때문에 양국은 일본에 대해 대북 공조 체제 유지와 북일 협상과 관련한 정보의 투명화를 요구하고 있다.

일견 같은 입장처럼 보이는 한국과 미국 사이에도 온도차가 존재한다. 한국은 일본과 북한의 급격한 접촉이 그동안 어렵게 수행해온 북한 고립 정책에 부정적으로 작용할 것을 우려하고 있다. 더 나아가 역사 문제에 대한 수정주의적 태도와 집단적 자위권에 대한 각의 결정 등에 의해 관계가 악화된 한국을 견제하기 위해 북한 카드를 사용하고 있다고 의심한다. 이에 대해 미국은 일본이 핵미사일 문제와 관련한 미국의 대북 정책을 지키는 한 북한과의 관계 개선이 동북아시아에서 일본의 영향력 확대를 가져와 중국 견제에 유리하게 작용할 것이라고 생각한다.

한편, 6자 회담을 통한 북핵 문제의 해결을 주장하면서 역사 문제를 계기로 한국과 공조를 강화해온 중국은 "북한과 일본이 협상을 통해 관계를 개선하고 지역의 평화 안정에 도움이 되기를 희망"한다는 입장을 공식적으로 표명하고 있다. 그러나 중국은 북중 관계가 소원해지는 가운데 이루어지는 일북 관계 개선이 대중 공세로 이어지는 것을 경계하고 있다. 이렇듯 '5·28 북일 합의' 후 동북아시아는 격변하고 있는 것이다.

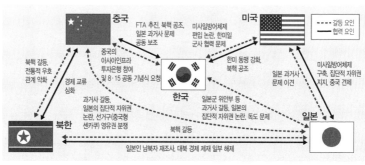

격변하는 동북아 정세

〈조선일보〉, 2014.07.14.

바람직한 한국의 정책 방향

'5·28 북일 합의'는 한국에 두 가지의 과제를 부여했다. 하나는 북한의 위협에 대한 공동 대응을 토대로 이루어져온 냉전기 한일 관계의 패러다임을 대체할 새로운 패러다임을 구축하는 것이다. 다른 하나는 북한이 2010년 이후 본격화하고 있는 일본과 중국 파워 게임의 구성원으로 등장함에 따라 좀 더 효율적인 대북 정책을 모색해야 하는 과제다. 두 개의 과제 중 좀 더 중요한 것은 후자, 즉 대북 정책의 변경이다. 현재 박근혜 정부는 이명박 전 정부에 이어 '전략적 인내'에 근거한 군사적 대북 압박 정책을 실시해오고 있으나 북한의 거부는 차치하더라도 일본과 북한이 접근함으로써 그 한계가 드러났다. 자국의 이해에 따라 급격히 정책 변화를 시도하는 동북아시아 국가들 사이에서 한국이 국익을 실현하기 위해서는 북한과의 관계를 전향적으로 진전시켜 한반도의 평화와 안정을 구축하기 위한 중심적 지위를 확보해야만 한다. 한국이 주도적으로 남북 관계를 진전시킬 때, 미국·중국·일본은 자국의 이익 실현을 위해 한국이 필요하다는 사실을 인식할 것이다.

:: 신정화

가톨릭대학교 사회학과를 졸업하고 이화여자대학교에서 문학 석사학위, 일본 게이오기주쿠대학교에서 정치학 박사학위를 받았다. 현재 동서대학교 국제학부 국제관계학과 부교수로 있다. 일본 미에쿄대학교 조교수, 세종연구소 경남대학교 극동문제연구소 객원연구원으로 근무했으며, 통일부 정책자문위원으로 활동했다. 저서로 《일본의 대북정책 1945~1992》, 《일본 민주당 정권의 탄생과 붕괴》(공저), 《중국의 부상과 동아시아》(공저), 논문으로 〈중국의 부상과 일본 안보 전략의 변화〉, 〈북한의 국가 전략과 북일 관계〉 등이 있다.

제2장

한국과 일본의 진정한 본심 읽기

정치·사회·문화

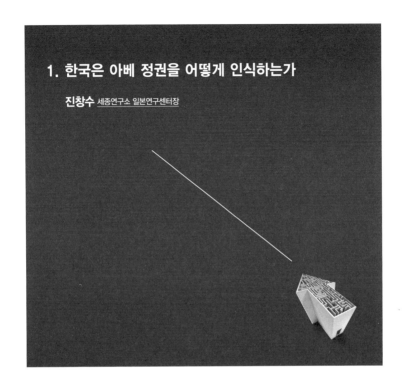

1. 한국은 아베 정권을 어떻게 인식하는가

진창수 세종연구소 일본연구센터장

　전 세계가 한일 관계에 이목을 집중하고 있다. 한일 관계의 악화로 동북아 질서, 경제 관계, 민간 교류에까지 악영향을 미치고 있건만, 정작 한일 양국은 서로를 비판할 뿐 쉽사리 관계 개선에 나서려 하지 않는다. 한일 관계를 개선하는 데는 '백약이 무효'라는 무력감마저 일고 있다. 양국의 여론조사를 보더라도 관계 개선의 필요성에 대해서는 두 나라 모두 80% 이상 인정하고 있다. 그러나 "상대국이 받아들일 수 없는 주장을 하는 한 관계가 개선되지 않더라도 어쩔수 없다"는 응답도 한국인 77%, 일본인 57%나 되어 관계 개선이 현실적으로 쉽지 않다는 사실을 보여준다.

한일 관계를 개선하기 위해서는 포퓰리즘(대중주의)에 휩쓸리지 않고, 양국의 국익을 위한 정치적 결단이 필요하다는 주장이 많다. 그러기 위해서는 아베 총리가 역사 인식을 바꾸고 박 대통령도 정상회담을 개최해야 한다는 주장이다. 한국에서는 한일 관계 개선을 위해서는 일본의 반성이 선결 과제라고 생각한다. 냉정히 생각해보면 아베 총리가 반성을 표명하더라도 한국이 만족할 만한 수준이 될 수 없는 현실에서는 박 대통령의 결단도 요구될 수밖에 없다.

결국 한일 관계 개선은 양국의 리더십이 정치적 결단을 할 수 있는 환경을 어떻게 만드느냐에 달려 있다고 해도 과언이 아니다. 양국의 리더십이 여론 분위기를 거스르면서 정치적 결단을 하는 것은 용기 있는 행위지만, 정치적 생명을 건 모험일 수도 있다. 더욱이 한일 관계가 국내 정치와 연동된 현실에서는 섣부른 정치적 결단은 돌이킬 수 없는 논쟁만 불러올 위험성도 있다.

문제는 한일 모두 여론의 급격한 악화로 리더십이 결단할 수 있는 공간이 점점 줄어들고 있다는 점이다. 최근 아산정책연구원의 여론조사에 의하면 2012년 이후 한국인의 일본에 대한 호감도는 급격히 떨어져 회복 기미를 보이지 않고 있다. 일본에 대한 불신은 북한에 이어 최저 수준이다. 이러한 현상은 일본도 마찬가지다. 일본 내각부의 조사에 의하면 2012년부터 친밀감을 느낀다가 62%에서 40%로 급격히 줄었으며, 반면 친밀감을 느끼지 않는다가 35%에서 59%로 큰 변화를 보였다. 왜 상대방을 싫어하는가에 대한 내용을 보면 한국인의 경우 일본이 반성하지 않기 때문에가 71%, 일본인의 경우 한국이 역사 문제에 대해 계속 비판하기 때문에가 79%로 나타났다. 양국 모두 역사 문제에 대해 상대방 불신이 존재한다. 이러한 결과는 양국 리더십에 영향을 미칠 수밖에 없으며, 관계 개선에 발목을 잡는 중요한 요인이다. 여론조사 결과 희망적인 부분도 있다. 한일 양국은 민간 교류의 중요성에 대해서 각각 70% 이상이 긍정적으로 답변했다. 또 한일 관계가 발전하면 역사 문제도 풀릴 것이라는 입장이 여전히 높은 비율을 차지하고 있다.

여론조사 결과는 양국이 시급히 신뢰를 회복하고 협력을 확대해야 함을 말해주지만, 리더십이 해결할 수 없는 구조적 이유가 존재한다.

첫째, 지금까지 한일 양국이 쌓아온 과거사에 대한 합의(반성과 사죄)를 놓고 일본 정치권이 문제를 제기하는 상황이 더욱더 빈번하게 나타날 수 있기 때문이다. 특히 아베의 야스쿠니 참배는 일본의 제국주의 전쟁이 잘못되었다는 전제에 정면으로 문제를 제기하는 것과 다름없다. 최근 일본의 정치권은 국제사회의 시선은 아랑곳하지 않고 전후 체제의 속박에서 벗어나고자 몸부림치고 있다. 그 결과 아베 정부는 지금까지 인정해온 위안부의 강제성에 대해 인정하지 않을뿐더러 독도 문제에도 더욱더 공세적 자세로 임하고 있다. 이로 인해 한국이 과거사 문제에서 일본으로부터 양보를 받아내기는 힘들어졌다. 일본 국내의 여론도 더 이상 한국에 긍정적인 것만은 아니다.

둘째, 한일 관계는 국제 질서 속에서 규정되는 부분이 확대되어 한국이 한일 관계를 제어할 수 있는 부분이 줄어들었다. 최근 불거진 일본의 집단적 자위권 문제는 미일 동맹의 틀 속에서 진행되는 측면이 있어 한국이 영향력을 발휘하기 힘들다. 또 중일 관계가 악화되는 가운데 역사 문제에서도 중국과 함께 일본을 몰아붙일 수만은 없게 되었다. 미국이 야스쿠니 참배에 비판적이라고 하지만, 미국의 역사 인식이 한국과 같지 않기 때문이다. 미국은 역사 인식 문제와 현실의 국제정치를 구분하면서 동북아에서 일본의 역할 확대에 지지를 보내고 있다. 따라서 한국이 지나치게 역사에 집착하는 모습을 보이는 것은 한미 관계와 한국의 동아시아 외교·안보 정책에도 부담으로 작용할 가능성이 높다.

셋째, 대일 정책의 국내 정치화로 전략적 외교가 힘을 잃어가고 있다. 한국의 시민 단체와 반일 단체는 끊임없이 일본의 사죄와 배상을 요구하고 있으며, 한국 여론도 이를 지지하는 상황이다. 따라서 국익을 생각한 전략적 외교는 국내 정치의 소용돌이 속에서 중심을 잡기 힘들어졌다. 특히 조만간에 징용 피해자 문제에 대한 대법원 판결이 나오면 여론의 빗발치는 대일 공세 속에서 올바른 대일 정책을 수립하기는 더욱 쉽지 않을 것이다.

아베의 야스쿠니 참배 이후 한일 관계

2013년 12월, 아베 총리의 야스쿠니 참배에 대해 한국인은 그 어느 때보다 우려와 분노를 금하지 않을 수 없었다. 첫째, 신사참배로 인해 한일 관계를 정상화해야 한다는 최근의 노력은 물거품이 되고 말았다. 앞으로 한일 관계가 풀릴 것으로 기대했지만 아베가 그 싹을 잘라버린 것이다. 둘째, 아베는 대화의 문이 열려 있다고 말하면서도 정작 한국의 뒤통수를 치는 행동을 한 것이다. 이는 일본과의 외교에서는 항상 배신당하지 않도록 조심해야 한다는 학습 효과를 남겨 한일 관계에 두고두고 걸림돌로 작용할 가능성이 높다. 셋째, 기시 노부스케의 망령이 되살아나는 것에 대한 우려다. 아베 총리의 외할아버지인 기시 전 총리는 친미를 주장하면서도 국내적으로는 전전戰前의 역코스 정책을 부활시키려 했다. 아베도 외할아버지와 마찬가지로 최근 많은 반대에도 불구하고 특정비밀보호법을 강력하게 추진했고, 이번에는 우파 세력을 결집하기 위해 신사참배를 강행한 것이다. 아베의 꿈이 전전의 향수를 가진 기시의 콤플렉스를 실현하는 것이라면 일본의 불행일 뿐 아니라 동북아에서도 문제아로 남을 수밖에 없다.

아베의 야스쿠니 참배는 일본 정치권에서 우파의 역사 인식을 자유롭게 실현할 수 있는 공간을 만든 셈이다. 이전부터 일본 우파는 총리의 신사참배를 통해 제국주의 전쟁이 잘못된 것이 아니라는 사실을 주장하고 싶어 했다. 물론 일본 국민과 언론은 총리의 야스쿠니 참배에 대해 부정적 견해를 보이고 있다. 그러나 점점 경기 침체 속에서 일본 국민도 총리의 야스쿠니 참배를 통해 '강한 일본'의 향수를 되찾는 데 동조하는 측면이 나타나기 시작했다. 특히 중국과 한국이 신사참배에 반대하는 것에 대해 역풍도 존재한다. 그 결과 여론조사에서 야스쿠니 참배에 찬성하는 일본 국민이 이전보다 많아졌다.

이런 상황에서 그동안 일본 정치권에서 금기시한 우파의 역사 인식은 확대될 것이며, 그 결과 한일의 역사 인식에 대한 공감대는 더욱더 어려워질 전망이다. 앞으로 아베가 있는 한 한일 정상회담은 그 전기를 마련하기 힘들 것으로 보인다.

아베의 야스쿠니 참배는 한일 관계에만 국한된 문제는 아니다. 한일 관계가 악화되면 미국의 아태 재균형 정책에 영향을 미쳐 한미일 공조에 균열을 가져오고 중일 관계는 더욱더 악화되어 당분간 중국의 공세는 계속될 것이다. 이렇게 되면 일본은 중국에 대응하기 위해서라도 더욱더 보통국가의 흐름을 확대할 것이다. 결국 동북아 국가들은 서로를 신뢰하지 않고 미국에 매달리거나, 방위비를 확대하는 군비 증강의 딜레마에 빠질 것으로 본다.

아베 정권의 행방과 한일 관계

일본에서 체감하는 아베에 대한 평가는 한국이 보는 역사 인식보다 실질적 성과에 치중하고 있어 한일 양국의 온도 차이를 느낄 수 있다. 일본에서 아베는 정국 운영에 자신감을 가질 정도로 국민의 지지를 얻고 있다. 일본 국민이 그토록 반대하는 특정비밀보호법의 제정도 아베 정권이 자신감에 넘쳐 밀어붙였다는 평가가 나올 정도다. 최근 일본 증시가 6년 만에 장중 16,000선을 회복했다. 닛케이 주가가 장중 16,000선을 돌파한 것은 2007년 12월 11일 이후 6년 만의 일이다. 또 특정비밀보호법 제정과 더불어 폭락한 아베 정권의 지지율이 54.2%로 회복됐다. 아베를 지지하는 이유로 '경기 회복'을 꼽은 사람이 가장 많다. 이는 결국 과감한 금융 완화와 재정 확대 등을 골자로 하는 '아베노믹스'가 정권 유지에 대한 지지를 이끌어낸 주요 동력임을 보여준다. 게다가 올림픽 유치도 경제 재생의 기대감을 높여 지지를 끌어올리는 요인이 되었다. 이처럼 일본에서는 한국이 보는 이념 성향의 아베보다는 자국민의 마음을 사는 경제 재건에 집중하는 아베를 평가한 것이다.

그렇다고 한국이 예의 주시하는 헌법 개정과 우파의 이념적 색채를 아베가 버린 것은 아니다. 2014년 4월에 한 침략 발언에서 무심코 자신의 신념이 나오긴 했지만, 일본 국내와 미국의 비난에는 자신의 신념을 숨길 수밖에 없었다. 그러나 야스쿠니 참배를 통해 아베의 신념을 다시 확인할 수 있었다. 하지만 아베는 자신의 신념인 헌법 개정을 무리하게 추진하기보다 3년 후 장기 집권을 위한 발판을 다지겠다는 의도를 가지고 있다. 아베가 바라는 집단적 자위권의 해석 변경은 센카쿠를 둘러싼 일본 국민의 위기의식으로 그에게 유리한 국면이 있다. 2014년 11월 17일, 중국에 대응하기 위해 방위력을 증강하고자 발표한 '신방위계획대강'에 대해 찬성이 50%로 반대 36%보다 높은 것을 보더라도 일본 국민의 마음을 알 수 있다. 아베의 집단적 자위권 해석 변경은 중국에 대응하고자 한 미국의 아태 재균형 정책과 맞아떨어진 부분이 있다. 더욱이 아베는 민주당 정권과 달리 미국과의 동맹 관계를 심화하기 위해 미국이 원하는 정책을 적극 추진하고 있다. 즉 아베 정권은 일본 국민이 반대하는 TPP에 가입했을 뿐 아니라, 미군의 요구대로 후텐마 기지를 이전하기 위해 오키나와 주민들에게 막대한 지원을 약속하기도 했다. 그 결과 최근 미일안보협의에서 볼 수 있듯이 미국은 일본과 함께 중국에 대응하고자 하는 의도를 명확히 함으로써 아베가 추진하려 한 집단적 자위권의 해석 변경이 힘을 얻게 되었다.

아베의 장기 집권 프로젝트는 이념과 안보 문제보다는 2014년 말의 소비세 인상 연기 이후 경제 개혁을 어떻게 추진하느냐에 달려 있다. 즉, 아베노믹스의 성패가 제3의 화살인 성장 전략의 적극적인 추진 여부로 결정된다는 것이다. 또한 TPP에 따른 피해 세력의 반대가 아베 정권의 지지율 하락에 영향을 미칠 것은 분명하다. 하지만 야당 세력이 지지부진하며, 아베 이외의 대안이 없는 정치적 상황으로 인해 아베에 대한 일본 국민의 지지는 지속될 것으로 전망된다.

아베의 외교 정책은 지금까지와 마찬가지로 중국을 견제하기 위해 미일 동맹과 가치관 외교를 적극 펼칠 것이다. 하지만 야스쿠니 참배로 한일 및 중일 관계는 그 어느 때보다 어려운 상황에 놓여 있다. 이 점에서 아베 총리는 한국과 중국의 관계를 앞으로 어떻게 풀어갈 것인지 과제를 안고 있다. 역사 인식 문제에서 아베는 한국과 중국의 주장을 들어주면서까지 정치적 타협을 할 생각이 없다는 게 문제다. 최근의 행보를 보면 아베는 한일 정상회담을 주장하면서도 한국이 싫어하는 부분에서 주저 없이 강행하는 상황을 만들었다. 즉 집단적 자위권의 해석 변경을 적극적으로 추진한다든지, 신사참배를 하는 것이 그 예다. 따라서 아베는 미일 동맹의 심화를 통해 미국의 지지를 바탕으로 한국과 중국의 반대에는 개의치 않는다는 입장을 보일 가능성이 높다. 그리고 미국도 야스쿠니 신사참배에는 비판적이지만, 동아시아의 리밸런스(재균형) 정책을 위해서는 일본의 역할 확대를 인정하고 있다. 따라서 아베는 지금까지의 신념인 역사 인식 문제와 안보 어젠더(예를 들면 집단적 자위권 문제)는 적극 추진할 가능성이 높다. 그리고 아베와 일본의 정치 엘리트들은 지금 한국과 중국에 양보하면 앞으로 더욱더 많은 부분에서 양보를 해야 한다고 생각하기에 아시아 국가들과의 갈등은 불가피하다고 보는 측면이 많다.

아베 정권의 독자적 대북 정책

2014년 5월 28일, 동북아 정세에 돌발 변수가 발생했다. 북한의 납치자 문제 재조사와 일본의 대북 독자 제재 해제를 골자로 하는 북일 합의가 이루어지면서 북일 교섭이 급물살을 탄 것이다. 국제적 대북 제재가 이루어지는 가운데 아베 정권의 독자적 대북 행보가 대북 문제에 어떤 영향을 줄 것인지 관심이 높아졌다. 현재 한반도 신뢰 프로세스의 추진이 제대로 가동되지 않고 있으며, 박근혜 대통령이 밝힌 '드레스덴 제안'에 대해서도 북한이 반발하는 등 남북 관계가 좀처럼 풀릴 기미가 보이지 않는 상황에서 이루어진 북일 간 관계 진전은 한국 입장에선 부담스러울 수밖에 없다. 우선 북일 관계의 진전은 현재 진행하는 한미일 3국 간 대북 제재에 다소 차질을 줄 가능성이 있다. 게다가 한일이 대북 문제에 대한 협조가 원활하게 이루어지지 않은 상황에서 일본이 북한에 대한 제재를 풀면 한국의 대북 정책에 대한 선택의 폭은 줄어들 것이다.

아베 정권이 국제적 제약에도 불구하고 독자적으로 대북 교섭에 적극 나서는 이유는 아베 총리의 정치적 행보와 관련이 있다. 2013년 5월 이지마 내각 참여의 북한 방문에서도 그랬듯이 납치 문제의 해결은 아베 정권의 장기 집권 프로젝트와 연관되어 있다. 정치가 아베 신조는 납치 문제에 강경하게 대응할 것을 주장하면서 국민의 인기를 얻었으며 그 결과 총리까지 될 수 있었다. 이번 북일 합의도 북한이 납치 문제의 재조사를 인정했다는 점에서 아베 총리에게 호재로 작용한다. 더욱이 2015년 가을로 예정된 자민당 총재 선거를 앞둔 아베 총리로서는 장기 집권의 발판을 마련하기 위해서라도 북일 정상회담의 성사는 대단히 중요하다. 따라서 이번 북일 합의는 일본 경기의 부진과 아베노믹스에 대한 실망을 납치 문제 해결로 만회하려는 아베의 정치적 포석이 깔려 있다. 앞으로 아베 총리는 납치 문제를 해결하기 위한 북일 타협에 더욱 적극적일 것이다. 이렇게 되면 대북 정책에서 국제적 공조보다는 아베 정권의 어젠더가 우선될 가능성도 있어 한미일 공조에 영향을 미칠 것이다.

일본의 북일 교섭은 아베 정권의 독자 외교 실현이라는 점에서 한국과 다른 전략적 이익을 얻을 수 있다. 아베 총리는 '전후 체제의 탈각'을 주장하는 대표적 우파 정치가다. 역설적으로 그가 택한 현실적 대안은 미일 동맹을 적극 강화하는 것이다. 그러나 아베는 항상 미중 관계의 타협을 우려하면서 일본 외교의 선택지를 넓히고자 했다. 한 예로 중국의 부상에 대응하기 위해 인도, 러시아, 호주와의 관계를 긴밀화하는 것이다. 또 납치 문제도 미국이 핵이나 미사일 문제와는 달리 큰 관심을 보이지 않는다고 보고 일본이 독자적으로 외교를 개척하려 한 것이다.

이번 북일 합의는 한반도에 대한 '두 개의 한국' 정책을 실현하면서 한국에 대한 영향력을 견지하려는 전략적 의도도 포함되어 있다. 한일 관계 악화에 대해 북한 카드를 들고 나옴으로써 한국에 대한 견제로 작용할 수 있다. 그리고 장기적으로는 한반도 유사시에 일본의 한반도에 대한 개입 근거를 확보하려는 것이다.

북일 교섭의 진전은 우리에게 일본과의 관계에서 더욱더 복잡한 방정식을 풀어야 하는 과제를 안겨주었다. 지금까지 북한 문제에 대해 한일 양국의 공통 대응을 당연시했다면 이제는 전략적 인식을 함께할 수 있도록 노력해야 한다.

고노 담화의 검증 보고서가 남긴 영향

이번 고노 담화의 검증 과정 보고서는 또 한 번 한일 관계를 삐걱거리게 만드는 요인이 되었다. 보고서는 고노 담화의 내용 전체를 부정하는 것은 아니었다. 일본 정부도 이러한 취지에서 고노 담화의 개정은 없다고 확인시켜준 점에서도 알 수 있다. 하지만 이번 보고서는 고노 담화의 내용을 훼손시켰다고 볼 수 있는 여지가 많아 앞으로 고노 담화에 대한 일본 정부의 의지와 행동에 많은 관심이 집중되고 있다.

위안부 동원의 강제성을 인정한 고노 담화는 일본의 식민지배를 사죄한 무라야마 담화와 함께 한일 관계 발전의 토대를 형성했다. 그렇기 때문에 검증을 하려는 일본의 의도는 처음부터 고노 담화에 흠집을 내기 위한 것으로 비치고 있다. 특히 아베 총리는 위안부의 강제 동원은 없었다는 소신을 가지고 있기에 이번 보고서도 고노 담화를 형해形骸화하려는 우파의 의도가 포함되었다고 볼 수 있다. 그 예로 고노 담화의 작성 경위에서 한국의 강력한 요구가 있었고, 한일의 정치적 타협이라는 일본 우파의 주장이 이번 보고서에 그대로 반영되어 있다. 또 고노 담화의 후속 조치로 조성된 아시아여성기금에 대해서도 한국 정부가 처음에는 찬성했지만, 국내 정치의 영향으로 처음의 생각을 뒤엎었다고 서술했다. 그 결과 위안부 문제의 해결에는 일본이 선의의 조치를 하지만 한국이 국내 정치를 관리하는 책임을 다하지 않았다는 이미지를 만든 것이다. 따라서 이번 보고서는 고노 담화에서 근거한 사실은 인정하고 있음에도 고노 담화의 작성 경위에 대한 잘못된 이미지를 각인시킴으로써 일본 내 우파 신문들이 이를 근거로 고노 담화를 개정하지 않으면 안 된다는 주장을 펼치게 만든 것이다.

한국 입장에서도 다른 형태의 불만이 남을 수밖에 없다. 보고서는 그 당시 일본 정부가 강제 연행 사실을 인정할 수 없다는 인식에서

임했다고 밝히고 있다. 따라서 고노 담화에서 가장 논쟁이 된 고노 요헤이 관방장관의 강제 연행에 대한 인정 발언을 뒤엎는 형태가 된 것이다. 또 한일 정부의 외교적 타협 경위를 너무나 상세히 서술해 선의의 조정 과정을 사실과 다른 정치적 타협으로 그렸다. 그 결과 이번 보고서는 유례를 찾아볼 수 없을 정도로 한일 외교 과정을 악의적으로 해석함으로써 앞으로의 외교 교섭에도 악영향을 미칠 것이 분명하다. 특히 이번 보고서는 사실에 근거한 외교 사료를 공개한 것이 아닌 일본 입장에서 자신의 구미에 맞게 편집한 주장을 마치 외교적 사실인 것처럼 공개해 분쟁의 소지를 남겼다.

이렇듯 많은 문제점이 있는데도 이번 보고서가 고노 담화를 인정했다고 해석할 수 있는 여지도 있다. 보고서에서는 한국 정부의 강력한 요구에도 불구하고 일본 정부가 사실을 왜곡하지 않는 범위에서 타협했다고 서술했다. 일본의 우파들은 고노 담화 자체가 사실에 근거하지 않고 위안부의 증언에만 의존한 것이라고 비판했지만, 이번 보고서는 일본 정부가 위안부의 증언과 달리 많은 문서를 통해 사실을 입증하고자 노력했다고 인정한 것이다. 따라서 일본 정부가 고노 담화의 개정은 하지 않겠다는 근거를 이번 보고서가 역설적으로 마련해준 것도 사실이다.

한국은 앞으로 보고서의 잘못된 부분은 바로잡으면서 일본 정부가 위안부 문제에 대해 어떤 해결책을 제시할 것인지에 관심을 집중할 필요가 있다. 그렇기 때문에 현재의 국장급 협의를 지속하면서 일본 정부의 위안부 문제에 대한 해결을 촉구하도록 노력해야 할 것이다. 또한 이번 보고서에서 잘못된 사실에 대한 검증을 통해 국제사회에 한국 주장의 정당성을 설명하는 노력도 지속해야 한다. 위안부 문제에 대한 일본 정부의 해결 의지를 지켜보면서 한국도 대응 수위를 조절하는 전략적 자세도 필요하다.

한일 관계 개선을 위한 해법

최악으로 치닫는 한일 관계에 대한 대책을 마련해야 한다. 양국의 갈등은 북한 문제, 한미 동맹 그리고 한중 관계에 부정적 영향을 미쳐 박근혜 정부가 주창하는 균형 외교의 발목을 잡고 있다. 동북아의 최근 상황은 양자의 관계가 독립적으로 작동하기보다 상호 의존적 관계를 유지하고 있다. 따라서 한일 관계가 악화됨에 따라 일본은 대북 독자 외교를 추진하며, 이는 한국의 대북 정책에 영향을 미치고 있다. 또 중국은 대일 견제를 위해 한국을 이용하려 하며, 그 결과 국제사회는 한국이 중국 편향적 외교를 하는 것으로 오해할 수 있다. 따라서 일본의 전략적 가치를 냉정히 평가한 대책 마련이 시급하다.

현 시점은 대일 외교의 성패를 가름하는 분기점이 될 수 있다. 한일 관계의 현안(위안부 문제, 징용 피해자 문제 등)을 그대로 방치하고 관리하지 않으면 머지 않은 시일 내에 한일 관계를 뒤흔들 위기를 맞이할 수 있기 때문이다.

최근 일본의 정치권은 국제사회의 시선은 아랑곳하지 않고 전후 체제의 속박에서 벗어나고자 몸부림치고 있다. 그 결과 아베 정부는 지금까지 인정해온 위안부의 강제 동원에 대해 인정하지 않을뿐더러 독도 문제에 대해서도 더욱더 공세적 자세로 임하고 있다. 또 이번 고노 담화의 검증 보고서에서도 볼 수 있듯 일본 우파는 교묘하게 자신의 정당성을 입증하고자 한다. 따라서 한국이 과거사 문제에 있어 일본으로부터 양보를 받아내기는 힘들어졌을 뿐 아니라, 일본 국내의 여론도 더 이상 한국에 긍정적이지 않다. 그렇다고 일본을 무조건 비난하거나 역사 문제를 전제로 해서 갈등을 지속하는 것은 현명한 일이 아니다. 한일 관계의 한계를 인정하면서 한국이 주도적으로 외교를 할 수 있도록 외교 환경을 만들어가야 할 것이다.

첫째, 한일 관계를 정상화하기 위해 일본과 대화의 채널을 넓혀가는 노력이 필요하다. 현재 일본의 태도를 고려하면 국제사회(특히 미국)를 통한 원거리 대일 압박 정책과 함께 한국이 한일 관계를 위해 노력한다는 시그널링, 이미지메이킹 전략이 필수적이다. 아베의 역사 인식으로 한일 관계는 주춤하고 있지만 한국은 일본과 대화할 용의가 있고, 이를 위해 일본도 노력해야 한다는 메시지를 만들어야 한다. 지금은 한국이 대화를 거부하는 것처럼 보이는데, 이는 결코 바람직한 행태는 아니다. 현재의 상황을 한국이 주도할 수 있도록 더욱 적극적 제스처를 보여야 한다. 이를 위해서는 다양한 채널을 통해 일본 사회에 한국 입장을 설명하고, 국제사회에서도 전략 대화를 확대해나가야 한다.

둘째, 대일 전략 외교를 복원해야 한다. 한국의 시민 단체와 반일 단체는 끊임없이 일본의 사죄와 배상을 요구하고 있으며, 한국 여론도 이를 지지하고 있다. 이런 상황에서 국익을 생각한 전략적 외교는 국내 정치의 소용돌이 속에서 중심을 잡기가 힘들어졌다. 이를 고려하면 국내에서도 시민 단체를 포함한 비공개 회의를 통해 한일 관계의 현안을 해결하기 위한 내부적 기준을 마련할 필요가 있다. 그 기준을 중심으로 일본 정부와 협의하면서 국내 여론을 만들어가는 작업을 해야 한다. 그러기 위해서는 정부와 전문가 집단과의 연계를 통한 새로운 전략 개발이 필요하다. 예를 들어 중장기적 국가 전략을 모색하는 '전략기획팀'을 만들어 대일 정책과 다른 정책과의 연관 관계와 전략적 위치를 고려해야 한다.

셋째, 한국과 일본이 서로 신뢰를 회복하기 위해서는 작은 차원의 협력 습관과 문화를 확대 발전시킬 필요가 있다. 박근혜 정부가 주장하는 동북아 평화 협력 구상 속에서 일본과 협력을 확대해나가며 한일 관계 개선의 실마리를 찾는 전략적 발상이 필요하다. 동북아 평화 협력 구상은 영토 및 역사 문제를 해결하기 위해 상대방과 쉽게 협력할 수 있는 가벼운 이슈에서 시작해 신뢰를 쌓아가면서 경성 안보 해결에도 영향을 미치겠다는 구상이다. 지금처럼 미중, 중일의 갈등이 심각한 상황에서는 동북아 전체의 갈등을 완화하기 위해서라도 한국이 동북아 지역의 공통 문제에 협력하는 문화를 만들어가는 데 앞장서야 한다. 특히 원자력 안전 문제와 재해, 재난 등은 한일 양국의 협력이 시너지 효과가 클 뿐 아니라, 이를 확대 발전시켜 한중일, 나아가 동북아 협력의 새로운 모델을 만들 수도 있다.

이제 한일 양국은 현안이 풀리지 않으면 다른 협력에서도 움직일 수 없다는 소극적 자세에서 탈피해야 한다. 한일이 동북아 문제에 공동으로 대처하는 협력과 습관을 기르는 것은 결국 양국의 이해를 높이고, 신뢰를 쌓아가는 밑그림이 된다. 신뢰 회복이야말로 일본이 역사 문제를 반성할 수 있는 정치적 여건이 될 것이다.

:: 진창수

서강대학교 정치외교학과를 졸업하고 동 대학원에서 정치외교학 석사학위, 도쿄대학교에서 정치학 박사학위를 받았다. 세종연구소 부소장, 동북아역사재단 자문위원, 대통령 외교자문위원을 맡았으며 교토대학교 법학부 초빙학자 및 사회과학연구소 객원연구원, 존스홉킨스대학교 객원연구원을 거쳐 현재 세종연구소 일본연구센터장으로 활동하고 있다. 저서로 《일본 민주당 정권의 탄생과 붕괴》(공저), 《일본의 정치 경제》, 《한국 일본학의 현황과 과제》, 《1990년대 구조 불황과 일본 정치 경제 시스템의 변화》, 《한국과 일본의 금융 개혁》, 《규제 완화와 정치 비교 연구》 등이 있다.

2. 한일 정상회담은 불가능한 일인가

기무라 간 고베대학교 교수

2012년 8월, 이명박 대통령이 독도를 방문한 이후 일본에서 한국의 반일 운동에 관심이 높아졌다. 일본 언론에서는 반일 운동 단체들이 어떻게 과격한 활동을 펼치는지를 연일 보도했다. 그러나 정말 그럴까? 물론 현재 한일 간에 존재하는 영토나 역사 인식 문제에 한국 정부가 강경한 태도를 취하는 것은 사실이다. 박근혜 대통령이 취임한 이후 일본과 정상회담마저 거부해 한일 양국은 문제를 해결하기 위한 실마리를 찾지 못하고 있다. 한국의 언론도 이와 같은 경향을 보이며 극우 아베 내각을 신랄하게 비판하는 기사를 보도한다. 장기적으로 한일 간의 역사 인식 문제나 영토 분쟁의 빈도도 확연히 높아졌다. 그러나 한국에서 반일 운동이 활발해진 것은 아니다. 오히려 반일 집회에 참여하는 사람들은 중장기적으로 감소하는 경향을 보였다. 이따금 대규모 반일 집회가 열리는 중국과 달리 지금 한국에서는 큰 도로를 가득 메울 만큼 대규모 반일 집회는 거의 열리지 않는다.

〈조선일보〉로 보는 영토 및 역사 인식 문제에 관한 논의의 추이

	교과서	위안부	정신대	야스쿠니	신사참배	독도	독립운동	친일파	배상
1945~1949	0	0	0.001618123	0	0	0	0	0.025080906	0.03802589
1950~1954	0	0	0	0	0	0.0272277	0	0.001237624	0.01608911
1955~1959	0.0006427	0	0	0	0	0.002892	0	0	0.00771208
1960~1964	0	0	0	0	0	0.0070439	0	0.000454442	0.00499886
1965~1969	0.0005992	0	0	0	0	0.0077891	0.0005992	0.000299581	0.0014979
1970~1974	0.0003898	0	0	0.0011694	0.0001949	0.0009745	0		0.00116936
1975~1979	0.0004597	0.0002298	0	0.0002298	0.0004597	0.0098828	0	0.000229832	0.00114916
1980~1984	0.0276865	0	0.001173158	0.0002346	0.0023463	0.0030502	0.0004693	0	0.00093853
1985~1989	0.0127208	0	0.000942285	0.0004711	0.0025913	0.0025913	0.0007067	0.000471143	0.00094229
1990~1994	0.0068027	0.0986395	0.176870748	0.0034014	0.0181406	0.0022676	0	0.005668934	0.00793651
1995~1999	0.0066994	0.1201429	0.016971862	0.0049129	0.0138455	0.0107191	0.0017865	0.004912908	0.00267977
2000~2004	0.0114464	0.066077	0.010405827	0.0244537	0.0468262	0.0083247	0.0005203	0.005723205	0.00156087
2005~2009	0.011236	0.0594569	0.005149813	0.0440075	0.0205993	0.042603	0.0014045	0.013576779	0.00327715

〈조선일보〉 기사에서 키워드를 일본으로 지정한 것 중 각각의 쟁점이 키워드로 지정된 기사의 비율을 나타낸다. 회색이 가장 높은 시기이고 파랑색은 그다음으로 비율이 높은 네 시기를 나타낸다.

이는 반일 집회가 열리면 수만 명이 참여하던 1980년대와 비교하면 분명히 알 수 있다. 현재 한국에서 반일 집회에 참여하는 인원수는 매년 8월 15일, 즉 한국이 일본의 식민지배에서 해방된 날조차 겨우 1,000명이 넘을까 말까 한다. 집회를 주최하는 측이 생각보다 참여자가 모이지 않는다고 한숨을 내쉴 지경이다.

반일 집회 규모가 작은 것은 쟁점이 다른 집회와 비교하면 더욱 분명하다. 예를 들어 2008년 이명박 정부 때 열린 미국산 쇠고기 수입 반대 집회는 참여자가 한창때 수십만 명에 이르렀다. 2014년에 불거진 2012년 대통령 선거에 국가정보원이 개입했다는 의혹에 항의하는 집회도 수만 명이 참여할 정도로 규모가 컸다. 이러한 집회와 비교하면 반일은 집회의 쟁점으로 인기가 없다고 할 수 있다. 2011년 후지 TV 방송국을 에워싼 혐한류 집회에 일본인 3,000명 이상이 참여했다고 하니 이러한 상황을 무시하고 한국의 반일 운동을 과대평가하는 것은 위험한 일이다.

그럼 한국에서 무슨 일이 벌어졌을까? 아베가 총리 자리에 앉은 것은 2006년에 이어 두 번째인데, 한국 정부와 언론이 아베 내각을 대하는 자세는 2006년과 2013년이 확연히 다르다.

제1차 아베 내각이 탄생했을 때는 한국 정부와 언론도 고이즈미 내각 시절에 악화된 한일 관계를 개선할 실마리로 생각해 호의적으로 받아들였다. 그것은 최근 7년 동안 아베 총리가 영토 문제나 역사 인식 문제를 보는 자세가 많이 달라졌기 때문이 아니다. 예를 들어 제1차 내각과 제2차 내각이 각각 들어서기 이전 아베 총리의 발언이나 자민당 총재 선거 때 공약, 나아가 자민당의 선거 공약을 보면 금방 알 수 있다. 즉 제1차 내각에서 아베 총리는 헌법 개정을 첫 번째 목표로 거론했고, 현재의 국가안전보장회의 창설과 관련해 안전보장 문제에서 총리 관저의 기능을 강화하겠다고 여러 차례 언급했다. 영토 문제도 마찬가지인데 제1차 아베 내각이 독도 문제에 친화적 자세를 보인 적은 없다.

일본의 방위력 강화는 아베 총리가 일관되게 주장한 것 중 하나고, 총리 취임 이전에는 고노 담화나 무라야마 담화를 두고 여러 차례 의문을 표명했다. 애초에 아베 총리는 종군 위안부 서술을 중심으로 일본 교과서 내용을 변경하자고 요구하는, 일본의 미래와 역사교육을 생각하는 소장파 의원 모임을 1997년 창립한 주요 회원 중 한 명이고, 이 모임에서 회장인 나카가와 쇼이치 다음 위치인 사무국장을 맡기도 했다.

이 모임에서 과거 고노 요헤이 전 관방장관을 불러 고노 담화의 철회를 요구했다는 일화도 있다. 야스쿠니 신사참배 문제에서 아베 총리는 "국내법의 의미에서 A급 전범은 범죄자가 아니다. 평화조약 제11조는 이른바 전범을 전범자 취급하자고 약속한 것이 아니다"라고 몇 번이나 언급해 참배를 하겠다는 입장을 일관했다. 물론 제1차 아베 내각은 한국이나 중국과 관계를 개선할 목적으로, 출범 후 역사 인식 문제와 관련한 발언 등을 자제해왔다는 주장이 있을 수 있다. 그러나 잊어서는 안 될 사실은 제2차 아베 내각도 2012년에 같은 보수주의자인 박근혜 대통령이 당선되자 최소한 관계 개선이 가능하다고 생각해 내각 출범 초기에 자신의 대리인으로 당시 한일의원연맹 간사장인 누카가 후쿠시로를 한국에 파견한 점이다.

2006년 한일 관계가 개선된 것도 제1차 아베 내각이 출범하기 이전에 제안한 정상회담에 한국과 중국이 동의해 정상회담에 걸림돌이 되는 고노 담화나 야스쿠니 신사참배 등에 대한 아베 총리의 행동을 자제시켰기 때문이다. 만약에 당시 노무현 정부가 정상회담 제안을 거절했다면 제1차 아베 내각의 고노 담화나 야스쿠니 신사참배를 보는 자세는 제2차 아베 내각과 매우 흡사했을 가능성이 높다.

아베 내각이 영토 문제나 역사 인식 문제에서 자신들의 견해를 공개했을 때는 이미 한일 양국과 중일 정상회담이 성사되었다는 사실을 잊어서는 안 된다.

그럼에도 한국 정부나 언론은 제1차 아베 내각에 친화적이었다. 그 이유는 명확하다. 당시 한국에 경제나 안전보장 측면에서 일본과 협조할 필요가 있다는 인식이 존재해 이 점을 고려한 노무현 정부가 자신의 리더십으로 관계 개선을 이끌었기 때문이다.

동북아의 구조 변화

이 점에서 잘 알 수 있는 것은 경제적 중요성이다. 다음은 한국의 무역에서 미중일 세 나라의 점유율을 나타낸다. 그래프에서 보듯 1970년대 후반 이후 일본의 비중은 장기간 감소했는데, 이 현상은 한국에서 일본의 경제적 중요성이 계속 낮아졌다는 것을 의미한다.

이처럼 한국에서 일본의 경제적 중요성이 낮아진 이유는 1990년

한국의 주요 국가 무역 비중

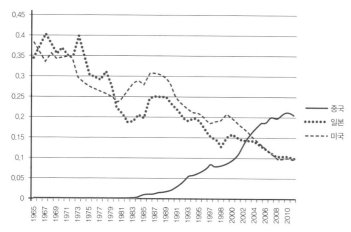

대 이후 일본의 경기 침체 때문만은 아니다. 이 사실은 1980년대 일본 경제가 최고로 활황이던 시기에도 비중이 낮아진 점, 그리고 평행하는 형태로 미국의 비중도 낮아진 점에서 확인할 수 있다.

다시 말하면 한국에서 일본의 경제적 중요성이 줄어든 이유는 한국의 사정 때문이다. 즉 과거 냉전 시기에 가난한 분단국가였던 한국은 미국과 일본 이외에 유력한 경제 거래 상대를 찾을 수 없었다. 그러나 냉전 종결로 중국을 비롯한 구 동구권 국가와 무역이 가능해져 한국이 경제 발전을 하고 세계경제가 글로벌화해 한국의 경제 거래 상대가 비약적으로 증가한 탓에 미일 양국의 의존도가 크게 줄어든 것이다.

그러나 이것만으로 2006년과 2013년의 차이를 충분히 설명할 수 없다. 2006년 시점에도 이미 일본의 경제적 중요성은 낮았고, 한국이 일본을 배려할 이유가 없었기 때문이다. 이는 2006년이 아시아가 통화 위기를 겪은 1997년에서 아직 10년밖에 지나지 않은 시기였다는 사실이 중요하다. 당시 한국은 여전히 통화 위기가 다시 올 것을 우려했고 노무현 정부도 대통령 자신과 이데올로기 성향이 정반대인 신자유주의 경제정책을 선택했다. 다시 도래할 지 모를 경제 위기에 대비해 아시아의 경제 대국인 일본과 원활한 관계를 맺는 것은 당시 한국으로선 필수였다.

노무현 정부와 박근혜 정부의 차이를 생각할 때 또 한 가지 중요한 점은 안전보장 정책의 변화다. 예를 들어 노무현 정부 시기에는 안전보장 전략의 하나인 동북아 균형자론이 있었다. 대립하는 미중 사이에서 균형자 역할을 해 한국이 스스로 동북아의 안전보장 위기를 방지하는 것이다.

여기에서 중요한 점은 두 가지다. 첫째, 언뜻 미국과 중국 사이에서 중립 위치에 서려는 것처럼 보이는 이 논리가 미중의 대립을 전제로 한다는 사실이다. 둘째, 노무현 정부 시절 한미 관계가 악화된 점이다. 2003년에는 미국이 이라크 전쟁을 수행하기 위해 북한과 대치하는 최전방에 위치한 육군 병력의 일부를 이동시킨 사태도 벌어졌다.

2006년에는 북한이 첫 번째 핵실험을 강행하는 등 남북 관계도 악화되어 한국을 둘러싼 안전보장 환경이 결코 바람직한 상황은 아니었다. 당연히 안전보장 위기는 당시 한국 정부가 일본 정부에 유화정책을 펴게 된 하나의 동기가 되었다. 만약 한반도에 심각한 안전보장 위기가 발생하면 주일 미군에 많은 기지를 제공하는 일본의 역할이 매우 중요하기 때문이다. 그래서 한국의 언론, 특히 안전보장 문제에 관심이 많은 보수 언론도 고이즈미 전 총리 이상으로 우파 이데올로기가 사상적 기반인 아베 총리의 취임을 한일 관계를 회복하는 절호의 기회로 삼으려 했다.

이 같은 상황은 2013년까지 많이 변했다. 박근혜 대통령은 친중파로 알려진 인물이고, 대통령 당선 직후부터 중국 중시 정책을 펴겠다고 몇 번이나 분명히 언급했다. 그 결과 박근혜 정부에 중국의 중요성은 일본을 넘어섰을 뿐 아니라 동맹국인 미국과 버금가는 수준이 되었다. 중국 정부 또한 한국에서 친중 정부가 탄생한 것을 적극 지지하고, 중국을 방문한 박근혜 대통령은 역대 한국 대통령과 비교가 되지 않는 환영을 받았다. 쉽게 말하면 박근혜 정부에서 중국의 위치는 가상 적국이 아닌 가장 중요한 우호국이라 할 만하다. 이러한 박근혜 정부에 미중 관계도 대립보다 공존 관계로 자리매김했다. 한중의 관계 개선은 한국의 북한 정책에도 커다란 영향을 미쳤다.

한국의 대북 정책은 김대중과 노무현 정부 시절에는 적극적 포용 정책, 이명박 정부 시절에는 미일과 협조해 강경론을 채택했다. 그러나 언뜻 다르게 보이는 두 정책은 공통점이 있다. 그것은 중국에 적극적 역할을 부여하지 않은 점이다. 두 정책에서 중국의 위치는 한국의 통일 정책에 혼선을 야기하는 원인이자 북한 내에서 영향력을 경쟁하는 라이벌이었다.

이에 비해 현재 한국 정부의 대북 정책에서 중국은 라이벌이 아닌 협력자로 자리매김했다. 이러한 한국의 안전보장 정책의 변화는 일본의 위치에 영향을 미쳤다. 강한 중국과 대결 관계를 전제하지 않는다면 한국이 주로 대비해야 하는 대상은 북한이고, 이런 북한보다 한국은 재래식 무기 수준에서는 우위를 점한다.

물론 북한이 보유하는 핵무기에도 별도로 대비하고 있는데 미국의 핵우산으로 충분하다. 대규모 정규전이 벌어질 가능성이 없다면 주일 미군 기지를 보유한 일본을 특별히 배려할 필요는 없다. 게다가 이 상황에서 센카쿠 열도 문제로 중국과 대립하는 일본은 장애물이기도 하다. 만에 하나 센카쿠 열도 문제가 심각해져 미국까지 휘말리는 사태로 발전하면 미중 양국과 밀접한 관계를 전제로 하는 한국 정부의 안전보장 정책은 근본부터 뒤집히기 때문이다. 그렇다면 한국 정부는 미일 양국이 서로 멀어지는 편이 오히려 이익이 된다. 박근혜 정부가 미국에도 일본 역사 인식 문제를 거론할 것을 주저할 필요가 없는 이유가 여기에 있다.

박근혜 정부의 이러한 정책을 한국의 보수 언론은 든든하게 지지하고 있다. 현재 한국의 무역에서 중국이 차지하는 비중은 25%에 가까운데, 이 비율은 미국과 일본의 무역량을 합한 것보다 많다. 무역의 존도가 높은 한국에서 25%는 전체 GDP의 4분의 1이 넘는 규모다. 이처럼 중국에 의존하는 한국 경제는 경제계가 앞장서서 대중 관계를 중시하는 방향으로 유도하고, 경제계와 밀접한 관계를 유지하는 보수 언론의 논조를 바꾼다.

참고로 일본의 대중 무역 규모는 GDP의 5%에 불과하다. 이는 전체 무역에서 중국이 차지하는 비중이 한국과 마찬가지로 25% 가까이 되지만 일본의 무역의존도가 낮기 때문이다.

그 결과 과거 자주 등장하던 한국 보수 언론의 중국 경계론은 최근 몇 년 사이 완전히 자취를 감추고, 대신 중국과 우호 관계를 유지하는 게 중요하다고 강조하는 논조가 주류를 이루었다. 보수적인 박근혜 정부가 이처럼 보수 언론의 움직임에 영향을 받는 것은 당연한 일이다.

한일 관계 악화의 분석 모델

한일 관계에서 중요한 것은 두 차례 아베 내각이 집권한 7년 동안 한국을 둘러싼 상황이 크게 바뀐 점인데, 그중 한국에서 일본의 중요성이 크게 약해진 것이다. 이런 상황은 필연적으로 양국이 역사 인식 문제와 영토 문제로 자주 마찰을 빚을 가능성을 높인다. 다음의 그림과 같은 모델을 사용해 생각하면 이해하기 쉽다.

한일 관계의 분쟁 모델

한국에서 역사 인식 문제나 영토 문제의 중요성은 시간이 지날수록 감소하는 경향이 있다. 이는 식민지 세대가 물러나고 사회가 성숙해지면 여론의 관심이 다양해졌기 때문이다. 그래서 여러 가지 반일 운동에 모이는 한국인의 수는 장기적으로 보면 감소하기는 해도 증가하지는 않는다. 이와 함께 일본의 중요성 또한 이전보다 훨씬 빠른 속도로 줄어들고 있다. 예를 들어 1970년대에는 경제나 안전보장에서 일본이 매우 중요한 존재였다. 그래서 반일 운동이 격하게 일어나면 사람들은 즉시 관계 회복에 나섰다. 민족주의 감정에 반하면서까지 회복해야 할 구체적 이익이 있었기 때문이다.

그러나 한일 관계의 중요성이 낮아진 지금은 이러한 메커니즘이 작동하지 않는다. 역사 인식 문제나 영토 문제에 사람들의 관심은 줄어들더라도 즉시 사라지지 않는다. 이러한 상황에서 한일 관계의 중요성이 일정 이상 줄어들면 민족주의 감정에 노출되는 것을 두려워하는 사람들은 관계를 회복하려고 적극적으로 움직이지 않는다. 이 때문에 얻을 수 있는 이익보다 잃는 것이 많기 때문이다.

한일 관계가 아무리 악화되어도 그리고 반일 집회에 참여하는 사람이 아무리 적어도 박근혜 정부가 한일 관계를 회복하기 위해 움직이지 않는 이유는 이러한 구조로 확실하게 설명할 수 있다.

구조 변화 중인 리더십

그러면 우리는 이러한 구조 변화 속에서 한일 관계가 악화되는 것을 그냥 바라볼 수밖에 없을까? 여기에서 중요한 사실은 한국에서 일본의 중요성이 낮아지는 것이 한국에 일본이 중요하지 않다는 의미는 아니다. 일본은 여전히 세계에서 GDP 규모가 세 번째로 큰 경제 대국이고 한국의 무역에서도 10% 가까운 비중을 차지한다. 중일 관계에서 이미 본 것처럼 일본과 관계가 경제 분야에서도 줄어든다면 그것은 한일 관계에서 크나큰 손실이다.

물론 여전히 영토 문제나 역사 인식 문제는 중요하며 현재 일본을 대하는 자세를 계속 유지해야 한다는 의견도 있을 것이다. 그러나 원래 외교란 목적을 달성하는 수단이고, 가령 한국 정부의 목적이 영토 문제나 역사 인식 문제에서 일본의 자세를 고치는 것이라면 현재의 한국 외교가 그 목적을 달성했다고 보이지 않는다. 한국 정부가 일본 정부에 강경한 태도를 취하지만 아베 내각의 지지율은 여전히 높은 수준이며 앞으로 UN안전보장이사회의 비상임이사국으로 일본이 선출될 것이 확실한 데서 알 수 있듯이 일본이 국제사회에서 고립되지 않았기 때문이다.

진보적 입장인 〈아사히신문〉이 얼마 전 위안부 문제를 보도한 후 큰 비난을 받은 것처럼 일본 국내의 우경화는 오히려 심해져 아베 내각이 궁지에 몰렸다고 볼 수 없다. 올바른 비판을 하면 올바른 결과를 얻는다고 장담할 만큼 우리가 사는 세상은 단순하지 않다.

자신이 원하는 목적을 이루려면 그에 어울리는 전략을 생각해야 한다. 이 점에서 참고할 만한 사례는 노무현 정부가 제1차 아베 내각에 취한 태도다. 노무현 정부는 고이즈미 내각 시절에 악화된 한일 관계를 개선하기 위해 당시 거론하던 야스쿠니 신사참배 문제가 진전이 없으면 일본과 회담하지 않겠다는 방침을 강하게 전개했다. 그래서 고이즈미 내각보다 영토 문제나 역사 인식 문제에서 더 민족주의 정책을 펼 가능성이 높던 제1차 아베 내각의 언동을 제약했다.

후일 아베 총리가 제1차 내각 시절에 야스쿠니 신사를 참배하지 못해 통한했다고 언급한 것처럼, 만약 한국이나 중국과 관계를 개선하지 못했다면 분명히 제1차 아베 내각도 정책을 좀 더 자유롭게 펼칠 수 있었을 것이다. 그리고 이는 지지율 하락으로 고전하던 아베 내각이 여론의 지지를 얻는 가장 쉬운 방법 중 하나인 민족주의 정책을 펼칠 가능성이 높았다는 것도 의미한다.

중요한 것은 외교란 상대에게 무언가 약속을 받아내 상대를 속박하는 측면이 있다는 것이다. 그것의 가장 전형적 형태는 조약인데, 만약 구두 약속이라 하더라도 한 나라의 정상이 무언가 약속했다는 것은 큰 의미가 있다. 아니 아무런 약속을 하지 않더라도 양국 정상이 양국 관계의 중요성을 확인했다는 것만으로도 향후 정치 리더의 행동에 미치는 제약은 크다.

이러한 의미에서 정상회담은 합의를 이끌어내는 의미 이상으로 상대국의 행동을 제약하는 주요한 외교적 수단의 하나다. 물론 2006년과 현재의 상황은 다르고 그런 의미에서 한일 양국 정상이 직접 회담을 개최해 관계를 개선하기 위한 출구를 모색하는 것은 분명 더 어려운 일이다.

2006년에 중국이 함께 정상회담을 한 배경이 있고, 고이즈미 내각 시절에 한일 관계가 더 악화된 것이 양국 관계가 개선되는 데 좋은 구실을 제공한 점도 부정할 수 없다. 제2차 아베 내각에서 중일 관계도 더욱 악화되었기에 한중의 연대를 중시하는 한국 정부로서는 어려운 점도 있을 것이다. 아베 총리 자신이나 각료가 과거에 한 언동이 관계를 개선하는 데 큰 걸림돌이 된 것도 사실이다.

그러나 외교에서 리더십이 중요한 이유는 이러한 여러 가지 문제가 있더라도 자국의 이익을 실현하기 위해 필요한 행동을 실행하기 위해서다. 구조적 혹은 1차적 문제로 일방적 제약을 받는다면 그것은 사실상 리더십을 포기하는 것이다. 한일 양국의 관계 개선이 진행되지 않는 배경에는 이러한 정치적 리더십의 결여가 있다. 조기에 정상회담을 실현해 양국 관계를 개선하기 위한 한일 양국 정상의 과감한 리더십을 기대한다.

:: **기무라 간** 木村幹

교토대학교 법학과를 졸업하고 동 대학원에서 석사 및 박사학위를 받았다. 현재 고베대학교 교수로 있다. 한국 국제교류재단 연구원으로 근무했고, 워싱턴대학교·오스트레일리아국립대학교·세종대학교·하버드대학교·고려대학교에서 객원연구원으로 활동했다. 저서로 《Northeast Asian Trilateral Cooperation in the Globalizing World: How to Re-establish the Mutual Importance》, 《Tettei Kensho Kankokuron no Tsusetsu Zokusetsu(Criticizing Popular Believes on Korea in Japan)》, 《Popyurizumu Minshushugi Seijishido(Populism, Democracy and Political Leadership)》, 《Kindai Kankoku no Nashonarizumu (Modern Nationalism of Korea)》, 《Koso, Binhi(King Kojong and Queen Min: The Story of The Royal Family of the Chosun Dynasty from 1863 to 1919)》 등이 있다.

3. 평화적 한일 관계를 위한 공공외교를 말하다

김상준 연세대학교 교수

    우리 정부는 단기적으로는 악화된 한일 관계를 개선하고, 장기적으로는 개선된 관계를 '지속적이고 안정적'으로 발전시키기 위해 새로운 의미의 공공외교 public diplomacy를 모색할 필요가 있다. 여기에서는 '국가 간 공공 영역의 형성'을 통한 확장된 의미의 공공외교라는 것이 이해의 조정과 이미지 개선 등으로는 해결할 수 없는 갈등을 해소하는 하나의 방법이라고 보고 이를 살펴보려 한다.

    다소 생소하다고 느낄 수 있는 공공외교는 최근에 주목받는 개념이며, 그 개념 또한 다양하게 설명되고 있다. 일반적으로 알려진 공공외교는 타국의 국민을 외교 대상에 포함한다는 것, 그리고 기존의 안보와 경제 위주의 외교에서 문화 등으로 그 영역을 확장한다는 것으로 설명할 수 있다.

쉽게 풀어서 설명하자면, 첫째로 정부 외교의 주된 대상이 타국 정부라기보다 타국 국민이라는 점에서 공공외교는 '전통외교'와 대비된다. 폴 샤프는 공공외교를 "국민의 이익을 증진하고 가치를 높이기 위해서 타국의 국민과 직접적 관계를 맺는 과정"이라고 정의했는데 이것이 바로 공공외교의 핵심이다. 공공외교가 등장한 배경으로는 여러 가지가 있지만, 정부와 국민 간의 관계 변화에서 가장 큰 원인을 찾을 수 있다. 거의 모든 국가에서 민주주의가 고도화되고 통신 기술이 발달하면서 외교정책이 국민과의 소통 결과로 나타나는 경우가 많다. 정부는 외교 목표를 달성하기 위해 여론의 형성자인 상대국 국민에게 자국의 국가 행위를 설득하는 것이 중요하다고 인식한 것이다.

다음으로 공공외교는 타국의 대중을 대상으로 하면서 문화 영역을 강조하는 측면이 있다. 기존의 전통외교에서는 주로 안보 가치와 경제적 이익을 추구하기 위해 군사력과 경제력을 중심으로 외교를 전개했다면, 공공외교에서는 이러한 전통외교의 한계를 인식하고 포괄적 의미에서 국가 이미지 등을 고양하기 위한 외교를 전개하는 것이다. 이러한 문화 중심의 공공외교는 조지프 나이가 주장하는 국가의 '소프트 파워'를 증대하기 위한 외교로서 주목받았다. 사실 문화 영역이 국가 외교에 포함된 것은 상당히 오래된 관례다. 거의 모든 외교 공관에서는 문화 행사를 연례적으로 개최하면서 자국의 문화를 알리고 소개하는 데 치중해왔다. 특히 전통외교의 부수적 차원에서 전개된 문화외교의 상당 부분은 자국의 언어를 소개하기 위한 노력이 차지했다. 하지만 최근 공공외교는 이전의 문화외교와는 다른 차원에서 전개되고 있다. 자국 문화를 소극적으로 소개하는 것을 넘어 타국의 대중을 적극적으로 설득하는 데 집중하는 것이다.

이러한 광범위한 공공외교는 미국에서 발생한 9·11 사태 이후에 더욱 강조되었다. 9·11 사태는 기존의 국가에 의한 위협과는 다른 테러 집단에 의한 치명적 위협이 발생했으며, 정치적 이데올로기가 아닌 종교적 정체성과 밀접하게 연관된 적대적 감정이 바탕에 깔려 있었다. 이 사건 이후 국가들은 군사력과 경제력에 바탕을 둔 전통외교만으로는 문제를 해결하기 쉽지 않음을 인식했으며, 정부의 외교 행위를 보다 넓은 의미에서 이해할 필요성을 느꼈다.

최근 강대국으로 떠오른 중국도 예외는 아니다. 중국은 경제와 군사 측면에서 부상했지만, 여전히 권위주의적 정치 체제, 취약한 인권, 윤리 의식 부재, 부정부패 만연 등의 이미지가 남아 있다. 강대국과 후진국이라는 이중적 이미지가 공존하는 가운데, 중국 정부는 공공외교를 통해 '책임 대국론'을 세계적으로 확산하려 노력 중이다. 현재 세계적으로 퍼져나가고 있는 '공자학원'은 중국의 문화와 언어를 널리 알리면서, 문명국 중국의 이미지를 제고하려는 노력의 일환인 것이다.

공공외교는 상대국 국민을 직접적 외교 대상으로 간주한다는 점에서 국가의 공식적 '정부 간 외교inter-governmental diplomacy'와 차이가 있으며, 여전히 국가가 중요한 행위 주체라는 점에서 '민간 교류peoples' exchange'와도 구별된다. 따라서 공공외교는 상대방 국가와 국민을 모두 외교 행위에 포섭하는 확장된 의미의 외교라고 할 수 있다.

1965년 이후 난항의 한일 관계

현재 여러 나라에서 공공외교에 주목하지만, 한국과 일본이라는 '특수한 양자 관계'에서 공공외교는 어떻게 전개되어야 하며, 왜 필요한가는 매우 중요한 질문이다. 그 특수한 양자 관계를 이해하기 위해서는 먼저 그동안의 한일 관계를 돌이켜볼 필요가 있다. 국교 정상화 50주년을 맞이하는 한일 관계는 두 나라가 가까운 만큼 곡절이 아주 많았다. 양국은 1965년 국교가 정상화된 직후 냉전 기간에 갈등과 반목도 있었지만 대체로 안정적인 관계를 유지해왔다. 경제적으로 선발 산업국 일본의 기술이 후발 산업국 한국의 산업화에 공헌했으며, 양국은 각각 미국과 동맹을 맺고 미국의 동아시아 안보 전략의 중요한 협조자이면서 미국이라는 초군사 강대국을 이용해 자국의 안보를 확보하는 국가라는 공통점이 있었다. 이러한 구조적 요인은 두 나라를 묶어주는 구심력으로 작용했다.

하지만 냉전이 의미를 잃고 이데올로기적 동질성이 쇠퇴하면서 양국에는 새로운 거리감이 생기는가 하면, 또 새로운 친밀감을 느끼는 등 보다 복잡한 양상이 연출되었다. 이는 세계 질서를 구축하고 지탱한 이데올로기라는 상위 개념이 쇠퇴하면서 양국이 각각 자국에 국한된 문제와 이슈에 관심을 가지기 시작했기 때문이다. 결과는 '과거사 문제'를 둘러싸고 때로는 멀게, '문화 개방과 교류'로 때로는 매우 가깝게 느끼는 이중의 관계가 형성된 것이다. 1980년대 초반부터 시작된 교과서 문제는 야스쿠니 신사참배, 독도, 종군 위안부 등의 문제로 확산되어 갈등이 증가하고, 그 정도도 심해졌다. 다른 한편으로 1990년대 후반 이후 한국에서 일본 문화가 개방되고, 2000년대에는 일본에서 한국 문화가 유행하는 등 양국의 친밀감은 전례 없이 높아갔다.

이처럼 한일 관계가 보다 다면적으로 전개된 데는 두 나라의 국내 정치가 크게 바뀐 것과 밀접한 연관이 있다. 한국에 문민정부가 들어서면서 일본 문화에 대한 편견을 없애고 보다 자유로운 문화 교류를 주장하는 시각이 있는가 하면, 다른 한편에서는 냉전 기간 동안 제대로 정리되지 않은 일본의 과거사에 대한 입장을 확실히 할 필요가 있다는 시각도 나타났다.

일본의 경우 1990년대 자민당 일당우위 정치 체제가 붕괴하고, 정계는 보다 자유주의적 시각에서 일본의 과거사 인식에 대한 비판적 입장을 보이는 정치가도 등장했다. 가장 문제가 된 것은 이러한 자기반성적 인식에 대해 정치가와 우익 단체를 중심으로 일본 내부의 반발이 급속히 나타났는데, 이는 1990년대 중반 이후 반복적으로 나타난 것이다. 그리고 반복적 반발은 일본 정부의 사죄를 번번이 퇴색시키는 가장 중요한 원인으로 작용했다. 한일 관계의 악화 배경에는 일본의 정치인이 적극적으로 과거사를 재구성하는 이른바 '우경화'라는 정치 현상과 밀접한 관계가 있다.

이러한 상황에서 한일 관계를 개선하기 위한 돌파구는 정치 지도자가 찾아야 한다고 생각할 수 있다. 우선 일본 정치인의 과거사에 대한 적극적 합의가 이루어지고, 그 합의가 한국에 통용된다면 한일 관계는 매우 밝은 미래로 나아갈 것이다. 하지만 현재와 같은 일본 정치가 지속된다면, 당분간 한국이 수용할 수 있는 일본 국내의 합의는 기대하기 어렵다. 다음으로 생각할 수 있는 것은 한국과 일본의 정치 지도자 간의 대타협이다. 정상회담은 관계를 개선하는 데 가장 효과적 수단이다. 정상 간의 결정은 국민의 타국에 대한 입장과 인식에 아주 중요한 영향을 미치고, 정상회담 이후 정부 간의 제반 후속 조치는 사회 전체에 영향을 미치기 때문이다. 하지만 정상 간의 타협 또한 간단한 것은 아니다. 우선 타협하기 위한 조율이 매우 어렵고, 조율했다 하더라도 한일 관계는 언제든지 또 다른 정치가에 의해 번복되거나, 여론에 의해 악화될 수 있는 깨지기 쉽고 취약한 측면이 있기 때문이다.

이처럼 정부 또는 정치가에 의한 관계 개선이 한계가 있는 상황에서는 두 나라 사이에 보편적이고 객관적 가치에 대한 인식 그리고 그 인식을 담아낼 수 있는 공공의 장이 필요하다. 그러한 공공의 장은 양국 관계 개선을 위한 돌파구 그리고 개선된 후 관계 지속성에 커다란 보탬이 될 수 있다.

한국과 일본의 공공외교

새로운 공공외교를 논하기 전에 지금까지 공공외교가 어떻게 전개되어왔는지를 살펴보면서 문제점을 파악해야 한다. 지금까지 한국과 일본은 다른 선진국과 유사하게 공공외교를 꾸준히 전개해왔다. 한국은 과거 외교부에 의한 부분적 공공외교를 전개했지만, 국제교류재단을 설립하면서 보다 적극적 공공외교를 전개했다. 1991년 외교통상부 산하 기관으로 출발한 국제교류재단의 목적은 바로 '한국과 외국 간의 각종 교류 사업을 통해 국제사회에서 한국에 대한 올바른 인식과 이해를 도모하고, 국제적 우호 친선을 증진하는 것'이었다. 이후 국제교류재단은 다양한 한국 문화를 소개하고, 한류 등을 후원하면서 이미지 제고를 통한 한국의 소프트 파워를 증강하는 데 공헌했다. 그럼에도 한일 두 나라 관계에 국한할 경우 과거사 등 양국의 문제 해결에서 그 역할이 매우 제한적이었다.

공공외교가 한일 관계를 개선하는 데 역할이 미미한 것은 일본도 마찬가지다. 군국주의와 패전을 경험한 일본은 이미지를 쇄신하기 위해 공공외교를 매우 중요시했다. 정부 기관과 산하의 다양한 기관이 공공외교에 관여했는데, 특히 외무성과 일본국제교류기금 등이 공공외교의 주축이 되었다. 1972년 설립한 '일본국제교류기금'은 국제 문화 교류 활동을 통해 일본 문화를 전파하는 데 핵심 역할을 하고 있다. 또 외무성은 189개에 달하는 대사관과 영사관을 중심으로 문화 교류 프로그램을 운영하며, 이 중 47개의 외교 기관은 문화와 정보센터로서 역할을 하고 있다. 이들 대부분의 기관은 해당 지역 언어로 된 홈페이지를 운영하며, 2005년의 경우 외교 기관이 주최한 문화 행사는 총 1,607건에 달했고, 이들로부터 지원받은 행사도 1,374건에 이른다.

특히 중국이 부상하기 이전, 일본 국력이 미국 다음으로 세계 2위이던 1990년대는 일본이 공공외교에 집중적으로 관심을 가지기 시작한 때였다. 1990년대 아시아 지역주의의 논의가 시작된 것과 함께 일본은 아시아의 리더로서 역할을 모색했는데, 이때 공공외교가 매우 중요한 수단이 되었다. 따라서 1990년 '국제교류기금아세안문화센터'를 설립했고, 1994년에는 '국제문화교류증진위원회'를 구성해 아시아에서 공동체 의식의 발전과 교류를 추진했다. 당시 한일 관계를 개선하기 위한 공공외교 차원의 노력도 있었다. 1995년 무라야마 총리가 주창한 '평화·친선·교류 계획'은 일본의 식민지배와 군사적 강점에 대한 결론이 나지 않은 논쟁들을 마무리하기 위한 노력의 일환이다. 즉 근대 일본과 가까운 아시아 국가들 간의 관계에 대한 역사 연구를 지원하고, 이웃 국가들과 교류를 확대하고자 했다. 하지만 전체적으로 볼 때 일본의 공공외교는 세계 또는 동아시아 전체를 무대로 경제 대국에 걸맞은 새로운 일본 이미지를 전파하는 데 주력했다고 볼 수 있다.

결국 기존의 한국과 일본의 공공외교는 세계적 또는 지역적 차원에서 소프트 파워를 높이는 데 집중했으며, 정작 양국의 관계 개선을 위한 공공외교는 제한적이었다. 한국과 일본은 다른 나라와 유사하게 모든 나라의 국민을 대상으로 국가의 소프트 파워 증진에 집중하면서, 굳이 공공외교라는 새로운 틀로 매우 '정치적 사안'으로 판단되는 한일 관계를 해결해야 할 필요성을 그다지 강하게 인식하지 못했다. 이러한 상황에서 두 나라 국민 대부분은 자국의 미디어를 통해 상대국에 대한 이미지를 형성했으며, 이는 양국 간의 화해를 방해하는 커다란 장벽이 되었다.

민간 교류의 증대가 관계 개선을 보장할 수 있는가

많은 사람이 한일 간의 민간 교류가 증대하면 한일 관계가 개선될 것이라 기대한다. 하지만 이 또한 한계가 있다. 2000년대 이후 한일 간의 민간 교류는 눈에 띄게 증가했다. 일본인이 한국의 대중문화에 관심과 사랑을 보이는 현상은 과거에는 전혀 상상할 수 없는 것이었다. 한류 드라마와 K-pop은 일본인의 일상 깊숙이 파고들었다. 한류 붐은 2011년 동일본 대지진이 발생했을 때 한국의 연민으로 나타났다. 한류 붐 그리고 일본 참사에 대한 한국의 지원으로 한일 양국 국민은 한일 관계가 전례 없이 발전할 수 있을 것이라 기대했다. 불과 몇 년 전의 일이다. 하지만 기대와는 달리 한일 관계는 이후 걷잡을 수 없이 악화되고 말았다. 한일 민간 교류의 증대가 양국의 관계 개선을 보장한다는 사실이 매우 불투명하다는 것이다.

한일의 민간 교류에서 한류가 전부는 아니다. 한류 붐과 별도로 한국과 일본의 민간 교류는 여러 방면에 걸쳐 매우 두텁게 오랜 기간 지속되고 있다. 사실 교류가 어디에서 일어나는지조차 모르는 실정이다. 몇 가지 예를 들면, 민간 경제 교류 측면에서 '일본기업유치설명회', '한일경제교류심포지엄', '한일소재부품조달상담회', '한일IT산업교류회', '한일사이버무역상담회', '한일중소기업기술교류센터', '부산-후쿠오카 비지니스포럼' 등이 있으며, 농수산 관련해서는 '한일김치축제'와 '한일민간어업협의회' 등이 있다. 기술 산업 분야에서는 '한일나노포럼'과 '한일자동자공업협회교류회', 의료 분야에서는 '한일당뇨병포럼'과 '한일간호포럼', 사회 분야에서는 '한일장애인단체교류대회'와 '한일따오기심포지엄' 등이 있다.[*] 전모를 파악할 수 없을 만큼 다양한 민간 교류는 사실상 한일 양국의 정치 관계와 무관하게 지속성을 가지고 전개되어왔다. 다시 말해, 민간 교류는 국가의 정치 관계와는 별도로 하나의 독립된 영역에서의 활동이라고 할 수 있다.

일반적으로 민간의 교류 증진이 국가 간 갈등을 해소할 수 있다는 기대를 하게 되고, 경제와 문화 교류가 정치 문제를 해결하는 데 기여하지 못하는 것에 대해 답답함을 느낄 수 있다. 하지만 거꾸로 해석해보면 정치적 갈등에도 불구하고 경제와 문화 교류가 유지된다는 것을 다행으로 여길 수 있다. 결국 한국과 일본의 양자 관계에서는 많은 경우 경제적 우호 관계와 정치적 갈등 관계가 공존했으며, 이는 두 나

• 연세대학교 동서문제연구원 일본센터, 〈한일 관계 연구를 위한 데이터베이스 보고서〉(2014). 이 보고서에 수록된 민간 교류와 정부 및 공공 교류는 1,000여 건에 이른다.

라의 관계가 오랜 기간의 상호작용에 의해 형성되었음을 의미한다.

사실 이 문제는 국제정치의 이론적 관심사이기도 하다. 국제정치 이론에서 기능주의를 중시하는 학자들은 경제 교류가 증진하면 상대국에 대한 필요성이 비례적으로 증대하고, 이는 정치적 관계의 형성으로 발전하는 효과가 있다고 주장한다. 그러나 경제 교류와 정치 관계의 개선을 원인과 결과라는 인과적 관계로 해석하는 것 또한 무리가 있다.

결국 민간 교류는 관계를 개선하기 위한 하나의 '필요조건'으로 이해할 수 있지만 '충분조건'으로 간주하기는 어렵다. 이는 민간 교류를 통해 민간의 사적 영역에서 형성된 신뢰 관계가 공공 영역의 신뢰 관계, 좀 더 나아가서 정부 간의 신뢰 관계로 자동 연계되는 것은 아니라는 의미다. 사회의 사적 영역은 매우 다양하게 구성되어 있어 한쪽에서 비록 튼튼한 신뢰와 긍정적 이미지를 구축했다 하더라도 다른 쪽에서는 반대 입장을 취할 수 있기 때문이다.

새로운 공공외교의 필요성

한일 관계의 개선과 안정적 지속이라는 구체적 목적을 전제로 어떤 공공외교가 필요한 것인가는 한국과 일본이 새롭게 개척해나가야 할 부분이다. 새로운 공공외교를 모색하면서 먼저 국가 간 외교의 메커니즘과 구조를 설명할 필요가 있다. 앞서 지적했듯이 지금까지의

공공외교는 다음 그림처럼 국가 A가 국민 B, 또는 국가 B가 국민 A
에 영향을 주는 외교 행위를 일컬었다.

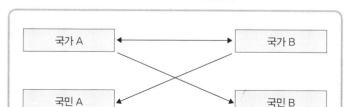

전통적 의미에서 외교와 공공외교

하지만 이러한 공공외교로는 문제를 해결하는 데 어려움이 있다.
가장 큰 이유는 국가 A가 시도하는 국민 B에 대한 공공외교가 의도
하는 만큼 효과가 나타나지 않을 수 있기 때문이다. 많은 경우 자국
의 이익을 중심으로 국민과 정부는 같은 방향으로 움직이는 경향이
있는데, 한국과 일본도 예외는 아니다. 과거사 문제와 국가의 정체
성과 밀접한 관련이 있는 이슈에서 한국 정부가 일본 정부 또는 일
본 국민을 설득하기는 쉽지 않다. 이 같은 상황에서는 일본 정부도
우호적으로 변화하기 어렵다. 결국 한일 간의 공감대 형성은 난관에
부딪히고, 관계 개선 또한 어렵게 된다.

이론적 틀을 빌려 설명하면, 로버트 퍼트넘은 국가 간의 관계가 단
순한 정부 간의 관계뿐 아니라 국민과 정부가 상호작용하는 '양면 게
임two-level game'의 성격을 띤다고 전제하고, 외교의 성공 가능성은
상호작용 결과 발생하는 이른바 '윈셋win-set'으로 불리는 양국의 타

협 영역 크기에 비례한다는 결론을 내렸다. 양국 사이에 공감대가 형성되면 될수록 타협의 소지가 늘어나고, 그 공감대는 국민과 정부의 상호작용에서 발생한다는 것이다. 이 틀에 비추어볼 때 현재의 정부 간 외교 또는 공공외교로는 윈셋의 범위가 한정되었거나 윈셋이 거의 형성되지 않았다고 할 수 있다. 특히 한일 간 가장 핵심 이슈라 할 수 있는 과거사 문제가 여기에 해당한다.

한일 간 공감대의 부재

위의 그림에서 보듯이 겹치는 부분이 존재하지 않는 것은 그만큼 공감대가 형성되지 못했음을 의미하고, 이것이 지속되는 한 한일 관계의 개선은 매우 어려울 것이다. 그렇다면 어떻게 공감대를 형성할 수 있을까? 다음 글에서는 공공외교 영역을 새롭게 확장하면서 그 실마리를 찾고자 한다.

한일의 공공 영역 형성과 공공외교

많은 선험先驗 연구에서 공공외교를 '기본적으로 관계적 성격을 지닌 것'으로 파악하는데, 이는 공공외교를 전통외교의 연장선상에서 주로 이해하기 때문이다.

하지만 공공외교가 국가 간 관계를 변화시킬 수 있을 정도로 충분한 영향력을 가지기 위해서는 국가 간에 걸친 하나의 영역적 의미에서 공공외교를 파악할 필요가 있다. 이렇게 되면 더 이상 '외교'라는 단어보다 새로운 단어가 필요할 수 있지만, 일단은 기존 공공외교의 확장 수준에서 새로운 공공외교를 논의하기로 한다.

확장된 공공외교의 큰 특징은 민간 영역의 관계와 유사하게 영역 의미가 강하다는 것이다. 공공외교가 의미 있는 이유는 영역적 성격의 공공성, 즉 '공공 영역public sphere'에 있다. 먼저 국내 차원에서 공공성의 의미를 찾아볼 필요가 있다. 위르겐 하버마스의 설명을 빌리면, 국가는 크게 국가 영역state authority, 공공 영역 그리고 민간 영역private sphere으로 구성된다. 이 가운데 공공 영역을 구성하는 중요한 성격은 시민적civil 성격과 전문가적professional 성격인데, 이 둘은 민간 영역과 국가 영역을 구분하는 중요한 요소다.

공공 영역이 시민적 성격을 띤다는 것은 민족주의 등 정치적 이익보다 보편적 가치를 중심으로 양국의 관계를 조망할 개연성이 있음을 의미한다. 한편, 전문가적 성격을 띤다는 것은 양국 간의 문제를 다룰 때 그 문제의 맥락을 보다 객관적으로 이해할 수 있음을 의미한다. 이러한 공공 영역은 정부 간 외교, 기존의 공공외교 그리고 민간 교류와는 또 다른 새로운 영역으로, 다음 그림에서처럼 국가와 국가, 국민과 국민 사이에 위치한다. 그리고 상대국의 정부와 국민뿐 아니라, 자국의 정부와 국민에게 실질적으로 영향을 미치는 파워를 지니는 것으로 이해할 수 있다.

공공외교의 확장

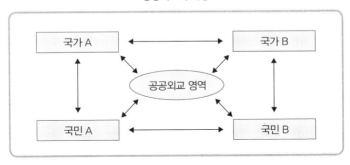

확장된 공공외교는 현실을 긍정적으로 바꾸고, 바뀐 현실이 다시 퇴보하지 않고 지속적으로 안정된 관계를 유지하게 하는 변혁적 파워를 지닐 것으로 기대한다. 특히 정부 간 외교와 민간 영역이 같은 입장으로 상대국에 대한 배타적 감정을 가질 때 확장된 공공외교의 역할은 증가할 것이다. 이러한 공공 영역의 형성을 바탕으로 한 공공외교가 작동하면 두 나라는 국내 정치적 이익을 초월하는 국가 간 공감대를 형성할 수 있으며, 서로 타협할 수 있는 윈셋 또한 확대할 것으로 전망한다(다음 그림 참조).

한일 간 공감대의 형성

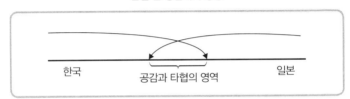

공공 영역의 형성을 통한 한일 관계의 개선을 도모하는 것은 앞서 설명한 바와 같이 기존의 전통 정부 간 외교, 또는 정부와 국민 간 공공외교 그리고 국민 간 민간 교류 등이 가지는 한계를 극복하기 위한 대안이라기보다 보완의 차원에서 필요하다.

서로 칼을 겨누기에는 너무 가까운 상대

이론적 설명을 넘어 한국과 일본이 양국의 공공 영역을 형성하기 위해 구체적으로 무엇을 해야 하는지 살펴볼 필요가 있다. 첫째, 현재 한일 관계의 가장 핵심 사안은 과거사 문제다. 이는 한일 관계가 최악으로 치달은 가장 큰 원인이 되었다. 이를 해결하기 위한 가장 중요한 선제적 행동은 바로 일본의 과거사에 대한 적극적인 직면이다. 하지만 일본 정부와 국민의 자체적 노력으로는 이미 한계에 부딪혔다. 자국 내에서 과거사를 해결하기는 힘들어 보인다. 국내적으로 피해자 의식의 중심이 된 '히로시마에 대한 기억'과 과거에 대한 보상 심리가 중심이 된 '야스쿠니에 대한 기억'이 늘 대립해 있었다. 이는 일본 사회 자체가 보편적 가치를 인식하는 데 한계가 있는 것과도 무관하지 않다. 일본을 오랫동안 관찰해온 미국의 일본 전문가 카렐 반 볼프렌은 일본 사회의 큰 결점은 현실의 상황적 이익과는 별개로 존재하는 초월적 가치transcendental value에 대한 인식이 결여된 점이라고 지적한다. 그 때문에 일본은 상황에 따라 수시로 '바뀔 수 현실malleable reality'이 지배한다고 비판한다. 이러한 상황에서는 보편적 인식에 기초한 논의를 담당할 한일 간의 공공 영역이 더욱 절실하게 필요하다. 최근 위안부 문제는 한일 문제에서 국제 문제로 전환되었다. 과거사 문제가 국제화된다고 해서 그 문제가 자동으로 해결되는 것은 아니다. 오히려 양국이 보편적 시각에서 문제를 인식하는 것이 보다 중요하다. 이는 한일의 공공 영역에서 시민적 성격이 담당해야 할 부분이다.

둘째, 확장된 공공외교는 과거사를 한일의 정치적 이해관계에서보다 과거와 현재의 객관적 시각에서 이해할 수 있는 장을 형성한다. 한국은 단순히 독일이 반성한 것처럼 일본도 반성해야 한다는 입장보다 과거 문제가 현재의 한국과 일본 모두에 중요한 사안이라는 인식을 확실히 할 필요가 있다. 독일의 경험은 여전히 한국과 일본 두 나라 모두에 의미가 있다. 독일은 시간을 가지고 객관적 자세로 과거를 '분석하고 진단하고 배우기' 때문이다.* 독일의 경험에서 중요한 것은 과거를 이해하려는 '진지한 과정'이다. 한국과 일본은 그동안 지나치게 결과에만 치중한 측면이 있다. 과정이 생략된 결과는 지금까지의 한일 관계에서 보았듯 늘 지속적이지 못하고 불안정할 뿐이다. 이 부분은 공공 영역이 지니는 전문가적 속성이 다루어야 할 부분이다.

다른 나라와의 관계에서는 이러한 공공 영역 형성의 필요성이 그

• 독일은 이를 'Vergangenheitsbewältigung'로 표현하는데, 우리의 '진실과 화해truth and reconciliation'와 유사한 개념이지만, 독일의 경우는 과거사 해결에서 정치적 이해에 의해 좌우되지 않는 화해를 위한 '과정'의 중요성을 강조한다.

다지 중요하지 않을 수도 있다. 하지만 한일 관계에서는 갈등이 존재하고 그 갈등의 깊이가 깊고 폭 또한 매우 넓다. 한국과 일본은 서로 칼을 겨누기에는 너무 가까이 있는 것이다. 그동안 두 나라는 대응에 대한 또 다른 대응에 몰두한 측면이 있다. 국교 50년을 넘어 새로운 한일의 미래를 위해 '보편과 객관' 그리고 '이성과 분별'이 축적될 수 있는 공공 영역의 의미를 새롭게 인식할 필요가 있다.

:: **김상준**

연세대학교 정치외교학과를 졸업하고 게이오기주쿠대학교에서 정치학 석사학위, 시카고대학교에서 정치학 박사학위를 받았다. 연세대학교에서 정치외교학과 교수로 있으며, 연세대학교 대외협력처장, 동서문제연구원 일본센터 소장을 맡고 있다. 현재는 현대일본학회 회장을 지내며 일본 관련 연구 프로젝트와 국내 및 국제 학술회의 그리고 전문가 및 학자 초청 학술 세미나 등 학술 활동을 하고 있다. 저서로 《일본 정치론》(공저) 등이 있다.

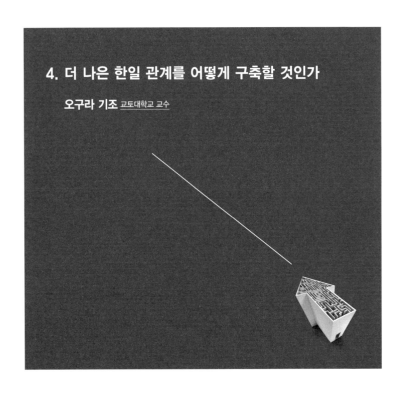

4. 더 나은 한일 관계를 어떻게 구축할 것인가

오구라 기조 교토대학교 교수

　이 글에서는 한일 관계의 현재 상황을 분석하는 대신 향후 한층 나은 미래를 위해 우리가 무엇을 해야 하는지 제언하려 한다. 나의 전공이 철학, 사상, 문화이기 때문에 이 제언은 다소 추상적 내용이 될 수도 있다. 그러나 한일 간의 마찰은 표면적이 아닌 그야말로 구조적·심층적·본질적인 것인데도 정치, 경제, 사회, 외교 등의 전문가들은 이 문제를 너무 표면적으로 보는 경향이 있다. 한일 두 정상이 만나서 대화를 하면 잘 풀릴 것이라는 말도 일리는 있다. 그러나 그러한 미봉책으로 과연 지금까지의 한일 관계가 근본적으로 재구축되었을까? 다음은 한일 관계 개선을 위한 네 가지 제언이다.

한국인은 일본에 의존하지 않아야 한다

먼저 한국인은 일본에 과도하게 의존해서는 안 된다. 여기에서 '의존'이라는 말은 역사 문제에서 비롯된 모든 것을 일본 탓으로 돌리며 타인화해, 그 타인이 없으면 자기 생존을 계속할 수 없는 관계성을 말한다.

이 의존은 독도나 위안부 문제는 논의할 필요도 없이 일본이 나쁘다는 의견을 한국 사회 전체가 공유하는 분위기에서 단적으로 나타난다. 역사적 사실을 진지하게 분석해보면 다양한 반론이 제기되어야 할 문제인데도 반론의 여지가 없이 특정 세력이 잘못했다고 생각하는 것은 객관적으로 말해 사고가 정지한 것을 의미한다. 그래서 이러한 문제를 대하는 한국인의 사고가 완전히 멈춘 것은 아닌가 하고 깊이 우려하고 있다.

반대로 일본 사회는 독도나 위안부 문제에서 매우 다양한 반론이 혼재한다. 나는 이러한 사실만으로도 일본 사회에 신뢰를 보낸다. 일본 사회가 정의롭기 때문에 신뢰하는 것이 아니다(정의가 있는지 여부에 대한 물음에는 대답할 수 없다). 만약 일본 사회가 똘똘 뭉쳐 독도는 일본 땅이다, 위안부 문제에 잘못이 없다고 주장한다면 자신이 일본 사회의 일원이라는 것을 근본적으로 부끄러워할 것이다.

그러나 다행히 일본 사회에는 여러 가지 주장이 있다. 독도가 한국 땅이라고 공개적으로 말하는 학자에게 경의를 표할 뿐 아니라, 한국의 주장에 학문적 근거를 제공하기도 한다. 또 위안부 문제는 일본이 잘못했다고 말해 전 세계에 공론화한 일본인도 많다.

일본이 잘못했으니까 당연히 그렇게 해야 한다는 반응이 한국에서 나온다면 한국 사회는 사고가 정지되었다는 반증이다. 독도 문제나 위안부 문제도 어떤 사람의 주장은 100% 맞고 어떤 사람의 주장은 100% 틀렸다는 논리는 있을 수 없다. 이것이 객관화된 인식이다. 그리고 이 객관화된 인식이 독립 민주 사회의 요건 중 하나다. 만약 한국이 북한과 같은 독재국가라면 다양한 반론이 허용되지 않는 이유가 납득이 된다. 그러나 한국은 빛나는 민주화의 역사를 자랑하며, 다양한 의견을 주고받고 활발한 논쟁과 주장을 펼치는 역동적 사회다. 이 역동성은 오히려 일본 사회보다 훨씬 힘이 넘친다.

이러한 역동적 민주주의 사회에서 여전히 일본과 관련한 담론만 반론을 허용하지 않는다면 한국이 일본과 특별한 관계, 즉 일본에 대해서만 사고가 정지한 특수한 관계를 유지한다는 것을 의미한다.

이 관계에서 벗어나는 것은 쉬운 일이 아니다. 북한과 정통성 경쟁이라는 관점에서 보면 일본이 특수하다는 인식에서 한국만 빠져나오는 것은 매우 위험할 수 있다. 북한이 말하는 "우리 민족에게 일본은 특수하다. 남조선은 그 인식에서 벗어나 일본 제국주의에 굴복한다는 말인가? 만약 그렇다면 우리야말로 정통성 경쟁의 승리자다"라는 말에 반론하기 쉽지 않다는 것도 이해할 수 있다.

그러나 진정으로 한국이 일본의 영향에서 정신적으로 독립하려면 먼저 일본과 관련한 모든 문제에서 일본에 의존하지 않아야 한다. 일본에 역사를 올바로 인식하라든지 한국과 같은 생각을 하라고 요구하는 것은 극도로 일본에 의지한다는 의미다. 자극적인 말이어서 미안하지만, 상대가 모두 자신과 같아야 한다는 생각은 어린아이가 부모에게 품는 감정이다. 남이 자신과 생각이 다르다는 사실을 깨닫고 그것을 받아들이는 것만으로는 부족하다. 남은 자신과 철저하게 다른 존재이지만, 남과 자신은 어떤 형태로든 타협해 함께 살아야 한다는 사실을 자각해야 하는 것이다. 이것만이 진정한 민주주의를 구축하는 길이다.

민주화 투쟁에서 한국이 일본보다 몇십 배 더 급진적이었지만, 민주주의를 이룩한 성숙도는 일본이 한 수 위다. 그 이유는 일본이 도덕적 사회이기 때문이 아니라, 반대로 허무주의 사회이기 때문이다. 남에게 자신과 같은 생각을 하라고 강요하지 않는다. 부모든 자식이든 철저하게 남이다. 이런 허무주의가 일본 사회에서 존속하는 한 일본 사회는 건전하다.

그러나 지금의 일본 사회는 '남은 어차피 남'이라는 사고방식이 지나치게 확산되어 남에게 자신의 생각을 설명해도 소용없다는 인식이 매우 팽배해 있다. 이는 민주주의가 성숙하는 것이 아니라 죽음으로 가는 길이다. 일본 사회는 분명 생명력을 잃기 시작했다. 독일 관념론의 변증법적 사고로 생명력을 이해한다면 일본은 남을 부정하는 것과 그 부정을 서로 극복하고 지양하려는 힘이 매우 부족하다.

그래서 나는 한국에서 배우라고 주장한다. 한국의 민주주의는 기본적으로 '네 생각은 틀렸으니 내 생각에 맞추어라. 왜냐하면 내 생각이 100% 타당하기 때문이다'라는 논법이다. 이는 잘못된 논법이지만 대립 구조와의 논쟁은 활발하다. 일본 사회는 한국 사회의 이러한 역동성을 배워야 생명력을 되찾을 수 있다. 반대로 한국 사회는 남은 자기와 다른 존재이고 남에게 도덕주의적이고 부성주의적paternalistic인 간섭을 해서는 안 된다는 사실을 일본 사회에서 배워야 한다.

일본인도 한국에 의존하지 말아야 한다

한국인이 거의 전면적으로 일본에 의존하는 것과 달리 한국에 의존하는 일본인은 실제로 그리 많지 않다. 그러나 좌파와 우파 양 진영에는 '한국 의존증'에 걸린 사람이 많다.

먼저 좌파 진영은 일본의 봉건성, 비근대성, 반도덕성, 일왕제 등을 비판할 목적으로 한국을 이용한다. 이들의 목적은 일본 사회를 근대적이고 도덕적으로 자유롭고 평등하고 평화롭게, 진보 내지는 공산주의적으로 변화시키는 것이다. 이 목적을 이루기 위해 넘어야 할 산은 많고도 높다.

전후 일본에서 좌파와 진보 세력이 이룩한 업적을 과소평가해서는 결코 안 된다. 만약 전후 일본에서 좌파와 진보 세력이 더 약했다면 동북아의 세력 지도는 현재와 전혀 달라졌을 것이다. 그러나 좌파와 진보 세력의 결점은 동북아를 이해하는 정도가 근본적으로 부족하다는 사실이다. 이 점은 전후 줄곧 집요하게 지적받아온 문제다. 일본의 좌파와 진보 세력은 근본 의미에서 서양지상주의였다. 중국의 마오쩌둥주의나 북한의 주체사상을 숭배하는 세력은 존재했으나, 지극히 관념적으로 숭배했기에 실제 중국이나 북한을 이해하는 정도는 깊지 않았다. 관념적, 서양 관념의 숭배, 현실의 동북아 멸시가 일본의 좌파와 진보 세력의 일반적 자세였다.

이 세력은 더 나은 일본을 만들기 위해 동북아를 이용했다. 한국의 실제 모습을 몰랐고 알려고도 하지 않았으며 한국을 단순한 이용 도구로 생각했다. 나는 일본의 좌익뿐 아니라 진보라 칭하는 재일 한국인도 한국의 실제 모습을 모른다는 사실에 깜짝 놀랐다.

이 세력은 만약 한국이 없었다면 어떻게 더 나은 일본을 만들지 상상력이 없는 사람들이다. 만약 한국인이 일본의 식민지배에 저항하려는 민족주의적 힘이 없었다면, 만약 한국인이 위안부 문제로 일본을 지속적으로 비판하지 않았다면, 만약 한국인이 일본의 경제적 수탈을 지속적으로 규탄하지 않았다면 이들은 어떤 논리로 일본을 비판했을까? 거의 불가능했을 것이다.

이런 의미에서 일본의 좌파와 진보 세력은 한국에 매우 의존한다. 더 정확히 말하면 한국인이 일본에 의존하는 심성에 일본의 좌파와 진보 세력이 의존하는 모양새다. 이것을 '한일의 공의존共依存'이라 할 수 있다.

그런데 최근 일본에서 증가하는 우파 진영 또한 한국에 강하게 의존하는 세력이다. 이들은 한국의 역사 인식, 영토 문제 등이 모조리

틀렸다고 주장한다. 즉 우파나 혐한파는 지구 상에서 한국이 없어지면 스스로 존재할 수 없는 구조 속에서 증식하는 사람들이다. 흔히 농담으로 아베 내각의 최대 지지자는 한국과 중국이라고 한다. 이 농담은 일본의 우파가 얼마나 한국과 중국에 의존하는지를 정확하게 보여준다. 한국과 중국이 일본을 반대하면 할수록 일본 우파가 그 에너지를 흡수해 세력을 확장하는 것이다. 이 현상을 '일본의 한국화'라고 표현해도 좋다. 한국인이 오해하는 것 중 하나인 일본의 우경화는 일본의 한국화와 별반 차이가 없다.

일본은 분명 우경화했다. 엄연한 사실이다. 그러나 이 말을 바꾸어 표현하면 일본의 보통국가화이자 일본의 한국화다. 헌법 9조를 개정해 자위대를 국방군으로 한다. 이것이 왜 우경화일까? 만약 이 표현이 맞다면 한국은 건국 이래 계속 극우였다. 일본의 〈산케이신문〉은 분명 도가 지나치도록 한국에 관한 내용을 보도하는데, 이는 매우 우려되는 점이다. 그러나 이것을 정확히 말하면 〈산케이신문〉의 한국 미디어화 현상이다.

일본의 혐한파가 세력을 확장하는 이유는 한국 신문이 인터넷 일본어판을 충실하게 운영하는 것과 밀접한 관계가 있다. 혐한파의 생각은 다음과 같다.

일본의 진보 세력은 한일 우호만 주장한 탓에 일본에서 언론의 헤게모니(주도권)를 확실하게 장악했다. 그러나 혐한파들은 진보 세력의 엘리트들에게 배제당했다. 자신들의 생각을 주장할 공간이 어디에도 없었던 것이다. 그러나 이제는 이들에게도 인터넷이 있다.

지금까지 일본에서 헤게모니를 쥐고 있던 진보 세력을 박살내겠다. 한국의 신문을 보라. 일본을 폄하하고 이유 없는 비판이 넘쳐나지 않은가. 이런 한국과 우호 관계를 맺으라는 것인가. 이는 결코 불가능하다. 진보 세력은 한국의 본질을 모른다. 그래서 한일 우호 따위의 배부른 소리를 할 상황이 아니다. 한국의 본질은 반일 국가다. 이런 나라와 사이좋게 지낼 수 없다는 우리의 주장이야말로 정당하다.

이처럼 일본 사회에서 소외된 혐한파와 마찬가지로 소외감을 느낀 자민당 내 비주류인 세이와카이清和會의 정치인들과 줄곧 미디어의 비주류이던 〈산케이신문〉이 손을 잡고 열심히 한국에 의존하려는 현상이 현재 일본의 우경화다. 각자 진영의 존속을 위해 사악한 타인이 반드시 필요한 세력이 일본과 한국에서 상호 의존하고 있다.

한일 양국이 세계를 리드한다고 자각해야 한다

한국과 일본은 세계사에서 중심이 된 적이 없다. 이것이 중국, 미국, 유럽과 현저하게 다른 점이다. 이는 한국과 일본 두 나라에 과도한 열등의식을 심어주었다. 이 열등의식과 자신감 부족이 한일 관계를 비생산적으로 만든 가장 큰 원인 중 하나다.

한국과 일본은 전후(해방 후) 전 세계에 큰 공헌을 했는데도 자신 있게 자기평가를 하지 못한다. 이러한 자신감 결여가 한일 관계를 점점 더 악화시키는 악순환의 고리를 만든다. 이뿐 아니라 지금 전 세계에서 존재감 있는 국가가 된 한국과 일본이 자국과 양국 관계에 긍정적 의식이 없어서, 과장해 말하면 전 세계에 악영향을 미치기 시작했다. 이 말은 무슨 의미일까?

서구 사회가 식민지배를 옳지 않다고 진지하게 반성해 학문적 연구를 시작한 때는 1990년대다. 이러한 경향의 학문을 통칭해 '탈식민주의'라고 한다. 그러나 일본은 서구 사회보다 거의 20년 앞선 1970년대에 이미 식민지배를 반성하고, 이를 바탕으로 한 학문을 활발하게 연구했다. 이 연구는 주로 좌파 역사학자들이 진행했다. 전쟁이 끝나고 얼마 후 마르크스주의자의 반제국주의 역사 연구가 일본에서 활발하게 진행됐는데, 식민지 조선에 대한 속죄 의식을 기초로 한 연구는 1970년대에 활발하게 이루어졌다. 그 후 줄곧 일본에서 조선 연구라고 하면 주로 식민지배를 반성하는 견해가 반영된 역사 연구를 이르는 말로 인식해왔다.

이것은 현재 우파나 혐한파가 주장하는 것처럼 전후 진보 세력이나 좌파 학계, 좌파 언론계가 지배하는 운동과 연계한 점이 분명하다. 즉 조선사 연구라는 학문 분야가 학계나 언론계에서 헤게모니 쟁탈전의 대상이 된 것도 사실이다. 그러나 이 비판을 충분히 받아들인다 하더라도 훗날 탈식민주의라 불린 학문 분야가 일본에서 가장 먼저 탄생하고 성숙한 것은 자부심을 가져도 좋다.

이는 일본의 힘만으로 된 것은 아니다. 좌파와 진보 세력인 재일 한국인, 북한 그리고 한국이 일본에 적극적으로 역사적 잘못을 반성하라고 촉구했기 때문에 이러한 연구가 탄생한 것이다. 그 배경으로 한반도라는 지역은 서양이 식민지로 지배한 많은 나라나 지역과 성격이 다르다는 점이다.

원래 조선은 일본의 식민지로 전락하기 전에 고매한 유교 문명을 자랑하는 왕조였다. 조선에서 보면 일본은 자국보다 열등한 문명이었다. 이러한 자기의식은 한국과 북한이 해방 후 일본에 지속적으로 매우 높은 지적 요구를 한 원동력이다. 일본 좌파와 진보 세력은 한국과 북한, 재일 한국인의 지적 요구에 진지하게 대답해야 했다. 역사를 어떻게 해석하고 반성할까 하는 것을 그리고 대답하는 과정에서 일본은 참으로 많은 것을 배우고 반성하고 또 학문적 지식을 축적했다. 이런 사실에 한국과 일본은 자부심을 가져도 좋으며, 전혀 부끄러운 일이 아니다.

식민지배가 얼마나 가혹하고 불합리했는지 일본의 위정자는 여러 번 사죄하고 반성했다. 그 사죄와 반성은 단순하게 심정적인 것이 아닌 방대한 학문적 축적에 근거한 것이다. 사실 하나하나 따지면 해석이 다양하게 나오지만, 총체적으로 생각하면 식민지배는 불합리했다는 일본의 인식은 한국인이 생각하는 만큼 결코 가볍지 않다. 세계 어느 식민지 지배국도 하지 않은 사죄와 반성을 일본이 몇 번이나 했다는 사실을 결코 가볍게 여기지 않았으면 한다. 물론 한국인은 만족하지 않을 것이고 납득조차 할 수 없겠지만 지금까지 일본이 보여준 반성하는 자세가 전혀 의미 없다(나는 많은 한국인이 그렇게 생각한다고 판단한다)고 딱 잘라 말한다면 미래는 완전히 막혀버린다.

한국인이 만족하지 못할 만큼 불완전한 수준일지라도 식민지배를 사죄하고 반성하는 행위는 세계의 모델이 될 정도라는 일본의 인식을 조금이라도 인정해주지 않으면 이러한 사죄와 반성 프로젝트는 도중에 중단되고 만다.

위안부 문제도 마찬가지다. 박근혜 대통령이나 한국의 시민운동단체는 전 세계를 향해 일본이 부도덕하다고 계속 주장한다. 물론 한국인이 보면(일본인이 봐도) 위안부 문제에 대응하는 일본 정부의 태도는 불만족스럽다. 그러나 전시 여성 성폭력 문제를 전 세계에서 가장 먼저 공론화하고 정면으로 다룬 것은 1990년대 초반 일본 정부였다. 이 사실을 너무 과소평가하면 후에 역영향을 받는다(실제 그 악영향은 충분히 나타났다).

1996년 UN인권위원회에서 구마라스와미 보고서를 발표했을 때 서양 국가들의 반응은 싸늘했다. 일본은 이 싸늘함의 의미를 냉철하게 판단해야 한다. 1990년대 중반 서양 국가들은 전시 여성 성폭력 문제를 정면으로 마주할 준비가 아직 되지 않았다. 정면으로 이 문제를 거론하면 골치 아픈 사태가 벌어진다는 것을 서양 선진국은 충분히 알고 있었기에 가능한 한 피하고 싶었다. 이것이 구마라스와미 보고서를 싸늘하게 대한 이유다.

하지만 일본만은 이 문제를 피하지 않고 적극 다루려고 노력했다. 고노 담화를 발표하고 아시아여성기금을 설립하고 총리가 쓴 사과 편지와 보상금을 원하는 위안부 할머니들에게 전달했다. 물론 일본 정부가 개개인에게 보상했다면 더 좋았을 것이다.

그러나 만약 일본 정부가 1965년 한일기본조약 및 청구권 협정의 해석을 변경하려고 해도 사법기관이 판단하는 동안 위안부 할머니들이 세상을 떠날 것이다. 1990년대에 일본 정부는 근본 대책을 세우기에는 시간 여유가 없다고 판단했다. 그리고 조약과 협정 범위 내에서 생각할 수 있는 가장 인도적 안을 실행한 것이다.

일본은 이 점을 높이 평가해달라고 한국인에게 호소하는 것이 아니다. 그 당시 정신대문제대책협의회와 일본의 좌파가 주장한 것처럼 '일본은 전혀 책임 지려고 하지 않는 부도덕한 국가'라는 슬로건을 완고하게 고집하지 않았다면 적어도 그 후에 또 다른 길이 열리지 않았을까 하는 점을 말하고 싶다.

이러한 모든 것은 한국인과 일본인이 현재 하고 있는 자신의 행위를 지나치게 과소평가하는 데서 기인했다. 정신대문제대책협의회와 일본 좌파는 1990년대 자신들이 한 행위에 더욱 자신감을 가져야 했다. 자신들이 이 문제를 제기해서 일본 정부가 공식적으로 사죄했고, 조약과 협정 범위 내에서 할 수 있는 최대한의 조치를 취했다. 이는 세계 최초의 쾌거였다. 물론 일본의 조치는 충분하지 않았고, 우리가 요구한 수준에도 많이 미치지 못했지만 일정한 성과는 올렸다. 이것을 토대로 향후 전 세계를 향해 한일이 한목소리로 전시 여성 성폭력 문제에 맞서자고 해도 좋았을 것이다. 그러면 전 세계 사람들은 이런 자신감 있는 운동가들에게 아낌없는 경의를 표했을 것이다. 그러나 현실은 그렇지 않았다. 운동 단체는 전 세계에 일본 정부가 부도덕하다는 주장을 지속적으로 했다. 왜 그랬을까? 자신감이 없었고, 자신들이 무엇을 해야 하는지 제대로 몰랐기 때문이다.

전시 여성 성폭력 문제를 해결하겠다고 하는 독립 정신이 강한 주장이 아니고, 일본에 더 의존하는 반일이라는 안일한 길을 걷고 말았다. 그래서 운동은 자기 폐쇄적 윤리 회로에서만 공전을 계속해 당시 위안부 문제에 적극 관심을 보인 많은 일본인이 짧은 기간에 거의 완전하게 운동 단체에서 멀어져갔다.

그 결과 사태는 어찌 되었을까? 운동 단체가 완고한 자세를 전혀 굽히지 않아 사태가 교착 상태에 빠져 위안부 할머니들이 거의 사망하지 않았던가. 오히려 아시아여성기금의 편지와 보상금을 받은 할머니들이 행복하지 않았을까? 그 선택지를 폭력적 수단까지 동원해 억지로 차단한 탓에 마지막까지 한을 품고 돌아가신 할머니들의 불행은 도대체 누구의 잘못이란 말인가? 운동 단체는 과연 도덕적이었나 하는 비판에서 자유로울 수 있는가.

만약 운동 단체가 충분히 자신감이 있었다면 전시 여성 인권 침해 문제를 세계에서 처음으로 공론화해 완전하지 않아도 일본 정부에 이 문제를 정면으로 인식하게 하고, 사죄와 반성을 도출해냈다는 자기 인식이 가능했을 것이다. 그리고 많은 일본인의 찬성과 호응을 얻어 더 생산적인 활동에 매진할 수 있었을 것이다.

한일은 특정 선진국에서 만든 세계 표준을 수동적으로 받아들이는 존재가 아니다. 역사 문제에서 세계 어느 나라도 이루지 못한 도전을 성실하게 일구어낸 훌륭한 국가다. 이 사실을 결코 잊어서는 안 된다. 이것을 잊고 한국과 일본이 계속 으르렁대면 전 세계의 평화와 행복에도 결코 좋지 않은 영향을 미친다는 책임감을 지녀야 한다.

상대의 매력적 모습을 구축하는 것이 중요하다

사실 한일의 지식인은 서로에 대해 잘 모르고, 일반 국민도 잘 모른다. 이것이 결정적 문제다. 한국인은 일본을 잘 안다고 스스로 인식했다. 오히려 이미 일본의 모든 것을 알며 새로운 것은 아무것도 없다는 분위기마저 감돌 정도다. 그러나 한국인이 안다고 한 내용은 충분하다고 할 수 있을까? 일본을 연구하는 학자는 한국에 많다. 하지만 이들의 수준 높은 연구가 한국 사회에 충분히 전파되었을까? 일본국제교류기금이 연구한 자료를 보면 한국의 일본학 연구자는 그 실력에 비해 한국 사회에서 충분히 활약하지 못한다고 한다.

일본에서 2003년경부터 시작된 한류 붐은 큰 전환점이 되었다. 이 시기에 많은 일본인이 한국 문화에 진심으로 열광했다. 한국의 TV 드라마, 영화, 노래가 일본 곳곳에 침투했다. 이것은 틀림없이 질적·양적 면에서 한국을 대하는 일본인의 인식을 결정적으로 바꾼 사건이었다. 그러나 이 한류는 종합적이고 매력적인 한국의 모습을 모색하는 데 실패했다.

한국의 사극을 보고 일본인은 많은 것을 배웠다. 그러나 이것으로 한국을 존경하는 마음은 생기지 않았다. 한국의 역사는 훌륭하고 재미있지만, 한국은 한국일 뿐이다. 일본과 전혀 다르다. 일본이 한국이 아니어서 다행이다. 분명하게 말하는데, 한국의 역사는 흥미롭지만 좋아하지 않는다는 식의 일반적 인상을 일본인의 마음속에 심어주는 정도로 끝났다. 한국 역사는 훌륭하다, 일본과 전혀 다르다, 좋다,

더 알고 싶다, 더 감정이입하고 싶다는 인식을 왜 강력하게 심어주지 못했을까? 여기에 고민해야 할 중요한 핵심이 있다. 그것은 콘텐츠를 제공하는 한국의 문제이기도 하지만 일본인 대부분의 문제이기도 하다. 왜일까? 일본인도 한국인도 근본적 의미에서 한국을 매력적으로 그리는 데 여전히 성공하지 못했다. 이것이 가장 중요한 문제다.

여기서 매력적이라는 말을 오해하면 안 된다. 미남 미녀가 출연해 화려한 의상을 입고 연기하거나, 현란한 액션으로 시청자의 눈을 사로잡고, 요란스러운 통곡이나 고함으로 시청자의 귀를 사로잡는 것을 매력적이라고 하지 않는다. 즉 한국이나 한반도의 역사와 문화를 종합적으로 파악해 심층적 수준으로 인식해서 독자나 관객에게 제공하는 것을 매력적이라고 한다. 여기서 심층적 수준이라는 점이 가장 중요하다.

그러려면 무엇이 필요할까? 달리 표현하면 우리는 지금 무엇이 부족할까? 한마디로 철학과 재능이다.

한국인도 일본인도 한국이라는 대상을 너무 이데올로기나 이념으로 분석한다. 이데올로기나 이념으로 분석한 대상은 언뜻 매력적으로 보이지만, 그것은 어디까지나 피상적 이해일 뿐이다. 독자나 관객은 이러한 피상적인 면 때문에 이내 흥미가 떨어지고 매력을 느끼지 못해 멀어진다. 철학이 없으면 인간의 마음을 오랫동안 사로잡지 못한다.

한국은 매우 복잡한 관계성의 집합체다. 일본은 이 복잡성을 있는 그대로 파악하고 그 역사와 문화의 깊은 부분까지 파헤친 작품을 진정으로 누리고 싶어 한다. 요시카와 고지로의 《중국 문학과 사상의 역사》, 시바 료타로의 《근대 일본의 역사》, 시오노 나나미의 《로마제국의 역사》 등 매력적인 책을 쓴 일본인이 아직 한국에 대해서는 쓰지 못했다. 이것이야말로 일본인의 철학적 나태가 아닐 수 없다.

현재는 한국에 대해 매우 표면적이고 악의로 가득 차서 비판하는 서적만이 일본 서점의 판매대를 점거한 상태다. 이 현실을 비판하거나 한탄만 해서는 안 된다. 이 사태에 책임 있는 사람은 표면적인 것에만 신경을 집중한 일본의 한국 학자들이다. 한국을 알려주는 사실을 수집하고 축적해 그 사실의 심층에 있는 문화나 사상을 총체적으로 깊이 이해해서 매력적인 모습으로 전 세계에 보여주어야 한다. 이런 것을 하지 못하는 우리가 문제인 것이다.

이것을 가능케 하기 위해, 또 인재를 양성하기 위해서는 피나는 노력과 일종의 천재성이 필요하다. 인문학, 사회학의 천재적 재능을 한국 연구 분야로 끌어들이는 것이 일본 학자들의 과제다. 그러기 위해서는 먼저 일본 학자 스스로가 평소 활동의 질을 높여야 한다.

:: **오구라 기조** 小倉紀蔵

도쿄대학교 독어독문학과를 졸업하고 서울대학교에서 동양철학으로 박사학위를 받았다. 도카이대학교 부교수 및 교토대학교 대학원 인문학 및 환경연구학 교수를 거쳐 현재 교토대학교 교수로 있다. 저서로 《Japan, China and South Korea can Never be One》, 《Impact of Korean Wave》, 《Overcoming Historical Perceptions》, 《Knowing Korea by Soul》, 《Korea, Torn Cosmos》, 《Korea as One Philosophy》 등이 있다.

5. 한일 언론은 양국의 관계를 어떻게 바라보는가

하코다 데쓰야 〈아사히신문〉 논설위원

　　특파원 자격으로 서울에 두 번 갔는데 합쳐서 9년간 체류했다. 그 전에는 1994년 6월부터 연세대학교 어학당에 1년간 다녔기 때문에 10년 동안 서울에서 생활한 셈이다. 서울에서 체류할 때 한일 두 나라의 외교관을 초청해 함께 식사할 기회가 몇 번 있었다. 한국에서 우리는 외신 기자다. 이른바 특파원은 설령 거절당할 가능성이 매우 높더라도 현직 장관을 식사에 초대하기도 하고, 대학가에 나가 학생들과 술잔을 기울이며 차세대의 생각을 듣기도 한다.

　　그런데 외교관은 사정이 좀 다른 듯하다. 대사, 공사, 서기관별로 상대해야 하는 사람이 정해져 있다. 이런 조직도 공무와 전혀 관계가 없는 제삼자인 내가 끼면 그저 아는 사람끼리 모인 친목의 장이 된다. 그래도 대화 내용은 당연히 한일 관계나 남북 관계, 각국의 내정 상황이다. 이럴 때 나는 농담 섞인 질문을 종종 하곤 했다. "한일 관계가 좀처럼 풀리지 않는데, 많은 원인 중 미디어의 책임은 어느 정도 된다고 봅니까?"

일본 외교관은 생각해본 적이 없어서 잘 모른다고 하거나, 영향이 없는 것은 아니지만 그렇게 크지 않다고 대답했다. 그러나 한국 정부 당국자는 전혀 다른 반응을 보였다. 한일 관계에서 여론의 동향이 차지하는 비중이 절반은 훨씬 넘을 것이고, 측정하기는 힘들지만 한국에서 미디어의 영향력은 틀림없이 크다고 대답했다.

실제 한일 간 역사 인식이 정치 문제화되는 배경에는 양국 미디어의 역할이 매우 크다. 그리고 순전히 나의 감각만으로 말하자면 적어도 2010년까지는, 특히 한국의 미디어가 어떻게 보도하느냐에 따라 한일 간의 문제가 커지거나 조용한 경우가 많았다.

미디어는 국가를 대변하나

미디어는 늘 새로운 것, 즉 '뉴스'를 다루는 매체다. 반대로 말하면 특별하게 새롭지 않은 문제는 뉴스로 큰 가치가 없다. 그런데 왜 한국 미디어는 일본과 관련한 보도는 다른 쟁점과 비교해 경직된 기사를 많이 쓸까? 나는 두 번째 서울에 체류한 2008년부터 기회가 있을 때마다 한국의 신문이나 방송국 간부들을 만나면 이런 질문을 했다.

2008년 여름, 일본이 중학교 교육 지도 요강 해설서에 독도를 일본 고유의 영토로 명기한다는 방침을 내놓자 한국 정부와 미디어가 떠들썩했다. 분명 그 전까지 해설서에 없던 내용이 명확하게 기록되는 것 자체는 뉴스라 할 수 있다. 그러나 일본 정부가 독도를 고유의 영토라고 주장한 것이 최근에 일어난 일도 아니고, 외무성 홈페이지에서 당당하게 주장하고 있는데 말이다.

그 당시부터 이미 일본이 언젠가 집단적 자위권 행사를 가능케 해 독도를 탈환하려는 것 아니냐는 우려도 나타났는데, 이는 현실과 괴리된 지적이다. 그런데 내가 실제로 놀란 것은 이러한 보도 태도 자체가 아니다. 해설서 문제는 당시 한국의 주일대사가 소환될 정도로 큰 사건으로 확산되었고, 미디어는 연이어 일본의 주장이 얼마나 부당한지 혹은 공표한 배경이나 앞으로의 태도 등을 다양한 접근 방법으로 전달했다.

그러던 어느 날, 정부종합청사 복도에서 예전부터 알고 지내던 당시 외교통상부 담당인 한국인 기자를 만났다. 우울한 표정을 한 그 기자는 나를 보고 얼굴이 환해지더니 이렇게 말했다.

"선배님, 무슨 내용으로든 오늘 독도 문제로 한 면을 채워야 하는데, 더 이상 아이디어가 안 나오네요. 뭐 좋은 생각 없을까요?"

쓸 내용이 없으면 다른 기사를 쓰면 된다, 다른 뉴스는 많다고 하자 그것으로는 안 된다고 했다. 한일 관계, 특히 독도 문제가 여전히 답보 상태에 머물러 있다는 사실을 뼈저리게 느낀 에피소드였다.

독도 문제를 놓고 한국은 조용한 외교라는 말을 종종 사용한다. 문제가 소동으로 번지기 전에는 한국의 여러 미디어도 "독도는 한국이 실효 지배하고 있으니까 냉철하게 대응해야 한다. 일이 커지면 오히려 국제사회에 양국이 분쟁하는 것처럼 보이는 모양새가 되므로 바람직하지 않다"고 말한다. 그러나 실제로 해설서를 공표할 시기가 다가오면 이런 냉철한 논조는 사그라지고 오히려 조용한 외교가 과연 올바른가 하는 문제를 제기한다.

그러나 결과는 어땠나? 일본은 그 후 정치 주도라는 간판을 내건 민주당으로 정권이 교체됐다. 분명 정부가 출범한 직후는 정치가가 세세한 부분까지 판단하는 문화가 스며들었다. 하지만 점점 경험과 지식 부족에 급기야 내분까지 일어나 적어도 아시아 외교는 자민당 정부 시절 이상으로 외교 관료의 생각과 지시대로 움직였다. 위안부 문제도 얽혀 한일 관계는 악화되었으며, 결국은 이명박 대통령의 독도 방문과 그 대항 조치로 국제사법재판소에 제소하는 소동으로까지 발전했다.

이러한 과정에서 한일 양국의 보도 기사만 보았을 때 정치 흐름에 거리를 두고 중장기적 국익을 염두에 둔 기사는 많지 않았다. 그 경향은 특히 한국에서 두드러졌는데, 일본도 현재 혐한 보도의 초창기 징조가 나타나고 있다.

원래 정치, 특히 외교는 새로운 문제를 일으키거나 복잡하게 하기 위한 것이 아니고 문제를 해결하기 위해 존재해야 한다. 그러나 현실을 보면 본질과 동떨어진 상대방의 사소한 문제를 거론하고 때로는 여론을 선동해 오히려 문제를 크게 만든다. 이런 상황에서 미디어가 정치와 한통속이 되어 문제 해결을 요원하게 만드는 보도를 일삼는 것이 정말 적절할까? 즉 미디어가 국가 입장을 대변해도 좋은가 하는 문제에 직면한다.

미디어는 모든 국가의 체제나 권력에서 벗어나 자유롭게 독립하는 존재다. 어떤 국난 앞에서도 'All Japan, All Korea'라는 식의 일치단결을 강요해서는 안 된다. 그러나 일본과 관련한 문제, 특히 영토나 역사 문제가 불거지면 정부 이상으로 국가를 대신해 조용한 외교를 저자세로 단정하는 한국 미디어의 보도는 전략적이라는 말과 거리가 멀다.

보도기관인가 언론기관인가

한편 지금까지 한일의 매체 기관을 의식적으로 미디어라고 표현했다. 그럼 한일 양국은 각각 무엇이라 부를까? 흔히 일본에서는 보도기관이라 하고, 한국은 언론기관이라 부른다. 사실 한일 간에 명칭이 달라 양국 관계에 큰 차이를 초래했다.

일본에서 언론이라고 하면 주장이나 평론을 말하며 정론을 주장하고 논리적 설명을 한다. 즉 실제 지면으로 말하자면 사설이나 취재 기자의 칼럼, 학자나 전문가가 기고한 글 등을 일컫는다. 〈아사히신문〉

등 전국지로 말하면 '언론'에 할애하는 공간은 전체 40페이지 중 겨우 2페이지 분량으로 오피니언난이 여기에 해당한다. 반대로 광고를 뺀 많은 지면은 사실 기사로 채워진다.

세상에 완벽하게 객관적인 보도는 없으나 의식적으로 억제한다고 할 수 있다. 일본의 많은 미디어가 불편부당不偏不黨이라는 원칙을 내세우는 이유는 항상 공정하고 중립적이며 자신의 주장을 억제해 '팩트'를 쌓아 올리는 것을 무엇보다 중요하게 여기기 때문이다.

물론 "사실 앞에 겸허하라"는 말은 한국 미디어도 마찬가지다. 그러나 일본에서 보면 자신이 올바르다고 믿는 입장에서 쓰는 보도 자세가 두드러져 보인다. 특히 국내외 정치를 다루는 보도에서 그런 경향이 뚜렷하다. 가령 국내 정치에서 여당과 야당의 공방을 보도하면 아마 〈조선일보〉는 이렇게 쓰고 〈한겨레신문〉은 이렇게 쓸 것이다 하고 어느 정도 예측할 수 있다. 일본에서 지면의 방향성을 분명하게 예측할 수 있는 신문은 특정한 두 곳 정도다.

단, 이 문제는 단순하게 어디가 좋고 나쁘다는 식의 이야기가 아니다. 독자 입장에서 보면 '언론'의 색깔이 분명한 편이 뉴스를 이해하기 쉽다. 또 서양의 미디어도 언론형이 많다. 문제는 이렇게 알기 쉬운 논조나 자극적인 접근이 자신이 믿는 정의에만 의거하는 것이 아니라, 폭넓고 객관적 사실관계를 근거로 구축한 공평함을 유지하고 있느냐는 것이다.

이러한 점을 느낄 수 있는 설득력 있는 언론이 한국에도 물론 있다. 걱정되는 점은 앞에서 말한 것처럼 내용과 상관없이 지면만 채우는 식으로 사실과 동떨어진 관념적 보도가 섞여 있지 않은가 하는 것이다.

다시 말하면 보도기관이든 언론기관이든 전달해야 하는 근본 존재인 것은 사실이다. 그것을 어떻게 잘 풀어서 관련 자료를 어떻게 더해 이해하기 쉽게 전달하느냐는 것이다. 같은 재료를 사용하더라도 요리사에 따라 다른 요리를 만드는 것과 같은 이치다.

한일 관계에서는 민감한 사안이 많기 때문에 미디어는 특히 조심해야 한다. 하물며 미디어가 국가를 대변한다면 독자에게 다양한 정보를 제공하는 중요한 역할을 포기한 것과 마찬가지로 이는 미디어의 자살행위다.

여론은 어디에 있나

정치 세계에서 여론이란 때로는 무섭고 때로는 숭고하지만 사실은 매우 편리한 존재이기도 하다. 문제를 해결하는 난도가 높을수록 정치가나 관료들은 이렇게 말한다. "이래선 여론이 용납하지 않는다." 그럼 그 여론은 어디에 있고 무엇을 요구하고 우선순위의 강도는 어느 정도일까? 실은 고도로 민주화된 국가에서 여러 쟁점을 두고 싸우는 선거 결과를 보아도 이를 단정하기는 힘들다.

여론조사는 더 불안정하다. 예를 들어 일본에서 집단적 자위권 행사를 용인할지 말지는 전후 일본의 안전보장 정책이 크게 전환하는 의미인 만큼 국론을 두 개로 쪼개는 문제이기도 하다. 찬반을 묻는 여론조사는 각 미디어에서 여러 차례 실시했는데 〈아사히신문〉과 〈산케이신문〉의 결과는 항상 큰 차이가 있다.

왜 그럴까? 설문 방법이나 문장의 전후 관계에 따라 여론은 크게 달라지기 때문이다. "금배지가 없으면 평범한 아저씨나 아줌마다"라는 말은 모든 나라에서 공통으로 쓰는 표현이다. 그래서 정치가는 사회가 다양해서 파악하기 힘든 현대 여론을 분석하려고 기를 쓰며 때로는 인터넷 세상에 의존하기도 한다.

미디어 역할과 여론을 생각할 때 미디어는 당연히 여론의 동향에 민감하고 겸손해야 하지만, 그것에만 충실하면 포퓰리즘이라는 비난을 면할 수 없다. 하지만 여기에서 생각해야 할 것은 정말로 미디어 보도(언론)는 여론이라고 할 수 있는가 하는 점이다.

한국도 일본도 가정의 신문 구독률이 낮아지는 속도가 빨라졌다. 불특정 다수의 고정 독자마저 확보하지 못한 신문의 주장을 여론이라고 말하기 어려운 시대가 된 것이다. 한편 신문의, 특히 언론의 역할은 여론을 추종하는 것이 아니므로 그 주장이 공허하지 않고 근거를 바탕으로 했다면 오히려 향후 미디어 본연의 모습을 드러내는 존재로 가치를 유지할 수 있다.

이러한 의미에서 정치인이나 관료는 자신의 입장을 정당화하기 위해 여론이나 미디어 보도에서 유리한 부분만 잘라내는 행위를 경계해야 한다. 반대로 말하면 여론이나 미디어는 정치가 이러한 반칙 행위를 하지 않는지 항상 감시해야 한다.

한국화하는 일본 미디어

최근 한국의 신문사 간부들은 이런 말을 자주 한다. "과거에는 일본을 비판하면 여론이 박수를 보내는 것을 실감했다. 일종의 일본 상업주의라 할 수 있다. 그러나 지금은 그러한 반응을 느낄 수 없다."

한국과 일본의 지극히 평범한 사람이 연간 500만 명 이상이나 왕래하는 시대다. 많든지 적든지 과거 한국 미디어가 약방의 감초처럼 사용한 천편일률적인 일본 관련 보도에 거부감을 느끼는 독자와 시청자가 늘어난 것이 이러한 영향을 미쳤을지 모른다.

뉴스라 하더라도 수급 관계가 명확하게 존재한다. 당연히 수요가 적은 뉴스는 가치가 떨어질 수밖에 없다. 분명 한국 사회에서 일본의 위상이 낮아졌다는 지적이 많지만, 이것은 일반 한국 국민 사이에서 좋지도 나쁘지도 않은 일본이라는 나라 그리고 일본인에 관심을 가지는 정도가 과거보다 낮아졌다는 것을 의미한다고 해도 무방하다.

하지만 현재의 참담한 한일 양국의 정치 관계를 볼 때 가장 우려되는 것은 한국 미디어의 일본 관련 보도보다 오히려 일본 미디어의 한국 관련 보도다. 일본의 일부 특정 일간지나 주간지, 특히 인터넷 미디어는 과거의 한국 미디어가 보여준 보도 행태 이상으로 편협한 국가주의에 빠져 있다. 한국의 정치와 사회뿐 아니라 경제, 스포츠, 문화에 이르기까지 모든 분야에 신경을 곤두세워 무조건 비판적 보도를 하는 데 열을 올리고 있다. 서점에서 이른바 혐한 서적을 판매하는 이유도 이러한 분위기를 놓치지 않기 때문이다.

왜 이렇게 도량이 좁은 일본인이 급속하게 늘어났는지를 분석한 결과가 이미 많이 나와 있다. 어떤 연구는 잃어버린 20년이라고 부르는 경제 불황 시기가 일본인의 정신에 결정적 영향을 미쳤다고 한다. 또 불황과 더불어 지진, 지진해일, 원전 사고라는 삼중고를 겪은 동일본 대지진 이후 위기를 극복하기 위한 단결력이 오히려 배타성을 높였다는 지적도 있다.

이유야 어찌 되었든 현재의 일본은 과거에 비해 관용의 범위가 좁아진 것이 사실이다. 이를 상징하는 것 중 하나가 한국이나 북한, 재일 한국인을 표적으로 하는 혐한 시위다. 도시 지역, 특히 재일 한국인이 많은 지역에서 한국 사람이나 재일 한국인을 말살하자고 당당하게 외치며 돌아다니는 추한 행동이다. 물론 현재 단계에서 이러한 혐한 시위를 드러내놓고 옹호하는 미디어는 찾아볼 수 없다.

그러나 앞에서 거론한 일부 신문이나 주간지의 일련 보도는 사실을 엄선하지 않은 채 한국을 비방 중상하고 공격하는 것 자체를 목적으로 한 탓에 혐한 시위의 언동을 일삼는 원인을 제공한 사실은 부정할 수 없다.

실제로 혐한 시위를 하는 집단에 미치는 영향만이 문제가 아니다. 이런 혐한 시위 보도 집단을 품위 없고 저급하다고 혐오한다. 하지만 한국과 북한의 지식이 없는 계층에 혐한 보도는 적지 않은 영향을 미친다. 사실 이런 미디어는 꽤 오래전부터 존재해왔다. 그러나 과거에는 황색신문이라는 인식 때문에 이러한 보도를 받아들이는 독자층이 적었다. 그런데 어느 정도 설득력이 있다고 받아들이게 된 이유는 아마 단순하게 일본 국내의 변화 때문만이 아니다. 동북아 전체, 예를 들어 한국과 북한, 중국 등이 일본을 대하는 정책에서 비롯되기도 했다.

여기에는 당연히 미디어의 책임이 크다. 즉 사람이나 물자가 오가고 정보가 삽시간에 퍼지는 현대사회에서 모든 나라의 미디어는 자국민의 인기에 영합하는 것만 보도하는 편협한 시각의 콘텐츠는 결코 통하지 않는 시대가 되었다는 사실을 강하게 인식해야 한다. 지금 일본에서 일어나는 일을 한국에서 흔히 말하는 일본의 우경화로 치부하기는 힘들다. 복합적 배경이 있다고 추측된다. 그러나 안타깝고 엄중한 상황이기는 하지만 이 또한 현실의 수요일지도 모른다.

한국을 도발하는 콘텐츠를 요구하는 수요가 있고, 그런 이유로 무책임한 콘텐츠가 재생산되고 여론화된다. 그 여론을 방패 삼아 관료가 정책을 입안하면 정치인의 행동도 변화한다. 이러한 잘못된 연쇄작용에 사건을 해결하기 위한 상대적 관점은 어디에도 존재하지 않는다. 사물을 상대화하는 것은 때로 잔인한 일이다.

미디어는 아무리 규모가 크고 또 어떠한 정치색을 띠어도 권력과 항상 일정한 거리를 두고, 과연 이래도 될까 하는 냉철한 의문을 던져야 한다. 설령 대립하는 국가이고 그 국가에 이익이 되더라도 자국에 잘못이 있으면 그 사실을 그대로 전달해야 하는 것이 미디어의 사명이다. 한국도 일본도 지금까지는 상식이던 것이 뒤집힐 수도 있다. "모든 것은 사실 앞에 겸허하다"는 말은 바로 이런 뜻이다.

자국민의 속만 후련하게 만드는 콘텐츠는 대부분 대립하는 쪽을 불필요하게 자극한다. 그리고 그러한 움직임의 영향을 받아 대립하는 쪽은 독자적으로 콘텐츠를 생산한다. 현재 한국과 일본이라는 이웃 나라 사이에 일어나는 비극은 미디어가 스스로 선수가 되어 주로 공격에 가담한다는 것이다. 이런 악순환을 끊을 수 있는 것은 미디어 자체밖에 없다.

한일 양국에 모두 적용되는 말인데, 비방과 중상이 가득한 기사를 쓰는 기자는 대부분 상대국의 핵심 인물에 접근하지도 못할뿐더러 자세한 취재도 하지 못한다. 진정한 국익을 추구한다 하더라도 한일 관계가 불안정하면 양국에 불이익밖에 되지 않는다. 사실을 중요하게 여기지 않고 자국 내에 카타르시스만 제공하는 미디어는 절대 승리하지 못한다. 승리는커녕 그런 보도는 비극밖에 낳지 않는다는 사실을 한일 양국 미디어는 다시 한 번 명심해야 한다.

:: **하코다 데쓰야** 箱田哲也

리츠메이칸대학교 문학부를 졸업하고 현재 〈아사히신문〉 도쿄 본사 논설위원(국제 사설 담당)으로 활동하고 있다. 1998년 〈아사히신문〉에 입사했으며, 1999년부터 서울 특파원으로 착임했고 오키나와 주재 기자와 외무성 출입 기자로 활동했다. 주일 미군 기지 문제와 일미 지위 협정 문제 등을 취재했으며, 2008년 〈아사히신문〉 서울 지사 총국장을 연임했다. 저서로 《일본과 한반도 100년의 내일》(공저) 등이 있다.

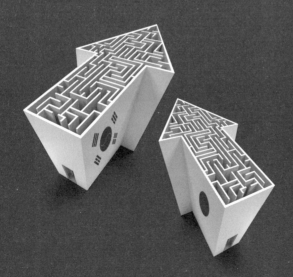

제3장

21세기 동북아 지역 성장의 빛과 그림자

경제

1. 동아시아의 평화와 안정, 번영을 어떻게 이룰 수 있는가

가와이 마사히로 도쿄대학교 교수

동아시아의 안보 상황은 점점 불안정해지고 있다. 빠른 경제성장과 함께 군사력을 계속 증대하고 있는 중국은 해상에서 자리를 확보하며 동중국해와 남중국해 주변 국가들의 긴장감을 높이고 있다. 특히, 일본 정부가 2012년 9월 동중국해의 센카쿠 열도를 영토화하면서 중국 정부는 열도 주변으로 자국 선박을 자주 출항시키고 있다. 2013년 1월, 중국 해군 전함이 일본 해상자위권 구축함의 사격 관제 레이더로 향하면서 긴장감을 고조시키기도 했다. 중국은 그 후 2013년 11월, 방공식별구역을 센카쿠 열도의 영공을 포함하는 영역으로 설정했다. 중국은 또한 남중국해에 있는 남사제도와 서사제도에서 이루어지고 있는 영토 분쟁에 강경한 입장을 보이며 베트남과 필리핀 등 주변 국가들과 마찰을 악화시키고 있다.

이렇게 영토 문제에 대한 긴장감이 한창 고조되는 와중에 북한이 2012년 12월 장거리 탄도미사일 발사에 성공하고, 2013년 2월에 3차 핵실험을 수행하면서 한반도뿐 아니라 전체 동아시아의 평화와 안보를 심각하게 위협하고 있다.* 북한의 핵무기는 한국과 일본을 직접적으로 위협하고 있으며, 잠재적으로 미국 대륙까지 위협할 수 있다. 북한과 한국 사이에 벌어지는 작은 전투들은 한반도의 주요한 군사 분쟁으로 발전할 수 있다.

만약 한반도에서 북한의 핵 공격으로 인한 전쟁이 발발하거나, 중국과 일본의 갈등이 우발적 군사 분쟁으로, 좀 더 나아가 전쟁으로 번진다면 동아시아의 평화, 안보 그리고 번영은 치명적 손상을 입는다. 이런 재앙적 사건들은 아시아의 경제적 번영을 보장하는 낙관적 시나리오인 '21세기는 아시아의 세기' 실현에 장애물로 작용할 것이다.

더욱이 한국과 일본도 영토와 역사 문제로 정치적·외교적 관계가 악화되고 있다. 독도에 대한 영유권 주장과 제2차 세계대전 당시 위안부에 대한 각기 다른 해석이 문제다. 비록 한국과 일본은 군사적으로 충돌할 가능성이 낮지만, 오늘날 양측의 정치적·외교적 관계는 지난 50년간 최악에 속한다.

이 글에서 나는 중국과 일본 그리고 한국이 더 이상 주민이 살지 않는 섬이나 역사 문제 등으로 작은 다툼을 할 시간이 없으며, 그보다 함께 일하면서 무역·투자·자본 등을 통해 깊은 경제적 상호 의존 관계를 형성하고, 북한의 핵미사일 위협을 함께 해결한다면 3국뿐 아니라 동아시아 전체, 나아가 나머지 아시아·태평양 지역 전체에 이익이 될 것이라고 주장한다. 동시에 3국은 각각 국내 문제를 해결하면서 경제·환경 등 여러 가지 문제에 협력하고, 동아시아 지역의 경제 협력과 통합 제의를 이끄는 것이 바람직하다. 한국과 일본의 상호 관계에서 신뢰를 회복하고 협력을 재개하면 공공의 목표를 이루고 각국이 마주한 문제들을 해결하지 못할 이유가 없다. 상호 간의 깊은 경제적 관계를 빼고서라도 양국은 서로 성숙한 민주주의, 인권 그리고 안보 등 공통의 가치를 공유하고 있기 때문이다.

한중일의 경제적 상호 의존

한국, 중국, 일본 3국 간 무역 상호 의존 관계는 특히 지역적 공급 사슬을 통해 더욱더 깊어지고 있다.

무역 상호 의존

중국, 일본, 한국의 무역 관계는 지난 20년 동안 한국과 일본의 수출과 수입에 대한 중국의 중요성이 가파르게 상승해왔다는 것을 보

• 이에 앞서 북한은 2006년 8월 그리고 2009년 5월에 핵실험을 진행했다.

여준다. 특히 일본은 수입에서, 한국은 수출에서 중국에 더 의존적으로 변했다. 반면, 일본에 대한 중국의 의존도는 수출과 수입 모두에서 줄어들었고, 한국에 대한 중국의 무역의존도는 비교적 안정된 상태다. 일본에 대한 한국의 의존도는 시간이 경과함에 따라 줄어들었다. 이는 중국과 일본의 적대적인 정치적·군사적 관계가 경제에 미치는 악영향이 중국보다 일본에 더 크게 작용한다는 것을 의미한다. 하지만 이것이 꼭 들어맞지는 않다는 것을 다음 글에서 보여준다.

공급 연결 고리의 형성

일본의 다국적 기업들은 공급 연결 고리에서 ASEAN 국가와 중국을 중요한 생산 기지로 주목해왔다. 그들은 고부가가치 금융 상품과 부품 및 재료를 ASEAN과 중국으로 수출하고, 이런 경제 주체들을 자신의 생산 플랫폼을 이용해 일본으로 완성품을 가져가는 것뿐 아니라 미국과 유럽으로 수출하고 있다. 일본에 대한 중국의 무역의존도 감소는 일본에서 생산한 완제품을 중국이 더 이상 수입하지 않는다는 것을 뜻한다. 중국은 스스로 완제품을 만들 수 있는 역량을 길렀다. 중국에 대한 일본의 수입의존도가 높아지는 것 역시 국제적 분업을 어느 정도 반영하고 있다. 요컨대 일본은 자국에서 생산하던 소비 물품을 중국에서 수입한다.

동아시아를 통한 공급 연결 고리 형성은 다음 표에 잘 드러나 있다. 공급 연결 고리는 한국, 중국, 일본이 ASEAN 경제 주체들과 함께 중간 단계 제품 및 금융 상품의 거래를 통해 매우 상호 의존적 관계를 맺는 것을 뜻한다. 일본은 해외 직접투자, 기술, 고부가가치 중간 단계 제품과 금융 상품을 제공한다. 한국은 빠르게 아시아 공급 연결 고리에서 일본과 같은 자리를 찾아가고 있으며, 중국은 금융 상품과 중간 단계 제품을 주변국에서 수입해 최종 제품을 만들어 나머지 전 세계로 수출한다.

동아시아 경제 주체들의 생산 단계에 따른 수출 비율(2012)

수출국	최초 물품	중간 단계 제품		최종 생산품	
		처리된 제품	부품과 부분 제품	금융 상품	소비 제품
중국	0.9	21.4	18.2	30.7	28.8
일본	1.5	28.5	29.9	23.9	16.2
한국	0.7	36.9	31.1	20.1	11.2
타이완	0.4	35.1	36.0	19.1	9.4
인도	7.4	52.8	7.0	6.2	26.6
인도네시아	34.0	37.9	6.2	4.8	17.1
말레이시아	8.2	38.7	31.7	12.8	8.8
필리핀	7.4	13.1	46.0	21.4	12.2
태국	7.0	26.4	19.1	22.1	25.4

Research Institute of Economy, Trade and Industry website, www.rieti-tid.com

21세기는 '아시아의 세기'가 될 것인가, 위기가 될 것인가

아시아개발은행에서 발행한 보고서 〈아시아 2050: 아시아 세기의 현실화〉(Kohli, Sharma, Sood 2011)에서는 아시아의 2050년까지 미래를 두 가지 시나리오로 내다봤다. 하나는 낙관적인 것이고 하나는 비관적인 것이다. 낙관적 시나리오는 21세기가 아시아의 세기가 될 것이라고 예상하는 반면, 비관적 시나리오는 '중진국의 함정' 중 하나가 될 것이라고 예상한다. 나는 이 두 시나리오에 더해 더욱 비관적 시나리오, 즉 아시아 주요 경제 주체들, 특히 일본과 중국 간의 군사 분쟁으로 인한 '아시아의 위기' 시나리오를 제시한다.

아시아의 세기

아시아의 세기 시나리오에 따르면, 아시아 국가들은 역동적 경제 성장을 경험하며, PRC를 포함한 많은 중진국이 2050년에는 선진국으로 변화한다. 보고서에 따르면, 아시아의 국민총생산GNP은 2050년 174조 달러에 이른다(일정한 시장 크기를 가정). 아울러 세계경제에서의 비중은 52%에 이르고(그림의 A), 1인당 GNP는 4만 800달러(구매력 평가를 기준으로)에 달한다. 요컨대 아시아가 현재의 유럽과 미국 같은 위치에 설 것이라는 최상의 시나리오다. 즉 30억 명의 사람이 2050년에는 부유층에 속하며, 그들 삶의 수준도 급격히 높아질 것이라는 뜻이다.

이 시나리오는 아시아에서 주요한 대립, 특히 중국과 일본 간의 대립이 없고 현재 중진국인 중국과 인도 그리고 대부분의 아세안 국가들이 민주적인 구조로 변화해 열린 시장과 투자 조직을 유지한다는 낙관적 가정을 바탕으로 한 것이다. 구체적으로는 이들 나라가 ① 기술적 진보와 혁신을 바탕으로 생산력을 높인다, ② 경제에 장기적 영향을 미치는 중요한 금융 및 경제 위기를 피한다, ③ 모두가 동등한 기회를 갖도록 수익의 치중을 방지하는 '동반 성장' 정책을 적용한다, ④ 환경을 보호하고 에너지와 천연자원을 효율적으로 이용한다, ⑤ 정책과 시설을 확충해 정부의 공공 부문을 개선한다는 가정 아래 이루어진 전망이다.

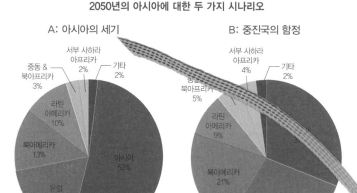

2050년의 아시아에 대한 두 가지 시나리오

A: 아시아의 세기

B: 중진국의 함정

Kohli, Sharma, Sood(2011). 일정한 시장 가격을 기반으로 작성한 자료로 전체 GNP가 더 큰 것을 반영해 A의 파이가 B의 파이보다 큼.

중진국의 함정

반면 중진국의 함정 시나리오에서는 역동적 성장을 이룬 중국을 포함해 이 지역의 경제성장이 앞으로 수십 년간 눈에 띄게 느려질 것이라고 전망한다. 아시아의 GNP는 65조 달러보다 낮고, 세계경제에서의 비중은 31%를 차지하며, 1인당 GNP는 2만 800달러보다 낮게 유지될 것이다(그림의 B). 이 시나리오에 따르면, 아시아 경제는 잠재력에도 불구하고 별로 성장하지 못하고, 많은 아시아 국가들이 중진국에서 벗어나지 못한다.

중국과 같은 현재의 중진국들이 중진국의 함정 시나리오에서 벗어나가기 위해서 그리고 선진국이 되기 위해서는 몇 가지 해결해야 할 과제가 있다. 요컨대 자원 안보를 확보하고, 사회적·정치적 안정을 유지하며, 민간 부문의 생산성을 높여야 한다. 특히 중국과 그 밖의 중진국은 산업의 혁신, 금융과 경제 위기의 관리, 동반 성장의 수행, 지속 가능한 환경 구축 그리고 시설 및 정부의 개편과 이를 통한 공공 서비스 제공과 부정부패 단속이라는 관점에서 성공한 국가들의 경험과 교훈을 배워야만 한다.

아시아의 위기

현재 동아시아의 지정학적 위험은 중진국의 함정 시나리오보다 더 좋지 않은 시나리오로 진행될 가능성을 제공한다. 만약 한반도나 센카쿠 열도에서 심각한 군사 분쟁이 일어날 경우, 아시아의 경제성장은 심각한 타격을 입을 것이며, 이는 아시아의 위기를 초래할 수 있다. 이 시나리오에 따르면, 모든 아시아 국가는 중진국의 함정 시나리오보다 훨씬 더 심각하게 부정적 영향을 받는다. 아시아의 GNP는 다른 어떤 벤치마킹에 비해서도 예상처럼 빠르게 성장하지 않을 것이다. 2010년부터 2020년까지 1인당 GNP를 2배로 늘리겠다는 중국의 꿈도 실현되지 않을 것이고, 일본의 경제 회복을 위한 아베노믹스도 큰 어려움에 처할 것이다.

연산일반균형CGE 분석에 따르면, 한중일 간의 군사 분쟁은 세 국가를 비롯한 여러 나라의 눈에 띄는 비용을 발생시킨다. 다음 표는 군사 분쟁이 미치는 경제적 효과를 GNP에 대한 비율로 정리한 것이다. 한중일 간의 분쟁은 각국의 GNP를 각각 3.0%, 1.5%, 0.8% 감소시킨다. 중국과 일본만이 충돌했을 경우에는 세 국가의 GNP가 각각 1.0%, 0.9%, 0.8% 감소한다. 요컨대 한국이 가장 큰 영향을 받고, 중국이 그 뒤를 잇는다. 이는 깊게 형성된 공급 연결 고리 관계에 기인한다. 흥미롭게도 비록 일본과 한국이 군사적으로 충돌하지 않더라도 한국이 받는 영향은 아주 심각하다.

한중일 간 군사 충돌의 비용과 경제적 협력의 이익

	군사 충돌 시나리오		경제 협력 시나리오	
	3국 간 충돌	중국과 일본 충돌	3국 간 FTA	RCEP
일본	−0.76	−0.77	1.16	1.21
중국	−1.46	−0.92	1.43	1.66
한국	−2.97	−0.97	6.51	6.75
동아시아	−0.90	−0.59	1.32	1.92
세계	−0.22	−0.15	0.23	0.28

Kawai, Park, Zhang (2014.05). 수치는 연산일반균형 분석을 기초로 벤치마킹한 실제 GDP에서의 편차를 %로 나타냈음. 동아시아는 ASEAN+6의 16개국을 뜻함.

반대로 한중일 간의 FTA나 ASEAN +6 국가 간의 GNP는 3국과 다른 국가들에 많은 이익을 가져다준다. 이런 이익은 중국과 일본보다 한국이 훨씬 크다. 따라서 한국은 중국과 일본 간의 군사 충돌을 막고 3국 간의 그리고 좀 더 넓게는 동아시아의 무역과 투자 협력을 확대하기 위해 모든 노력을 쏟아야 한다.

이러한 분석은 한국, 일본 그리고 중국을 포함한 아시아의 경제 주체들이 아시아의 위기 시나리오를 피하기 위해 무슨 일이든 해야 한다는 것을 뜻한다. 3국은 영토와 역사 문제를 스스로 억제하며, 논쟁을 제쳐두고, 공통의 이익에 집중해야 한다. 3국은 6자 회담에 참석하는 모든 국가와 함께 한반도의 재앙을 막기 위해서 그리고 한국의 평화적 통일을 위해서 협력해야 한다.[*] 3국은 한중일 FTA를 성사시키고 다른 ASEAN+6 국가들과 함께 RCEP를 성사시키기 위해 함께 노력해야 한다. 이런 노력을 통해 3국은 평화와 안정을 지켜나가는 책임을 다하고 지역의 지속적 번영을 통해 '아시아의 세기'라는 황금 거위를 잡을 수 있도록 힘을 모아야 한다.

동아시아에서의 협력 시스템 구축

중국의 빠른 경제성장은 아시아와 세계 대부분의 경제 주체에 이익이 되어왔고, 계속해서 이익이 될 것이라는 것에는 이견이 없다. 하지만 이런 빠른 성장은 동아시아와 세계에 지정학적·안보적 우려를 초래한다. 중국과 일본의 경제적·정치적 관계에서 중국의 빠른 경제성장도 예외는 아니다. 중국은 현재 일본의 가장 큰 무역 상대국이고, 일본과 엮여 있는 무역과 투자는 여전히 일본과 중국 모두에 중요하다. 반면, 중국의 빠른 성장은 중국 스스로 일본과의 관계에서 센카쿠 열도에 대한 통치권을 주장하는 한편, 베트남·필리핀과의 관계에서 남사제도와 서사제도에 대한 통치권 주장과 관련해 공격적 정책을 취하게끔 만든다.

중국은 영토 분쟁 문제를 스스로 억제하고 국제법과 규범에 기초해 견해 차이를 줄이는 것이 바람직하다. 일본과 서구는 중국을 제한하지 말아야 하며, 오히려 국제사회에서 책임감 있고 협력적인 구성원으로 만들어야 한다. 긍정적 결과를 이끌어내기 위해서 한국, 중국, 일본은 세 가지 방면에서 함께 일할 수 있다. 첫 번째는 중진국의 함정에서 중국이 빠져나가도록 도와주는 것이다. 두 번째는 3국 간 상호 협력과 경제 관계를 심화시키는 것이다. 세 번째는 협력 관계를 더 넓은 동아시아 전체로 확장하는 것이다.

중국이 중진국의 함정에서 벗어날 수 있는 협력 메커니즘

한국과 일본은 다양한 노력을 통해 중국이 중진국의 함정에서 벗어나도록 지원하는 협력 메커니즘을 형성하는 것이 유용할 것이다. 일본은 오염과의 전투, 전후 경제 개발과 성장, 도시화 관리, 공동 성장의 성취, 사회 안전망 강화, 기술력의 진보 그리고 시설과 정부의 개선을 포함한 전후의 경제성장에서 가치 있는 경험과 지식을 쌓아왔다. 한국과 일본은 또한 공통적으로 인구의 고령화 문제에 당면해

---

* 6자 회담은 북한의 핵 프로그램으로 인한 안보 문제를 평화적으로 해결하기 위한 회담이다. 회담의 참여국은 중국, 일본, 북한, 한국, 러시아, 미국이다.

있기 때문에 서로의 경험을 공유할 수 있고, 이는 중국도 언젠가는 당면할 문제이기에 중국으로서도 좋은 사례일 수 있다.

한국과 일본 그리고 다른 국가들은 중국이 선진국으로 성장하는 걸 위협이라고 보아서는 안 되며, 이를 통해 중국이 주요한 경제·사회적 변화를 이끌어내고 유복한 사회로 성장할 수 있도록 해야 한다. 이런 사회는 큰 규모의 안정적 중산층이 우세하며, 보통의 사람들에게 더 큰 목소리를 부여하고 규범과 법칙을 준수하는 한층 성숙하고 열린 특색을 가질 개연성이 크다. 따라서 이런 변화는 중국을 좀 더 안정적이고 민주적인 사회로 만들어줄 것이며, 중국의 외교 또한 국제적으로 한층 협조적이고 책임감 있는 역할을 수행할 것이다. 좀 더 투명하고, 책임 있고, 민주적인 정치 변화를 예상할 수 있으며, 이는 중국 뿐 아니라 한국과 일본 그리고 전 세계에도 좋은 일이다.

한중일 간의 미래 지향적 협력

한중일 간의 다양한 미래 지향적 영역에서의 협력은 3국 간의 신뢰를 높여 상대적으로 영토와 역사 문제의 중요성을 낮출 수 있다. 이는 결국 3국 간 이후의 협력이 더 잘 이루어질 수 있도록 만들 것이다. 3국은 다음 몇 가지 영역에서 함께 일할 수 있다.

첫 번째 영역은 무역과 투자 분야의 협력, 특히 한중일 FTA를 체결하는 것이다. 이는 3국의 산업적 협력을 가속화하고 미래의 산업 성장에 기여할 수 있다. 서비스 부문의 시장 개방은 경쟁력 있는 서비스 산업을 개발해 경제 재균형을 맞추고자 하는 중국에 도움을 줄 수 있다.

일본은 열린 중국과 한국에 더 많은 해외 직접투자를 기대할 수 있다. 한중일 FTA는 RCEP의 비어 있는 부분이며, 따라서 RCEP의 성공적 결과를 위해서 반드시 필요하다.

두 번째 영역은 3국 간 화폐와 금융 협력을 재개하는 것이다. 3국은 무역과 투자에서 각국의 통화 사용을 장려할 수 있고, 직접적으로 환율 시장에서 거래할 수 있으며, 서로 간의 화폐를 확보할 수 있다. 이런 방법을 통해 중국은 RMB(위안화) 국제화를 가속화할 수 있으며, 한국은 원화를 진정한 국제 화폐로 만들 수 있고, 일본은 국제 화폐로서 엔의 역할을 늘리고 도쿄를 진정한 국제금융의 중심지로 만들 수 있다.

세 번째 영역은 3국이 동북아의 기반 시설, 에너지 그리고 환경 분야에서의 협력을 강화하는 것이다. 이러한 협력을 통해 직접적으로 얻는 것뿐 아니라 북한이 국제사회로 돌아왔을 때 수용할 수 있는 환경을 마련할 수도 있다. 3국은 북한이 경제를 개방하고 참여할 수 있도록 도와줘야 하고, 그것을 통해 중국과 베트남이 최근 수십 년 동안 해온 것처럼 외수 산업화 등 개발과 번영을 시켜야 한다. 교통, 발전, 수도 그리고 ICT 기반 시설은 북한 산업화에서 필수적이다. 북한이 이러한 의견을 수용 가능하다고 판단하면 더 쉽게 스스로 비핵화를 이루어 한반도의 군사 긴장감도 낮출 수 있다.

동아시아의 넓은 영역에 걸친 협력

동아시아에 지역적 협력 시스템이 구축될 수 있도록 지원함으로써 한국, 중국, 일본은 더욱 견고하고 강력한 협력을 할 수 있다. 좀 더 정식적인 지역적 협력이 가능한 것이다.

첫째, 동아시아 16개국 간의 RCEP는 가장 중요한 시작점이다. 한국, 중국, 일본은 ASEAN을 도와 2015년 출범하는 경제적 공동체를 강화할 필요가 있다. 특히 ASEAN 내의 개발 격차를 좁히기 위해 힘써야 한다. 지역적으로 연합한 동아시아 시장의 형성은 ASEAN과 동북아시아 국가들을 비롯해 시장에 포함된 모든 국가에 성장 기회를 제공한다. 더욱이 한국과 일본은 중국을 도와 중국이 향후 5년에서 10년 사이에 TPP에 합류할 수 있도록 도와야 한다.

둘째, 기반 시설 개발과 연계는 지역적 경제 통합, 특히 ASEAN 국가들의 통합에 이롭게 작용한다. 아시아의 생산적 기반 시설 투자에 예금과 금융 자본을 연결하는 것이 핵심이다. 이를 위해서는 ASEAN 기반 시설 펀드에 한중일이 함께 참여하는 것이 가장 확실한 방법이다. 비록 중국이 아시아인프라투자은행 설립의 시작을 이끌고 있지만, 아시아개발은행에 금융 자원을 집중시키는 게 더 생산적일 것이다. 하지만 만약 아시아인프라투자은행를 설립할 것이라면, 중국은 새롭게 만들 은행이 아시아의 세기를 실현하기 위해 협조적이고 효율적인 은행이 되도록 해야 한다. 이는 모든 관련 국가로부터 자문을 구해 충고와 제안을 받아들이고, 일본을 설립 구성원으로 초대함으로써 이루어질 수 있다.

셋째, 3국은 지역의 거시경제적이고 금융적인 협력을 강화하는 것에 대해 서로 협의해야 한다. 이는 미국이 3차 양적 완화를 마치려

하고, 2015년에 기준 금리를 인상할 것이라는 점에서 더욱 중요하다. 이런 미국의 통화 정책 변화는 자금의 누수, 금리 상승, 주식 가격 하락 그리고 환율 하락 등의 잠재적 효과를 성장 중인 경제 주체들에 강제할 수 있다. 한중일은 ASEAN 국가들과 함께 지역 감독 기능을 강화하고 ASEAN+3 거시경제연구소의 수용 능력을 늘리는 한편, CMIM의 유동성과 준비 능력을 길러야 한다.

이러한 지역적 협력 메커니즘을 통해 한중일은 다른 동아시아 경제 주체들과 함께 지역의 공통 관심사 또는 관련 문제를 풀어나갈 수 있다. 아울러 이는 동아시아 그리고 더 넓은 아시아 국가들의 공통 이익을 위해 영토와 역사 문제의 중요성을 최소화하는 것으로 이어질 수 있다. 이런 노력들이 중국이 국제 협력과 국제 규범을 준수하지 않고는 평화적으로 주요한 국제 권력으로 부상할 수 없다는 사실을 깨닫도록 해줄 것이다.

일본과 중국 사이의 긴장감은 센카쿠 열도의 상황으로 인해 높아지고 있으며, 우발적 군사 충돌이나 그 이상으로 발전할 가능성도 있다. 양국이 이 상황을 잘 관리해 긴장을 낮추는 것이 무엇보다 중요하다. 한국과 일본 양국 간의 관계 또한 영토와 역사 문제로 인해 그리 좋은 편은 아니지만, 공통의 관심사에 초점을 맞춤으로써 관계 악화를 완화할 수 있을 것이다.

북한의 핵과 탄도미사일 프로그램이 동아시아의 안보와 안정을 위협하는 만큼 한중일은 작은 섬들과 역사적 문제에 시간을 낭비해서는 안 된다. 3국의 가장 중요한 관심사는 3국은 물론 6자 회담 구성원과 ASEAN 국가들을 포함한 다른 관련국과 함께 동아시아의 안정을 지기키 위해 협력하는 것이다. 3국은 아시아의 세기를 실현하고 아시아의 위기를 피하기 위해 견고한 믿음을 공유해야 하며, 이는 3국 모두에 궁극적 이익을 가져다줄 것이다.

동아시아의 평화, 안정 그리고 번영을 위해서 지역의 정치 지도자들, 특히 한중일의 정치 지도자들은 근시안적이고 속 좁은 민족주의적 관심사를 좇기보다 장기적 관점에서 함께 전략을 구축해나가야 한다. 3국은 상호 신뢰를 얻기 위한 노력의 일환으로 무역, 투자, 기반 시설, 금융, 환경, 에너지 등 다양한 분야에서 지역적 협력을 강화하고, 이를 통해 가시적 이익을 창출함으로써 지역의 역동적 성장을 유지할 수 있다. 이런 목표들을 성취함으로써 3국은 섬들과 역사 문제에 대한 서로 간의 긴장을 완화할 수 있을 것이다. 또한 북한을 어떻게 동아시아의 성장에 참여시킬 수 있는지 논의하는 것도 바람직하다.

그러는 동안 일본은 아베노믹스를 통해 경제를 회복시켜야 하며, 그 후 한국 및 중국과 정치적 연대를 구축할 수 있는 다방면의 전략을 적용해야 한다. 일본은 역사 문제를 책임감 있게 정면으로 마주해야 하며, 무라야마 담화와 고노 담화에서 후퇴하지 말아야 한다.* 중

---

* 무라야마 도미이치 전 총리는 1995년 성명에서 일본의 식민지 통치와 침략에 대해 후회와 사과를 피력했다. 수석내정비서이던 요헤이 고노는 1993년 성명에서 위안부 문제와 관련해 전쟁 기간의 매춘굴 설립과 관리 그리고 여성들을 그곳으로 보내는 것에 일본군이 관여했음을 인정했다. 고노는 또한 이 문제에 대해 후회와 사과를 표했다. 일본이 한국의 피해자들을 위해 사설 기금을 설립한 것은 잘 알려져 있다.

국은 정부 기관에 만연한 부정부패, 환경 악화 그리고 빈부 격차 증대 등 다양한 국내 문제를 처리해야 하고, 이를 통해 안정된 사회, 열린 정치 시스템, 확고하고 규모 있는 중산층을 형성할 수 있도록 노력해야 한다. 한국의 지도자들은 사실상 한국이 통제하고 있는 독도를 방문함으로써 민족주의적 감정을 부추기지 말아야 한다.

:: 가와이 마사히로 川相昌弘

도쿄대학교 경제학과를 졸업하고 스탠퍼드대학교에서 통계학 석사학위, 도쿄대학교에서 경제학 석사학위, 스탠퍼드대학교에서 경제학 박사학위를 받았다. 현재 도쿄대학교 대학원 교수로 있다. 아시아개발은행연구소 소장, 일본 재무성 정책연구실 소장, 지역경제통합센터 위원장을 맡았으며 세계은행 수석경제학자, 일본 재무성 차관으로 활동했다. 150종이 넘는 사설과 책을 집필했으며 아시아 지역 경제의 지역적 특징을 주로 연구하고 있다. 주요 저서로 《The Political Economy of Asian Regionalism》(공저), 《The Global Financial Crisis and Asia》(공저), 《Monetary and Currency Policy Management in Asia》(공저), 《Implications of the Global Financial Crisis for Financial Reform and Regulation in Asia》(공저), 《Asia and Policymaking for the Global Economy》(공저), 《Asia's Free Trade Agreements: How Is Business Responding?》(공저), 《Asian Regionalism in the World Economy: Engine for Dynamism and Stability》(공저) 등이 있다.

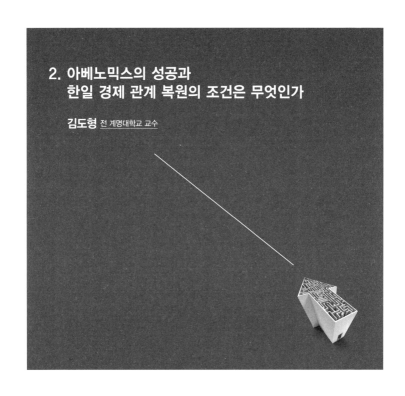

2. 아베노믹스의 성공과 한일 경제 관계 복원의 조건은 무엇인가

김도형 전 계명대학교 교수

일부 정치 지도자들의 폐쇄적 사고와 거듭된 경솔한 행동이 한일 간 정치적·외교적 갈등을 넘어 결국 양국 경제를 위험으로 몰아가고 있다. 그럼에도 일부에서는 '과거사 문제와 경제 교류 분리 대응' 혹은 '그래도 경제는 잘 돌아가고 있지 않은가'라는 등 안이한 폐습에 젖어 있는 듯하다. 근본적 처방 없이는 동아시아 분업 체계 와해와 한일 동반 추락의 위기가 올 수밖에 없는 상황이다.

양국이 현재와 같은 근린 궁핍화 정책을 기조로 하는 부분 최적화에서 과감히 벗어나 동아시아 글로벌 최적화, 고차원적 경쟁과 협력

프레임을 재구축하려면 우선 아베노믹스의 성공과 한일 경제 관계의 조속한 복원에 필요한 조건을 살펴볼 필요가 있다.

아베노믹스, 조정 국면을 거쳐 착실히 침투하다

아베노믹스의 근간을 이루는 양적 금융 완화는 물가 상승률 목표 권(2~3%) 설정에 그치지 않고 그것을 달성할 때까지 장기 국채 매입을 지속하는 동시에 유동성 함정을 감안해 국채 매입액과 같은 금액의 재정 지출 확대로 인플레를 유도하려는 것이다. 즉 비불태화非不殆化 정책이다. 이는 추가 재정 지출을 국채 매입액 범위 내에서 수행하는 한 국채 잔고를 늘리지 않고도 실질 금리 하락, 투자·소비 진작이 가능하다는 논리에 근거한 것이다. 본원통화가 늘어도 신용승수 하락, 현금 선호 때문에 통화량은 늘어나지 않는 디플레 기대 심리를 한 번에 인플레 기대 심리로 바꾸어보려는 의도다.

이로써 주력 업종의 해외 진출, 급속한 저출산·고령화로 인한 잠재 성장률 하락 그리고 기업 코스트 경쟁력이 한계에 달한 일본 수출 업계를 위해 강력한 엔저 정책을 취했다. 아울러 경제학계에서 명망 높은 하마다 고이치 교수의 이론적 지지를 받고 관계官界에서 신망이 두터운 구로다 하루히코 전 아시아개발은행 총재를 일본은행 총재로 기용함으로써 일본은행의 매입 조작 대상 유동자산 범위와 규모를 늘려가는 헬리콥터식 엔 살포에 의한 전대미문의 인플레 정책을 삽

시간에 전개하기에 이르렀다.

아베 정권의 일본은행이 2년간 2% 물가 안정 목표에 연연하는 이유는 세 가지다. 첫째 수급 상황을 제대로 반영하지 못하는 소비자물가CPI의 왜곡 현상 시정, 둘째 경기 악화 시 금리를 인하할 수 있는 여지 확보, 셋째 물가 안정 2%는 글로벌 스탠더드라는 점이 그것이다. 그중 두 번째 이유를 중시하는 것은 일본이 이미 선진국 중에서 가장 빨리 금리 인하 여지를 없애는 제로 금리 제약 아래 금융정책 유효성이 크게 떨어졌기 때문이다. 일본은행이 세계의 중앙은행 중 가장 빨리 제로 금리나 양적 금융 완화 등 비전통적 금융정책UMP을 도입했지만, 이 정도로는 아직 충분하지 않을 만큼 디플레가 심각했기 때문이다.

통상적으로는 국채를 증발하고 이를 시중은행이 인수하면 금리 상승이 급격히 빨라진다. 그러나 일본은행이 시중은행 보유 국채를 구입하면 이 문제를 해결할 수 있다. 즉 시중은행이 보유한 장기 국채를 일본은행에 즉각 매각하고 그 매각 대금을 일본은행의 시중은행 당좌예금 구좌에 입금하면 그만큼 시중 유동성이 늘어나 금리 인상을 흡수할 수 있기 때문이다. 일본은행이 인수하는 국채 발행을 탈법 행위로 금지해온 재정법 제5조를 뛰어넘어 시중은행 보유 국채의 화폐화monetization를 무제한 가능하도록 한 것이 이른바 일본발 양적질적 금융완화QQME인 셈이다. 이 때문에 양적 금융 완화가 전대미문의 팽창적 재정 정책의 하수인이라는 말을 듣고 있다.

가령 일본은행이 2013년 3월부터 2년간 시중은행에서 장기 국채를 100조 엔만 구입한다고 가정해보자. 현재 국내 은행 장기 국채 보유 잔고가 114조 엔이므로 이를 전량 구입해버리면 시중은행 국채 잔고가 바닥날 정도의 대규모 개입인 셈이다. 이를테면 이를 통해 현재 138조 엔인 본원통화를 2년 후 270조 엔으로 늘리겠다는 대담한 정책이다.

아베노믹스를 도입한 1년이 실물경제에 미친 영향을 정확하게 판단하기는 이르다. 그러나 QQME만으로도 20년 장기 불황의 근본 원인이던 디플레 함정에서 벗어나기 시작했다는 것이 일반적 관측이다. 다음의 몇 가지 지표로 아베노믹스 1년을 정리할 수 있다.

첫째, 거시적 수급 불균형(디플레 갭)은 소비세 증세 직전의 대규모 경기 부양 대책을 기점으로 줄어들기 시작했다. 소비자물가 상승률(생선 식품을 제외한 종합 물가)은 QQME 도입 직전인 2013년 3월 전년 대비 0.5%였지만 2014년 3월에는 1.3%까지 상승했다. GDP는 6분기(2012. 4/4~2014. 1/4) 연속 플러스 성장을 기록 중이다. 그 결과 노동 시장 수급이 개선되고, 임금 증가율도 과거 10년 이래 최고 수준이며, 사외이사 도입 등 기업 거버넌스를 개선하고 사업 재편과 설비투자에도 적극성을 보이는 등 기업 행동도 서서히 변화하기 시작했다.•

둘째, 기업 수익 개선(2013. 4/4분기 경상이익은 전년 대비 26.6% 대폭 증가)과 임금 인상을 통해 아베노믹스 효과가 가계 부문으로 침투하기 시

• 유효구인배율有效求人倍率은 2012년 0.82, 2013년 0.97, 2013년 3/4분기 0.95, 4/4분기 1.01, 2014년 1/4분기 1.05 등 1.0에 서서히 접근하기 시작했다.

작했다. 기업이 임금 인상을 결단한 것은 무엇보다 2013년 9월을 지나면서 재무 상황이 나아졌기 때문이지만, 노사 쌍방이 QQME 목표인 인플레 기대감에 공감한 데다 동일본 대지진 피해 복구를 위한 부흥특별법인세 조기 폐지 등 일련의 조치가 겹쳐 기업 수익 개선과 임금 인상의 선순환을 뒷받침했기 때문이다.

셋째, 4월 소비세율 인상(5%에서 8%)에 앞선 조기 수요와 증세 직후의 소비 및 실질소득 감소 등 부정적 영향이 증세 직전의 대규모 경기 부양 조치로 상쇄되었다.

넷째, QQME는 장기금리 안정과 일부 자산 가격 상승 형태로 상당한 효과를 거두고 있다. 일본은행 구로다 총재가 QQME의 도입 시 상정한 정책 파급 루트는 첫째 장기 금리 안정과 자산 가격 회복, 둘째 기대의 근본적 전환, 셋째 포트폴리오 재균형 등 세 가지였다. 이를 기준으로 본다면 10년짜리 국채 수익률은 0.6% 정도로 낮고 주가도 총재 취임 당시에 비해 20% 이상 상승해 첫 번째 루트는 상당히 달성했다고 볼 수 있다. 아울러 앞으로 5년간 실질 성장률과 물가 상승률 전망치를 보면 기업의 중장기 기대는 완만하지만 상승 국면으로 전환되고 있으며, 시장도 이를 반영하기 시작했다는 점에서 두 번째 루트도 긍정적이다. 그러나 은행과 보험회사 전체가 장기 국채를 19조엔 정도 매각하고 있지만 대외 증권 투자 잔고는 오히려 소폭 줄고 있어 세 번째 루트는 시기상조라고 볼 수 있다.

다섯째, 외환시장 동향이다. 시장은 양과 질 모두에서 사전 예상을 능가하는 금융 완화를 계기로 이제 일본은행 레짐이 바뀌기 시작했다고 인식했다. 그 때문에 장기금리는 한때 0.3%까지 급락했고, 세계 금융 위기 이후 경기 회복에 걸림돌로 작용해온 엔의 초강세 흐름도 확연하게 바뀌기 시작했다.•

2013년 5월 11일 엔화의 환율은 4년 1개월 만에 1달러=100엔대 까지 상승했다. 2014년 3월 시점에서 대부분의 수출 기업 예상치가 1달러=90~95엔(구매력 평가 환율 수준)이었으므로 1달러=100엔대 환율은 업적을 개선하는 데 최대 호기였음이 틀림없다. 엔화의 환율은 2013년 10월 1달러=97.85엔까지 하락, 2014년 1월 104.94엔까지 상승했다가 2014년 5월 1달러=102엔 전후의 좁은 범위에서 등락을 거듭하고 있다.

결론적으로 QQME 이후 엔화 약세, 주가 상승, 가계와 기업의 경기 체감도 개선 등 아베노믹스의 1차 효과는 충분히 나타나고 있다고 봐야 할 것이다. 그러나 기업의 수익 개선에도 불구하고 업종에 따라서는 정규직 기본급과 정기 승급은 불변 혹은 줄어들고 물가 상승으로 실질임금은 오히려 줄었으며, 고령자 연금 지급액도 실질적으로 줄어드는(물가슬라이드 적용) 등 임금 상승과 소비 증대의 지속성이 불확실해 기업들은 설비투자에 여전히 신중하다.•• 여기에는 세 가지 이유가 있다.

• 국내외 인플레율 격차로 조정한 실질실효 환율은 2012년 6~7월 피크 때에 비해 2013년 2월까지 19% 엔화 약세로 반전되어 리먼 쇼크 이후 2012년 중반까지 이루어진 엔고의 상당 부분(25%)을 회복했다.

첫째 엔화 약세로 에너지와 식품 원료 등의 수입 가격이 상승해 기업과 가계를 압박하고, 둘째 국가 채무 누적과 주가 상승세를 고려할 경우 현재와 같은 0.6%대의 장기금리는 조만간 상승할 수밖에 없다는 기대 심리가 작용하며, 셋째 일본은행도 어차피 가까운 장래에 양적 완화의 출구 전략을 검토할 테고 그 결과 시장 유동성 저하가 금리 급변 리스크를 몰고 올 것이라 보기 때문이다.

최근의 장기금리 상승은 기본적으로 일본은행이 신규 발행한 장기 국채의 약 70%를 구입하는 거대 기관투자가로 변모했기 때문이다. 이런 의미에서도 재정 건전성 회복과 규제 철폐를 통한 고비용·저효율 구조의 근본적 개선으로 금리 급등 사태를 막아야 한다.

아베노믹스는 6중고(엔고, 높은 법인세율, FTA 체결 지연, 경직적 노동 규제, 지구온난화 가스 25% 삭감, 높은 전력 요금과 전력 부족) 중 겨우 엔고를 시정 중일 뿐이다.

아베노믹스의 성패

아베노믹스 아래서 재정 건전성 확보, 성장 전략과 구조 개혁은 후순위로 밀려나고 있다. 이미 2013년 1월 긴급 경제 대책용 추경(10조 엔)과 2014년도 예산안(92.6조 엔)이 각각 5.5조 엔, 42.9조 엔의 국채에 의존하면서 사회보장 예산은 줄어들고 공공사업과 방위비 예산은 늘어나 콘크리트 사회로의 회귀라는 비난과 함께 장기금리 상승이 우려되는 상황이다. 2014년 4월 소비세 증세 직후 성장률이 2분기 연속 하락하고, 2017년 10월 소비세 추가 증세 공약을 포기할 수밖에 없었던 것도 성장 전략에 대한 믿음이 약했기 때문이다.

총론에 그친 성장 전략 개정 작업

2013년 6월 아베노믹스는 '일본 부흥 전략-Japan is back'이라는 비전 아래 10년간 연평균 명목 3%, 실질 2%의 성장률을 목표로 산업 부흥, 전략 시장 창조 플랜, 국제 전개 전략을 제시하는 한편 2013년 10월에는 우선적으로 국가 전략 특구와 지역별 성장 전략 및 중소기업·소규모 자영업자 혁신 등 다섯 가지 정책 과제를 제시했다. 그러나 추상적이라는 여론 때문에 개정 작업을 거쳐 2014년 6월 주요 열 가지 핵심 과제 중심으로 개혁의 방향성을 재천명했다. 이 중에서 향후 아베노믹스의 성패를 가늠할 몇 가지를 짚어보자.

첫째, 법인세 개혁이다. 법인실효세율을 2015년부터 수년에 걸쳐 20% 수준으로 인하한다는 정도로 소극적 대응을 하고 있다.*** 이처럼 법인세 개혁이 더딘 것은 언제쯤 디플레에서 탈피해 2020년도 기

초재정 수지가 흑자로 전환될 정도로 과표를 확대해 법인세 인하를 위한 영구 재원을 확보할 수 있을지 불확실하기 때문이다.

둘째, 이노베이션과 로봇 혁명이다. 종합과학기술회의를 사령탑으로 한 범부처형 High Risk -High Impact 연구 개발 프로그램 창설, 혁신 기술을 사업화하기 위한 연구 개발 법인과 대학 간 연구 인력 겸임 제도 그리고 영업 비밀 보호 대책(피해 입증책임 경감 등)을 실현하려면 시간이 필요하지만, 로봇혁명실현회의를 출범시켜 2014년 말까지 5개년 계획을 수립한 점은 특기할 만하다.*

셋째, 여성 인력 활용 대책이다. 이와 관련해서는 보육소 대기 아동 해소 조치** 이외에는 구체적이지 못하다. 이른바 '103만 엔·130만 엔 장벽'은 분명 여성의 노동 의욕을 제약해 전업주부 내조가 기본인 남성 위주의 근로 사회를 남녀 공동 참여 사회로 전환하는 데 장애로 작용하고 있다.***

넷째, 외국 인력 활용이다. 외국 고급 인력 포인트 인정 요건 완화, 영주 자격 단축, 기능 실습 수료 후 건설 업무 종사(2년)를 위한 긴급 조치 등 일부 개선되기는 했지만 이마저도 이민 허용으로 비칠까 우려할 정도다. 그 결과 현행 외국인 기능실습제도 개선(감독 체제 강화, 대상 업종 확대, 실습 기간 연장, 인원 확대 등)과 외국인의 신규 취업이 가능한 세 개 업종을 명기하는 데 그쳤다. 그나마 제조업은 해외 자회사 경력이 있는 외국인 종업원에 한해 그룹 내 단기 전근 등 일정 요건을 갖추고, 양로복지사는 일본 유학으로 국가 자격을 취득해야 하며, 가사 지원도 국가 전략 특구 내의 전문 서비스 업체만이 가능하다.

다섯째, 신산업과 지역 산업 육성 문제다. 이 정도로 과연 정부의 구제 손길을 기다리는 1,000만 명에 달하는 비자발적 잠재 실업자(현실 실업자, 기업 내 실업자, 니트족, 프리터족 포함)에게 과연 양질의 일자리를 제공할 수 있을지 불투명하다.

철저한 규제 개혁과 TPP 교섭 조기 타결

어차피 디플레 극복 직후부터는 장단기 금리 상승으로 국채 상환 이자 부담이 증가하고 그렇다고 소비세율 추가 인상도 어려우므로 QQME는 더 이상 지속할 수 없다. 다음과 같이 성장 전략을 보완하고 규제 개혁을 지속해야 하는 이유다.

첫째, 성장 전략과 시책은 개별 부처 주도의 산업 정책 차원에서 벗어나 민간 주도로 서로 다른 업종·기술 간 융합 및 복합화를 통한 수익력 창출 차원에서 일관성 있게 수립·집행하며 성장의 과실을 중소기업과 지방 그리고 교역 파트너와 저개발국으로 환원해야 한다.

- 여기서는 로봇 시장 규모의 목표(활용도)를 재설정(제조업 2배, 서비스 등 비제조업 20배)하고 있다.
- •• 그러나 '초등학교 1학년의 장벽(유아원 원생 때는 저녁 2시간 연장 보육이 가능했지만 초등학교 1학년 때는 자치단체 운영 아동 클럽에서 대부분 연장 보육을 허용하지 않기 때문에 여성의 기존 근로 행태 변경이 불가피한 상황)'을 해결해주지는 못하고 있다.
- ••• 아내의 연간 수입이 103만 엔 이하면 배우자 공제, 130만 엔 이하면 연금과 건강보험료를 면제받으므로 연간 수입이 그 수준을 상회할 경우 조세 및 연금·보험료 부담만큼 실수입이 감소하고 노동 의욕이 줄어드는 경향이 있다. 이는 저소득층에서 흔히 나타나는 현상으로 경제적 불평등 원인으로 지적된다.

둘째, 강한 산업을 강하게 하려는 것인지 아니면 약한 산업을 지원하려는 것인지 신진대사를 통한 업그레이드 전략 목표를 분명히 해야 한다. 이에 따른 원칙은 다섯 가지다. ① 각종 공적 규제와 민민 규제民民規制 장벽을 허물어 정체된 산업과 사업의 기존 자원을 고수익 부문으로 이동하고, ② 관련 시책은 기업起業, 창업기, 성장기, 성숙기 등 기업의 발전 단계별 세부 목표에 따라 전체와 합목적적으로 전개하고, ③ 개방형 혁신 프로세스를 지역의 중견·중소 기업과 소규모 자영업자가 주도하고 성장 과실을 골고루 분배해야 하며, ④ 적은 인력으로 전원 참가·글로벌 경쟁을 헤쳐 나가려면 지난 세기의 자학의식에서 벗어나 글로벌 시민으로서 올바른 역사 인식, 도전 정신과 창의력을 갖춘 글로벌 인재를 육성해야 하고, ⑤ 조직 리더가 공동체의 신뢰를 확보함으로써 '공장1류 – 본사1류'로서의 수익력을 창출해야 한다.

셋째, 투자 활성화를 위해 법인세 인하 일정과 폭 그리고 과감한 세출개혁을 통한 전략적 인프라 투자 계획 등을 조기에 구체화해야 한다. 2015년도부터 20% 수준까지 단계적 인하 방침은 결정했지만 법인세율 인하가 세수와 경제에 미치는 영향, 감세 개시 시기와 감세 폭 등에 관한 의견은 여전히 분분하다. 가령 법인세를 5~6% 인하하더라도 재정 건전성과 양립해야 하므로 법인세 인하분만큼 과표를 확대하는 등 재원 확보가 중요하다.* 일본 정부는 2020년 기초 재정 수지 균형 목표를 달성하고 과표를 확대해 법인세 인하 재원을 확보할 수 있을지 확신을 갖지 못하고 있다. 공공 부문의 과감한 세출 개혁,

전략적 공공 투자 로드맵 없이는 민간 투자 심리를 움직일 수 없다.

넷째, TPP 교섭을 하루빨리 타결해야 한다. 농산물, 서비스업 개방에 따른 국내 이해 대립의 조기 조정 등 국내 교섭을 최우선해야 한다. 일본은 농산물 수입 대국, 구미의 농업 보조금, 농업의 다면적 기능, 서비스의 저생산성 등을 이유로 실질적 개방을 미루어왔다. 그동안 FTA 후진국이라는 비판을 받으면서도 농지 유동화에 의한 대농 경영, 식부 면적 감축에 의한 고미가 高米價 정책의 전환, 우정 민영화 철회와 우체국 신규 보험 상품 및 서비스 개발 등으로 농업과 서비스 시장 개방에 대비해왔다. 그럼에도 농산물 성역 다섯 품목 중 일부 비민감 품목만 양보하는 대신 미국의 자동차 관세 2.5%도 철폐하고, 자국 보험 시장 개방 요구까지도 물리치겠다는 입장이 강하다. 이는 TPP(13)의 교섭 타결이 더욱 어려워지는 근본적 이유다.**

- 경제재정자문회의 소속 민간 위원은 아베노믹스에 의한 잠재 성장률 상승, 이월결손금 감소 등을 통한 법인 세수 확대분을 재원으로 법인세율을 25% 정도까지 내리자고 주장한다.

** TPP 교섭 어젠더 중 금융 서비스, 전자 상거래 및 위생 식물 검역 분야는 거의 합의에 도달했으나 일본의 농산물 성역 聖域 다섯 품목, 즉 쌀(58), 보리(109), 소·돼지고기(100), 유제품(188), 사탕수수 등 감미 甘味 자원 작물(131) 등 총 586개 세부 품목과 그 외 지금까지 관세 철폐 대상이 아니던 콩 등 248개 품목의 관세 삭감·철폐를 둘러싸고 미국과 평행선을 긋고 있다.

아베노믹스 이후 한일 경제 관계 복원의 조건

아베노믹스 이전 엔화 강세 때와는 정반대로 원·엔 환율이 100엔 당 950원까지 급락해 한국 수출 전선에 먹구름이 짙어지고 있다. 일반적으로 한국의 경우 엔·달러 환율은 원·달러 환율(명목실효 환율) 못지않게 수입물가, 소비자물가, 경제성장률, 무역수지 등 거시 변수에 큰 영향을 미친다. 특히 수입물가와 소비자물가의 경우 양자의 설명력이 유사하지만 경제성장률과 GDP 대비 무역수지에서는 원·달러 환율의 설명력보다 크다.

환율 변동에 따른 한국 수출의 민감도는 자귀회귀VAR: Vector Auto Regressive 모형에 의한 충격 반응 추계에 따르면 1990년대 후반 이후 약 절반 정도로 줄어들고 있다. 즉 10%의 원·엔 환율 인상 후 수출 증대 효과는 1998~2005년의 경우 5개월 시차를 두고 1.5%로 하락했지만 2006~2013년의 경우 4개월 후 0.7%로 하락했다.* 그럼에도 일본의 QQME에 따른 환율 변동 파급효과는 한국이 ASEAN 국가들보다 상대적으로 크다.**

엔화에 따른 한일 무역 투자 및 관광객 격감

한일 간 과거사 등을 둘러싼 갈등으로 나타난 경제적 영향을 정확하게 실증하기는 쉽지 않지만, 양국 경제 관계는 '엔화 약세·원화 강세'가 겹쳐지면서 축소 일변도로 향하고 있다.

첫째, 환율의 급변이다. 2007년 1분기~2014년 2분기 원·달러,

엔·달러 및 원·엔 환율 추이를 보면 원·달러 환율은 2008년 1분기까지의 원화 급등세와 대조적으로 2012년 3/4분기 이후 급락하고 있다. 한편 엔·달러 환율은 2012년 3/4분기까지는 지속적으로 하락하다가 이후 상승해 엔 약세 기조를 유지하고 있다. 이는 아베노믹스의 QQME에 따른 것이지만 원·엔 환율은 원화의 대달러 강세가 가세하면서 2012년 2/4분기부터 하락해 원화는 엔화에 대해서도 초강세다. 2014년 9월 중순에는 100엔당 950원을 기록했다. 이는 국내 수출 기업뿐 아니라 한국 진출 외자 기업의 시장점유율과 수익력이 하락하는 가장 큰 이유이기도 하다.

둘째, 대일 무역액(달러 표시) 감소다. 대일 수출은 2013년 10.6%나 감소했다. '엔화 약세·원화 강세'에 더해 한류 붐 종언, 일본인의 대한국 이미지 악화 등도 이러한 대일 수출이 감소하는 원인으로 지적되고 있다. 대일 수입액도 6.8%나 감소했다. 대일 의존도가 높은 핵심 부품 소재 원료를 제외하면 중급 부품 소재는 중국 등으로 수입선을 대체하고 있다. 이 결과 한중 간 보완도는 높아지고 대일 의존도는 지속적으로 낮아질 수밖에 없다. 일본은 한국과 중국의 급속한 접근을 우려하고 있지만, 이러한 무역 전환의 경제적 합리성 여부에 관한 진지한 논의가 필요한 시점이다.

- 실질실효 환율을 이용하면 1998~2005년 4개월 시차를 두고 1.4%, 2006~2013년 0으로 하락했다.
- 수출 민감도의 최대 수준 하락 폭은 싱가포르 0.1(3), 말레이시아 0.1(6), 타이 1.0(3) 순이지만 한국은 0.7(5)로 ASEAN 경쟁국들에 비해 상대적으로 크다.

셋째, 일본 관광객 격감이다. 2013년 일본 관광객은 일본 내 반한·혐한 분위기 등으로 전년 대비 21.9% 감소한 반면, 한국의 일본 관광객은 상반기 '엔화 약세·원화 강세'를 배경으로 38.4%나 증가해 전체 관광객 증가율을 상회했으나 하반기에는 4.3% 증가에 그쳤다. 대신 한국 주요 관광지에는 중국 요우커가 넘쳐나기 시작했다. 2014년 7월부터 방일객은 점차 회복되고 있으나 방한객은 매월 두 자릿 수로 감소하고 있다.

넷째, 일본의 대한 직접투자 격감이다. 2010~2012년까지는 초엔고, 한국의 유리한 입지 경쟁력과* FTA망 확대, 동일본 대지진으로 단절된 공급 체인 일부의 대체 수요와 후쿠시마 원전 사태 등으로 일본 기업의 대한 투자가 확대되었다. 그러나 2013년에는 전년 대비 40.8%나 격감했다. '초엔고'에서 엔화 약세로 반전, 한국의 전력 요금 인상, 일본 정부의 TPP 교섭 참여 등에 따라 대한 투자 메리트가 줄어들기 시작했다. 전년도 급증에 대한 반작용이라고는 하지만, 1년 이상 지속된 양국 관계 악화 이외의 요인을 찾기는 힘들다. 무엇보다 ① 원화 강세로 인한 한국 진출 일본 기업의 가격 경쟁력 약화, ② 일본 기업의 주요 거래선이던 한국 대기업의 중국 진출, ③ 한국의 경기 부진으로 인해 내수를 겨냥하고 진출하는 일본 기업의 업적 악화 우려, ④ 전시 징용 노동자 피해에 대한 대일 개인 청구권 인정과 배상이라는 한국고등법원 판결과 이에 따른 해당 일본 기업의 한국 내 재산 압수 우려 등이 대한 투자 분위기를 냉각시켰기 때문이다.** 대신 중국 상업 자본이 한국 시장을 넘보고 있다.

다섯째, 엔화 약세·원화 강세 및 중저가 시장에 대한 중국의 물량 공세는 한일 간 상호 투자와 3국 진출 협력에 부정적일 수밖에 없다. 2014년 2/4분기 이후 스마트폰, 자동차, 조선, 석유화학, 철강 등 한국 주력 업종을 대표하는 글로벌 기업의 어닝 쇼크 역시 이 세 가지가 가장 큰 요인으로 작용했다.*** 특히 최근 이른바 슈퍼 달러와 과도한 엔화 약세로 한국 기업이 받는 리스크는 우려할 만한 상황이다.

한국의 경우 원·엔, 엔·달러 환율의 가변성에 대한 민감도는 경제의 강인성 덕분에 과거에 비해 다소 완화되었지만, 이러한 통화가치 급등은 대외 의존도가 높아 단기적으로는 유효 수요 증가에 의한 내수 확대보다는 수출에 미치는 부정적 영향이 크다.

통화 절상 효과를 극대화하기 위한 구조 개혁 병행

아베 정권의 QQME는 기본적으로 엔화 약세를 유도하기 위한 외환시장 개입이다. 물론 저환율 정책은 일본 수출 경쟁력 강화, 경기

- 설문조사 등에 의하면 2011년 일본의 도레이, 스미토모화학 등 세계적 소재 관련 업종이 대규모 대한 투자를 결정한 가장 결정적 요인으로 한국의 입지 경쟁력 중 저렴한 전기료를 꼽고 있다.
- 한국 측이 징용 노동자 배상 문제는 '해결된 것'이라는 기존 입장을 철회한다면 이는 '한일 청구권 협정 및 경제 협력 협정' 당시 징용자 피해에 대한 직접적 배상 방식을 간접적 경제 협력 방식으로 바꾼 국교 정상화 교섭의 엄연한 역사적 사실을 원천 무효화시킴으로써 일본 기업의 한국 비즈니스에 악영향을 끼칠 것이라는 입장이다.
- 삼성전자는 스마트폰 등 모바일 부문 업적 악화 등으로 2014년 2/4분기 매출과 영업 이익이 전년 동기 대비 9.5%와 24.45%씩 급락했다. 조선, 자동차 등 여타 업종의 대표적 기업도 이와 유사하다.

회복 그리고 아시아 인근국 경기에도 긍정적 영향을 미치지만 다음과 같은 문제점을 간과해서는 안 된다.

첫째, 동아시아 인근국 역시 대외 의존도가 높은 만큼 저환율 정책을 선호하는 경향이 있으므로 경쟁적 환율 절하를 초래하고, 이것이 일본의 거시 경제 변수에 미칠 부정적 영향을 무시할 수 없다.

둘째, 일본의 경우 저환율 정책 대상으로 정부가 사전적으로 상정한 수출 기업이 이미 해외로 진출한 만큼 예상한 정책 효과는 반감되고 오히려 수입 물가와 소비자물가 상승, 구조 개혁 지연 사태를 몰고 올 가능성이 크다.*

셋째, QQME 단계적 축소 등 갑작스러운 출구 전략은 일본은 물론 아시아 인근국의 금융 실물 경제 변동성을 증폭시켜 주변국과의 글로벌 공급 체인 약화를 가져올 공산이 크다. 최근 미국의 금리 상승 기대로 인해 일본은행이 추가 금융 완화에 나설 여지가 줄어들고 있는 시점임에도 엔화 약세와 원·엔 환율 추가 하락은 수출 기업의 어려움을 가중시킬 것이다.

그러나 이러한 통화가치 상승은 한일 모두 당연히 튼실한 경제의 기초 조건임을 명심해야 한다. 이른바 가격 메커니즘에 의거한 내수 주도 경제구조로 전환하기 위해서는 국내외 가격 차 축소를 위한 제반 규제 개혁으로 통화 절상 기회를 활용해야 한다. 이것이야말로 한국이 중진국 문턱을 넘어 선진 경제로 가는 길이다. 동시에 환율 급변 사태를 미연에 방지해 양자 간 FTA 교섭의 성과가 무위에 그치지 않도록 해야 한다. 무엇보다 금융시장 불안에 선제적·호혜적·효율적으로 대응하도록 한일 통화 스와프의 실적과 경험을 활용, CMIM을 통해 역내 금융·자본시장도 지속적으로 육성해나가야 한다. 역내 과잉 저축이 역내에서 장기 투자처를 발견하도록 해야 한다.** 그러려면 무엇보다 엔화가 제 역할을 하는 것이 중요하다.

물론 경기 회복 전의 급속한 달러 환율 하락, 디플레 지속, 금리 상승은 금물이다. 그러나 과도한 QQME 의존은 디플레 극복 과정에서 기업의 구조 조정을 어렵게 만들고, 코스트 푸시cost push를 통해 물가와 금리 급등, 투자 감소 등의 악순환을 초래할 가능성이 우려된다. 물가, 환율, 금리 안정 속에서 지속 성장의 기초 조건은 한일 모두 경기 회복 전후 신중한 통화 환율 정책과 기업 코스트 인하 그리고 항시적 구조 조정을 통한 신사업 발굴과 비즈니스 창출이라는 사실을 유념해야 한다. 일본의 경우는 QQME 출구 전략을 구사해야 한다.

한국의 단계적·우회적 접근의 중요성

일부에서는 한일 FTA 체결 없이도 기존 거래를 유지할 수 있을 것이라는 자조 섞인 목소리마저 나오고 있다. 그러나 기존 협력의 제도

- 장기 불황 속에서 엔 매각·달러 매입 개입은 이에 따른 금융 기관의 BIS 비율 하락을 저지하기 위한 대출 삭감 등으로 내수를 위축시켰을 뿐 해외 생산 비중이 높아진 수출 기업에 대해서는 큰 효과가 없었다.
- 한일 통화 스와프 확충(2008년 한국은행-일본은행 간 170억 달러 추가, 2011년 한국은행-일본은행 간 270억 달러 추가, 한국은행-일본 재무성 간 신규 300억 달러)은 2008 세계 금융 위기 이후 2012년까지 한국의 대외 신용도 유지에 크게 기여한 것으로 평가받는다.

화, 경쟁 기업의 신규 진입 및 신성장 동력 유도 등 '경쟁을 통한 경쟁력 강화' 원칙과 이점을 잊어서는 안 된다.

일본은 FTA 지연이 기업 경쟁력 강화의 걸림돌이라는 인식 아래 미국 주도의 TPP(12) 교섭에 뒤늦게 참여해 농산물 다섯 개 품목과 보험 시장에 대한 미국 측 개방 요구 등에 맞서고 있다.* 한편 한국은 동아시아 대부분 국가와 양자 간 FTA를 체결하고 최근 한중 FTA 교섭을 타결했으며, 한중일 FTA 및 RCEP(16) 등 동아시아 광역 FTA 교섭에 참여 중이다. 양국은 함께 '경쟁적 자유화 시대'를 맞아 종국적으로는 아태자유무역권을 지향하고 있는 것이다.

현재 TPP(12)는 당초 2013년 타결 목표 연한을 1년 연기한 상태다. 설령 교섭을 일단락하고 미국 이외 참여국의 의회 승인이 이뤄지거나 정부가 서명하더라도 미 행정부의 무역촉진권한TPA 법안이 전제되지 않는 조기 의회 심의는 어려운 실정이다. 그럼에도 불구하고 미국 중간 선거 이후 미일 교섭과 TPP 협상이 조기 타결될 가능성도 있다.** 한국이 이후에 가입할 경우 기존 한미 FTA 효과 일부 상쇄(최종적으로 TPP 상품 분야 교섭 결과에 의존), 무역 전환 효과 및 TPP 회원국 시장 진출상 불이익은 크다.

따라서 한일은 양자 FTA 교섭 재개에 매달리기보다 '선 TPP(12) 교섭 연내 조기 참여, 후 한일 FTA교섭 재개'의 단계적·우회적 접근이 필요하다. 아울러 ① 한국이 배제된 TPP(12)에 따른 무역 전환 효과 최소화, ② TPP 역내 시장에서의 대일 견제, ③ 미국 시장에서의 한미 FTA 실효성 확보, ④ TPP 프레임워크 속에서 적어도 시장 접근 분야에서의 한일 FTA 기대 효과 실현, ⑤ 한일 FTA에서 비관세 분야 교섭에 집중, ⑥ 대중 신뢰 유지, 한중 FTA · 한중일 FTA · RCEP(16) 교섭에 대한 기여 등 여러 가지 이점을 고려해야 한다.

즉 TPP(13) 다자 교섭을 통해 한일 양자 간 교섭에서는 타결하기 어려운 농산물과 서비스 등의 자유화라는 실익을 확보한 후, 한일에 고유한 비관세 장벽과 산업 협력 등의 어젠더는 양자 교섭에서 협의하는 단계적 접근이 합리적이다. 이러한 계기적 접근은 한중일 FTA와 RCEP 교섭에서도 한국이 주도권을 행사할 수 있게 할 것이다.

아시아 역내 광역적 · 전략적 제휴 확대

한일은 와해 위기를 맞이한 동북아 분업 체계를 복원하기 위해 북한을 포함한 동북아 역내 부가가치 사슬의 모든 공정에 걸친 광역적 제휴 협력 메뉴를 개발하는 데 나서야 한다.

첫째, 고급 부품 · 소재 분야 협력이다. 한국은 대일 수입의존도가 하락하고 있지만 상류의 전공정에 속하는 고품질 소재, 원재료, 핵심 부품 및 제조 장치는 일본 기업에 크게 의존하고 있으며 일본 기업도 세계

- 괄호 안의 수치는 일본을 포함한 교섭 참여국 수. TPP(13)은 한국을 포함한 참여국 수.
- •• 한중일 FTA, RCEP(16)가 타결되고 동시에 일본만이 TPP에 가입할 경우 한중일 FTA, RCEP(16), TPP(12)가 한국의 GDP 증가에 미치는 효과를 각각 비교하면 RCEP(16)의 경우가 가장 크며 TPP(12)의 경우 한국은 무역 전환 효과 때문에 중국과 함께 마이너스일 것으로 판단된다(한국은 TPP(12) 경우 약 30억 달러 GDP 손실 예상). 이는 주로 대일 대비 경쟁력 약화에 기인한다.

259

시장 판매력을 지닌 한국 기업을 주요 거래처로 삼고 있다. 양국은 첨단 부품 소재 분야를 중심으로 글로벌 표준 획득을 목표로 공정별·사업별 전략적 제휴와 글로벌 플레이어와의 연대를 강화해야 한다.

둘째, 신흥국의 대규모 소비 시장용 공동 비즈니스(첨단 기계류, 자동차 및 부품, 석유정밀화학, 전자정보통신, 복지 의료, 북한을 포함하는 동북아 지역 개발과 국제 로지스틱) 기획 및 개발, 중저가품 표준, 안전, 신뢰성 평가 등에서 중국과 연대해야 한다.

셋째, 신농업·환경·재생 에너지 등 녹색 성장 분야 특화 업종의 선정, 기획 및 연구 개발과 글로벌 케어, 교육, 금융, 영상 콘텐츠, 모바일, MICE·IR Integrated Resort 등 고도 비즈니스 모델의 기획과 개발에 공동 참여해야 한다.

한일은 오랫동안 고비용·저효율 구조 개혁 부진과 수출의 구미 의존도로 글로벌 불균형의 원인을 제공해왔고, 이제는 일부 정치인의 배타적인 민족주의적 사고와 행동에 휘말려 아시아 패러독스와 동북아 분업 체계 와해 위기를 조성하고 있다.

이런 상황을 극복하려면 아시아 선도국으로서 일본 정치 지도자들이 과거사에 대한 올바른 인식과 절제된 행동으로 인근국의 신뢰를 되찾겠다는 다짐과 함께 아베노믹스 성과의 아시아 역내 확산, 높은 수준의 광역 지역 협정에 중국이 참여하도록 자국 시장의 실질적 개방도 제고와 개방형 혁신에 철저해야 한다.

그런 의미에서 한일은 시혜성 산업 정책적 사고와 과도한 양적 금융 완화 정책을 지양하고, 첫째 중앙정부와 지방정부의 규제 개혁과 입지 경쟁력, 둘째 기업 거버넌스 강화와 상시적 구조 조정, 셋째 기초과학 및 지방 간 산업 기술 협력, 넷째 글로벌 시민 의식 고양과 글로벌 인재 양성 및 교류를 지속적으로 확대해가야 한다. 지금은 상대방 눈의 들보를 탓할 때가 아니다.

:: 김도형

서울대학교 대학원 경제학과를 졸업하고 히토쓰바시대학교에서 경제학 석사학위와 박사학위를 받았다. 현재 다이아몬드 컨설팅 회사Diamond Consulting Co 고문을 맡고 있다. 동서대학교 국제학부 객원교수, 계명대학교 국제학부 교수를 지냈고 국토개발연구원 수석연구원을 비롯해 산업연구원 일본연구센터 및 산업정책연구센터 소장을 역임했다. 한일 FTA 산관학 공동연구회 위원과 한국무역협회 객원연구원으로 활동했다. 저서로 《일본의 구조 개혁과 글로벌 경쟁력》, 《한미 FTA 협상의 문제점과 재협상 조건》, 《한일 구조 개혁과 신경제 협력》 등이 있다.

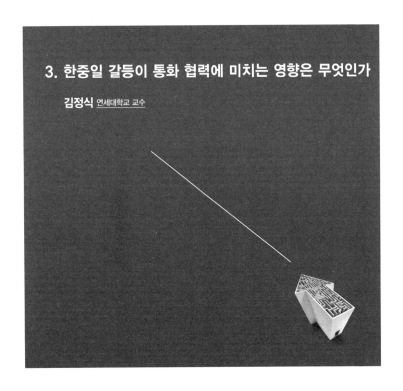

3. 한중일 갈등이 통화 협력에 미치는 영향은 무엇인가

김정식 연세대학교 교수

지난 20년 동안 일본 경제는 경기 침체에서 벗어나지 못하고 있었다. 여기에 중국의 부상으로 동아시아에서 일본의 영향력은 점점 약화되고 있다. 일본 국내 경제를 되살리고 대외적으로는 동아시아에서 패권을 되찾기 위해 일본의 아베 정부는 새로운 전략과 경제정책에 승부를 걸고 있다. 즉 정치적으로는 우경화를 통해 과거 일본의 식민지 정책을 정당화하고 한국 및 중국과의 영토 분쟁을 확대하며 일본군의 재무장을 추진하고 있다. 그리고 경제적으로는 아베노믹스를 통해 일본 경제 부흥을 추진하고 있다.

일본 경제의 침체 과정을 보면 1985년 플라자 합의를 기점으로 급격히 쇠퇴하기 시작했다. 엔화 가치가 50% 이상 평가절상되면서 수출이 감소하자 일본 부동산 버블이 붕괴했고 일본 경제는 20년 경기 침체로 들어섰다. 이에 아베 정부는 일본 경제 침체의 원인이 된 엔화 가치를 평가절하함으로써 수출을 통해 일본 경제를 부활시키려 노력하고 있으며, 동시에 무기 산업을 통해 수출을 늘리려는 의도를 갖고 있다. 일본 경제는 대외 의존도가 낮은 내수 의존형이므로 수출이 큰 영향을 미치지 않을 수도 있으나 수출 증대로 기업 투자가 늘어날 경우 이는 내수를 늘리는 방아쇠 역할을 할 것으로 보인다.

그러나 엔화 가치를 평가절하하기는 쉽지 않다. 미국이나 IMF는 인위적 외환시장 개입에 의한 환율 조작을 금지하고 있다. 또 이러한 일본의 환율 정책은 결국 동아시아 환율 전쟁을 유발할 수 있는 문제점도 있기 때문이다.

이러한 문제점을 극복하고 일본 경제 부활의 이론적 근거를 제시한 학자는 예일대학교의 하마다 고이치 교수다. 하마다 교수는 국제 금융 분야에 전략적 게임이론을 적용한 학자로서 지금 같은 일본 경제의 장기적 침체를 극복하기 위해서는 일본 은행이 양적 완화 정책을 실시해야 한다고 주장했다. 저물가·저성장 시기에는 양적 완화 정책을 통해 소비와 투자를 늘려 내수를 부양해야 한다는 것이다. 그러나 실제 양적 완화 정책의 목적은 엔화 가치를 평가절하하는 데 있다. 이를 위해 비용이 많이 드는 직접적 외환시장 개입 정책 대신 확대 통화 정책, 즉 양적 완화 정책의 실시를 주장하는 것이다.

직접적 외환시장 개입을 통해 엔화 가치를 평가절하할 경우 미국이나 IMF의 반발을 살 우려가 있고 한국이나 중국 등 동아시아 국가에 외환시장 개입의 빌미를 제공할 수도 있다. 따라서 양적 완화 정책을 통해 통화량을 늘려 엔화 가치를 평가절하하는 간접적 환율 정책을 시행할 경우 국제적 반발 없이 엔화를 평가절하할 수 있다. 국내 경기 회복이라는 명목으로 통화량을 늘리는 통화 정책을 시행하므로 이는 국제적 비난을 받을 염려가 없기 때문이다.

　여기에 엔화 가치를 평가절하하는 데 따른 미국을 비롯한 국제적 반발을 피하기 위해 아베노믹스에서는 두 개의 다른 정책을 함께 시행하고 있다. 즉 '세 개의 화살'로 일컫는 정책이 그것이다. 확대 통화 정책과 더불어 확대 재정 정책 그리고 구조 조정을 함께 시행하겠다는 것이다. 세 개의 화살은 아베 총리의 고향에서 내려오던 전설로, 1500년대 일본의 무신인 모리가 죽자 아들 3명에게 화살을 하나씩 나누어주고 부러뜨리게 한 후 다른 화살 세 개를 함께 묶어 부러지지 않는다는 것을 보여줌으로써 협력을 강조한 일화다. 아베 정부는 세 개의 경제정책을 개별적으로 시행할 경우 일본 경제를 부활시킬 수 없으나, 함께 시행할 경우 일본 경제를 부흥시킬 수 있다고 여겨 세 개의 화살을 강조하는 것이다.

　이는 일본이 양적 완화 정책만 시행하는 것이 아니라 구조 조정 정책을 함께 시행해 일본 경제를 부활시키겠다는 계획을 세움으로써 미국과 동아시아 국가가 엔화 평가절하 정책을 반대하는 것을 무마하기 위한 전략이라고 볼 수 있다. 실제로 미국 정부와 많은 학자는 일본의 이러한 구조 조정 정책을 지지하며 이 정책이 성공할 경우 아베노믹스가 일본 경제를 부활시킬 수 있다고 전망한다.

그러나 아베 정부는 이미 지난번 정부의 구조 조정이 실패하면서 이 정책이 어렵다는 사실을 알고 있다. 따라서 구조 조정 정책은 가장 중요한 첫 번째 화살인 양적 완화 정책, 즉 간접적 환율 정책을 성공적으로 수행하기 위한 도구라고 할 수 있다.

구조 조정이 어렵다는 사실을 알고 있는 한국의 많은 학자는 구조 조정 없는 아베노믹스의 실패를 전망했지만, 실제로 일본의 아베노믹스는 큰 성과를 거두고 있다. 일본의 엔화 가치는 2011년 달러당 75엔에서 102엔대로 34% 이상 평가절하됐으며, 그 결과 일본 기업의 수익은 전년도에 비해 40% 증가했고 주가는 50% 상승했다. 일본 경제는 마이너스 성장에서 벗어나 2013년 2% 성장을 기록했다. 일본은 20년 경기 침체에서 벗어나고 있는 것이다.

이렇게 보면 현재 진행 중인 한중일의 역사 갈등과 영토 분쟁의 원인은 일본의 동아시아 전략이나 일본 경제의 장기 침체와 밀접한 관계가 있음을 알 수 있다. 아베노믹스와 일본의 우경화는 일본 정부의 치밀하고 장기적인 전략과 계획에 따라 진행되고 있다. 한국은 이에 대해 감정 차원에서 벗어나 냉철하게 전략적으로 대처하는 것이 중요하다고 할 수 있다.

환율 정책을 중심으로 하는 아베노믹스는 일본의 동아시아 전략과 밀접한 관계가 있어 일본의 동아시아 통화 협력 정책에도 큰 영향을 미칠 것으로 예상된다. 그동안 일본은 중국 위안화 역할이 확대되는 것을 막기 위해 다양한 동아시아 통화 협력을 추진했다. 그러나 지금 일본의 전략은 좀 더 적극적으로 변화해서 일본 경제의 부흥을 통해 동아시아에서 일본 역할을 증대하려는 것이다.

따라서 아베노믹스와 일본의 우경화로 인한 한중일 갈등이 동아시아 통화 협력에 미치는 영향을 분석하고 전망해 한국의 대응 전략을 수립하는 것이 매우 중요하다고 할 수 있다.

아베노믹스 이전의 동아시아 통화 협력 정책

아베노믹스 이전 일본의 대동아시아 통화 협력 정책은 중국 위안화가 역내 기축통화anchon currency가 되는 것을 막고, 동아시아 역내에서 엔화의 역할을 증대시키고, 환율 안정을 통해 역내에서 일본 수출을 늘리는 것이었다. 이러한 목표를 위해 일본은 동아시아 통화 협력에서 아시아통화단위ACU: Asian Currency Unit를 통한 환율 및 통화 협력, CMIM을 통한 역내 금융 안전망 협력 그리고 아시아채권시장협정ABMI: Asian Bond Market Initiative을 통한 채권시장 협력을 진전시켜왔다.

환율 및 통화 협력 ACU

1980년대 이후 일본 경제가 성장하자 일본은 엔화를 역내 기축통화로 하는 엔 블록을 구상했다. 그러나 아시아 외환 위기 이후 일본

266

은 역내 기축통화의 중요한 역할 중 하나인 최종대부자最終貸付者 역할을 못 하게 되면서 역내 기축통화 구상을 포기하고 대신 달러화와 유로화 그리고 엔화 등 세 개 국제통화의 바스켓을 역내 기축통화로 하는 이른바 BBCBasket, Band and Crawl 환율 제도를 제안했다. 그리고 이러한 바스켓 아래에서 엔의 비중이 높아질수록 역내 환율이 안정될 수 있다는 경험적 연구를 진행해 일본 엔의 비중을 높이려고 애썼다.

그러나 1997년 아시아 외환 위기 이후 중국 위안화 역할이 커지면서 일본은 기존의 BBC 체제를 포기하고 아시아 역내 국가들이 통화 바스켓을 통한 역내 단일 통화 창출을 강조하는 ACU 혹은 역내통화단위RCU 안을 제시했다. 역내 혼합통화composite currency 또는 synthetic currency인 ACU를 지불수단으로 사용하고 역내 통화가치를 ACU에 고정시킬 경우, 즉 역내 기축통화로 사용할 경우 역내 후생과 환율을 안정시킬 수 있다고 주장했다. 또 이러한 ACU를 국가 간 거래에 사용할 경우 역내에서 병행통화parallel currency로 사용할 수 있다.

그러나 이러한 일본의 주장에 대해 중국이 반대하면서 역내 통화 협력은 진전되지 못했다. 중국은 위안화를 역내 기축통화로 사용하려는 위안화 블록 계획을 가지고 있었기 때문이다.

이러한 일본의 환율 및 통화 협력 과정을 보면 일본은 중국 위안화의 역내 기축통화를 막기 위해 그동안 다양한 지역 통화 협력을 구상해왔다는 사실을 알 수 있으며, 비록 현재까지 큰 진전을 이끌어내지 못했지만 계속 시도하고 있음을 알 수 있다.

지역 금융 안전망 협력 CMIM

외환 위기를 겪으며 외환 공급을 담당하는 지역 금융 안전망 협력의 필요성이 높아지면서 역내 금융 안전망 협력은 동아시아 통화 협력에서 가장 큰 진전을 이룬 것이라고 할 수 있다. 당초에는 중국과 일본의 패권 다툼으로 통화 기금 조성이 어려울 것으로 전망됐으나 동남아시아에서의 패권이라는 큰 목표를 위해 일본과 중국이 타협해 2,400억 달러의 기금을 조성하면서 CMIM이 성사되었다. 즉 중국과 일본이 같은 비율로 출자하면서 협력을 성사시킨 것이다. 그 후 CMIM의 역할을 증대하기 위해 외환을 빌려줄 때 해당 국가의 거시 건전성 여부를 판단하는 ASEAN+3 거시경제연구소를 2011년 설립했다.

CMIM은 동남아시아 국가들, 즉 ASEAN 국가들이 외환 부족으로 어려움을 겪을 때 외화 유동성을 공급해줄 수 있으며 역내 금융 안전망으로서 역할을 할 수 있다. 그러나 한국과 일본 그리고 중국의 경우에는 출자한 금액만큼 공급받을 수 있기에 외환 위기 시 외화 유동성을 확보하는 데 역부족이라고 할 수 있다.

그 외에도 대출 시에 IMF와 연계된 대출이 70%(2012년 80%에서 70%로 축소)로 큰 비중을 차지하고 있어 대출 규모 면에서 부족할 수 있다. 또 평상시에는 기금에 대한 출자가 이루어지지 않다가 외환 부족 사태가 발생했을 경우 출자가 이루어지는, 즉 약속어음 형태로 출자가 이루어진다는 측면에서도 문제점이 있다. 그리고 낙인 효과stigma effect같이 대출 사실이 알려지면서 외환 유출이 일어날 수 있다는 문제점도 있어 보완이 필요하다.

동아시아 채권시장 협력 ABMI

역내 채권시장 협력 역시 많은 진전이 이루어진 분야라고 할 수 있다. 일본은 고령화 사회가 심화되면서 연기금의 운용이 중요한 과제로 등장했다. 일본 경제의 저성장 국면이 지속되면서 해외에서 자금 운용의 필요성이 높아진 것이다. 해외 자금 운용과 금융업의 해외 영업을 확대하기 위해서는 성장률이 높은 동아시아에 대한 투자를 늘려야 하며, 이를 위해서는 불안정한 동남아시아 금융시장의 인프라를 구축하고 보완할 필요가 있다. 동아시아 채권시장 협력은 일본 금융회사들의 동아시아 진출을 확대하기 위해 국가 차원에서 채권투자 인프라를 제공하려는 전략이다.

ABMI에 합의하자 그동안 역내 채권시장 인프라를 구축하기 위해 ASEAN+3는 아시아채권기금ABF을 조성해서 동아시아 국채시장에 대한 투자를 늘렸으며 달러화 표시 채권에서 점차 자국 통화 표시 채권으로 투자를 확대했다. 또 채권시장에 대한 정보를 제공하기 위해 아시아채권통계ABO: Asia Bonds Online를 구축했으며 채권의 신용보증을 위해 역내 신용보증투자기구CGIF를 설립했다. 아울러 역내 예탁과 결제를 위해 예탁 결제 기구RSI의 설립을 추진하고 있다.

한국은 동남아시아 채권시장이 발달하는 데 시간이 걸리는 반면 동아시아 주식시장에서의 투자가 활발한 점을 들어 채권시장 협력을 주식시장 협력으로 확대하는 아시아자본시장발전방안ACMI을 제안했으나, 일본의 소극적 태도로 성사되지 않고 있다. ACMI에서는 동남아시아 국가들에 주식거래와 결제를 하는 데 필요한 인프라를 지원하는 협력 방안을 제시하고 있다.

역내 채권시장 협력은 긍정적 측면만 있는 것이 아니고 양면성을 지니고 있다. 즉 역내 채권시장이 발전할 경우 중국의 과도한 투자는 자국 통화 정책의 독립성을 저해할 수 있다. 중국의 경제 규모가 너무 커서 상대적으로 작은 동아시아 국가들의 채권시장에서 중국의 영향력이 클 경우 동아시아 국가들은 자국의 통화 정책과 금융시장이 중국에 예속되는 것을 우려할 수 있다.

특히 중국이 자본시장을 개방하지 않은 비대칭적 상황에서 동아시아 채권시장에 대한 규제 완화와 시장 개방을 통한 역내 채권시장의 발전은 중장기적으로 동아시아 경제에 큰 영향을 미칠 수 있다. 일본을 비롯한 동아시아 국가에서도 이러한 문제점을 인식하고 있으므로 동아시아 역내 채권시장 협력은 역내 채권시장 발전의 이익과 비용을 고려해 신중하게 진전시킬 필요가 있다.

아베노믹스와 동아시아 통화 협력의 영향과 전망

일본 아베노믹스는 기존 일본 동아시아 전략의 수정을 의미한다. 과거에는 중국의 확산에 소극적으로 대응하면서 중국의 확산을 막는 것이 주된 목표였지만, 지금은 좀 더 적극적으로 일본 경제의 부활과 확대를 통해 중국의 확산에 대응한다는 것이다.

또 다른 특징은 이러한 일본의 전략을 미국이 적극적으로 지원한다는 점이다. 미국은 초기에는 중국의 경제 발전을 통해 중국의 자본주의화를 시도했다. 그러나 중국이 정치는 공산주의 체제로, 경제는 시장경제 원리를 적용하는 자본주의 체제를 선택해 중국식 경제성장 모형이 성공하자 중국에 대한 경계수위를 높이고 있다. 특히 중국이 자본시장을 개방하지 않음으로써 미국 경제가 타격을 받아 2008년 글로벌 금융 위기가 초래되자, 미국은 일본 부활을 통해 중국을 견제하려는 전략으로 정책을 수정했다. 이러한 배경에서 일본의 아베노믹스는 더욱 탄력을 받은 것이다.

이 같은 관점에서 보면 동아시아 통화 협력은 과거의 기조로부터 크게 변화할 것이 예상되며, 아베노믹스를 추진하는 한 한중일 간의 갈등으로 동아시아 통화 협력의 큰 진전을 기대하기는 어렵다고 볼 수 있다. 조화로운 역내 통화 협력보다 각국이 독자적인 금융 및 환율 정책을 시행하면서 역내 국가 간의 갈등이 심화될 가능성이 크기 때문이다.

그러나 긍정적인 면 또한 없지 않다. 역내 무역 협력과 무상 원조 협력, 즉 ODA 협력은 더욱 진전될 가능성이 높다. 역내 자유무역협정은 일본의 아베노믹스에도 불구하고 확대될 가능성이 크다. 일본을 제외한 다른 국가 간의 무역 협력이 진전될 경우 일본도 여기에 동참할 수밖에 없기 때문이다. 이미 한중 간 그리고 한-ASEAN 간 무역 협력은 진전을 이루고 있다. 물론 미국과 일본은 TPP를 통해 무역 협력을 강화하려고 하지만 어느 형태이거나 역내 무역 협력이 진전될 경우 환율의 안정을 위한 협력이 중요한 이슈로 등장할 가능성이 크다. 또한 위안화의 국제화가 진전되면서 역내 금융시장 협력에 대한 중국의 태도 또한 적극적으로 변할 수 있기 때문이다.

환율 및 통화 협력

아베노믹스가 진행되는 동안 환율과 통화 협력은 과거와 다른 정책 기조를 유지할 것으로 예상한다. 과거에는 역내 환율의 안정을 강조했으나, 현재는 비록 역내 환율이 불안정하더라도 일본 엔화의 평가절하 정책으로 일본 경제를 부활시킴으로써 동아시아 역내에서 일본 역할을 강화하려는 정책 기조를 유지할 것이기 때문이다.

따라서 역내 통화 협력에 대해 일본은 과거와 같이 ACU의 창출을 통해 역내 환율 안정을 주장하기보다 경쟁적인 평가절하 정책을 허용하는 정책 기조를 유지할 것으로 보인다. 그러나 이러한 일본의 정책 전환 배경에는 중국과 한국 등 다른 아시아 국가들이 자국 통화의 가치를 평가절하하기 어렵다는 것을 인식한 측면도 있다. 일본의 경우는 원자력발전의 중단 및 감소로 화력발전을 위한 원유 수입이 크게 늘어나 무역수지가 적자를 보거나, 흑자 폭이 감소해 미국이나 IMF의 견제를 받을 가능성이 낮다. 그러나 한국과 중국은 무역수지 흑자 폭이 늘어나 환율을 높일 수 있는 명분이 없다.

따라서 일본의 전략은 엔화의 평가절하를 통해 일본 경제를 부활시키고 이를 통해 동아시아에서의 역할을 높이는 정책으로 기조를 전환했다고 볼 수 있으며, 당분간은 역내 통화 협력 혹은 환율 협력에 대해 의사 표명을 적극적으로 하지 않을 가능성이 높다.

실제로 아베노믹스의 이론적 근거를 제시하는 하마다 고이치 교수는 일본의 양적 완화 정책에 의한 경기 부양 정책을 옹호하고 엔화의 평가절하 같은 독립적 환율 정책의 시행을 지지하고 있다. 역내 변동 환율 제도의 선택을 선호하는 것이다. 그리고 한국이나 중국도 같은 정책을 써서 자국의 이익을 보호하면 된다고 주장하고 있다. 역내 환율 협력이나 고정 환율 제도 선택에 대해 부정적 시각을 나타낸 것이라 할 수 있다.

특히 지금은 과거사, 군사화 문제, 영토 문제 등 정치적 갈등으로 경제 문제의 우선순위가 뒤처져 있어 역내 통화 협력 여건이 형성되지 않은 상황이라고 할 수 있다. 실제로 한국은 한중일 재무장관회의에 의장국으로서 불참했으며 그 결과 회의는 열리지 못했다.

이러한 상황 가운데 역내에서 중국의 역할은 크게 증가하고 있다. 위안화의 역내 결제 비중이 높아지고 있으며 중국이 최근 위안화 역외 허브를 만들겠다고 공포하면서 위안화의 국제화가 진전을 보이고 있다. 따라서 향후 중국의 위안화 블록이 점차 진전될 가능성이 높다. 이러한 상황을 고려하면 일본은 아베노믹스 이후 다시 역내 단일 통화인 ACU의 창출을 주장할 가능성이 높으며, 이는 일본으로서는 위안화 블록을 막기 위한 유일한 대안이라고 할 수 있다. 다만 ACU를 창출하더라도 통화 바스켓에서 중국의 비중이 높아질 것은 확실하다고 전망한다.

아베노믹스 이후 촉발된 한중일의 갈등으로 역내 통화 협력을 진전시키는 데 어려운 환경이 조성될 것으로 보인다. 그러나 미국의 양적 완화 축소 정책으로 자본 유출입의 규모와 빈도가 높아짐에 따라 역내 외환 위기의 위험도가 높아지고 있어 역내 금융 안전망을 구축할 필요성도 높아지고 있다. 이러한 여건의 변화를 감안해 최근 ASEAN+3 재무장관과 중앙은행장 회의에서는 CMIM의 역내 금융 안전망을 강화하기로 합의했다. 또 역내감시기구AMRO의 국제기구화를 추진하며 IMF 같은 다른 국제금융 기구와의 협력도 강화해 역내 거시경제의 감시와 분석 기능을 향상시키기로 합의했다. AMRO가 국제기구가 될 경우 거시경제의 모니터링 객관성과 독립성을 확보하는 것이 가능해 CMIM의 기능과 역할이 높아질 수 있기 때문이다.

실제로 ASEAN+3는 2012년 CMIM 기금의 규모를 1,200억 달러에서 2,400억 달러로 늘리기로 합의했으며, IMF와의 연계 비중을 과거 80%에서 70%로 축소하고 대출에서 위기 예방 기능을 도입하기로 했다. 이렇게 보면 아베노믹스로 역내 금융 안전망에 대한 협력 전망은 비록 한중일의 갈등 때문에 역내 정치적 여건은 불안정하지만 미국의 양적 완화 축소 등을 고려할 때 경제적 여건은 긍정적이라고 볼 수 있다.

그러나 CMIM이 IMF 같은 외화 유동성 공급 국제기구가 되기에는 많은 문제점이 있다. 또 이는 동남아시아 국가들, 즉 ASEAN을 위한 역내 금융 안전망의 성격이 짙다. 따라서 최근에는 좀 더 확대된 아시아통화기금AMF 구축의 필요성이 제기되고 있다. 일본은 자국의 영향력이 큰 아시아개발은행을 중심으로 새로운 아시아통화기금의 설립을 추진할 수도 있다. AMF와 같은 지역 금융 안전망 기구를 창설할 경우 여기에 다시 중국과 일본의 패권 다툼이 발생할 수 있다. 특히 중국은 4조 달러의 외환을 보유하고 있어 중국의 위안화 국제화가 진전될수록 지역 금융 안전망에서 중국 역할이 커질 것으로 전망할 수 있다.

역내 채권시장 협력

채권시장 협력 역시 한중일 간의 갈등으로 진전 속도가 더딜 것으로 예상된다. 그러나 한국과 일본의 경제적 여건을 고려하면 장기적으로는 진전이 적극성을 띨 것으로 본다. 일본과 한국이 고령화와 저성장 국면으로 진입하고 있어 국내 투자 수익률이 낮아지고 있기 때문이다. 한중일 모두 역내 금융투자를 늘려야 하는 상황이다. 동아시아 역내 채권시장 협력은 앞으로도 인프라 구축과 역내 국가의 채권시장 발전을 지원하는 데 협력이 집중될 것이다.

역내 채권시장 협력이 아베노믹스에 큰 영향을 받지 않는 원인은 일본과 한국, 중국 모두 역내 채권시장 협력에서 이익을 얻을 수 있기 때문이다. 특히 중국은 자국의 채권시장을 개방하지 않고 있기에 다른 역내 국가의 채권시장 개방과 인프라 구축에 반대할 이유가 없다. 이에 따라 기존에 구축된 ABF, ABO, CGIF에 추가해서 RSI 같은 역내 예탁 결제 기구를 신설하고 역내 자국 통화 표시 채권의 발행이 확대될 것으로 여겨진다.

역내 채권시장이 발전하기 위해서는 먼저 중국이 채권시장을 개방해야 한다. 현재 다른 역내 아시아 국가들의 채권시장은 개방되었으나, 중국은 역내 국가의 대중국 채권투자를 규제하고 있어 비대칭성이 존재한다. 중국이 이득을 보는 대신 다른 역내 국가는 손실을 볼 수 있는 구조다.

　다음으로는 각국의 국내 채권시장이 발전해야 역내 채권시장이 발전할 수 있는데, ASEAN 국가들의 국내 채권시장이 발전하지 않아 역내 자국 통화 표시 채권시장 규모가 확대되지 않고 있다. 따라서 앞으로는 국내 채권시장이 발전할 수 있도록 동아시아 금융 협력 방안을 강구할 가능성이 높으며, 역내 채권시장 발전에 시간이 필요한 만큼 역내 주식시장의 발전을 위한 인프라를 구축하는 것도 중요하다. 현재 일본이 적극성을 보이지 않는 역내 금융 협력이 하루빨리 성과를 내기 위해서는 한국이 제시하는 역내 자본시장 협력을 강화할 필요가 있다.

한국의 정책 과제

　아베노믹스는 일본의 국내 경제를 부흥시키는 것이 목적이기도 하지만, 일본의 대외 정책과 전략에 큰 변화를 가져오게 한 정책이라고 할 수 있다. 중국의 진출과 역할을 억제하는 과거의 전략에서 일본의 경제 부흥을 통해 대아시아 패권을 차지하려는 적극적 전략으로의 변화를 의미한다고 볼 수 있기 때문이다.

　이러한 일본의 대아시아 정책의 변화로 동아시아 통화 협력 역시 큰 변화가 있을 것으로 보인다. 특히 환율과 통화 협력에서 단기적으로 경쟁적 평가절하처럼 역내 협력이 이루어지기 어렵다고 볼 수 있다. 또 정치적 여건을 봐도 일본의 우경화와 군사화로 한중일 간의 갈등이 심화하면서 역내 통화 협력을 위한 여건이 성숙해 있지 않다고 볼 수 있다. 실제로 의장국인 한국이 참가하지 않음으로써 한중일 재무장관회의가 연기되기도 했다.

아베노믹스로 가장 큰 영향을 받는 역내 분야는 환율과 통화 협력이라고 할 수 있다. 일본은 그동안 위안화 확산과 역할 증대를 막기 위해, 즉 역내 위안화 블록을 견제하기 위해 ACU 구상 등을 통한 동아시아 통화 협력을 진전시키려고 했다. 그러나 아베노믹스로 역내 변동 환율 제도를 지지함에 따라 단기적으로는 아시아 단일 통화인 ACU에 대한 논의가 동력을 잃을 것으로 본다. 아울러 중국 위안화의 국제화가 진전되면서 역내 기축통화로서 위안화의 위상이 더욱 높아질 것으로 전망한다. 이에 따라 양적 완화를 통한 엔화의 간접적 평가절하 정책으로 일본의 경제를 회복시킨 이후 일본은 다시 중국의 위안화가 역내 기축통화가 되는 것을 견제하기 위해 ACU 창설 등의 구상을 추진할 것으로 전망한다.

역내 금융 안전망 협력에서도 한중일 갈등으로 당분간 진전이 제약을 받을 것이다. 또 지금 CMIM 체제가 안정세를 보이고 있으나 역내에서 위안화 국제화로 중국 역할이 증대할 경우 일본은 자국의 역할을 강화하기 위해 AMF 같은 새로운 역내 금융 안전망 구축을 시도할 수 있다. 채권시장 협력 역시 한중일의 갈등으로 진전 속도가 느릴 것으로 예상하지만 현재 일본과 한국, 중국 등이 모두 동아시아 역내 채권시장에 대한 투자를 늘리는 상황이므로 장기적으로 볼 때 협력의 진전에 큰 문제는 없다고 할 수 있다. 그러나 ASEAN 각국의 국내 채권시장이 발전하지 않아 자국 통화 표시 채권시장을 확대하는 데 문제가 있으므로 이에 대한 협력이 이루어질 것이다. 일본 등이 중국의 채권시장 개방을 요구할 가능성이 있지만, 이 경우 중국의 대아시아 채권투자가 늘어날 수 있으며 이는 역내 국가의 금융시장 대중국 의존도를 높이고 금리정책의 독립성을 저해한다는 다양한 측면을 고려해야 하므로 신중하게 접근할 가능성이 있다. 이렇게 보면 일본 아베노믹스로 인해 당분간 역내 통화 협력은 진전 속도가 더딜 수 있으며, 일본의 동아시아 전략 변화로 중국과 일본 그리고 한국의 갈등은 더욱 깊어질 가능성이 높아 협력할 필요성이 크지만 그 전망은 불투명하다고 할 수 있다.

이러한 여건 변화에 대응해 한국 또한 동아시아 통화 협력 대응책을 마련하는 것이 중요하다. 먼저 위안화 블록에 적극적으로 대응해야 한다. 위안화 블록이 형성될 경우 위안화가 기축통화가 되면서 한국의 통화 정책은 중국의 영향력에서 벗어나기 어려울 것이다. 또 일본의 주장과 같이 ACU가 창설될 경우 한국 경제에 미치는 영향에 대해서 면밀한 분석이 필요하다. 그 외에도 이들 환율 제도의 선택과 현행 변동 환율 제도를 비교해 한국의 역내 통화 협력에 대한 입장을 하루빨리 정립해야 한다.

환율 제도의 선택은 그 나라 경제에 큰 영향을 미친다. 한국은

1980년대 바스켓 환율 제도를 선택해 성장을 이루었고, 1990년대 이후 변동 환율 제도를 선택하고 자본 자유화를 추구하다가 1997년과 2008년 외환 위기를 겪었다. 반면 남유럽 국가들은 유로존에 가입해 고정 환율 제도를 선택함으로써 최근 외환 위기를 겪었다. 자본 자유화를 번복할 수 없는 지금 한국 같은 소규모 국가에서 어떠한 환율 제도를 선택해야 유리한지 면밀히 검토해야 한다.

다음으로 현재 CMIM은 한국의 역내 금융 안전망으로서는 큰 도움이 되지 못한다. 점차 세계는 비용이 큰 개별 국가의 외환 보유고 증가보다는 지역 금융 안전망을 활용하는 방법으로 전환하는 추세다. 한국의 외환 보유고 증대가 미국이나 IMF의 견제로 어려운 지금 지역 금융 안전망을 통해 외환을 조달받을 수 있는 방안을 마련해야 한다. 현재 한국은 다른 역내 금융 안전망과의 대화 채널 구축을 제시하고 있다. 실제로 외화 유동성을 공급받을 수 있는 지역 금융 안전망 구축 방안을 제시해 급격한 자본 유출에 대비할 필요가 있다.

채권시장 협력 방안과 관련해서는 ASEAN의 채권시장 발전을 지원하고 인프라를 구축하는 데 적극 협력해야지만, 국내 채권시장에서 외국인 채권투자의 비중이 급격히 증가하는 데는 다양한 규제 방안을 마련해야 한다. 특히 중국이 채권시장을 개방하지 않는 상황에서 국내 채권시장의 과도한 개방은 신중할 필요가 있다. 또 한국과 일본 등 역내 국가의 채권시장에 대한 중국의 과도한 투자를 억제하기 위해 중국 및 일본과 협력을 강화할 필요가 있다.

한국에서는 동아시아 통화 및 금융 협력이 학계나 정부에서 큰 비중을 차지하지 않으며 상대적으로 관심이 적은 분야다. 그러나 중국과 일본 그리고 ASEAN 국가들이 한국 무역에서 차지하는 비중 및 동아시아 직접투자와 금융투자가 늘어나는 상황을 고려하면 동아시아 통화 협력은 매우 중요하다. 일본과 중국은 장기 전략을 세워 접근하는 반면, 한국은 이에 대한 전략과 비전이 부족하다. 이번 아베노믹스를 통해 일본의 전략의 변화를 반면교사로 삼아 한국 역시 동아시아 통화 협력에 대한 장단기 전략을 수립해야 한다.

:: 김정식

연세대학교 경제학과를 졸업하고 동 대학원에서 경제학 석사학위, 클레이몬트대학교에서 경제학 박사학위를 받았다. 현재 연세대학교 경제학부 교수로 있으며 한국경제학회 회장을 맡고 있다. 하버드대학교 경제학과 및 케임브리지대학교 국제학센터 객원교수를 지냈고 금융위원회 금융발전심의위원장, 한국국제금융학회 회장, 금융감독원 자문위원회 의장, 기획재정부 자체평가위원장으로 활동했다. 저서로 한국경제학회에 소개된 《갑작스러운 자본 유출과 대응정책》이 있고, 논문으로 〈한국의 원·달러 균형 환율 추정〉, 〈한국 통화 당국의 외환시장 개입 형태 분석〉, 〈환위험 모델링〉, 〈자본 이동의 반전과 한국의 외환 위기〉 외 다수가 있다.

4. 한일 관계가 한중일 주요 산업에 미치는 영향은 무엇인가

박승록 한성대학교 교수

    최근 한국, 중국, 일본의 정치적·경제적 상황이 크게 요동치고 있다. 경제적으로 중국 경제의 고도성장, 한국 경제의 견실한 발전과 더불어 다소 혼미한 일본 경제의 모습이 극적 변화를 예고하고 있다. 특히 중국의 고도성장은 동북아 지역의 분업 체계에 큰 변화를 초래하고 있다.

    2008년 세계 금융 위기 이후 엔고円高와 동일본 대지진은 한국의 상대적 수출 경쟁력을 크게 향상시켰다. 하지만 2012년 이후 일본 아베 정부가 인위적으로 엔저円低 국면을 조성함으로써 한국의 수출 경쟁력에 대한 우려를 높이고 있다.

정치적 측면에서 한중일의 센카쿠 열도 영토 분쟁, 위안부 문제, 독도 영유권 문제가 어느 때보다 심각하고 복잡한 양상으로 전개되고 있다. 여기에 중국 견제에 나설 수밖에 없는 미국 입장과 맞물려 한국은 더욱 난처해지고 있다.

한중일 3국의 동북아 경제권은 역사적으로 세계 어떤 경제권보다 분업 체계가 매우 조화롭게 형성되어왔다. 이른바 안행雁行 모형flying geeses model이라는 경제 발전의 이행 과정을 가장 잘 보여주었다. 상호 보완적인 3국의 분업 체계에는 중국의 성장에 따른 산업 발전과 동일본 대지진 이후 일본의 산업구조 변화와 맞물리면서 일대 변화가 일어나고 있다.

동북아 분업 체계 속 중국의 영향력 증가

중국의 산업 경쟁력이 강화되고, 동일본 대지진 이후 일본의 산업구조가 크게 변화하면서 기존의 한중일 3국 간 분업 체계도 빠르게 변화하고 있다. 중국의 산업 발전은 싸구려 상품의 생산과 수출이라는 일반 인식과 달리 한국과 일본으로 기계류 등 자본재 수출을 크게 늘림으로써 글로벌 밸류 체인GVC: Global Value Chain에서 자신들의 영향력을 크게 증가시키고 있다. 반면 한국과 중국의 일본산 자본재에 대한 의존도는 일본의 산업구조 변화 과정에서 점차 감소하는 실정이다. 그에 따라 중국의 한국과 일본에 대한 영향력 증대, 한국의 일본 의존도 감소, 일본의 한국과 중국에 대한 영향력 감소라는 커다란 변화가 분업 구조에서 나타나고 있는 것이다.

최근 산업연구원KIET에서 한일 간 분업 구조를 보다 전문적으로 연구한 바에 따르면, 2005년 이후 산업 간 무역 비중이 급격히 줄어들고, 산업 내 무역이 확대되고 있으며, 산업 내 무역에서도 수직적 분업보다 수평적 분업이 크게 늘어나고 있다. 이는 한국의 경쟁력이 크게 상승하면서 과거처럼 절대적 대일 의존 단계에서 벗어나 양국의 교역이 확대되고 있을 뿐 아니라 양국 간 상품의 질적 차이가 크게 줄어들고 있음을 의미한다.

한중일 글로벌 밸류 체인에서의 큰 변화

밀접한 경제 관계를 통해 세계 어떤 지역보다 산업 협력이 잘 형성된 한중일 간에는 중간재 거래가 많이 이루어지고 있는 것이 특징이다. 하지만 중간재의 수입, 수출 과정에서 국경을 넘나드는 무역 거래는 이중 삼중으로 중복 계산되어 그 밀접성이 과장될 수밖에 없다.

가령 한국이 일본에서 중간재를 60달러에 수입해 일정 부분 가공한 후 중국에 100달러로 수출했다면 한국이 순수하게 벌어들인 수출(부가가치)은 40달러에 불과하다. 만약 중국이 한국과 일본에서 95달러의 부품을 수입해 스마트폰을 조립한 후 100달러에 미국으로 수출했다면, 실제로 중국은 미국에 불과 5달러를 수출한 것이고 나머지 95달러는 한국과 일본이 미국에 수출한 것이다. 글로벌 밸류 체인 연구가 발전하면서 이처럼 국가 간의 무역 거래를 타국에서 수입한 부가가치를 제외하고 자신들이 만든 순수 부가가치를 통해 살펴보는 것이 가능해졌다. 따라서 한국의 중국에 대한 많은 무역수지 흑자와 일본에 대한 무역수지 적자가 내포하고 있는 진면목과 한중일 간 분업 구조를 제대로 파악하기 위해서는 3국 간 글로벌 밸류 체인을 정확히 파악해 살펴볼 필요가 있다.

중국의 영향력 증대, 한국과 일본의 영향력 감소

글로벌 밸류 체인 관점에서 보면 한국의 최종 수요에는 순수 국내에서 창출한 부가가치가 중국이나 일본의 그것보다 낮다. 한국은 중국이나 일본보다 해외 원자재, 부품, 소재에 의존하는 정도가 크다는 뜻이다. 한국의 산업구조가 조립 가공 무역의 특성을 띠기 때문인데, 이런 추세는 점차 심해지고 있다. 반면 중국은 스스로 창출하는 부가가치의 비중이 한국보다는 높지만 일본보다는 낮다.

한편 한국의 최종 수요에서 중국이 기여하는 부가가치 비중은 점차 커지고 있는 반면, 중국의 최종 수요에서 한국이 기여하는 부가가치 비중은 점차 하락하고 있다. 아울러 일본의 최종 수요에서 중국이 기여하는 부가가치 비중은 크게 증가하지만, 일본이 중국의 최종 수요에서 기여하는 부가가치의 비중은 점차 하락하고 있다. 글로벌 밸류 체인으로 볼 때, 이는 한중일 3국 간 최종재 생산에서 중국의 영향력은 한일 양국에서 크게 증대하지만, 중국에서 한국과 일본의 영향력은 감소하고, 한일 간에는 상호 상대국에 대한 부가가치에서 영향력을 줄여가고 있음을 보여준다.

한국의 대중 부가가치 무역수지

한중일 간의 밀접한 분업 구조에서 중간재 교역을 제외하고 순수하게 자국에서 창출한 부가가치의 양으로 교역량을 파악하면 통관 기준 교역에서 이중 삼중으로 중복 계산된 무역 거래를 제외한 순수한 경제 관계를 파악할 수 있다. 한국의 중국과 일본에 대한 부가가치 무역수지를 보면 다음 그래프가 보여주는 바와 같이 실제 통관 기준 무역수지와 많은 차이가 있다. 한국의 중국에 대한 무역수지 흑자는 부가가치 기준으로 볼 때 2000년대 초반 통관 기준의 약 30% 수준, 2000년대 중후반에는 20% 수준으로 하락했다. 특히 최근 2011년에는 20% 수준에 불과하다. 1997년 한국의 외환 위기 때나 2008년 세계 금융 위기 당시에는 한국의 중국산 생활용품 수입의 급증으로 한국이 수지 균형 또는 소폭의 무역 적자까지도 기록한 것으로 추정된다.

한편 한국의 일본에 대한 부가가치 무역수지 역시 통관 기준 무역수지 적자 규모에 비해 낮은 수준이다. 한국이 일본에서 중간재를 많이 수입하고 있지만, 여기에는 일본이 수입한 중간재가 많이 포함되어 있기 때문이다. 최근 한일 간에는 특히 통관 기준 무역수지뿐 아니라 부가가치 무역수지가 크게 개선되는 모습을 보여주고 있다. 이런 점들은 3국 간에 일어나는 활발한 분업 관계와 더불어 분업 구조에서 커다란 변동이 일어나고 있음을 의미한다.

한국의 대중국, 대일본 부가가치 무역수지 추이

한중 간 부가가치 무역 추이

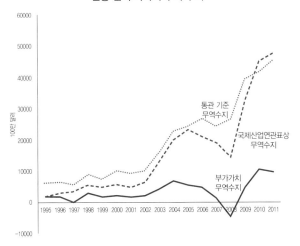

한일 간 부가가치 무역 추이

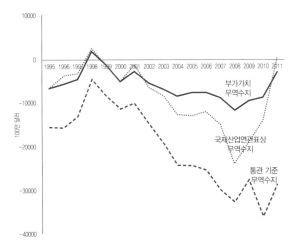

World Input-Output Database(www.wiod.org), 한국무역협회 자료 분석

주요 산업에서 격동하는 한중일의 분업 구조

거시 측면에서 파악한 한중일 간의 이런 밀접한 분업 구조를 중간재 거래가 활발하게 일어나는 8개 산업을 위주로 살펴보면, 동북아지역 분업 구조의 구체적 모습을 좀 더 자세히 알 수 있다. 다음 그래프는 한국 주요 산업의 최종재 수요에서 중국과 일본이 기여하는 정도를 보여준다. 석유, 화학제품, 고무 및 플라스틱, 기타 비금속광물, 금속 및 금속제품, 기계, 전기 및 광학기기, 수송기기 산업에서 중국의 기여 정도는 점차 증가하는 추세지만 일본은 완만하게 하락하고 있다. 한국에 대한 중국의 영향력이 커지고 일본의 영향력이 낮아지는 모습이다. 특히 한국의 전기 및 광학기기 산업에서 중국 역할이 높아지는 반면, 일본 역할은 크게 하락하고 있다. 한국의 최종재 생산에서 중국이 수출한 중간재가 차지하는 비중은 높아지고 있으나, 일본은 점차 하락하는 현상이 대부분의 산업에서 나타나고 있다.

한편 중국의 최종재 수요에서 한국과 일본이 기여한 부가가치 비중을 살펴보자. 다음 그래프에 의하면, 한국은 산업별로 차이가 있으나 0.5~3% 수준의 기여를 하고 있으며, 2005년까지 증가한 이후 최근에는 계속 감소하는 추세를 보이고 있다. 이는 한국이 중간재 수출을 통해 중국의 최종재 생산에 기여하는 정도가 점차 감소하는 것을 의미한다. 특히 전기 및 광학기기 산업에서 중간재 수출을 통해 중국의 최종재 생산에 기여하는 바가 컸으나, 최근 전 산업에 걸쳐 감소하는 추세를 보이는 것은 중국에 대한 많은 수출에도 불구하고 한국이 실질적으로 창출한 부가가치 수준은 감소하고 있음을 의미한다. 이는

한국의 주요 산업별 최종 수요에서 중국과 일본의 부가가치 기여

중국의 부가가치 기여

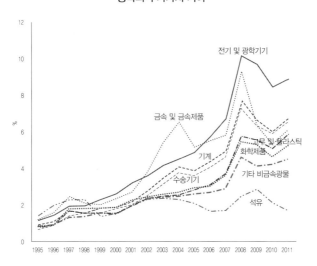

일본의 부가가치 기여

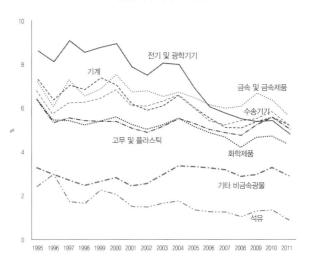

World Input-Output Database 자료 분석

중국의 주요 산업별 최종 수요에서 한국과 일본의 부가가치 기여

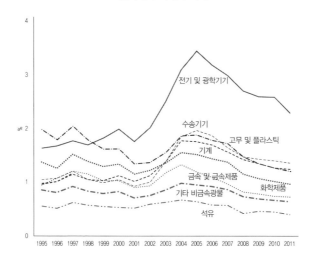

한국의 부가가치 기여

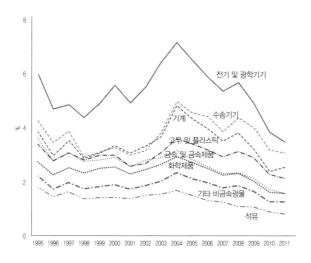

일본의 부가가치 기여

World Input-Output Database 자료 분석

일본의 주요 산업별 최종 수요에서 한국과 중국의 부가가치 기여

한국의 부가가치 기여

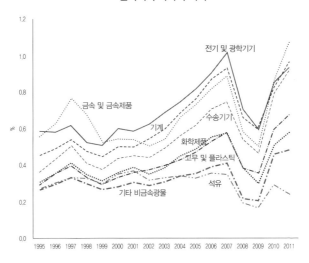

중국의 부가가치 기여

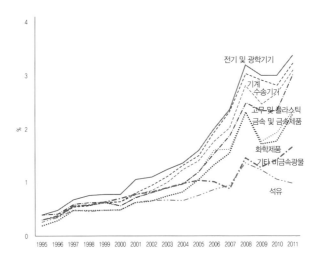

World Input-Output Database 자료 분석

중국에 대한 중간재 수출이 주로 현지에 진출한 한국 기업에 대한 수출이었다는 점에서 현지 진출한 한국 기업의 중간재 현지 조달의 증가나 한국에서의 수출 대신 중국 현지 진출이 크게 증가했기 때문이기도 하다.

일본 역시 중국의 최종재 수요에 대한 부가가치의 기여 정도가 크게 하락하고 있다. 이처럼 한국과 일본 모두 중국의 최종재 생산에서 중간재 수출을 통한 기여 정도가 감소하는 것은 중국의 산업 발전에 따라 중간재의 수입 대체가 급격히 일어나고 있는 한중일 3국 분업 구조의 변화를 반영한 것이다.

또 다른 한편, 일본의 최종재 생산에 대한 한국과 중국의 기여 정도에서도 큰 변화를 관찰할 수 있다. 다음 그래프에서 보면, 세계 금융 위기 이전까지 한국과 중국의 일본에 대한 중간재 수출을 통한 부가가치 기여도는 증가 추세에 있었으나, 외환 위기 당시에는 크게 위축되었다. 하지만 외환 위기 이후 다시 한국과 중국의 일본 최종재 생산에 대한 기여는 증가하고 있다. 이런 추세에도 불구하고 한국의 기여 정도는 1% 이하의 미미한 기여에 그치고 있는 반면, 중국은 전기 및 광학기기, 기계, 수송기기 산업에서 3% 내외의 기여를 하고 있다.

한일 관계의 경색과 분업 체계의 변화 가능성

역사적으로 한일 관계에서의 친밀도는 계속 변화해왔다. 때로는 우호적 관계에서 위안부 문제가 양국의 관심 사항이 되기도 했고 (1990년대 초중반 고노·무라야마 담화 발표 당시), 최근처럼 양국이 불편한 관계에서 위안부 문제가 서로의 관심사가 되기도 했다. 하지만 이것이 양국의 교역에까지 의미 있는 영향을 미친 적은 없었다.

만약 양국 관계가 보다 악화해 경제 관계에까지 영향을 미친다면 한일 양국 모두 큰 피해를 입을 것이다. 일본의 부품, 소재, 자본재에 크게 의존하는 한국 기업이 일방적으로 피해를 볼 것이라고 예상할 수 있다. 하지만 한국이 일본의 부품, 소재, 자본재에 크게 의존하고 있는 만큼 일본 기업들은 한국 기업이 매우 중요하고 소중한 고객일 수밖에 없다. 최근처럼 일본 경제가 어려운 상황이라면 양국 간 경제 관계 악화는 일본 기업과 경제에 심각한 영향을 미칠 수 있다.

그럼에도 한일 관계의 경색이 경제 관계에까지 영향을 미친다면 한중일 간의 분업 구조에는 보다 획기적 변화가 일어날 것이다. 중국의 한국과 일본에 대한 영향력은 한층 빨리 증가할 것이다. 한국 기업들의 일시적 생산 활동 장애에 이어 새로운 수입선 확보, 부품·소재·자본재의 수입 대체를 위한 한국 기업들의 노력이 크게 증가할 것이다. 이런 난제를 극복하는 과정에서 중장기적으로 한국 경제는 오히려 새로운 혁신의 기회를 창출할 수도 있다. 일본 기업들 역시 동일본 대지진 이후 위기 극복 과정에서 많은 기업이 구조 조정과 해외 이전을 통해 새로운 역량을 구축할 가능성이 있지만, 한국과의 경제 관계가 단절된다면 가뜩이나 어려운 일본 기업은 더욱 어려움에 처할 것이다. 이런 과정에서 한중일 3국의 분업 구조는 긍정적·부정적 측면이 교차하는 가운데 일대 변화가 일어날 것이다.

현재 한국과 일본의 불안한 외교적 상황에서 예상할 수 있는 이런 불행한 시나리오는 양국 경제에 커다란 충격을 줄 수 있을 뿐 아니라, 이 지역에서 큰 영향력을 행사하는 미국의 이익에 크게 위배되는 것이다. 따라서 미국의 중재 또는 압력에 의해 실제 가시화되기는 힘들 것이다. 따라서 한중일 간의 분업 구조는 기존의 무역 거래와 글로벌 밸류 체인의 변화 추세에 따라 완만하게 진행될 것이 분명하다. 한국 입장에서는 최근 일본 위기에 대한 반사이익을 누리면서 분업 구조에서 일본 기업의 경쟁력을 추격하는 것이 매우 중요한 과제가 될 것이다.

새로운 산업 협력을 위한 한국의 과제

앞서 살펴본 바와 같이 한중일 3국의 밀접한 분업 구조는 크게 변화하고 있다. 일본 아베 정부 출범 후 나빠진 한일 외교 관계는 경제 협력이 손상될 정도로 악화하지는 않을 것이다. 하지만 중국의 성장에 따라 한국의 경쟁력이 점차 위협받고 있는 가운데 중간재 거래를 통한 한국의 중국에 대한 영향력은 점차 감소할 것이다. 글로벌 금융 위기 이후 일본에서 제조업의 급격한 구조 조정이 이뤄지고, 특히 동일본 대지진 이후 일본 제조업의 공급 체인에 구조적 문제점이 드러나면서 국내 생산 체제의 재편과 해외 진출이 가속화하는 등 한국에는 새로운 기회 요인이 생길 것이다.

최근 일본의 인위적 엔저 국면에서도 한국의 수출 증대에 따른 무역수지 흑자 규모는 확대되는 반면, 일본의 무역 적자는 오히려 커지고 있다. 한국에 큰 위협 요인이 될 것으로 전망한 일본의 엔저에 한국이 잘 적응하고 있음을 보여준다. 한중일 3국 간의 새로운 산업 협력과 한국의 경쟁력 유지 또는 확대를 위해 다음의 방안을 검토해야 한다.

소비재 시장 개척 필요

먼저 중국과 일본 시장에서 최종재 시장, 특히 해당 국가의 내수시장을 적극 개척할 필요가 있다. 중국 시장에서 고급 소비재와 한류 관련 최종재의 시장 확대 가능성이 보이고 있다. 중국의 한국산 중간재에 대한 수입 대체가 크게 진전되고 있으며, 현지 진출 한국 기업의 중간재 현지 조달이 늘어나고 있기 때문에 최종재를 좀 더 많이 수출할 필요가 있다. 한편 중국과의 자유무역협정 체결은 중국 현지 진출과 더불어 국내 생산을 통한 최종 소비재 수출의 가능성을 더욱 높여줄 것이다. 최근 스마트폰 수출 증대에 힘입어 일본에 대해서도 최종재의 수출이 크게 늘어나고 있다. 아울러 부품, 소재, 자본재의 대일본 의존성이 점차 감소하는 상태에서 최종재 수출의 가능성을 보다 적극 활용할 필요가 있다.

지속적 산업 업그레이드

중국에 대한 중간재 수출 부문의 경쟁력을 지속적으로 유지하면서 새로운 내수 시장을 개척하기 위해 지속적 산업 업그레이드도 중요하다. 이를 위해서는 중국에 수출하는 부품, 소재, 자본재 같은 중간재의 기술 수준을 높여야 한다. 이는 결국 일본이 경쟁력을 가지고 한국에 공급한 중간재의 수입을 대체할 수 있는 기술력을 갖춰야 한다는 뜻이다. 결국 한중일 간에 이루어진 분업 관계에서 한국의 입지를 높이는 것은 일본의 산업 경쟁력을 추격하는 데서 찾을 수 있다. 이를 위해 최종 소비재의 고급화, 중간재의 고급화, 새로운 소비재의 개발 같은 산업의 업그레이드가 지속적으로 필요하다.

일본 기업 적극 유치

일본 기업의 구조 조정과 해외 진출 과정에서 일본 기업을 국내로 적극 유치해 협력을 강화해야 한다. 일본과의 자유무역협정을 가시화하지 못한 상태에서 일본 기업의 국내 유치는 한일 간 산업 협력을 넘어 한국과 일본의 안정적 우호 관계와 동북아 지역의 안정을 유지하는 데 도움이 된다. 따라서 현재 한일 간 정치적·외교적 경색 국면은 대승적 차원에서 빨리 해소해야 한다. 많은 일본 기업은 한국 투자에 대해 우호적 관심을 가지고 있다. 다른 지역에 비해 인접한 지역으로서 부품 조달의 편의성, 물류 거점의 발달, 낮은 생산 비용, 판로 확보, 산업 및 기술 집적과 양질의 노동력, 기업의 기술력, 자연재해 최소 등 여러 가지 장점이 있기 때문이다.

새로운 글로벌 밸류 체인 구축을 위한 대체 시장 발굴

한국은 세계 어느 나라보다 중국의 성장 과정에서 산업 협력을 통한 부가가치 창출과 경제성장의 기회를 잘 활용한 나라다. 다시 말해 다른 어떤 나라보다 자유무역에 따른 중간재 거래를 통한 글로벌 밸류 체인을 잘 활용해온 나라다. 2011년 한국은 부가가치 무역수지 규모에서 중국, 독일, 러시아, 네덜란드, 일본과 같이 상위를 차지했으며 제조업이 발달한 나라 가운데서는 중국, 독일 다음이었다. 한국은 경제 규모에 비해 글로벌 밸류 체인을 아주 잘 활용해 성장하고 있다. 앞으로도 한국은 경제 여건상 이처럼 글로벌 밸류 체인을 잘 활용하고 이를 확대할 필요성이 있다. 중국에 의존적이던 부가가치 체인을 다른 지역으로 크게 확대해야 한다. 새로운 성장 가능성이 엿보이는 동남아 지역에 대한 중간재 수출을 통해 이들 지역의 발전 과정에서 글로벌 밸류 체인을 잘 활용할 필요가 있다.

:: 박승록

고려대학교 경제학과를 졸업하고 미국 노던일리노이대학교에서 경제학 박사학위를 받았다. 현재 한성대학교 경제학과에 재직하면서 생산성, 산업 및 기업 경쟁력, 중국 경제를 연구하고 있다. 주요 저서로 《중국의 외국인 투자와 경제성장》, 《중국 일류 기업을 찾아서》, 《계량경제학 방법론》 등이 있다. 주요 논문으로는 〈한국 제조업의 총요소생산성 RESTAT〉, 〈한국의 정보통신 산업과 성장 AEJ〉, 〈한국 재벌의 성장 원인 JES〉 등이 있다. 이런 다양한 연구에 대한 공로를 인정받아 2001년 매경이코노미스트상을 수상했다.

5. 21세기 동아시아 지역 경제 질서는 어떻게 변할 것인가

이승주 중앙대학교 교수

21세기 동아시아 지역 질서가 급변하고 있다. 중국의 부상에 따른 세력 분포의 변화에도 불구하고 동아시아 주요 국가들은 경제적 상호 의존성을 지속적으로 높여가는 한편, 새로운 지역 질서의 수립 과정에서 유리한 위치를 점하기 위해 경쟁하고 있다. 새로운 지역 질서의 수립을 둘러싸고 동아시아 국가들은 외교적·안보적 불확실성이 점증하는 가운데 경제적 통합을 지속하는 협력과 경쟁의 양면 게임에 돌입한 것이다. 우선 협력 측면을 보면 동아시아 전체 역내 무역의 비중은 1990년 43.1%에서 2011년 53.6%까지 빠르게 증가했다. 한국과 일본도 예외는 아니다. 양국의 역내 무역의존도가 1990~2011년 23.7%에서 30.4%, 14.5%에서 26.9%로 각각 큰 폭으로 증가했다. 또 이러한 역내 무역 비중 증가 가운데 부품 또는 중간재 무역의 증가 속도가 빠르다는 점을 감안할 때, 동아시아 국가들은 단순 교역을 넘어 생산에 기반한 경제 통합을 가속화하고 있다. 동아시아에 광범위하게 형성된 생산 네트워크를 통한 무역이 급증한 것이 이러한 변화 추세를 잘 나타낸다. 특히 생산 네트워크가 과거 동남아시아 지역에 국한되었던 1980년대와 달리, 2000년대 이후 한국과 일본의 주요 다국적기업의 중국 진출이 급격히 증가함에 따라 동아시아 생산 네트워크는 동아시아 전 지역을 포괄하는 형태로 변화했다. 그 결과 동아시아 국가들은 투자, 생산, 무역을 통해 상호 긴밀하게 연결되었다.

동아시아 국가들은 지속적으로 증가한 경제적 상호 의존을 바탕으로 무역, 금융, 환경, 에너지 등 다양한 분야의 협력을 제도화하기 위한 노력을 전개하고 있다. 동아시아 국가들이 아시아 금융 위기 이후 출범한 양자 간 통화 스와프 협정인 치앙마이 이니셔티브CMI를 보다 제도화한 CMIM으로 발전시킨 사례에서 나타나듯이, 제도화한 협력을 위한 동아시아 국가들의 노력이 금융 분야에서 가시적 결과를 보이고 있다. 이러한 제도화한 협력의 발전은 상호 의존 증대로 이어지는 하나의 선순환 구조가 형성되고 있는 조짐으로 해석할 수 있다.

한편, 동아시아 국가들 사이에 협력의 동학動學만 작용하는 것은 아니어서 지역 질서를 자국에 유리하게 설계하기 위한 각국의 치열한 경쟁 역시 동시에 전개되고 있다. 이러한 경쟁의 바탕에는 세력 분포의 변화가 자리 잡고 있다. 중국이 군사력을 증강하고 공세적 외교 정책을 실행함에 따라 역내 긴장과 갈등 수준이 높아지고, 주요 국가 간 분쟁 역시 증가하고 있는 것이 사실이다. 세력 분포의 변화가 지역 질서의 변화를 촉진하는 근본 원인이기는 하지만, 동아시아 주요국이 이른바 하드파워(군사력·경제력 등으로 상대방의 행동을 제약하는 힘) 중심의 경쟁에만 의존하고 있지는 않다. 즉 중국의 부상으로 촉발한 세력 분포의 급격한 변화에 직면한 동아시아 국가들이 중국에 대항하는 세력 균형 정책에 의존하기보다는 다양한 쟁점 분야와 제도적 틀 속에 중국을 끌어들여 제어하려는 양상을 보이고 있다.

이러한 관점에서 볼 때, 동아시아 국가들 사이의 경쟁과 협력의 동학은 제도를 통해 이루어지고 있다. 이 글은 동아시아 국가들이 기존 양자 FTA를 다자화하기 위해 협상을 전개하는 TPP와 RCEP를 새로운 지역 질서의 수립을 위한 협력과 경쟁의 역학이라는 관점에서 분석하고, 이러한 협상의 전개가 한일 관계에 미치는 영향과 한일 간 협력 가능성 및 조건을 모색하는 데 목적이 있다.

이 글은 다음과 같이 구성한다. 첫째, 동아시아 주요국들이 기존의 양자 FTA를 다자화하는 배경과 원인을 검토한다. 둘째, 동아시아 주요국들이 FTA의 다자화 또는 거대 FTA Mega FTA의 대표 사례인 TPP와 RCEP에 참여하는 과정에서 전개된 경쟁과 협력의 양면성을 고찰한다. 셋째, TPP와 RCEP의 전개 과정에서 나타난 한국과 일본의 전략적 입장을 살펴보고, 이를 바탕으로 양국 간 협력을 위한 조건을 알

아본다.

거대 FTA와 동아시아

동아시아는 무역 질서 면에서 대표적 다자주의의 수혜자로서 세계무역기구WTO 차원의 다자주의를 지지해왔다. 그 결과 1990년대 말까지 대다수 동아시아 국가들은 유럽 등 다른 지역의 국가에 비해 FTA를 추진하는 데 소극적이었다. 그러나 WTO 차원의 무역 자유화 협상이 교착 상태에 빠지자 동아시아 국가들도 1990년대 말 이후 다자주의의 대안으로 FTA에 관심을 갖기 시작했다. FTA 후발국으로 동아시아 국가들은 이를 만회하기 위한 노력을 적극 경주했다.

이때 동아시아 국가들은 주로 빠른 시간 내에 양자 FTA를 체결함으로써 FTA 후발국의 불리함을 극복하려는 'FTA 따라잡기' 전략을 구사했다. 싱가포르, 한국, 일본, 중국 등 대다수 동아시아 국가가 역내외 국가들과 FTA 따라잡기 전략을 실행하면서 다수의 FTA를 체결하는 데 성공했다. 동아시아 국가들이 주로 양자 FTA를 체결한 데는 FTA 따라잡기를 위한 협상 속도와 편의뿐 아니라, 국내의 취약 산업에 대한 보호가 비교적 용이하다는 국내 정치적 고려도 작용했다. 동아시아 국가들이 국내 정치적 고려에 따라 무역 자유화 범위와 정도 그리고 규정과 절차를 FTA에 반영함에 따라 지역 차원에서 볼 때 상호 정합성이 떨어지는 FTA를 다수 체결하는 결과를 초래했다.

복합적이고 상이한 원산지 규정은 동아시아 FTA 사이의 이질성을 증대시키는 중요한 원인이 되었다. 동아시아 국가들이 다수의 FTA를 체결했음에도 FTA들 사이의 정합성이 현격히 떨어져 경제적 효과가 기대한 것만큼 나타나지 않는 '누들볼 효과noodle bowl effect'가 발생했다. 주로 생산 네트워크 내의 무역을 하는 다국적기업의 경우, 상이한 원산지 규정은 거래 비용을 높이는 요인이 된다. 동아시아 국가들이 체결한 FTA의 활용도가 높지 않은 이유가 여기에 있다.

이처럼 상이한 원산지 규정으로 발생하는 문제를 해결하기 위해 동아시아 주요 국가들은 거대 FTA를 추진하는 데 관심을 가졌다. 즉 이미 체결한 다수의 양자 FTA를 개정하기보다 양자 FTA를 거대 FTA로 재편함으로써 누들볼 효과를 최소화하려는 것이다. 생산 공정의 각 단계를 다수의 국가에 분산 배치하는 역내 초국적기업의 관점에서 볼 때 지나치게 제한적인 원산지 규정은 가치 사슬을 최적화하는 데 걸림돌이므로 기존 FTA의 차별적 규정을 완화할수록 이득이 된다. 최근 동아시아 국가들이 TPP와 RCEP 같은 거대 FTA를 추진하는 경제적 배경이라 할 수 있다.

동아시아 국가들이 거대 FTA를 추진하는 데는 경제적 효과를 넘어서는 전략적 요소가 내포되어 있다. 경제적 이익 뿐만 아니라, 동아시아의 새로운 지역 질서를 수립하는 데서 주도권을 확보하고자 하기 때문이다. 한국, 중국, 일본, ASEAN 등 역내 국가들뿐 아니라 역외 국가인 미국도 자국이 선호하는 지역 질서의 비전과 목표를 거대 FTA의 수립에 투사하면서 전략적 성격을 강화하고 있다. 우선 중국은 ASEAN 및 중화 경제권과 FTA를 체결한 이후 한중 FTA를 추진하고, 한중일 FTA와 동아시아 FTA의 필요성을 반복적으로 제기하는 데서 알 수 있듯이 좁게는 ASEAN+3, 넓게는 ASEAN+6를 지리적 범위로 한 지역 경제 질서에 대한 선호를 지속적으로 표명하고 있다. 이는 중국이 미국을 배제한 거대 FTA와 지역 질서를 선호한다는 의미로 해석할 수 있다. 한미 FTA의 발효와 일본의 TPP 참여 이후 미국을 거대 FTA 체결 과정에서 배제하려는 중국의 의도는 더욱 강화된 것으로 보인다.

일본은 국내적으로 해결해야 할 문제가 적지 않지만 TPP 협상에 참여하고 2014년 1월 일·EU FTA 제4차 협상을 마치는 등 최근 거대 FTA의 추진에 상당한 노력을 기울이고 있다. 일본은 거대 FTA 자체의 경제적 효과를 주목하기도 하지만, 한국을 포함한 주변 국가들에 비해 뒤처진 상황을 반전시킬 수 있는 FTA 따라잡기 수단으로 거대 FTA를 활용하고자 한다. TPP와 일·EU FTA를 성사시켜 한국을 능가하는 FTA 허브 국가가 되겠다는 것이다. 한편 지역 질서의 수립과 관련해 일본은 가능한 한 지역 협력의 틀을 넓은 범위에서 형성하려는 의도를 견지하고 있다. 일본이 과거 지역 협력의 범위와 관련해 인도, 호주, 뉴질랜드를 포함한 ASEAN+6의 틀을 선호한 것이나, 아시아·태평양 지역을 대상으로 하는 TPP 협상에 참여한 것도 이러한 맥락에서 이해할 수 있다. 일본이 넓은 범위의 지역 협력 틀을 선호하는 이유는 경제적 효과를 높이려는 이유 못지않게 좁은 범위의 지역 경제 질서를 수립할 경우 중국의 영향력이 과도해질 것이라는 우려와 견제의 필요성 때문이다.

한국과 일본의 거대 FTA 전략

한국은 2013년까지 한미 FTA와 한·EU FTA를 체결한 데 이어, 한중 FTA 협상을 신속하게 진행하면서 노무현 정부에서 수립한 FTA 전략을 기본적으로 유지했다. 이 전략은 한국이 다수의 양자 FTA를 체결하는 한편, 미국 및 중국 등과 FTA를 체결함으로써 수와 질 면에서 명실상부한 FTA 허브가 되는 것을 목표로 한 것이다. 실제로 한국 정부가 2012년 중국과 FTA 협상에 착수하면서 이러한 전략은 실현 가능한 것처럼 보이기도 했다. FTA 허브 전략이 어느 정도 성공하자 한국 정부가 FTA 허브 전략의 효과를 극대화하기 위해 거대 FTA의 추진에는 다소 신중한 태도를 취한 것이 사실이다. 미국, EU, 중국과 FTA를 체결했다는 유리한 위치를 활용해 FTA 허브 효과를 선점하고, 그로 인한 경제적 효과를 충분히 활용한 이후 거대 FTA 협상에 참여해도 늦지 않다는 전략적 판단을 한 것이다. 이런 점에서 한국 정부의 FTA 전략에는 기존 FTA 정책의 관성이 작용했다고 볼 수 있다.

TPP 협상 참여국 대다수와 이미 양자 간 FTA를 체결했거나 추진 중이어서 TPP 참여에 따른 실익이 크지 않다는 판단은 한국 정부가 정책적 관성을 유지할 근거를 제공한 것이다. 실제로 한국은 TPP 협상 참여국 가운데 10개국과 이미 FTA를 체결했다. TPP 협상의 진행 속도에 대한 한국 정부의 다소 부정적 전망 역시 기존 FTA 정책을 유지하는 요인이 되었다. 농업 등 국내 산업을 보호해야 할 정치적 압박을 받고 있는 일본 정부가 국내 차원의 정치적 조정을 거치는 데 상당한 시간이 필요할 것으로 예상한 것이다. 이러한 한국 정부의 전략은 TPP 협상이 타결되기 전 한중 FTA를 우선 종결함으로써 한일 FTA와 한중일 FTA 협상을 재개할 수 있는 조건을 마련하는 데 초점을 모았다.

한국 정부는 양자 FTA를 바탕으로 FTA 허브 위치를 확보해 효과를 극대화하겠다는 FTA 전략을 기본으로 유지하고 있었다. 다만 2013년 한국 정부는 '신통상 로드맵'에서 한국이 중장기적으로 RCEP와 TPP를 연계하는 역할을 하겠다는 구상을 밝히기도 했다. 여기에도 한중 FTA, 한일 FTA, 한중일 FTA를 바탕으로 RCEP와 TPP 참여국들 사이의 조정 역할을 하겠다는 순차적 접근 방식은 그대로 유지했다. 그러나 일본 정부가 TPP 협상 참여를 예상보다 빨리 선언하자, 한국 정부는 FTA 전략을 수정하지 않을 수 없었다. 그 결과 2013년 11월 한국 정부는 TPP 참여 여부에 대한 관심을 표명했고, 이후 TPP 협상의 진행 추이를 관찰하면서 공식 참가에 대한 입장을 최종 정리할 예정이다.

한편, 거대 FTA의 추세에 대한 일본 정부의 대응은 한국과 상이하다. 과거 일본은 다수의 FTA를 추진했음에도 무역자유화 수준이나 내용 면에서 한계가 있다는 대내외 비판에 직면했다. 예를 들어, 일본 정부는 농업 등 정치적으로 강력한 산업을 보호할 필요성 때문에 미국 또는 EU 등 거대 선진 경제권과의 FTA는 물론 중국과의 FTA 협상도 추진하지 못했다. 일본이 다수의 FTA를 체결했음에도 상대 국이 주로 중소 국가이기 때문에 일본의 전체 무역에서 FTA 교역의 비중이 상대적으로 낮은 것이다. 실제로 일본의 FTA 교역의 비중은 17.6%에 불과하다. 이는 유럽 국가는 물론 한국, 미국, 중국에 비해서 도 매우 낮은 수준이다. 국내 정치적 여건 때문에 미국, 중국 등 주요 교역 상대국과 FTA를 추진하지 못한 결과, 일본은 FTA의 실질적 효 과를 극대화하는 데서 경쟁국보다 불리한 위치에 놓인 것이다.

일본은 FTA 경쟁에서 앞서기 위한 전기를 마련하기 위해 2010년 이후 동아시아 국가들과 양자 FTA와 함께 다자 FTA 협상도 추진하 려는 움직임을 보였다. 2010년 일본 내각회의에서 호주와의 FTA 협 상 그리고 중단된 한일 FTA 협상을 종결하기 위해 노력하는 한편, 한 중일 FTA, 동아시아자유무역지대EAFTA, 동아시아포괄적경제연휴구 상CEPEA 등 다양한 수준의 FTA를 동시에 추진할 것임을 명시한 것 은 이러한 움직임을 보여주는 것이다.

이 같은 상황에서 TPP는 일본이 추구할 수 있는 통상 정책 대안으 로 부상했다. 일본은 TPP를 현재 자국이 직면한 경제적 문제를 해결 또는 완화하고, 경제성장 잠재력이 높은 아시아 · 태평양 지역과의 경 제 교류를 가속화하며, 미국의 재균형 정책에 동조하는 다목적 카드 로 활용하려 한다. 우선, 경제 차원에서 일본 정부는 오랜 기간 내부 의 개혁이 성과를 내지 못하면서, TPP가 출범할 경우 이루어질 자유 화의 압력을 활용해 국내 경제 개혁을 위한 압박 수단으로 이용하려

한다. 이러한 조짐은 특히 민간 기업에서 나타난다. 일본상공회의소는 'TPP 교섭 조기 참가에 대한 견해'에서 일본이 직면한 구조적 문제를 두 가지로 나누어 지적한다. 국내 차원에서는 재정 적자와 디플레, 에너지 제약, 입지 경쟁력 저하와 엔고에 따른 산업 공동화 우려, 소자少子 고령화에 따른 사회 활력의 감퇴와 국내시장 축소, 농림어업의 구조 개혁, 지역 경제 피폐 등을 꼽고 있다. 반면 대외적 차원에서는 세계경제의 구조 변혁, FTA와 EPA에 대한 대응 지연, 세계 차원의 경쟁 격화와 일본의 경쟁력 저하를 우려 요인으로 지적했다.

일본 재계는 TPP가 일본 경제에 활력을 불어넣고, 산적한 국내 개혁의 정치적 동력을 제공할 것이라는 판단 아래 정부에 TPP 협상 참여를 촉구했다. 예를 들어, 일본상공회의소는 침체된 국내 경제를 회복하기 위해서는 빠르게 증가하는 아시아 국가들의 수요와 연계할 필요성이 있기 때문에 무역자유화를 감내할 수 있는 강한 농업을 전제로 수준 높은 EPA, 즉 TPP를 체결할 것을 요청했다.

또 TPP는 시장경제, 법질서, 민주주의라는 공통의 가치를 공유하는 미국과의 협력을 강화함으로써 투명하고 수준 높은 자유화를 위한 규칙의 틀로 역내 개도국을 유인하는 효과가 있다고 본다. 일본은 비관세 분야와 새로운 분야를 포함한 포괄적 협정이라는 점에서 경제 효과가 매우 크다고 보았다. 특히, 민간 부문의 관점에서 볼 때 서비스 교역과 투자 촉진 등 새로운 무역 규범을 포함할 뿐 아니라 지적재산권, 규제 제도 정합성, 경쟁력과 경제 활성화, 중소기업, 개발 등 '횡단적 무역 문제'를 다룬다는 점에서 매력적이다.

거대 FTA의 대두와 동아시아 지역 질서의 변화

미국은 TPP를 통해 동아시아 국가들과 제도적 연계를 통해 중국을 견제하고, 장기적으로는 동아시아 국가들 사이에 민주주의, 시장 경제, 인권 같은 보편적 가치에 입각한 이념과 정책을 확산시키려고 노력해왔다. 미국이 한국, 일본, 호주, 뉴질랜드, 인도 등 보편적 가치를 공유하는 국가들과 양자 동맹을 강화함과 동시에 이 국가들이 동아시아의 지역 제도를 주도할 수 있는 정책적 환경을 만들려고 노력하는 것도 이 때문이라고 할 수 있다.

오바마 대통령은 TPP를 빠르게 성장하는 아시아·태평양 지역과 미국을 연결해주는 고리일 뿐 아니라, 아시아·태평양 지역 경제 통합을 위한 강력한 수단이라고 평가하면서 일본의 참여를 촉구했다. 오바마 대통령은 2009년 도쿄 연설에서 "TPP가 광범위한 멤버십과 21세기 자유무역협정에 부합하는 높은 수준의 FTA를 지향할 것"임을 재확인하면서 일본의 참여를 요구했다.

오바마 행정부가 아태 재균형 정책을 발표한 이래, 중국의 부상에 대응해 군사력 증강을 포함한 아시아의 재균형이 실질적으로 이루어질 것인지 여부에 대해 미국 국내외에서 많은 논란이 제기되었다. 현 시점에서 볼 때, 오바마 정부의 재균형 정책은 중국에 대한 경성 균형을 지향하기보다 연성 균형을 시도하는 정책으로 이해되고 있다. 이러한 측면에서 TPP는 태평양 세력임을 줄곧 표명해온 오바마 정부의 재균형 정책의 상징적 정책으로 부상했다. 아베 정부가 TPP 협상 참여를 공식 선언한 것은 미일 동맹 강화로 해석하기에 충분하다.

일본의 TPP 참여 선언은 중국과의 갈등을 고조시키는 결과를 초래했다. 중국은 기본적으로 TPP가 동아시아를 중심으로 설정한 자국의 지역 아키텍처 구상에 부합하지 않다고 생각한다. 중국 상무부장관 천더밍이 일본의 "TPP 참여가 다른 형태의 동아시아 협력의 진전에 영향을 미친다면 결코 허용해서는 안 될 것"이라고 강력하게 주장한 것은 TPP가 미칠 동아시아 지역 질서에 대한 부정적 효과를 우려했기 때문이다.

일본의 TPP 참여 선언이 중국의 기존 지역 전략에 직접 영향을 미친 것은 사실이다. 세계경제에서 차지하는 비중을 기준으로 보면, 중국이 선호하는 ASEAN+3의 비중이 약 23%인 데 반해, 일본이 참여를 선언하기 전 TPP 9개국의 비중은 약 27%다. 그리고 EU의 비중이 약 26%인 점을 감안하면 세계경제는 미국, 중국, EU를 중심으로 삼분된 경제권으로 구성될 가능성이 높았다. 그러나 일본의 TPP 참여는 이러한 세력 구상을 흩어놓기에 충분하다. 일본에 이어 참여를 선언한 캐나다와 멕시코까지 포함할 경우 TPP 협상 참여국들의 경제력 비중은 39%까지 증가하기 때문이다. 'ASEAN+1' 형태의 FTA를 기초로 일본과 한국을 끌어들여 중국 중심의 지역 아키텍처를 형성하려던 중국의 구상이 상당한 차질을 빚게 된 것이다.

2000년대 접어들어 동아시아 지역 질서의 안정에 대한 관심이 고조되면서, 중국은 지역 차원의 다자주의가 자국의 국익에 부합한다는 점을 인식하기 시작했다. ASEAN 국가들에 대해 매력 공세를 펼쳐 FTA를 적극 체결한 것이나, ASEAN+3를 기반으로 한 지역 통합에 대한 선호를 반복적으로 밝히고 있는 것이 이 사실을 뒷받침한다. 그러나 일본이 TPP 참여 의사를 표명한 이후, 중국이 한중 FTA, 한중일 FTA, RCEP를 더욱 적극적으로 추진한 데서 중국의 정책적 변화를 감지할 수 있다. 우선, 중국은 과거 자국이 가장 선호하던 ASEAN+1에 대한 견고한 입장을 완화해 인도, 호주, 뉴질랜드를 포함하는 16개국 간 RCEP의 추진을 시작했다. RCEP는 동아시아 차원의 FTA를 형성하기 위한 구상 가운데 가장 포괄적이며, 경제 규모 면에서 미국이 주도하는 TPP를 능가할 것으로 예상된다. RCEP가 출범할 경우 세계 인구의 49%, 세계 GDP의 28.4%에 달하는 거대 경제권이 형성되는 것이다.

중국이 RCEP를 추진하는 변화를 보인 것은 자국이 전통적으로 선호하던 ASEAN+3의 틀을 고수하기보다 TPP를 견제할 수 있는 대안적 수단을 확보하는 데 주력했다는 의미가 있다. 중국의 입장 전환은 지역 질서 형성의 기본 방향과 관련해 중국이 유연한 태도를 보이기 시작했다는 의미로 해석할 수 있는 반면, 역설적으로 중국이 미국을 배제하는 지역 질서의 형성에 대한 의지를 더욱 분명히 했다는 의미로도 해석할 수 있다.

거대 FTA와 한일 관계: 경쟁과 협력의 동학

거대 FTA의 흐름이 강화되면서 한국과 일본 사이의 FTA 경쟁이 본격화하는 양상이다. 한국 정부가 적어도 2013년 11월까지 TPP에 대해 다소 소극적 입장을 견지한 것은 사실이다. 이는 한미 FTA 같은 양자 FTA 효과를 충분히 실현한 후 TPP 같은 다자화한 FTA 협상에 참여하는 것이 한국의 국익에 부합한다는 판단 때문이었다. 그러나 한국은 지금부터 FTA 허브 전략의 성과와 한계를 모두 고려해 거대 FTA의 출범에 전략적으로 대비할 필요가 있다. 한국은 FTA 허브 전략의 효과를 극대화하기 위해 거대 FTA에 대해서는 신중한 태도를 취해왔다. 한국이 TPP 협상국 가운데 10개국과 이미 FTA를 체결한 것이나, TPP의 무역자유화 수준도 한미 FTA의 수준을 크게 넘지 않을 것이라는 점이 정부의 이러한 전략적 고려를 뒷받침한다. 그러나 RCEP나 한중일 FTA에 대해 적극적으로 정책을 펼치지 못함을 감안할 때, 한국 정부는 FTA 허브 전략 이후 새로운 FTA의 전략적 구상을 준비해야 한다. FTA의 다자화가 점차 확대되는 상황에서 양자 FTA에 기반한 허브 전략은 한계가 분명하기 때문이다.

RCEP의 출범 과정에서 나타나듯이, 한국은 중국과 일본 사이의 전략적 경쟁이 보다 거시적 차원의 미중 경쟁의 틀 속에서 진행된다는 점을 인식할 필요가 있다. 중국은 TPP의 진전이 이루어지자 ASEAN+6의 틀을 전향적으로 수용함으로써 일본과의 협력 관계를 조성하는 한편, 미국을 배제하는 지역 구상에 대한 선호를 한층 강화한 것이다. 이처럼 한국은 지역 경제 질서의 수립을 둘러싼 미중일 사이의 동학을 잘 이해하고, 주어진 상황에서 최선의 전략을 추구할 필요가 있다. 2014년 당초 예상과 달리 TPP와 RCEP의 타결이 지연되는 것 역시 TPP와 RCEP 사이에 일종의 '작용-반작용'의 동학이 작용한 결과로 보인다. 즉 중국은 2000년대 중반까지만 하더라도 RCEP의 출범에 커다란 관심을 갖지 않았으나, 2011년 일본이 TPP 참여를 선언한 이후 RCEP 출범을 위해 적극성을 보이는 등 정책을 선회한 바 있다. 그러나 TPP가 2013년의 예상과 달리 협상이 지연되자, 중국은 다시 RCEP에 대한 적극성이 다소 약화되는 변화를 보였다. 이처럼 미국, 중국, 일본 사이에는 지역 경제 질서의 수립을 둘러싼 작용-반작용의 동학이 작용하는 것이다. 한국은 이러한 구조적 환경을 잘 활용해 기회 공간을 최대한 확보할 필요가 있다. 특히, 최근 TPP와 RCEP 협상이 가시적 성과를 내지 못하는 것은 한국에 분명 기회 요인인 만큼 이에 대한 면밀한 대비책을 마련해야 한다.

반면 일본은 양자 FTA와 TPP를 동시에 추진함으로써 FTA 경쟁에서 불리한 구도를 일시에 만회하려는 전략을 구사하고 있다. 일본은 과거의 수동적 태도에서 탈피해 거대 FTA 협상이 대두되는 과정에서 다른 동아시아 국가들 사이의 중간자 역할을 할 수 있는 위치를 확보하려고 적극 노력해왔다. 적어도 현시점에서 RCEP와 TPP에 모두 참여하는 거대 선진 경제국이 일본밖에 없다는 점에서 일본은 동아시아 지역의 새로운 경제 질서 수립 과정에서 유리한 위치를 확보했다고 평가할 수 있다.

이러한 상황을 감안할 때, 한국 정부는 거대 FTA 전략을 구체화할 필요가 있다. 특히 거대 FTA 협상에 임하는 순차적 접근을 위한 전략을 수립하는 것이 시급하다. RCEP는 중국과 일본을 포함한 16개국이 참여하는 협상인 만큼 한국의 역할과 한계에 대한 인식을 명확히 해야 할 것이다. 중국과 일본은 자국이 지역 구상을 주도할 경우, 상대국의 협조를 얻기 쉽지 않다는 점을 비교적 잘 이해하고 있는 것으로 보인다. RCEP 출범 과정에서 ASEAN이 일정한 역할을 한 것은 이러한 점을 전략적으로 활용했기 때문이다. 따라서 한국은 중국과 일본의 경쟁 관계를 전략적으로 활용하는 외교를 적극 실행할 필요가 있다. 이런 점에서 중국과 일본에 대해 한국의 TPP 참여가 이익이 될 것이라는 점을 적극 설득해야 한다.

이런 관점에서 볼 때, 한국은 TPP 참여 여부와 시점에 대한 전략적 고민이 필요하다. 일본의 TPP 참여가 중국의 봉쇄 의도로 해석된 데서 나타나듯이, 한국이 TPP에 참여하더라도 중국이 고립되지 않을 것이라는 신호를 일관성 있게 중국 측에 보낼 필요가 있다. 2014년 7월 한중 정상회담에서 한중 FTA의 연내 타결 목표를 제시했듯이 한국 FTA를 가능한 한 빨리 타결하고, 더 나아가 국내 비준 과정을 적극적으로 진행할 필요가 있다. 한중 FTA의 조기 발효는 한국의 TPP 참여에 대한 중국의 우려를 불식시키는 유효한 방안이기 때문이다. 한편, 한국이 TPP에 참여함으로써 중국이 추진하는 RCEP와의 조화가 가능할 것이라는 신호를 중국 측에 지속적으로 보낼 필요가 있다. 이는 중국 입장에서 볼 때, 자국이 동아시아 지역 경제 질서 수립 과정에서 배제되지 않을 가능성이 높다는 점에서 긍정적 신호다.

일본의 경우, 단기적으로는 한국이 TPP에 참여함으로써 TPP와 RCEP를 연계하는 일본의 독보적 위치가 흔들릴 수 있기 때문에 이를 경쟁적 관점에서 이해할 가능성이 있다. 그러나 장기적으로 한국의 TPP 참여로 일본이 미국과 향후 협상을 전개하는 과정에서 유리한 입지를 확보하는 효과를 기대할 수 있을 뿐 아니라, TPP와 RCEP 사이 조정자로서 역할도 더욱 강화할 수 있다는 점을 설득할 필요가 있다.

한편, TPP가 사실상 한일 FTA의 성격을 내포한다는 점에서 한국의 TPP 참여는 장기적으로 양국 경제의 통합을 촉진하는 요소로 작용할 가능성이 크다. 한국 정부가 한중 FTA 타결 후 한일 FTA를 추진하겠다는 원래의 구상을 현실화하기 어려운 점을 감안하면 TPP 출범을 통한 양국 간 경제 통합의 필요성은 더욱 크다고 할 수 있다. 이런 점에서 한국의 참여가 일본의 이익을 저해하는 것은 아니라는 점을 인식시킬 필요가 있다. 한국 정부는 RCEP를 진행하는 과정에서 한국의 위상을 어떻게 확보할 것이며, 일본과의 관계를 어떻게 설정할 것인지 고민해야 한다. 현재까지 한국 정부는 한중일 FTA를 우선 추진한 후, RCEP 협상에 임하겠다는 구상을 하고 있다. RCEP 협상 참여국들이 매우 다양하기 때문에 협상의 성공적 타결을 위해서는 한중일 협력이 무엇보다 중요하기 때문이다. 한국 정부는 한중일 FTA 협상에서 중국과 일본 사이의 중간자 역할을 하고, 다시 이 협상에서 합의한 내용을 RCEP 협상 과정에 반영함으로써 한국의 위상을 확보하겠다는 전략이다. 이러한 전략을 성공적으로 실현할 경우, 한국의 이익을 제고하는 데 효과적일 것으로 판단한다. 그러나 현재 동시다발적으로 진행되는 거대 FTA 협상은 많은 불확실성을 안고 있어 한국이 예상하는 순서대로 이루어지지 않을 가능성도 있으므로 이에 대비하는 전략도 필요하다.

한국 정부는 TPP와 RCEP를 어떻게 조화시킬 것인지에 대한 구체적 전략을 수립하고, 일본과의 협력 가능성을 탐색할 필요가 있다. 미국과 중국 관점에서 볼 때, TPP와 RCEP는 상대국을 배제하는 지역 경제 질서 수립의 전략이라고 할 수 있다. 한국은 미국과 중국 사이에서 TPP와 RCEP를 조화시키는 방안을 모색하는 과정에 일정한 역할을 수행할 것이다. 이를 위해서는 TPP와 RCEP의 경제적·전략적 의미를 재부여하는 지식 권력이 뒷받침되어야 한다. TPP와 RCEP가 보다 넓은 범위의 자유무역 지대를 형성하기 위한 디딤돌이라는 점을 다른 국가들에 인식시킬 필요가 있다. TPP는 FTAAP의 실현을 위한 전 단계의 의미가 있는데, 이것이 RCEP와 반드시 배치되는 것은 아님을 미국과 중국에 설득력 있게 제시할 필요가 있다. 이러한 전략의 성공적 실행을 위해서는 일본과 ASEAN 등 다른 역내 국가들과의 협력이 필요하다.

더 나아가 한국과 일본은 TPP와 RCEP에 동시에 참여하고 있는 국가로서 양자를 조화시키기 위해 협력의 가능성을 모색해야 한다. TPP와 RCEP를 조화시키는 것이 쉬운 일은 아니다. 실제로 TPP와 RCEP가 내용 면에서 커다란 차이가 있다는 점을 감안할 때 한국과 일본이 협력할 필요성은 더욱 커진다. 널리 알려져 있듯이 TPP는 고수준의 FTA를 지향하는 반면, RCEP는 중국, 인도, ASEAN 일부 국가가 전면적 시장 개방을 허용하는 데 소극적 입장을 견지하고 있기에 수준 높은 FTA를 실현하기에는 현실적으로 장애가 있다.

협상 방식에서도 TPP가 협상 당사국 간 비공개 협상을 통해 일괄 타결하는 방식을 취하고 있는 반면, RCEP는 협상 참여국들이 단기간에 합의하기 어려운 분야를 제외하고 우선 개방이 가능한 분야를 중심으로 FTA 협상을 타결하는 방식을 선호한다. 따라서 RCEP의 실제 협상 과정은 개별 국가의 상황에 따른 신축적 대응을 기본으로 삼을 것으로 보인다. 그러나 한국과 일본은 적어도 TPP와 RCEP가 상호 경쟁하면서 동아시아 국가들을 양분하는 것이 동아시아 전체의 이익이 아니라는 공통의 인식을 바탕으로 이러한 가능성을 차단하기 위해 함께 노력할 필요가 있다. 'ASEAN 중심성'이 퇴색하는 것을 감수하면서까지 ASEAN 일부 국가가 참여한 사실이 TPP와 RCEP의 경쟁적 성격을 나타내듯 TPP와 RCEP를 조화시키는 노력을 할 수 있는 역내 국가는 한국과 일본 정도에 불과하다.

TPP와 RCEP를 조화시키는 핵심은 무역자유화를 포함한 주요 무역 규범의 수준을 조정해나가는 데 있다. 이러한 작업이 지난하기는 하지만 결코 불가능하지는 않다. 예를 들어 RCEP는 ASEAN 일부 국가에 대한 차별적 조치를 허용할 것으로 예상된다. TPP는 기본적으로 예외 없는 무역자유화를 지향하지만, 최근 협상 과정에서 미국이 일부 예외를 인정하는 방식을 수용할 것으로 알려지는 등 TPP와

RCEP가 조화를 이룰 가능성이 존재하는 것도 사실이다.

한일 협력의 조건과 가능성

한국과 일본이 동아시아의 새로운 질서를 수립하는 과정에서 일정한 지위를 확보하기 위해서는 현재 진행하는 구조 변화의 성격을 명확하게 이해할 필요가 있다. 한국은 전통적 동맹인 미국이 추진하는 재균형 정책과 TPP에 정책적 대응 방향을 수립하고, 이를 바탕으로 일본과의 협력 가능성을 탐색할 필요가 있다. 즉 한국과 일본은 현재의 한일 관계가 경색된 점을 감안해 한일 양자 관계의 개선을 통한 지역 경제 질서를 형성하기 위한 협력을 직접 추구하기보다 한미일 협력이라는 보다 거시적 틀 속에서 협력의 가능성을 탐색해야 한다. 특히 TPP와 RCEP가 무역자유화에 따른 경제 효과를 넘어 동아시아의 새로운 경제 질서 수립이라는 전략적 가치를 지니고 있는 만큼 이를 위한 한미일 간 협력의 중요성은 아무리 강조해도 지나치지 않는다.

거시적 차원에서 볼 때, 거대 FTA의 추세는 미국과 중국 사이의 제도적 경쟁 모습을 띠고 있다. 외교·안보적으로는 미국과 견고한 동맹 체제를 유지하고 있으며, 경제적으로는 중국과 상호 의존이 빠르게 증대하는 상황에서 한국은 미국과 중국 사이의 양자 선택이 아닌, 양자를 조화할 수 있는 방안을 적극 모색해야 할 시점이다. 이러한 점에 대해서는 일본도 한국과 같은 인식을 할 수 있는 상황이다. 중국의 부상과 그에 따른 상호 의존 증가 그리고 미국의 재균형 정책은 한일 양국 모두에 기회인 동시에 도전이라는 인식을 바탕으로 협력 조건을 만들어나갈 필요가 있다. TPP와 RCEP는 이러한 차원에서 한국 외교의 역량을 가늠할 수 있는 시험대라고 할 수 있다.

:: **이승주**

연세대학교 정치외교학과를 졸업하고 미국 캘리포니아 버클리대학교에서 정치학 박사 학위를 받았다. 싱가포르 국립대학교 정치학과 교수, 연세대학교 국제관계학과 교수를 거쳐 현재 중앙대학교 정치국제학과 교수로 재직 중이다. 한국정치학회 편집이사, 현대일본학회 연구이사, 게이오기주쿠대학교 방문교수 등을 역임했으며, 현재 〈Business and Politics〉와 〈Asian Studies Review〉의 편집위원, 외교부 자체평가위원, 한국국제정치학회 국제정치경제분과위원장으로 활동하고 있다. 저서로 《중견국의 공공외교》(공편), 《글로벌 금융 위기와 동아시아》(편집), 《Trade Policy in the Asia-Pacific》(공편), 《Northeast Asia: Ripe for Integration?》(공편) 등이 있다.

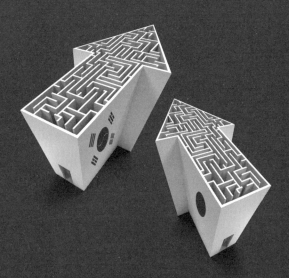

제4장

해결되지 않은 한일 간의 뿌리 깊은 갈등

역사

1. 한국의 시각으로 본 일본의 역사 인식

조양현 국립외교원 교수

　　이명박 정부 말기에 일본군 위안부와 독도 문제로 악화된 한일 관계는 박근혜 정부 출범 이후에도 관계 개선의 실마리를 찾지 못하고 있다. 설상가상으로 2013년 12월 아베 총리가 전격적으로 야스쿠니 신사를 참배하자, 한중일 간 역사 논쟁이 가열되는 가운데 한일 관계는 한층 경색되었다. 냉전기를 통해 전통적 우호 관계를 유지해온 한일 양국은 국교 정상화 50주년을 눈앞에 두고 있지만, 과거사 문제에 속박되어 정부 간 소통이 막힌 실정이다.

　　이와 같이 한일 관계가 악화된 근인은 일본군 위안부 문제로 대표되는 한일 간 역사 인식의 괴리에 있다. 2011년 8월 위안부 문제에 대한 정부의 적극 대응을 요구하는 헌법재판소의 판결을 계기로 이명박 정부는 대일 과거사 문제와 관련해 기존의 신중한 입장에서 적극 대응으로 전환했다. 동년 12월에 열린 교토 한일 정상회담에서 이명박 대통령은 위안부 문제에 대부분의 시간을 할애하면서 노다 요시히코 내각의 전향적 대응을 촉구했다. 결국 위안부 문제에 대한 한일의 입장 차이를 극복하지 못한 채 양국의 상호 불만은 한일정보보호협정의 체결 결렬을 초래했고, 이명박 대통령의 독도 방문에 영향을 미쳤다. 박근혜 정부는 위안부 문제에 속박된 한일 관계를 물려받았고, 한일 간에는 아직까지도 상호 방문을 통한 정상회담을 개최하지 않고 있다. 한국 정부가 일본의 '역사 직시'의 척도로 삼고 있는 이른바 고노 담화의 계승 문제도 위안부 문제에 대한 일본 정부의 인식 및 책임 문제와 다르지 않다.

1990년대 이후 한일 관계를 안정적으로 구축하기 위한 역대 정권의 노력이 '시지프스의 도로徒勞'로 점철되면서 한일 간에는 상호 배려가 사라지고 과거사와 독도 문제를 축으로 대결 구도가 선명해졌다. 이는 양국 정부가 1965년의 한일기본조약에 기초해 한일 관계를 관리해온 이른바 '65년 체제'가 시대적 한계에 직면했음을 의미한다. 과거사와 영토 문제의 입장 차이를 안은 채 안보와 경제 논리를 우선해 타결한 한일회담은 냉전기를 통해 한반도 안정화와 한국의 경제 발전에 기여했지만, 이제는 과거사 문제가 오히려 한일 관계의 핵심 쟁점으로 떠올라 양국 관계를 어렵게 만들고 있다.

그렇다면 왜 1990년대 접어들어 과거사 문제가 일본 국내 정치 및 한일 관계의 쟁점으로 부상한 것일까? 우선 냉전 체제 종결이라는 국제 환경적 요인을 지적할 수 있다. 소련과 동유럽의 공산권이 붕괴되면서 한일 간의 안보 연대감은 상당 부분 후퇴했다. 또 미국, 중국 그리고 북한에 대한 한일 간의 시각 차이가 커지고 동아시아에서 중국의 위상이 비약적으로 높아지면서 한일 관계의 중요성이 상대적으로 감소한 것도 한일 간 역사 마찰을 증가시킨 요인으로 작용했다.

한편 국내적으로는 일본 사회가 총체적 보수화 경향을 띠면서 과거사 문제가 주요 정치 쟁점으로 등장했다. 이른바 '자유주의 사관'의 확산과 전후 세대 정치가들의 등장으로 일본 지도자들이 역사 문제에 전향적 태도를 취하는 것이 어려워졌다. 한국에서는 문민정부의 출현 등 민주화가 진전된 결과, 대외 정책에 대한 여론의 관심과 영향력이 커져 외교는 국민 정서와 더욱 민감하게 연동되었다. 그리고 양국의 빈번한 정권 교체와 정치가들의 세대교체를 통해 한일 간 정치인 인맥이 약화된 것 역시 외교 마찰의 조기 수습을 어렵게 했다.

이처럼 탈냉전에 따른 국가 관계의 변화와 민족주의적 정서의 고양을 배경으로 한일 간에는 과거사와 영토 문제를 둘러싼 갈등과 마찰이 늘어났다. 침략과 식민지배의 역사를 미화하는 일본 측의 무신경한 발언과 행동에 대해 한국 측은 예민하게 반응했고, 언론과 정치인이 악화된 국민 감정을 선동하는 악순환이 반복되었다. 이른바 '언론-여론-정치인' 간의 확대 재생산 메커니즘이 고착된 것이다.

2006년과 2012년 말에 출범한 두 차례의 아베 내각은 일본 사회

의 보수적 역사 인식을 대변한다. 아베 총리는 일본군 위안부의 강제
성에 대한 부정, '침략'의 정의는 나라마다 다르다는 소신 표명, 고노
담화 및 무라야마 담화를 그대로 계승할 수 없다는 발언 그리고 야스
쿠니 참배 등 일련의 퇴행적 행보를 보였다. 이와 같은 아베 총리의
역사 인식은 식민지배와 침략전쟁에 대해 반성과 사과를 기본으로
하던 역대 일본 총리의 태도와 다르다는 점에서 역사수정주의라고
할 수 있다. 그리고 이러한 보수우익적 언동은 한일 관계를 악화시킨
주요인이라고 할 수 있다.

  이 글은 이러한 문제의식 아래 한일 간 역사 마찰 배경을 전후 일
본 사회의 교과서 논쟁과 동아시아 역사 논쟁을 매개로 살펴본다. 그
리고 일본의 역사수정주의를 대표하는 아베 총리의 보수우익적 이
념 성향에 대해 위안부 문제와 야스쿠니 참배를 중심으로 분석하고,
아베 내각의 보수적 역사 인식이 한일 관계 및 동아시아 지역 질서에
미친 영향과 함의를 고찰해보려 한다.

일본의 보수우경화와 역사수정주의

일본의 과거사 기술과 동아시아 역사 논쟁

  전후 일본에서 보수 세력과 진보 세력 간 역사 논쟁 및 한중일 간
역사 마찰은 일본의 침략전쟁과 식민지배에 대한 역사 교과서의 기
술을 둘러싸고 표면화되었다. 이러한 논쟁은 역사 교과서 내용의 수

정을 시도한 일본 보수 세력에 의해 촉발된 측면이 강하며(이른바 교과서 공격), 그 과정은 대체로 다음과 같다.

먼저 1950년대 중반의 제1차 교과서 공격이다. 점령 정책의 종결을 배경으로 1955년 일본 보수 세력(민주당)은 문부성의 검정을 통과한 역사 교과서 내용이 만주사변과 중일전쟁 관련 기술에서 '침략'적 해석에 편향되었다고 비판했는데, 이를 계기로 문부성이 검정 절차를 강화해 이후 역사 교과서에서는 침략전쟁에 대한 기술이 대폭 줄어들었다.

다음으로 제2차 교과서 공격은 1980년대 초에 감행되었다. 이른바 제2차 이에나가 교과서 소송에서 1970년 교과서 검정 제도가 위헌이라는 판결이 나온 이래, 문부성의 영향력이 제한됨에 따라 1970년대에는 침략전쟁에 대한 기술이 늘어났다. 이에 위기감을 느낀 자민당 등 보수 세력은 1980년부터 '교과서 캠페인'을 전개해 1982년 6월 검정 제도의 강화를 통한 침략전쟁 관련 내용의 삭제 또는 수정을 시도했다. 그러나 이는 한국과 중국의 반발을 초래했고, 그해 11월 검정 기준에 '근린제국조항近隣諸国条項'을 추가함으로써 난징 사건, 조선·타이완의 식민지배 등의 기술이 보강되는 역설적 결과를 낳았다.

마지막으로 제3차 교과서 공격은 1990년대 중반에 나타났다. 1980년대 나카소네 정권 이래 관례화된 식민지배에 대한 일본 정부의 사죄성 발언은 1990년대 연립 정권 아래에서 더욱 진전되었는데, 1993년 호소카와 총리의 침략전쟁 발언, 침략전쟁과 식민지배를 인정하고 사죄한 1995년 무라야마 담화가 그 대표적 사례다. 이러한 침략전쟁론 확산에 반발한 보수 세력은 1997년 '새로운 역사 교과서를 만드는 모임'을 결성해 독자적으로 교과서 보급 운동을 추진하기에 이르렀다. 그리고 2001년에 동 교과서가 검정을 통과하자, 교과서 보급을 저지하기 위한 동아시아 국가 간의 시민 연대가 형성되고, 나아가 전 세계적 차원에서 종군 위안부 문제에 대한 일본 정부의 올바른 역사 인식과 책임 있는 대응을 촉구하는 초국가적 네트워크를 구축하는 등 역사 교과서를 둘러싼 공방은 새로운 국면을 맞았다.

이처럼 전후 일본의 국제사회로의 복귀와 더불어 역사 교과서를 매개로 시작된 과거사 논쟁은 1980년대 이후 동아시아 차원의 문제로 이어졌고(지역화), 1990년대 접어들어 이러한 갈등 구조가 국내 정치 및 국제 관계에 일상화되었으며(구조화), 2000년대에는 동아시아 정부 간 마찰을 넘어선 전 지구적 민간 네트워크의 구축이라는 특징을 보이면서(중층화, 세계화) 전개되었다.

위안부 문제와 역사수정주의

1990년대 접어들어 외부의 전쟁 피해 보상 요구 공론화와 이에 대한 일본 정부의 책임 인정은 일본 보수 세력의 집단적 반발을 초래했는데, 그 배경에는 급변하는 국내외 정세 속에서 일본 사회 전반에 걸쳐 나타난 보수화 현상, 즉 '보통국가화'가 있었다. 냉전의 종식과 걸프전쟁의 발발, 북한의 핵미사일 문제(북한 위협론) 그리고 타이완 해협 위기와 중국 경제의 부상(중국 위협론)이라는 국제 환경과 더불어 노동조합의 약화, 사회당 등 혁신 정당의 몰락, '잃어버린 10년 lost decade'

으로 상징되는 장기 불황, 천재지변과 대형 사건·사고에 따른 사회 불안과 위기의식의 확산이라는 국내 상황은 일본 사회가 기존의 국가 체제를 보완·대체할 새로운 국가 전략을 모색하게끔 만들었다. 그리하여 1990년대 중반 이후 이른바 보통국가화로 대표되는 정치, 안보, 경제, 사회 등 각 분야에 걸친 대대적 체제 전환을 시도했다. 이 과정 중 일본 사회에서는 퇴행적 역사 인식과 상징적 국가 체제의 강화, 우익적 담론의 확산이 표면화하고 특히 과거사 문제가 일본 국내 정치의 주요 쟁점으로 떠올랐는데, 여기에는 위안부 문제가 중요한 역할을 했다.

1980년대 후반 이래 일본에서 진보적 지식인을 중심으로 '일본군 위안부' 문제가 제기되기 시작했다. 한국에서는 1990년 11월 정신대문제대책협의회가 출범하는 등 위안부 문제는 과거사 논의의 주요 쟁점으로 등장했다. 그리고 1991년 김학순 할머니의 증언과 사죄·보상 요구는 당시 유고 내전 등을 배경으로 한 전 세계적 인권 또는 여성운동 흐름과 맞물려 위안부 문제를 여성 인권 및 전쟁 범죄라는 시각에서 재조명하는 계기가 되었다. 이러한 국내외적 비판에 직면한 일본 미야자와 정권은 1993년 8월 종군 위안부 문제에 대한 일본 정부의 책임을 공식적으로 인정하는, 이른바 고노 담화를 발표했다. 이는 위안소 설치·관리와 위안부 이송에서 일본군의 직간접적 관여를 인정하고, 특히 위안부 모집에서 "관헌官憲 등이 직접 가담한 사실도 있었다"는 등 일본군에 의한 강제 연행을 인정하는 내용이었다.

그러자 고노 담화에 반대하는 일본 자민당 의원들은 '역사검토위원회'를 설립하고 '공정한 사실에 근거한 역사관 확립'이라는 슬로건 아래 활동을 개시했다. 당시 이 같은 움직임에 이론적 근거를 제공한 것이 이른바 자유주의 사관이었는데, 이는 1990년대 후반에 시작된 '새로운 역사 교과서' 추진 운동의 사상적 기반이 되었다. 1994년 후지오카 노부카쓰 교수는 일본이 올바른 국가 진로를 선택하기 위한 새로운 역사 인식 패러다임의 필요성을 역설하고, 전후 역사교육을 "자국사에 대한 긍지 부족과 미래에 대한 지혜와 용기가 결여된 자학 사관"이라고 비판하면서, 미국의 국가이익에 부합하는 '동경재판 사관'이나 일본의 과거사를 정당화하는 '대동아전쟁 사관'이 아닌 제3의 선택, 즉 '자유주의 사관'을 제창했다.

이후 자유주의 사관은 일본 과거사의 어두운 부분을 감추고 밝은 부분만 묘사하면서 '일본의 전통과 정체성'에 호소하는 역사수정주의의 경향이 두드러졌는데, 그 특징은 천황제 전통의 계승, 전전의 국가주의적 가치관 부활, 극동군사재판(동경재판)에 대한 비난 또는 냉소적 태도, 난징 사건과 위안부 문제 축소·부정, 일본의 침략과 식민지배 정당화, 전쟁 책임에 대한 반성과 사죄 외면 등으로 요약할 수 있다. 이러한 자유주의 사관은 보수 세력과 전쟁의 참상을 모르는 전후 세대를 중심으로 지지 움직임이 확산되었다. 1995년 '자유주의사관연구회'를 조직하고(1995.01), 1997년 '새로운 역사 교과서를 만드는 모임'이 결성해(1997.01) 정계, 재계, 학계 및 언론계의 보수우익 인사들의 지원 아래 이러한 역사 인식에 기초한 역사 교과서의 보급을 추진하기에 이른다.

주목할 것은 일본의 보수 세력이 위안부 문제를 일본 과거사 조명의 시금석으로 규정하고 있다고 점이다. 그들에게는 위안부 강제 동원에 대한 일본 정부의 관여를 인정하는 것은 일본 근현대사에 대한 기존 인식 체계를 전면 부정하는 행위로 비쳤으며, 따라서 고노 담화의 수정이야말로 일본의 국가 정체성 확립을 위해 우선적으로 해결할 과제가 되었다. 그리하여 자민당 보수 의원들은 종전 50주년 국회의원연맹, 일본의 앞날과 역사교육을 생각하는 소장파의원모임(이하 '역사교육소장파의원모임'), 밝은일본국회의원연맹, 일본회의국회의원간담회 등의 활동을 통해 새로운 역사 교과서를 만드는 모임을 후원하는 한편, 위안부 문제와 관련해 고노 담화의 철회를 요구했다.

아베의 보수 이념과 역사수정주의

아베 보수 이념의 근원

　2006년 출범한 제1차 아베 내각은 국민 통합을 위해 이념과 사상을 강조하는 '정체성의 정치'를 추구했다는 점에서 일본 정치의 보수화를 대표한다. 전후 일본에서 자민당의 장기 집권을 가능케 한 '요시다 독트린'은 경제성장을 통한 이익 유도형 정치였다는 점에서 몰이념적이라고 할 수 있다. 이와 같은 일본의 정치 문화는 1990년대 들어 선거 제도 변화와 정권 교체를 거치면서 크게 변모했다. 2000년대 들어 고이즈미 준이치로 총리는 자민당 파벌 정치를 비판하고 신자유주의 개혁을 추진하는 과정에서 언론 매체를 통해 국민을 직접 설득하는 '극장 정치'라는 수법을 사용했다. 반면 아베 총리는 역사, 영토, 국가 주권, 애국심 등을 자극하는 민족주의·포퓰리즘적 성격이 강한데, 이는 군국주의 시대에 동원된 정체성 정치의 부활을 연상케 한다.

제1차 아베 내각 출범 당시 아베 총리는 스스로의 정권 창출을 '전후 체제로부터의 새로운 출범'이라고 명명했다. 그에 따르면 제2차 세계대전 이후 일본의 국가 체제는 연합국의 점령 정책에 의해 강요된 것이며, 그 상징적 존재가 바로 '평화헌법'이다. 아베 정권의 항해航海는 패전의 굴레인 전후 체제를 해체하고 일본 국민이 '자신감과 자긍심을 가질 수 있는 국가'의 기초를 놓는 작업이다. 이 항해의 해도海圖는 일본의 역사, 전통, 문화 등이며, 그 목적지는 천황제를 비롯한 일본 고유한 전통에 기반한 국가다.

명치 이후부터 패전까지 일본의 국력이 막강하던 시기를 동경하고 있다는 점에서 아베 내각의 이념 성향은 미래 지향적이라기보다는 복고주의적 색채가 다분하다. 아베 내각이 추구하는 정책은 대내적으로는 헌법 개정과 애국심 고취를 위한 교육 개혁, 자위대의 군대화, 국가 위기관리 체제 강화, 대외적으로는 집단적 자위권 행사의 확보를 통한 미일 동맹 강화, '강한 일본'의 건설을 중장기적으로 추진하는 것을 핵심으로 한다. 이러한 이념 노선은 2012년 12월 출범한 제2차 아베 내각에도 계승되고 있다.

아베 내각의 이러한 이념 성향과 정책 지향성을 가리켜 '보수우경화'라고 부를 수 있다. 국민의 국가 의식을 강조하고 대외 관계나 안전보장에서 보수적이고 현실주의적 색채가 농후해지고 있기 때문이다. 자민당 내에서 요시다 독트린의 맥을 잇는 자유주의적 중도 세력과 그 대척점에 있는 우파를 구분하는 기준은 전후 국가 체계의 근간인 '평화헌법'에 대한 입장이라고 할 수 있다. 전자가 평화헌법 유지를 전제로 한 정책을 추구하는 데 반해, 후자는 헌법 개정을 주장한다. 일본 정치 권력의 주체가 중도 자유주의 세력에서 우파로 이동하고, 그에 따라 정부 정책이 보수화하는 것을 '우경화'라고 정의한다면 아베 내각의 출범이야말로 일본 정치의 보수우경화를 대변한다고 할 수 있다.

실제로 아베 내각이 추진한 개헌 주장, 국기국가법, 개정 교육기본법 등에 투영된 역사수정주의와 전통 가치관은 일본 우파의 이념 및 주장과 일치한다. 제2차(제1기) 아베 내각의 인적 구성을 보면 총리관저 관방부 장관, 보좌관 및 비서관 등 대부분의 인사는 보수 또는 보수 우익 성향이 두드러졌다. 아베 총리를 비롯해 이들 대부분은 1997년 우익 민간단체가 통합해 발족한 '일본회의'에서 간부로 활동한 인물이다. 2014년 9월 출범한 제2기 아베 내각에서는 19명의 각료 중 15명이 일본회의에 소속되어 있었다.

아베 보수 이념의 계보

아베 총리의 보수우익적 사상의 뿌리는 막부 말기 존왕양이론尊王攘夷論의 대표 주자이자 근현대적 의미의 일본 우익 사상의 창시자인

요시다 쇼인으로 거슬러 올라간다. 요시다 쇼인은 죠슈번(현 야마구치 현)을 중심으로 막부를 타도하고 명치유신을 이룬 다카스기 신사쿠, 구사카 겐즈이, 이노우에 분타, 기도 다카요시, 야마가타 아리토모, 이토 히로부미 등 존왕양이파 지도자들을 배출한 명치유신의 정신적 지주라고 할 수 있다. 야마구치현이 본적지인 아베는 자신이 가장 존경하는 인물은 요시다 쇼인, 애독서는 후루카와 가오루古川薫의《류콘로쿠의 세계留魂録の世界》(류콘로쿠는 쇼인의 옥중 유서)라고 밝혔다.

요시다 쇼인은 "천하는 천황이 지배하고, 그 아래 만민은 평등하다"는 '일군만민론—君萬民論'을 주장하며 천황제를 옹호했다. 쇼인의 대외 사상 중 일부인 정한론은 명치 정부 인사에게 조선 침략의 이론적 근거를 제공했다. 쇼인은 자신의 저작《류콘로쿠》에서 홋카이도 개척, 류큐(현재의 오키나와)의 일본령화, 조선의 일본 속국화, 만주·타이완·필리핀의 영유를 주장했다. 아시아를 연대(아시아주의)가 아닌 침략 대상으로 간주한 쇼인의 사상은 일본의 아시아 침략 과정에서 탈아입구론, 해양국가론, 전후의 중국 견제론에 영향을 미쳤으며, 이는 현재 아베 내각의 대외 정책과 통하는 바가 있다.

아베는 또한 외조부인 기시 노부스케에게서 많은 영향을 받았다. '쇼와의 요괴昭和の妖怪'로 일컬어지던 기시는 전전의 엘리트 관료로 만주국 산업부 차관과 1941년 도조 히데키 내각의 상공대신을 지냈다. A급 전범 용의자였으나 미 군정에 의해 석방되어 정계에 복귀하고, 1955년 자민당 결성에 참여했다. 1957년 총리에 취임한 기시는 반공주의자, 개헌론자, 친타이완파, 친한파로서 대외 관계에 남다른 관심

을 갖고 미일 관계, 동남아시아 및 남아시아 국가들과의 관계 개선에 주력했다.

기시 총리는 임기 중 균형잡힌 미일 관계를 구축하고 독자적 외교권을 확보하기 위한 평화헌법의 재검토와 자주국방을 추진하고, 미일 안보조약을 개정했는데, 이는 요시다 시게루로 대표되는 경무장輕武裝·경제 중시 노선과 대조된다. 기시의 보수 이념과 정책은 현재 아베 내각이 추진하는 군사적 의미에서 보통국가화 작업(집단 자위권 행사를 통한 대등한 미일 동맹화, 자위대의 군대화, 헌법 개정 등)과 맥을 같이한다.

아베 내각과 위안부 문제

총리에 취임하기 이전 아베 신조의 역사 인식에는 보수적 색채가 짙었으며, 특히 '자학 사관의 극복'을 위한 적극적 행보를 보였다. 그는 종전 50주년 국회의원연맹의 사무국장 대리, 역사교육소장파의원 모임의 사무국장을 역임했고, "이른바 종군 위안부의 기술에 관해서는 너무도 큰 문제점이 있으며…… 그 강제성을 증명하는 문서는 나와 있지 않다"(1997.05.27 중의원 결산위원회분과회)며 고노 담화의 철회를 요구했다. 자민당 간사장대리 시절에는 "종군 위안부는 지어낸 이야기"라고 발언했다(2005.03.27 강연). 또 무라야마 담화에 반대하는 입장에서 언론 보도에 압력을 행사하고 '새로운 역사 교과서' 운동에도 참여했으며, 과거사 문제를 둘러싸고 반일 운동을 펼치는 한국과 중국의 태도를 강하게 비판하기도 했다.

제1차 아베 내각 당시 아베 총리는 고이즈미 정권 시기에 악화된 중국, 한국 등 아시아 국가들과의 관계 개선을 우선시해 역사 인식과 관련한 언행에 신중을 기했다. 당시 일본 정부의 역사 인식을 가늠하는 척도로서 야스쿠니 참배 여부와 더불어 무라야마·고노 담화 계승 여부가 주목을 받았다. 아베는 종군 위안부의 강제성과 관련해서는 일본 관헌이 여성의 집에 들어가 강제로 끌고 나가는 등 '협의의 강제성'과 당사자가 자신의 의사에 반해 위안부로 갈 수밖에 없는 상황에 있었다는 '광의의 강제성'을 구분하고, 전자에 대해서는 아직까지 이를 뒷받침하는 증거를 발견하지 못했다는 견해를 피력했다(2006.10.06 중의원 예산위원회). 그럼에도 불구하고 아베는 무라야마·고노 담화에 대해 기본적으로 이를 계승하겠다는 입장을 표명했다(2006.10.03 중의원 본회의).

그 결과 아베 정권의 역사 인식은 무라야마·고노 담화의 계승을 표명하면서 다른 한편으로는 자학 사관의 극복을 위한 교육 개혁을 추진하는 이중적 모습으로 나타났다. 역사 인식과 관련해 국내 정치와 대외 관계의 분리 대응이라는 아베의 전략은 상황 변화에 따라 언제든지 국내 정치적 갈등과 외교 마찰을 불러올 소지가 잠재돼 있었다. 제2차 아베 내각은 2014년 고노 담화의 검증을 추진했다. 일본 정부의 검증 작업은 위안부 모집, 운영 등 일본군 위안부 제도의 본질적 사실 관계보다 담화의 작성 경위에 비중을 두었다. 그리하여 고노 담화의 내용이 한일 간 외교 교섭의 타협물임을 강하게 암시하는 결과를 발표했다. 일본 정부가 고노 담화를 계승한다는 입장을 유지했는데도 한국을 비롯한 국제사회는 일본 정부의 검증이 위안부 제도의 강제성을 부정하고자 하는 의도에서 시작한 것으로, 고노 담화의 유명무실화를 기도하고 있다고 반발했다.

아베 총리의 야스쿠니 참배

전술한 대로 아베는 본래 야스쿠니 참배론자였지만, 제1차 내각 출범 후에는 참배 여부에 대한 입장 표명을 자제하면서 한국과 중국과의 관계 개선을 도모했다. 당시 아베 총리는 참배에 따른 외교적 부담을 피하는 현실주의 외교 노선과 정치적 지지 기반인 국내 보수우익 세력을 배려하는 우익적 퍼포먼스 사이에서 줄타기를 한 것이다. 이런 상황에서 야스쿠니에 대한 아베 총리의 선택은 '전략적 모호성' 개념이었다. 하지만 아베 정권은 내각 스캔들 등으로 1년여밖에 지속되지 못했다.

아베는 2012년 9월 자민당 총재에 다시 당선되었고, 그해 12월 총선거에서 압도적 승리를 거두어 제2차 내각을 출범시키는 데 성공했다. 이때도 아베 총리는 역사 인식과 관련해 보수우익적 언행을 특징으로 하는 '정체성의 정치'와 경제와 국제 관계의 안정적 관리를 우선하는 현실주의 노선 사이에서 균형을 잡으며 아베노믹스로 일컫는 경제 살리기에 집중했다.

이듬해 7월, 참의원 선거에서 연립 여당이 승리하면서 아베 정권은 고질적 참의원 여소야대를 종식시키고 안정적인 정권 기반을 잡았다. 이후 집단적 자위권 행사 용인 같은 보수 이념의 제도화 작업을 본격 추진했다. 그리고 집권 2년 차에 접어드는 시점인 2013년 12월 아베 총리는 전격적인 야스쿠니 참배를 결행했다.

아베 총리의 야스쿠니 참배는 '우익 스타'인 그의 이념 성향을 드러낸 것으로, 안정적 정권 운영에 대한 자신감의 발로였던 것으로 보인다. 아베 총리는 높은 내각 지지율과 강화된 미일 동맹 관계, 개선의 여지가 보이지 않는 중국·한국과의 관계 등을 고려해 야스쿠니 참배에 따른 국제사회의 비판이 일더라도 대외 관계에 심각한 타격을 받거나 정권 운영에 큰 장애를 초래하지는 않을 것이라 판단했을 수 있다. 그렇지만 이는 한국, 중국 등 아시아 국가는 물론 미국, 유럽 등 국제사회로부터 예상했던 것 이상의 엄청난 비판을 받았다.

한일 관계와 지역 질서에 대한 영향

아베 보수 이념이 일본 외교에 미친 영향

아베 내각의 보수적 역사 인식은 일본 외교·안보의 패러다임 전환을 가속화했다. 냉전기 일본 외교의 경제중심주의 전략은 외교의 몰정치화를 초래했고, 일본 외교에는 '프리 라이더free rider', '경제 동물', '수표 외교' 등의 수식어가 따라다녔고, 일본은 '외압 반응형' 국가라는 비판을 받았다. 따라서 탈냉전 이후 보통국가화로 일컫는, 국가 전략상 적극적이고 주체적 방향 전환은 일본 외교에서 정치성의 회복, 즉 냉전기에 경제 이익을 위해 희생된 국가 위신에 대한 관심의 부활을 의미한다. 아베 정권의 '주장하는 외교', '가치관 외교', '자유와 번영의 호弧', '적극적 평화주의' 등의 개념은 일본의 국가 노선으로 보통국가화를 정착시키고 제도화하는 데 기여했다. 냉전기 일본 외교 수단이 주로 경제력에 의존했다면, 아베 내각이 추진하는 미일 안보 협력 강화와 방위력 정비를 통한 지역 안보 질서상 일본의 역할 확대는 외교 정책 수단의 다양화를 의미한다.

아베의 이념 외교는 '외교의 정치화' 문제를 가중시켰다. 일본의 보수화는 과거사와 영토 문제를 국내 정치의 쟁점으로 만들었고, 일본 외교 현장에서 국익과 배려라는 전통을 침식했다. '강한 일본'을 외치는 전후 세대 보수 정치가들이 주류로 등장하고 역사수정주의, 영토민족주의가 노골화하면서, 과거사에 대한 반성과 사죄를 기본으로 하던 일본의 대외 태도가 변화했다. 또 역사·영토 문제에 지나치게 외교 자원을 낭비하거나, 대외 교섭보다 국내 정치 과정에 더 많은 재원을 투입하고 있다는 점에서 외교 당국의 역할 한계와 외교의 효율성 저하라는 문제도 초래했다.

아베 내각은 전략 외교와 지정학을 재등장시켰다. 아베 외교는 미일 동맹 강화를 추구하지만, 미국을 맹목적으로 추종하기보다 일본의 국익 극대화 관점에서 세계 각국 및 지역과의 전략 협력을 모색해왔다(전방위 외교의 부활). 즉, 대미 의존 심화 혹은 독자 노선 추구라는 양자택일보다 미일 안보를 견지하면서 일정한 외교적 프리핸드를 지향하는 것이다. '팀 야치'라 일컫는 외교·안보 사령탑은 북한과의 납치 문제 해결, 러시아와의 북방 영토 타결, 중국과의 정경분리에 기반한 전략적 호혜 관계 구축, 한국과의 안보 협력 등의 추구를 병행하고 있다. 보편적 가치관 외교, 국제법과 국제 규범 수호, 국제 해양 안보와 민주국가 연대를 추구하는 것은 중국 견제와 미국의 아태 지역 전략에 대한 배려인 동시에, 일본 스스로의 영향력 증대를 통한 국익 극대화 전략의 일환으로 파악할 수 있다.

그 배경에는 북한(납치 문제), 중국(센카쿠 열도 영유권), 역사 인식(위안부) 등과 관련해 오바마 정권에 대한 일본의 경계심이 있다. 역내 파워·밸런스의 변화가 가속화할수록 일본의 안전과 평화를 확보하기 위해서는 미일 동맹 및 일본의 방위력 강화와 함께 중일 간 우호 협력 관계의 구축, 다자 안보, 아시아 외교의 복합 추진이 필요하다는 발상으로 보인다.

한일 관계와 동아시아 질서에 대한 함의

아베 내각 아래서 일본 정치인의 보수우익적 언행은 한일 관계에서 과거사 문제의 비중을 확대하는 결과를 초래했다. 제1차 아베 내각은 고이즈미 정권 때 악화된 아시아 외교를 강화하기 위해 야스쿠니 참배와 무라야마·고노 담화 계승 문제 등에 신중히 대응했다. 반면 제2차 아베 내각에서는 총리의 야스쿠니 참배, 일본 정부의 고노 담화 검증 등의 사례에서 알 수 있듯 국내 정치의 보수우익 세력에 대한 배려가 두드러진다. 특히 고노 담화 검증 결과에서 한일 간의 외교 교섭에 관한 내용을 일방적으로 공개함으로써 양국 외교 당국 사이에 불신이 커진 것은 회복하기 어려운 상처로 남을 것으로 보인다.

아베 내각의 역사수정주의적 행보는 한미일 관계의 이완을 초래해 미국 동맹 전략의 실효성에 대한 우려를 증대시켰다. 아베 내각이 지향하는 미일 동맹 강화와 이를 뒷받침하기 위한 군사적 의미에서의 보통국가화 작업은 심각한 재정적 위기에 처한 오바마 정부의 동아시아 '재균형 전략'에 대한 전략적 자산이다. 하지만 아베 정권의 '정체성의 정치', 즉 국가주의적 요소를 강조하는 보수 이념화 작업은 동맹국 미국에 대한 전략적 부담이 될 수 있다. 동경재판을 통해 국제사회에 복귀한 일본이 '침략전쟁'을 부인하고 과거를 미화한다면 미일 동맹은 심각한 위기에 처할 수밖에 없다.

미국은 아베 정부가 우익의 주장에 밀려 독도 영유권의 현상 변경을 시도하거나, 위안부 문제 등으로 한일 관계가 악화하는 상황을 우려하는 것으로 보인다. 동아시아에서 미국의 최대 동맹국인 한국과 일본의 관계가 악화될 경우, 한미일 공조가 무력화되어 북한의 비핵화와 중국에 대한 견제가 어렵기 때문이다. 중국은 아베 총리의 야스쿠니 참배에 대해 침략전쟁과 식민지배의 미화라는 비판 외에 전후 세계 질서에 대한 도전이라는 논리 아래 한국은 물론 미국 등 국제사회와의 연대를 통해 일본에 대한 역사 압박을 시도하고 있다. 한일 간의 역사 마찰이 계속된다면 미중 간의 세력 경쟁 구도 속에서 중국에 어부지리를 안겨줄 공산이 크다. 최근 한중 간의 접근은 일본의 퇴행적 역사 인식과 영토 주장으로 가속화한 측면이 있다.

일본 사회의 퇴행적 역사 인식은 동북아에서 역사·영토 전쟁을 격화시키는 요인으로 작용한다. 동북아는 국익, 세력 균형, 패권 등 현실주의적 국제 관계와 근대 국가적 가치 체계가 우선하는 지역이

어서 경제적 상호 의존에도 불구하고 역사·영토 마찰은 계속되어왔다. 야스쿠니 참배, 역사 교과서, 위안부 문제, 해양 영유권 문제 등을 둘러싸고 일본과 주변국 간에 치열한 역사 논쟁이 전개되고 있다. '과거사 문제의 성역화' 또는 '영토 내셔널리즘'의 발호는 동아시아의 안정과 평화에 가장 큰 장애 요인이다. 인류 보편적 가치 차원에서 과거사 반성과 화해가 일본에 대한 국제사회의 일관된 메시지이며, 역사 왜곡이 일본의 국제 역할을 확대하는 데 걸림돌이 되고 있음을 일본 스스로 인식해야 할 것이다.

:: 조양현

서울대학교 외교학과를 졸업하고 도쿄대학교에서 국제정치학 박사학위를 받았다. 현재 국립외교원 교수로 재직 중이며 외교사연구센터장을 겸임하고 있다. 저서로 《동아시아 세력 전이와 일본 대외전략의 변화》(공저), 《동아시아 다자 협력의 제도화》(공저), 《외교문서 공개와 한일회담의 재조명 1》(공저) 등이 있다.

2. 냉전 이후의 한일 관계는 역사 문제를 어떻게 바꿔놓았는가

기미야 다다시 도쿄대학교 교수

한국과 일본은 지정학적으로 인접해 있는 숙명적 관계다. 일본은 1911~1945년까지 한국을 침략·병합해 36년간 식민지배했다. 많은 일본인은 이를 자국의 안보를 지키기 위한 어쩔 수 없는 선택이었다고 여기지만, 한국인은 일본의 군국주의적이고 침략적인 성격 때문이라고 생각한다. 이것이 한국인의 반일 감정을 불러일으킨 역사적 요인이다.

1945년 일본이 제2차 세계대전에서 항복한 후 한국은 식민통치에서 해방되었지만, 냉전으로 정부가 두 개로 나뉘었다. 일본의 관점에서는 자신들이 지배하던 식민지가 자유민주주의·반공주의적 남한과 공산주의 조선민주주의인민공화국 북한으로 분리된 것이다. 일본 정부는 1965년 미국의 중재로 남한과의 외교 관계를 정상화했다. 그에 반해 북한과는 지금까지도 외교 관계를 맺지 않았다. 한일 관계의 정상화는 경제적 협력을 토대로 반공주의 체제를 강화하고 한국과 일본 사이의 역사 문제가 심화하지 않는 것을 최우선으로 하며 진행되었다.

한일 양국은 식민지배 및 탈식민지화와 관련한 다양한 문제를 해결해야 했다. 남한 정부는 먼저 일본의 식민지배는 불법이기 때문에 한국에 36년간의 전쟁 배상금을 지불해야 한다고 주장했다. 그러나 일본은 한국이 제2차 세계대전 중 UN 회원국이 아니었다는 이유로 이를 거절했다. 실제로 남한은 1951년 샌프란시스코강화조약의 서명국이 될 자격을 부여받지 못했다. 그 후에도 한국은 지속적으로 일본에 식민지배로 인한 배상을 받을 자격이 있다고 주장했다. 처음 일본 정부는 일본인과 일본 기업들이 식민지배 기간 동안 한국에서 손해를 본 재산에 대한 청구권을 이유로 한국의 주장을 맞받아치려 했으나 곧 입장을 바꾸어 남한 정부에 정확한 손해배상 금액을 구체적 증거와 함께 제시하도록 했다. 그러나 한국은 증거를 제시할 수 없었다. 일본이 이와 관련한 증거를 독점으로 소유하고 있었고, 증거물 대부분이 제2차 세계대전과 한국전쟁을 치르는 과정에서 손실됐기 때문이다. 마침내 1961년 5월 16일 쿠데타를 일으켜 정권을 잡은 박정희 정부와 일본의 이케다 정부는 일본 정부에 대한 한국의 손해배상청구권을 남한과 일본의 경제 협력을 통해 법적 방법보다 정치적 방법

342

으로 해결한다는 데 동의했다. 일본 정부가 남한 정부에 제공해야 할 돈과 재화 그리고 서비스는 3억 달러의 보조금, 2억 달러 가치의 장기 저리 공채 및 3억 달러 이상의 사적 투자 또는 상업적 대출로 협정이 이루어졌다. 한국의 관점에서 이는 손해에 대한 배상이었고, 일본의 관점에서는 경제 협력 및 한국의 독립에 대한 선물을 의미했다.

미국이 중재하고 냉전 시기에 강요로 맺은 일명 '허위 동맹'인 한일 관계는 관계의 정상화를 이루어냈다. 실제로 미국 정부는 일본이 한국에 제공하는 물품 유형과 양에 대한 두 정부 간의 의견 충돌을 중재하려 했으며, 미국 정부는 이를 중재가 아닌 '촉매'라고 표현했다. 미국 정부는 자신들의 중재가 한쪽에 편향되게 개입하는 것으로 비칠 경우 한국이나 일본 국민이 반미주의로 돌아설까 봐 두려워했다.

1982년 한국 정부와 언론이 제기한 일본의 교과서 문제도 한일 관계에 치명적 영향을 미치지 못했다. 1965년에 시작해 1990년 냉전 시대까지 계속되고 미국 정부가 중재한 한일 관계의 구조는 두 정부 모두 경제적 성장, 정치적 안정 및 경제적 협력과 분업을 통해 동북아시아에서 공산주의의 확산을 막고, 역사 문제로 남한과 일본의 관계가 악화하지 않도록 하는 데 최우선을 두었다.

냉전 시대의 종식이 역사 문제에 미친 영향

1990년대 초반, 전 세계적 냉전이 그 끝을 알렸다. 아시아 국가 정부 간의 이데올로기적 경쟁은 더 이상 심각하게 인식되지 않았다. 북한과 남한 정부 간의 경쟁은 남한이 경제적 성장, 정치적 민주화와 외교적 영향에 대해 좀 더 나은 성적을 보여줌으로써 해결되었다.

역사 인식과 과거사 문제의 부상

냉전의 종식이 한일 관계에 미친 영향은 무엇이었을까? 실제로 공유한 역사에 대해 다른 시각에서 비롯한 다양한 문제가 제기되었다. 한국과 일본뿐 아니라 한국인 사이에서 공유한 역사에 대해 서로 다른 관점에서 생긴 주장들이 제기된 것은 냉전이 끝난 후의 일이다.

역사 문제는 두 국가가 그들의 과거사를 어떻게 보느냐뿐 아니라 그것과 관련한 문제들을 깨끗이 해결했느냐에도 달려 있다. 대부분의 한국인은 많은 문제가 완전히 해결되지 않은 채 남아 있다고 생각하지만, 대부분의 일본인은 이 문제들이 1965년의 협정에 따라 법적으로 해결되었다고 여긴다. 그리고 대부분의 한국인은 박정희 정부가 보상 문제에 관해 불리하게 타협했다고 불평한다.

마침내 2005년 노무현 정부는 해결되지 않은 이례적 문제 세 가지가 아직 남았다고 결정했다. 제2차 세계대전 중 강제 징용된 일본군 위안부 생존 여성에 대한 보상, 식민지 시절 소련과 남한의 외교 관계가 부재한 탓에 한국으로 돌아올 수 없던 사할린 고려인에 대한 보상, 1945년 8월 히로시마와 나가사키에서 거주하다 원자폭탄의 고통을 겪은 한국인에 대한 보상이 그것이다.

일본군 위안부 여성에 관한 문제는 양국이 가장 시급히 해결해야 할 문제이며, 남한 정부는 한국의 피해자들에 대한 사과와 보상을 위해 일본 정부에 무언가를 더 해줄 것을 요구했다. 일본 정부는 도덕적 관점에서 볼 때 무언가를 해줄 수는 있지만, 이미 법적으로 해결된 문제라는 주장을 고수했다.

한일 간 교류 협력의 증대

역사 문제는 과거사에 대한 서로 다른 관점뿐 아니라 공유한 역사를 현대 한일 관계에 따라 어떻게 검토하느냐에도 영향을 받는다. 이것이 문제가 더욱 복잡해진 이유다.

반면 냉전 후의 한일 관계는 냉전 기간 이어온 반공국가 간의 협력이 불필요해지면서 두 사회를 연결해줄 만한 뚜렷한 고리가 아직까지 존재하지 않는다는 이유로 불안정한 관계를 지속해왔다. 그에 비해 두 사회 간의 상호 연결의 필요성은 상업적·사회적·문화적으로 점차 뚜렷해지고 있다. 문제는 우리가 이 관계를 발전시키고 깊게 만들 보편적 원칙에 서로 동의하지 않는다는 점이다.

평화와 화해의 긍정적 분위기 조성

그렇다면 1990년대 냉전이 끝난 후 한일 관계는 악화되어왔는가? 이 시기 역사 문제가 다른 어느 때보다 중요한 것은 사실이지만, 한일 관계는 예상한 것만큼 악화되지는 않았다. 이는 냉전의 종식이 어떻게 한반도에 나타났는지와 밀접한 관계가 있다. 냉전의 종식은 한반도에 엄청난 영향을 미쳤으며, 이는 북한의 행동도 바꿔놓았다.

1990년대 초반 북한 정부는 일본 정부와 관계 정상화를 위한 회담을 하는 데 동의했다. 같은 시기 북한과 남한 정부 또한 고위급 회담을 시작했다. 마침내 두 정부는 '화해와 불가침 및 교류 협력에 관한 합의서'를 통해 서로의 합법성을 인정하고 상대방을 질책하는 행위를 자제하자는 데 합의했으며, '비핵화에 관한 공동선언'을 통해 핵통제 공동위원회를 설립하고 철저한 입증을 거쳐 핵무기 개발을 금지하기로 합의했다. 냉전의 종식이 한국의 평화적 화해에 기여한 것이다.

북한의 핵 개발과 한일의 결속 강화

그러나 냉전 종식의 긍정적 영향은 오래가지 못했다. 북한과 일본의 회담은 일본인 납치 사건과 북핵 위기로 아무런 성과를 거두지 못한 채 중단되고 말았다. 남북 고위급 회담이 기본 합의와 공동성명 같은 가시적 결과물을 창출해내긴 했지만 긍정적 결과는 더 이상 나타나지 않았다. 북한은 김정일의 안전을 보장하기 위해 남한 정부를 건너뛰고 미국을 설득하려 했다. 더 나아가 자국 보호를 목적으로 혹은 미국과 직접적인 회담 자리를 마련하기 위해 자체 핵무기를 개발하기 시작했다. 첫 번째 일명 '북핵 위기'는 1994년 미국과 북한이 핵 동결 협약을 체결하면서 일시적으로 해결되었다. 그러나 2002년 10월, 미 국무부 차관보 제임스 켈리가 평양을 방문했을 때 강석주 외무성 제1부상은 북한이 핵무기 개발을 포기하지 않았다고 시인했다. 이것이 현재까지 계속되는 두 번째 북핵 위기의 시초다.

역설적으로 북핵 위기는 이를 저지하려는 남한과 일본과의 관계를 더욱 긴밀하게 만들었다. 냉전 도중에도 남한 정부와 사회는 일본이 남북 관계에 개입해서는 안 된다는 입장을 고수했다. 그러나 냉전 후에는 북핵 위기를 해결하기 위해 미국, 남한, 일본으로 구성된 TCOG(대북정책조정감독그룹)가 설립되었다. 북핵 위기는 남한과 일본이 서로에게 중요한 협력자가 되는 다리 역할을 했다. 이 때문에 두 정부 모두 한일 관계에서 역사 문제를 치명적으로 여기지 않았다.

이러한 관점에서 볼 때, 냉전 종식만이 역사 문제를 악화했다고 보는 것은 매우 단순한 발상이다. 한일 관계의 구조적 변화 또한 역사 문제의 악화와 관련 있다는 사실을 인지해야 한다.

한일 관계의 구조적 변화와 역사 문제에 대한 영향

대등한 세력으로의 차이

1980년대 초반, 한국은 아시아의 후진국 중 하나였다. 더욱이 한일 관계는 수직적 분업의 관점에서 이해되었다. 이 때문에 한국은 일본에 더욱더 의존할 수밖에 없었다. 한국의 일본과의 무역수지 적자는 일본에 대한 한국의 의존성 징조로 여겨졌다. 실제로 1960년 이래 한국 경제가 역동적으로 성장할수록 일본과의 무역수지 적자는 더욱 커졌다. 그러나 이제 누구도 한국 경제가 일본에 의존한다고 말하지 않는다. 한국은 더 이상 미국이나 일본에 의존하는 후진국이 아니다. 한국의 경제성장과 인력 발달 추세를 볼 때 곧 한국과 일본이 동등해

지리라고 예상할 수 있다. 반면 장기적으로 볼 때 한국과 일본이 비슷한 힘을 지닌다면 역사 문제를 좀 더 쉽게 타협할 수 있을 것이다. 한국의 반일 감정은 양국의 힘의 차이에서 오는 것이기 때문이다. 남한 또는 통일 한국과 일본이 협력자가 된다면 평화롭고 번영하는 동북아시아를 건설하는 책임을 잘 감당해낼 수 있을 것이다.

역사 인식의 충돌, 요구와 반발의 착종

하지만 한국과 일본 간의 세력 전이는 역사 문제의 충돌을 악화할 수도 있다. 지금까지 한국이 힘에서 일본에 열등했기 때문에 자신들의 요구 사항을 포기해야 했다고 생각하는 한국인은 이제 한국이 일본과 동등해질 수 있으며, 자신들이 원하는 바를 더욱 효과적으로 국제사회에 전달할 수 있기에 한국이 세력 전이를 잘 이뤄낼 수 있으리라고 믿는다. 반면 여러 이유로 자신들이 한국인의 반일 감정에 관대한 입장을 취해왔다고 인식하는 일본인은 자국의 지위를 생각해서라도 더 이상 이를 용납하지 않고 관련 대책을 강구해야 한다고 생각한다. 한국의 높아진 자신감과 일본의 더 적어진 관용이 역사 문제를 악화시킨 원인 중 하나라는 것이다.

가치의 공유와 정권의 유사성

1960년부터 한국의 지속 가능한 경제 발전, 1987년 이후 정치 민주화 그리고 구소련, 중국 그리고 다른 공산국가 간의 외교 관계의 정상화는 한국과 일본이 시장 민주주의를 그들의 공통 가치로 공유하는 것을 가능하게 만들었다.

한국과 일본이 시장경제, 정치적 민주주의 그리고 한국과 일본 사이의 법률 같은 가치를 공유한다면 그들의 공통 가치를 기초로 두 국가 간의 관계를 촉진할 수 있다. 실제로 일본 정부는 중국과의 정책 문제와 관련해 서로 협력하자고 한국 정부에 제시했으나, 한국 정부는 한국 경제에 대한 중국의 영향을 알고 있기에, 또 북한의 도발에 제약을 가하는 중국의 역할과 한국 통일에 대한 중국의 거부권을 알고 있기에 중국을 등지고 일본 편을 드는 데 조심스러운 입장을 보이고 있다.

반면, 일본 정부는 일본이 한국과 공통 가치를 공유한다는 사실에도 한국이 중국에 맞서 일본 편에 서지 않는다는 점에서 한국에 실망감을 표하고 있다. 몇몇 사람은 한국이 지정학적 요소, 역사 유산, 반일 태도 가운데 일본과 중국 간의 라이벌 의식 때문에 친중 정책을 선택한다고 말한다. 그러나 한국 정부는 일본 정부에 대해 역사 문제와 관련한 보상 문제를 처리하는 데 인권을 존중하지 않고, 가해자로서 신분을 진지하게 숙고하지 않는다고 비난했다. 한국과 일본의 역사 문제가 악화된 부분적 원인은 가치가 불일치하는 데서 온다.

다차원의 초국제 관계

• 계층 간의 교류와 이해 증대

냉전 시기에 한일 관계는 기업이나 정부 차원의 관계로 한정되어 왔으며, 시민사회나 비정부 기관과의 관계는 활발하게 이루어지지 않왔다. 그러나 1987년부터 한국의 정치 체제는 민주화되고, 시민사회는 활성화되었다. 한국의 시민운동을 위해 일본과의 상호 관계는 매우 유용했다. 일본과 한국은 문화나 민주주의에 관한 관점이 비슷하기 때문이다. 1990년대에도 그들의 상호 관계는 활성화되었는데, 일본의 시민사회가 한국의 시민사회에 유사한 문화와 가치, 진보된 민주 시민사회의 모델을 제시했을 뿐 아니라, 한국의 시민사회가 일본의 시민사회에 새로운 자극을 제공했기 때문이다.

이러한 측면에서 한국과 일본의 관계는 정부 간 관계를 비롯해 다차원적 경제, 시민운동, 관광적·학술적 하위 문화 등을 포함한다.

이 같은 다차원적 관계는 서로 간의 상호 이해를 더욱 깊이 인지할 수 있도록 기여했다. 상호 간 이해는 한국과 일본이 역사적으로 공유하거나 솔선수범해서 서로의 적대감을 이겨내고, 평화적이고 번영하는 동북아시아를 구성하는 데 한층 나은 관계를 만들 수 있기 때문에 매우 필요하다.

• 한일 역사 문제의 복잡화

그러나 사실 한일 시민사회 관계는 역사 문제를 더욱 복잡하게 만들었다. 위안부 문제를 제기한 쪽은 일본 시민사회인데 이는 일본의 시민운동 중 하나가 일본 정부만 보유 중인 관련 서류가 있고, 한국의 피해자는 절대 나오지 않을 것이라는 사실을 발견했기 때문이다. 1990년대 일본 정부에 대한 초국적 압박은 일본 정부와 시민사회가 그 문제를 처리하도록 설득했고, 일본 정부는 고노 담화를 위안부 문제와 관련해 이슈화했다. 아시아여성기금은 위안부 문제를 해결하기 위해 설립한 반관반민 단체다.

일본에서는 위안부 문제를 적어도 법적으로는 해결한 것으로 간주했다. 그러나 한국에서는 고노 담화를 높이 평가하지 않았을뿐더러 아시아여성기금은 일본 정부가 법적 책임을 수용하지 않기 위한 위선적 조치로 받아들였다.

그 이후 정신대문제대책협의회는 매주 대한민국 서울에 있는 일본 대사관 앞에서 '수요집회'를 진행하고 있지만, 이러한 활동은 한국 국민에게 그다지 주목받지 못했다.

한국의 헌법재판소는 이러한 문제를 단계적으로 확장했다. 2011년 8월 선고한 판결에서 법원은 위안부 보상 문제에 대한 한국 정부의 소극적인 태도를 지적했다. 일본 정부는 이러한 협정이 권리의 주장을 포함해 논란이 된 모든 문제를 해결했다고 주장한 반면, 한국 정부는 이에 대해 다른 견해를 보였다. 한국 정부는 생존 위안부 여성의 보상 요구나 식민지 시절 사할린에 거주하며 한국과 소련의 외교 관계가 이루어지지 않아 한국으로 돌아오지 못한 한국인 그리고 히로시마와 나가사키에 있는 한국인 중 1945년 8월 원자폭탄 투하로 고통받는 사람들에 대한 문제를 이러한 협정을 통해서는 해결할 수 없다고 말한다. 헌법재판소는 헌법 해석의 차이와 위안부에 관한 일본과의 협상을 저버린 것에 대해 한국 정부가 헌법을 위반했다고 판결했다. 법원은 사실상 한국이 일본 정부와 협상을 계속하도록 명령했다.

반면 대다수의 일본인은 고노 담화와 아시아여성기금 문제에 대해 일본이 어느 정도 해결을 이뤄냈다고 생각한다. 현재 관점에서 볼 때 일본의 전시 행동이 심했고 허용할 수 없는 행위였지만, 이 문제에 대한 한국의 지속적인 문제제기는 꽤 부담되는 일이었다. 몇몇 사람은 그 문제를 두고 꾸며낸 것이라고 말하기도 한다. 일본 정부나 군대는 그 행동에 아무런 책임이 없기 때문이다.

한국에서는 정신대문제대책협의회가 이런 문제를 다루는 데 영향력이 가장 큰 만큼 특별법을 제정해서라도 일본 정부가 받아들여야 한다고 주장한다. 하지만 일본 입장에서 특별법을 제정하는 것은 받아들이기 어려운 일이다. 모든 합법적 문제는 1965년 협정에 의거해 해결되었다고 판단하기 때문이다. 이처럼 일본의 공식적 태도와 정신대문제대책협의회의 완강한 입장으로 서로 타협점을 찾기 어려운 한국 정부로서는 난감한 상황에 놓여 있다.

대한민국과 일본의 교류 관계

• 일방적 관계에서 양방향 관계로

냉전 도중, 일본과 한국이 서로를 바라보는 인식에는 굉장히 큰 격차가 존재했다. 대부분의 한국인은 일본을 싫어했지만 그럼에도 일본은 전략적으로 미국 다음가는 아주 중요한 국가였다. 더욱이 일본은 지원, 거래, 투자, 금융 그리고 기술 교류 면에서 한국의 중요한 경제적 파트너였다. 일본과의 외교 정상화와 일본의 계속되는 경제적 지원이 없었다면 한국은 '한강의 기적'을 이뤄내지 못했을 것이다. 1980년대까지 "일본이 재채기를 하면 한국은 감기에 걸린다"라는 말이 자주 회자되곤 했다. 하지만 일본은 한국을 공산주의의 방어벽이라고 간주할 뿐 그다지 중요하게 생각하지 않았다. 대부분의 일본 사람에게 한국은 중요하지만 필수적이지는 않았다. 그래서인지 물건, 돈, 사람, 정보, 지식 등 모든 것이 일본에서 한국으로 넘어왔지만 반대로 한국에서 일본으로 간 것들은 그리 많지 않았다.

하지만 1990년대 이후 상황이 바뀌어 한국에서 일본으로 가는 물자가 급격히 늘어났다. 일본 정부와 사회는 한국을 더 이상 하급 파트너라 여기지 않고 자국의 이익을 성취하기 위한 필수적 존재라고 느끼기 시작했다. 반면 한국 입장에서는 일본과의 관계가 당연히 중요했지만 더 이상 미국 다음일 정도로 필수적이지는 않았다. 중국은 이제 미국과 동급으로 중요해졌고, 그 중요성은 경제 관계뿐 아니라 북한에 대한 중국의 영향에서도 나타난다. 일본의 존재는 중국이 부상하면서 희미해져버렸다. 한국에 있는 일본 존재가 일본에 있는 한국 존재보다 더 높기는 하지만, 일본에 있는 한국 존재는 비교적 꾸준히 증가해왔다. 이에 따라 일본 주도의 일방적 한일 관계에서 한국과 일본의 양방 교류 관계로 변화했다.

• 한일 관계의 구조 변화와 역사 인식

그렇다면 이러한 한일 관계의 변화가 역사 문제에 어떤 영향을 주었을까? 몇몇 사람은 한국인과 일본인 모두 자신들의 역사를 보는 상대국의 관점을 이해할 수 있으며, 관점의 차이 또한 좁힐 수 있을 것이라는 긍정적 평가를 한다. 역사 문제는 자신의 역사를 바라보는 관

353

점의 차이에서 오는 것이다. 한국인은 대개 공정한가 불공정한가의 관점에서 자신들의 역사를 띄엄띄엄 바라보지만, 일본인은 대개 비윤리적 관점에서 자신들의 역사를 연속적으로 바라본다. 한국인은 일본인이 부도덕한 과거사에서 빠져나올 수 없을 것이라고 비난한다. 한국인에게는 자신들의 실패한 역사에서 빠져나와 새롭게 시작하는 것이 더 쉬울 수 있다. 이에 대해 일본인은 한국인이 과거 결정이나 행동을 쉽게 저버린다고 비난한다.

실제로 한국인은 자신들의 역사를 공정한가 불공정한가의 관점에서 바라보며 일본인 또한 올바른 관점에서 역사를 봐야 한다고 요구한다. 일본인은 자신들의 과거사가 제국주의자, 침략자 및 가해자의 성향을 띠었다는 것을 인정하는 데 어려움을 겪고 있기에 그들에게는 이러한 한국인의 요구를 솔직하게 인정하는 것이 결코 쉬운 일이 아니다. 한국과 일본 모두 양방향 교류와 상호작용이 존재함에도 서로의 관점을 깊게 고찰하지 않은 채 자신들의 관점만 고집한다.

역사 문제만 놓고 생각할 때 많은 한국인은 자신들이 피해자였기 때문에 자신들의 관점이 공정하게 인정받아야 한다고 생각한다. 물론 가해자의 역사보다 피해자의 역사를 인정해야 하는 것이 맞다. 그러나 자신의 역사를 공정한가 불공정한가의 관점에서만 보는 이러한 한국적 사고는 일본뿐 아니라 국제사회에서도 크게 설득력을 얻지 못한다. 이 같은 측면에서 볼 때, 역사 문제의 악화는 냉전 후 강요의 완화뿐 아니라 한일 관계의 구조적 변화에도 원인이 있다고 볼 수 있다.

한국과 일본이 서로 동등해지고 닮아가는 것은 의심의 여지가 없다. 아시아의 이웃한 두 나라는 국제정치에서도 유사한 위치와 힘을 지니고 있다. 이에 따라 한일 양국은 자신들이 원하는 국제 환경에서 서로 공유하는 이익을 추구하고 있다.

한국의 일본 경시 분위기

문제는 중국이 새로운 강자로 떠오르는 세력 전이 과정에서 한일 관계의 구조가 변화를 겪었다는 데 있다. 2010년, 중국은 일본의 GDP를 넘어섰으며 늦어도 2030년에 이르러서는 미국의 GDP까지 뛰어넘을 것이다. 이러한 이중 세력 전이 현상, 한국과 일본의 동등화 및 중국이 일본을 넘어서는 현상은 동북아시아의 정치 관계에 거대하고 복잡하며 예측 불가능한 영향을 미칠 것이다.

한국인과 일본인의 정치적 선택에 마찰을 일으킨 원인은 다음과 같은 맥락에서 바라볼 수 있다. 한국인에게 일본과 동등한 관계, 더 나은 균형을 갖추는 것 등의 변화는 큰 혼란을 불러왔다. 한국에서 일본이라는 더 큰 이웃의 의도와 역량에 대한 과대평가와 기대에 미치지 못할 때마다 일어나는 과소평가가 동시에 혼재한 것이다. 사람들은 자연스레 일본이 주요 군사 국가로 도약하려는 목적이 있다고 생각했으며, 이는 이제 반박의 여지가 없는 전제 조건으로 자리 잡았다. 동시에 한국 사회에서 일본의 이미지 또한 급진적 변화를 겪고 있다. 일본은 더 이상 한국의 모델이나 목표가 아니다. 한국인에게 일본은 이제 배울 점 하나 없는 나라라는 이미지가 더 강하다. 일본이 한국에 이익을 주는 역할을 할 수 없다고 믿으면서, 사람들은 더 이상 일본에 관심을 가질 필요가 없다고 말한다.

특히 한국의 신세대는 일본을 좋아하느냐 싫어하느냐의 문제가 아니라 아예 무관심한 태도를 보이는 현상까지 나타나고 있다. 이것은 양방 관계에 있는 다른 사안과 관계없이 오로지 역사 문제에만 중점을 두고 있는 한국인의 성향에서 비롯한 것이다.

일본의 한국 불신 분위기

반면 일본의 관점에서 볼 때 이러한 구조적 변화는 일본에 한국이 과거보다 더 중요한 전략적 위치에 있다고 인식하게 만들었다. 그러나 완강하게 수동적 태도를 보이는 한국인의 행동 때문에 한일 간 협력은 때때로 정체되어 있으며, 이를 경험한 일본인은 한국의 태도가 절대로 변하지 않을 것이라고 결론짓는다. 또한 한국인과 협력해서는 많은 것을 얻을 수 없다고 체념한다. 따라서 일본인은 협력을 통한 가능성을 찾기보다 한국인과 함께 일하는 것은 힘들고 새로운 가능성을 찾는 것도 쉽지 않다고 지레 판단해버린다. 결국 두 국가 사이의 갈등이 악화되어도 이를 방치할 수밖에 없는 상태가 된다.

상호 존중과 정확한 이해의 필요

일본으로서는 자국에 대한 한국인의 불신을 떨쳐버리고 자국의 중요성을 한국인에게 납득시킬 만한 여지가 남았을 수도 있다. 동시에 한국 사회 또한 조금 더 합리적 관점에서 일본을 평가해야 한다. 문제는 두 국가가 함께 이 선택을 하고 노력할 것인가에 달려 있다.

이러한 선택을 할 경우, 양방의 협력이 정말 어려운 것인지 다시한 번 생각해봐야 한다. 선택의 여지는 아직 남아 있다. 비록 체념하더라도 일본은 자국의 외교 정책이 앞서 말한 일본에 대한 과대평가와 과소평가가 공존함으로써 발생하는 불신을 떨쳐버리면서 한국인에게 일본의 중요성을 부각하려는 시도를 한 적이 있는지 반성해야한다.

위안부 문제 같은 역사적 관점에서 발생하는 문제와 갈등을 해결할 수 있는 제안을 할 여지가 아직 남아 있지 않을까? 또 이러한 제안이 일본이 정말 바뀌었고 과거를 반성하고 있다고 한국인을 설득할수 있지 않을까? 한국 사회 또한 과대평가와 과소평가의 극단적 반응만 보이기보다 좀 더 합리적 측면에서 일본을 평가해야 한다. 이것이일본에 이익이 된다는 이유 때문이 아니라 일본의 가치를 정확하게평가하지 못할 때 한국이 피해를 본다는 사실에 입각해 반드시 변화를 이끌어내야 한다.

:: **기미야 다다시** 木宮正史

도쿄대학교 법학과를 졸업하고 동 대학원에서 정치학 석사학위를 받았으며 박사 과정을 수료했다. 이후 고려대학교에서 정치외교학 박사학위를 받았다. 현재 도쿄대학교 대학원 종합문화연구과 교수로 재직 중이며, 현대한국연구센터장을 맡고 있다. 주요 저서로 《韓国: 民主化と経済発展のダイナミズム》, 《시장 국가 국제 체제》(공저), 《한국과 일본: 새로운 만남을 위한 역사 인식》, 《北東アジアの秩序形成: 日韓の責務(外交フォーラム 119号)》, 《韓国政治のダイナミズムと盧武鉉政権(現代韓国朝鮮研究 第5号)》 등이 있다.

3. 위안부 문제 해결의 실마리는 있는가

아리미쓰 겐 전후보상네트워크 대표

〈아사히신문〉은 1980년대부터 보도한 요시다 세이지의 위안부 강제 연행 증언을 2014년 8월에 허위였다고 발표하며 특집으로 정정 기사를 실었다. 이 기사 때문에 일본 사회는 벌집을 건드린 것처럼 논란이 일어났다.

갈수록 논란이 거세지고 파장이 확산되자 어정쩡한 변명과 정정 보도를 한 〈아사히신문〉은 사과를 하지 않았다며 비판을 받았고, 결국 9월에 사장이 직접 기자회견을 열어 사과하고 담당 간부들을 해임했다. 그러나 소동이 수습되기는커녕 더 확대되어 다른 경쟁 신문사나 주간지뿐 아니라 월간지도 논쟁(〈아사히신문〉 때리기라는 부정적 선전뿐이지만)에 가세해 일본 언론 역사상 전대미문의 대소동이 벌어졌다.

1990년대 초반에 위안부 문제가 사회 쟁점이 된 후 우여곡절은 있었지만 이렇게까지 일본 사회 전체가 주목한 적은 없었다. 이와 관련해 우선 가장 가까운 사회현상을 분석해보려 한다.

1990년대 중반부터 자칭 애국자라고 하는 일본 우익은 중학교 역사 교과서에도 위안부를 동원한 내용을 서술한 것에 반발해 역사 문제에 관심을 갖고 해결책을 모색하려는 시민이나 학자, 언론기관의 행위를 자학적이라고 맹렬하게 공격했다. 그리고 할아버지와 아버지의 명예를 지키자며 주로 인터넷 공간과 우익 성향의 잡지를 이용해 대항 운동을 전개해왔다.

〈아사히신문〉은 이번 정정 보도가 오랫동안 지속적으로 공격을 받자 끝내 요시다 세이지 증언 등의 기사를 취소하거나 정정했는데, 이 때문에 요시다 세이지의 증언을 중요하게 다룬 보도 전체가 신빙성을 잃고 심각한 타격을 받았다.

정신대문제대책협의회의 운동을 이끌어온 윤정옥 이화여자대학교 명예교수가 1990년에 한국 일간지 〈한겨레신문〉에 일본 현지 보고를 게재하면서 요시다 세이지의 글을 인용했다. 이와나미쇼텐 등 일본 출판사에서 발행한 일본인 연구자들의 위안부 관련 출판물에도 요시다 세이지의 증언이 많이 인용되었다. UN인권위원회 구마라스와미 특별 보고자가 쓴 보고서나 해외 위안부 관련 문헌에도 종종 인용되었기 때문에 요시다 세이지의 증언이 각 방면에 미친 영향력은 상당히 크다. 이러한 문건들은 향후 정정하라는 요구를 받을 것이다.

1990년대 초반 위안부 문제가 사회 쟁점으로 떠올라 국내외로 순식간에 확산되던 시기에 일본인이 증언해 위안부를 강제 연행한 근거로 사용된 거의 유일한 가해 증언이었기 때문에, 허위 증언인 데다 32년 동안이나 정정하지 않고 유포한 것은 중대한 과실과 부작위에 해당된다.

〈아사히신문〉은 1997년에 요시다 세이지가 증언한 내용은 진위를 확인할 수 없다며 그를 거론하지 않기로 했다고 설명했다. 그러나 언론의 본분을 생각할 때 진위를 밝히기 위해 취재를 하는 과정에서 허위라고 판단했다면 요시다 세이지가 왜 거짓말을 했는지, 필요한 경우 정신병리학자들의 협조를 얻어 본인이 살아 있는 동안에 해명을 했어야 했다.

허위 증언을 한 자체가 사건이므로 그 배경을 포함한 진상을 규명해야 하지 않았을까? 〈아사히신문〉 측은 의도한 일이 아니었다고 주장하지만 부작위를 오랫동안 방치한 나태함은 비난받아 마땅하다. 〈산케이신문〉이나 〈요미우리신문〉, 주간지 등이 집요하게 비판하자 견디지 못하고 굴복한 꼴인데, 이러한 뒤늦은 정정 보도로 인한 소동 때문에 〈아사히신문〉 독자뿐 아니라 위안부 당사자도 피해를 입었다.

한편 위안부 문제가 전 세계로 확산되어 일본인이 피해를 입었다거나 상처를 받았다는 것은 본말이 전도된 주장이다. 일본이 지금까지 시종일관 어떠한 대응도 하지 않아 태도를 확실하게 취하라는 목소리와 비판이 전 세계로 확산된 것이지 제대로 문제를 해결했으면 일본이 비판받을 이유는 없다. 일본이 부당하게 악인 취급을 받는다거나, 일본의 명예가 훼손되었다는 등의 지적은 옳지 않을뿐더러 이는 일본 정부가 논점을 뒤바꾸고 문제를 해결하기 위한 의지와 능력이 오랫동안 결여되었다는 증거일 뿐이다.

문제가 복잡하고 길어진 원인

위안부 문제에 불을 붙인 아베 1차 내각

한일 관계에서 위안부 문제가 최대 현안으로 떠올라 지금처럼 출구가 보이지 않는 심각한 대립 상태에 빠진 시기는 2011년 12월 18일 한일 정상회담 이후다. 한국과 일본의 국회에서 위안부 문제가 처음으로 거론된 1990년 6월, 피해자가 모습을 드러낸 1991년 8월, 강제 연행을 인정한 1993년 8월의 고노 담화, 피해 여성을 위한 아시아여성기금이 설립된 1995년에서 1996년의 혼란한 시기까지 뉴스에서 자주 보도했지만, 이후 일본 신문이나 TV는 거의 위안부 문제를 보도하지 않았다.

어쩌다 보도하는 내용도 NHK의 위안부 문제 보도 분쟁이나 교과서에서 위안부 동원 서술이 삭제되었다든지, 위안부를 주제로 한 사진전이나 집회에 지자체가 장소를 허가하지 않는 등의 2차 분쟁이나 마찰 등이지, 위안부가 증언하는 내용을 전달하는 보도는 거의 사라져버렸다.

피해자나 NGO 단체가 문제를 해결하라고 끊임없이 요구했기 때문에 UN인권위원회나 국제노동기구ILO 전문가위원회 등이 계속 권고하기도 했다. 하지만 일본에서 위안부가 사죄와 배상을 요구하며 제기한 소송은 1998년 야마구치 지방재판소 시모노세키 지부의 판결 외에 모두 패소했고, 2007년 3월에는 아시아여성기금이 해산되었다. 그 후 일본 정부와 언론도 위안부 문제를 더 이상 거론하지 않을 것이라고 판단해 외교 관계에서 심각한 장애가 되리라 예상하지 못했다.

그런데 고노 담화를 재검토하자고 주장한 아베 내각이 2006년에 출범하자 국제사회는 민감하게 반응했고, 2007년에 미국 하원, 캐나다 하원, 네덜란드 상원, EU 회의 등에서 아베 내각을 견제해 위안부 문제의 조기 해결을 요구하는 결의를 잇따라 채택했다.

일본 민주당 정권의 허술한 대응

그러나 제1차 아베 내각이 막을 내리고 아소 내각을 거쳐 2009년에 민주당 정권이 탄생하자, 위안부 문제에 관심을 가지는 분위기는 다시 사그라졌다. 동아시아 공동체를 공약으로 내걸고 중의원과 참의원에서 다수 의석을 차지한 민주당의 하토야마 내각은 기대를 한 몸에 받았는데도 결국은 아무것도 하지 않은 채 단명하고 간 나오토 내각으로 바뀌었다.

한일강제병합 100주년을 맞아 《조선왕실의궤》 반환을 포함해 간 총리가 발표한 담화는 호평을 받기도 했다. 하지만 사할린 징용 조선인의 유골 문제는 언급하고, 위안부 문제는 언급하지 않았기 때문에 간 내각이 진심으로 위안부 문제를 해결하려는 의지는 보이지 않았다. 2011년 3월 동일본 대지진으로 입은 피해를 수습하는 과정에서 민주당 정권은 지지율이 하락했으며, 뒤를 이은 노다 내각은 하토야마 전 총리나 간 전 총리 이상으로 위안부 문제에 관심이 없고 오히려 자민당 우파나 유신당 등과 역사관이 비슷해 위안부 문제를 해결하는 데 거부감이 있는 것처럼 보였다.

2011년 12월 18일 교토에서 정상회담을 했을 때 노다 전 총리가 눈에 띌 정도로 불성실한 태도를 보이자 이명박 대통령은 크게 실망하고 화를 내기도 했다. 위안부 문제를 해결할 방안을 진지하게 논의하자고 강력하게 촉구한 이 대통령에게 다른 문제를 제기하고 대통령 개인의 감정에서 비롯된 것으로 흘려들은 노다 전 총리의 둔한 감성과 인식 부족도 심각한 문제였다.

게다가 1965년 청구권 협정으로 완전히 해결했다고만 주장하는 일본 정부 및 외무성의 상황과 역사 인식 부족은 그 당시 일본의 국익에 심각하게 손상을 입혔다.

2011년 8월 30일에 한국 헌법재판소의 결정이 있은 이후 위안부 문제는 중요성이 많이 달라졌는데도 일본 정부는 이를 깨닫지 못하고 대응할 준비도 하지 않았다. 그리고 같은 해 12월, 정신대문제대책협의회의 수요집회가 1,000회를 맞이해 피해자 측의 감정이 고양된 점, 국제사회도 민감하게 반응한 점, 특히 일본 대사관 앞에 세운 위안부 소녀상을 철거하기 어려워져 사태가 점점 악화되는 악순환에 빠질 거라고 충분히 예견하거나 인식하지 않았다. 일본에는 위안부 소녀상 건립을 저지하기 위해 온몸을 던져 이를 논의하고 협상하는 외교관도 정치인도 없었다. 사태가 점점 심각해질 것이라는 걸 알면서도 아무런 방법을 강구하지 않은 채 12월이 되고 말았다.

알려진 대로 그 후의 과정은 2013년 3월에 사사에 제안(총리의 사과+주한 일본대사가 피해자에게 직접 사과+국고로 보상)이 있었고, 8월에는 이 대통령이 독도를 방문하고 일본을 과하게 비판했으며, 이명박 정부와 노다 내각 말기에는 한국의 천영우 외교안보수석과 일본의 사이토 쓰요시 관방장관이 위안부 문제를 타결하기 위해 비밀 협상을 진행했지만 타결 직전에 다시 무산되고 말았다.

하지만 두 정부 모두 레임덕 상태여서 만약 합의했다 해도 실행으로 옮길 수 있을지 매우 불투명했다. 당시 외무대신이던 겐바 고이치로 중의원 의원은 외무성도 그러한 협상을 몰랐는데 사이토 관방장관이 마음대로 한 것 아니냐는 부정적 견해를 후일 밝히기도 했다.

일본으로부터 확산된 혼란과 불신

아시아여성기금의 실패와 불신

2012년 말 제2차 아베 내각이 출범한 이후 위안부 문제가 악화되었다고 흔히 말하지만, 실제 이 문제는 그 전부터 충분히 악화되었다.

일본 정부와 외무성이 섣부르게 판단했다기보다 문제의 본질을 보지 않고 1965년 청구권 협정 때 완전히 해결했다는 논리에 너무나 집착해 1990년대 이후 새롭게 밝혀진 전쟁 중이나 전쟁 후에 벌어진 중대한 인권 침해 문제를 대하는 태도가 시종일관 불성실했으며 신속하지 않았다. 차일피일 미루면서 시간을 벌어 인권 침해 문제가 잊히고 흐지부지되기를 바라는 것처럼 보였다.

특히 아시아여성기금을 설립해 피해자끼리 분열하고 대립하게 한 것이 사태를 더욱 복잡하게 만들고 악화시켰다. 이 기금은 한일협정으로 해결된 위안부 문제를 정부는 더 이상 보상할 수 없지만 정부 대신 국민이 피해자에게 사과한다는 논리로 설립한 '보상을 대신하는 조치'였다. 보상을 대신하는 조치이므로 결코 보상이 아니다.

피해자가 끊임없이 요구한 것은 명예 회복과 사죄, 보상(배상)이었다. 보상은 할 수 없다고 하면서 일본 정부는 보상금으로 지불한 5억 엔(약 50억 원)의 10배에 가까운 금액인 48억 엔(약 480억 원)을 사용해 많은 피해자가 일본 정부의 제안을 받아들였다고 해외에 선전했다. 한국, 타이완, 필리핀의 피해자 중 겨우 285명에게 보상금으로 지불한 5억 엔(한 명당 200만 엔)의 10배나 되는 경비를 사용한 이 사업을 과연 어떻게 생각해야 할까?

괜한 일 하지 말고 즉시 피해자에게 보상했다면 약 1,000명에게 한 명당 500만 엔씩 보상할 수도 있었다. 그리고 왜 한국, 타이완, 필리핀에만 한정하고 중국이나 북한, 인도네시아, 동티모르, 파푸아뉴기니 등의 피해자는 보상 대상에서 제외했을까?

일본 정부는 보상받은 인원수가 285명이라는 것을 오랜 기간 비밀로 부쳤는데 2014년에 이 기금 운영위원장인 와다 하루키 도쿄대학교 명예교수가 각 국가별 인원수(한국 61명, 타이완 13명, 필리핀 211명)를 일방적으로 〈마이니치신문〉에 발표해 6월에 고노 담화 작성 검증 보고서에도 보상받은 한국인 수를 61명으로 밝혔다.

한국에서 이름을 밝힌 피해자 234명 중 4분의 1 정도밖에 보상을 받지 못한 셈인데, 왜 수치를 기금이 해산한 후 7년 넘게 비밀로 했는지 이해할 수 없고, 2014년에 갑자기 밝힌 이유 또한 명확하지 않다.

누가 봐도 이 사업은 실패했는데도, 자신들은 올바르고 좋은 일을 하려 했지만 한국의 피해자와 지원 단체가 반대해 일이 잘되지 않았다는 보도를 확산시켜 사업이 실패한 책임을 한국의 피해자와 지원 단체에 전가했다.

지금도 좋은 일을 하려고 한 자신들이야말로 피해자라는 묘한 논리를 전개하는 외무성은 사후 지원 사업이라는 명목으로 보상금을 받은 피해자만 계속 지원해 피해자 사이를 분열시키고 서로 대립하게 하려는 책동을 멈추지 않고 있다. 실패한 책임을 자신에게 묻지 않고 남에게 전가하는 논리는 최근에 유신당 소속 국회의원들이 한국을 비난할 때 자주 이용한다. 이미 일본은 충분히 성실하게 보상했다며 이 사업을 옹호하는 우파의 언동을 보노라면, 애초에 이 기금은 피해자를 지키고 지원하기 위한 것이 아닌 해외의 비판으로부터 일본을 지키기 위한 것이었음을 다시 한 번 느낀다. 이래저래 머리를 써서 언론 등을 통해 선전한 이 기금의 활동 실적은 피해자나 한일 양국 국민의 공감을 얻기에 내용이 빈곤하고 선의를 강요하는 인상이 짙다.

일본 정부의 엉거주춤한 태도

다른 문제도 그렇지만 국제 외교에서 일본의 전통적 특징은 대체로 수동적이라는 점인데, 상대 국가가 몇 번을 요구해도 통 크게 양보하는 것이 아니고 '우선 이 정도' 식으로 어중간한 태도를 보이는 경우가 많다.

위안부 문제도 처음 거론될 때부터 한국이 강경한 태도를 보이자 여러 번 양보한 사실은 고노 담화 검증 보고에도 나와 있다. 강제성은 인정하면서도 국가의 책임은 모호하게 설정해 배상과 보상을 회피하기 위한 '보상을 대신하는 조치'로 국고에서 사무 경비나 활동비를 지출해왔다. 그러나 일본 국민이 피해자에게 위로금밖에 줄 수 없다는 모순을 처음부터 안고 있었다.

죄를 인정한다면 분명하게 사죄해야 하는데 '마음에서 나오는 사죄와 반성'이라는 모호한 표현을 사용해 명쾌하지 못한 조치가 되고 말았다. 게다가 사죄나 사과를 영어로 'apology'로 번역한다는 모호함을 이용해 국제사회에는 사죄한다며 호소하고, 국내에는(특히 우파에게) 사죄보다 한 단계 낮은 도의적 사과라고 설명하는 이중적 태도를 유지해왔다.

아시아여성기금에서 지급하는 보상금을 받은 피해자에게 보낸 총리의 편지도 자세히 읽어보면 특정 개인에게 보낸 내용이 아니고 "이번에 정부와 국민이 협력해서 진행하는 여성을 위한 아시아여성기금을 빌려서 위안부 여러분께 일본이 국민적 보상을 하는 이때에 제 마음도 표현하겠습니다"라는 머리말로 시작하는 일반적 글이다. 한 개인에게 직접 보내는 사죄문과는 다르다. 내용과 형식 모두 이런 식의 간접 방법을 고집해서 사과한 듯 안 한 듯, 즉 진보와 보수 양쪽의 비판을 피하기 위한 수사법을 쓴 것이다.

일본 정부는 전쟁 중에 일본군에게 포로로 잡혀 학대받은 미국이나 호주 연합국 사람들을 2010년부터 매년 초대해 외무대신이 집무실에서 면담하고 직접 사과와 반성을 하고 있는데, 위안부를 초대해 총리대신이나 외무대신이 직접 면담하고 사과와 반성을 한 적은 없다.

고노 담화와 무라야마 담화 등으로 여러 번 사과하고 반성했지만, 내용도 형식도 현시점에서 재검토하면 시종일관 소극적이고 모호하다. 역대 내각이 한 것은 두 차례의 담화를 답습하고 반복했을 뿐 내용에서 발전이나 진전은 없었다. 그러니 당연히 시간이 지나면서 담화 내용도 희미해졌고 회담 발표까지 진행한 경과도 잊어버렸다.

한편 담화에 근거한 조치인 아시아여성기금의 보상 사업은 피해자 측의 의심을 풀어주지 못하고 무리해서 추진하면 할수록 반발만 샀다.

피해 당사자의 신뢰를 얻을 수 있는 조치의 필요성

일본이 종종 충분히 대처했다거나 성실히 했다는 말을 하는데 원래 충분하거나 성실한지는 가해자 측이 말하는 것이 아니고, 피해자 측이나 객관적 입장에 있는 사람이 평가하고 판단해야 한다.

위안부 문제를 복잡하게 만들고 장기화한 원인과 책임은 이 점을 인식하지 못하고 반성도 거의 하지 않는 일본 정부와 선의를 강조하는 민간 관계자와 언론에 있다. 피해자 측의 목소리에 귀 기울이지 않고 한 명이라도 더 돈을 주는 것이 선의라고 착각해서 반대론을 뿌리치고 보상금 지급 사업을 강행해 피해자와 지원자 사이에 분열과 대립을 부채질하고 혼란을 불러일으켰다.

이러한 점을 분석하고 반성하는 일을 소홀히 한 채 아시아여성기금과 똑같은 방식으로 보상금을 200만 엔에서 500만 엔으로 인상하는 안을 아무리 일본 정부가 제안해도 지금까지 반대한 피해자가 마음을 열고 받아들이지는 않을 것이다.

가해국이 피해자에게 사과하고 화해를 촉구하는 것이 사업의 목적인데, 가해국 관계자가 선의를 미끼로 피해자나 지원자를 비판하고 대립을 심화시켜 화해는 요원해지고 말았다. 진심에서 우러난 반성 없이 다음 단계로 진행하기는 어렵다. 적어도 앞으로는 아시아여성기금 같은 방법은 해결책에서 배제해야 한다. 일본이 진심으로 화해하길 원한다면 과거 일본 정부가 취한 조치 때문에, 특히 피해 당사자들 사이에 생긴 불신감을 없애기 위해 과감히 재정비해야 한다.

잘못된 인식과 시점을 극복하기 위해

기본 사실의 확인과 인식의 공유

일본 정부는 고노 담화를 작성하는 과정을 검증했는데, 가장 필요한 것은 위안부와 전시 성적 강제 피해자 문제가 같다는 사실이 무엇을 의미하는지 기본적 역사 사실을 재확인하고 인식을 공유하는 것이다. 일방적으로 주장하지 말고 각국에서 모은 모든 자료와 증언을 공동으로 조사하고 검증해 사실을 공유하는 것이 무엇보다 중요하다. 한국 정부는 보유한 모든 자료를 일본 정부에 즉시 제공해야 한다.

한국과 일본뿐 아니라 중국, 타이완, 필리핀, 인도네시아, 네덜란드 등의 전문가도 참여해서 위안부 문제와 관련한 자료와 증언을 함께 상세히 조사해 공통 인식을 확립하는 작업을 해야 한다. 그리고 당사국의 연구자뿐 아니라 중립국이나 UN 전문가에게도 참여와 조언을 요청해야 한다. 증언이나 자료는 1990년 이후 각국 연구자들이 상당히 모았기 때문에 수집하는 데 그다지 많은 시간이 걸리지 않는다. 문제는 자료를 분석하고 평가하는 것이다.

한국 정부는 2016년 말까지 위안부 백서를 정리해서 간행한다고 발표했는데 너무 늦은 감이 있다. 중요한 것은 가해국과 피해국이 함께 작업해 국내뿐 아니라 국제사회에서도 설득력 있는 논점과 공통 인식을 얻어내야 한다는 것이다. 그러지 않으면 위안부가 거의 없는 상황에서 2016년 이후에도 위안부 문제로 한일 간의 소모적 논쟁이 계속될 뿐이다.

피해자의 존엄과 명예 회복

피해자가 요구하는 것은 명예 회복이며 가해국 정부가 책임을 인정하고 분명한 사죄를 하는 것이다. 의료나 복지, 돈 등이 목적이 아니다. 사죄와 함께 상징적 보상은 당연히 해야 하지만, 활동하거나 소송을 제기하는 목적이 금전일 것이라는 모욕적 발상은 고쳐야 한다.

후쿠시마 원전 사고 피해자에게 돈이 목적이라고 발언해 사죄한 아베 내각의 대신처럼 피해자가 원하는 것이 돈이라는 인식은 피해자를 그야말로 모욕하는 것이다. 일본은 가해국으로서 최소한의 윤리를 교육의 장이나 언론을 빌려 설명해야 한다.

피해자를 대하는 경의敬意와 목적은 명예 회복이라는 사실을 명확하게 하는 것이 문제를 해결하는 지름길이다.

해결을 위한 제언
|

일본 사회에 이해 촉구와 위안부 문제의 전체 모습을 보여줄 것

일본 사회가 위안부 문제를 이해하는 수준은 1993~1995년에 머물러 있으며, 정부는 그 후 조사를 하지 않았다. 언론도 피해자를 적극적으로 취재하지 않았다. 그동안 피해 각국에서 새로운 피해자가 나타나 증언도 다수 수록했다. 자료 발굴도 진행해 피해자를 지원한 상담심리학자들의 분석이나 연구도 수집했다. 하지만 안타깝게도 언어 문제 등으로 대부분 일본에 알려지지 않았다.

결과적으로 국제사회와 일본 국내의 위안부 문제를 이해하는 수준에 큰 괴리가 생겨 위안부 문제와 관련한 일본 사회의 '갈라파고스화(자신들만의 표준만 고집함으로써 세계시장에서 고립되는 현상)'라는 심각한 상황이 문제 해결을 어렵게 만든다. 안타깝게도 일본 국내의 힘만으로 이 상황을 극복하기는 힘들기 때문에 피해국이나 관계국 기관의 많은 조력이 필요하다.

일본은 위안부 문제와 관련해 국제적 수준에 도달하도록 신속하게 노력해야 하며, 한국도 사태의 심각성을 충분히 인식해 일방적 요구나 일본의 반발을 살 만한 과도한 행위를 자제해 전략적으로 현명하고 효과적인 방법을 모색해야 한다.

무엇보다 일본 사회가 이해하기 쉽게 각각의 전문 조사나 연구 성과를 종합적으로 정리해 전체 모습을 보여주는 것이 필수다. 원래 이 일은 일본 정부와 언론이 해야 하는데, 그러지 못했으므로 국제적으로 협조할 것을 제언한다.

청구권 협정을 보완할 새로운 협정 체결 검토

결국 1965년 한일협정에서 다른 징용 노동자나 사할린 징용자, 원폭 피해자 등의 문제를 결론짓지 못했기 때문에 이 문제가 반세기 가까이 지속되었다는 사실은 누가 봐도 명백하다. 전후 70년과 한일 국교 수립, 한일기본조약, 청구권 협정을 맺은 지 50년이 되는 2015년이야말로 위안부 문제를 최우선에 두고 정치적·외교적으로 통 크게 역사적 책임을 지는 자세가 필요하다.

그렇게 하기 위해서는 미래 지향을 지나치게 강조해 아쉽게도 폐기된 1998년 한일 공동성명의 전철을 밟지 않도록 과거와 미래를 모두 소중히 여기는 신한일 공동선언을 발표하고, 그 하부에 공동 행동

계획안을 마련해 각 과제를 해결하기 위한 외교적 추가 협정이나 새로운 협정을 체결하기 위한 큰 구상을 준비해야 한다.

현재 대한변호사협회가 한일 양국 정부와 기업이 기금을 마련해 강제 동원 피해자를 지원하자고 제안한 2+2 재단 구성 등은 그 구체적 설립과 실시 기관을 구상한 것인데, 이러한 개별적 해결책보다 그 전에 대대적인 재구성을 위한 구상과 전략을 먼저 논의하고 준비해야 한다.

청구권 협정에서 "완전히 그리고 최종적으로 해결했다"라고 명시했기 때문에 이 협정을 개정하기는 어렵다. 그러나 그 당시 미처 생각하지 못한 새로운 과제가 50년이 지난 지금 생겨났음을 직시해 추가로 합의하고 문제를 처리하기 위한 새로운 협정을 맺는 것은 서로 지혜를 짜내면 가능한 일이다. 오키나와 미군 기지의 부담을 줄이기 위해 현재 일본 정부는 미일 지위 협정의 개정이나 새로운 협정 체결이 가능한지를 모색하고 있다.

마찬가지로 한일 간에 새로 생기는 분쟁을 해결하고 수습하기 위해 대화와 협상으로 외교적 결정을 하는 것은 지극히 당연한 일이고, 법의 지배를 중시하는 아베 내각의 자세와 맞아떨어진다. 최근 한일 양국 정부가 제대로 된 대화나 협상을 전혀 하지 못하는 상황은 유감을 넘어서 화가 날 지경이다.

현재 한일 간의 전후 처리나 보상 문제로 남아 있는 위안부, 징용 노동자, 원폭 피해자, 사할린 강제 동원, 조선인 B·C급 전범, 시베리아 억류자 등의 문제는 모두 역사의 그림자와 법의 그림자 그리고 정치의 그림자에 가린 문제로 전후 오랫동안 방치되어온 인권 침해 사건이다. 그때그때 대응하거나 조치는 취했지만 원칙적 의미에서 아직 해결되지 않았다.

전후 70년을 앞두고 나이 든 피해자에게는 정말 시간이 얼마 남지 않았다. 법적 책임을 둘러싼 분쟁을 넘어 한일 양국 정부와 국회는 적극적으로 활동해 하루빨리 해결해야 한다고 강력하게 주장한다.

신한일 공동선언과 공동 행동 계획안 마련

일본에서는 요시다 세이지의 증언을 보도한 기사를 취소한 사건과 관련한 소동이 계속되어 〈아사히신문〉을 비판하는 다른 언론이 〈아사히신문〉과 위안부를 비난하는 데 더욱 열을 올리고 있다. 일본의 서점에서 가장 인기 있는 코너에 관련 잡지와 서적을 쌓아두었는데 판매 실적도 좋은 상황이다. 물론 비정상적 활동에 경각심을 일깨워 균형을 잡으려는 움직임도 있지만 영향력은 제한적이다.

스가 요시히데 관방장관은 고노 담화를 답습하겠다고 언급했지만, 2015년 8월에 발표하는 아베 담화는 실질적으로 고노 담화를 아예 없는 것으로 취급하거나 알맹이가 빠진 내용을 담지 않을까 우려된다.

무엇보다 고노 담화를 견지할 수 있다면 그것으로 좋다는 의견도 한일 지식인 사이에 상당히 팽배해 있다. 그러나 1990년대의 고노 담화에서 무라야마 담화에 이르기까지 일본이 대응한 결과물인 아시아여성기금이 현재의 난처한 상황을 만들고 말았다. 이 기금을 추진한 것 때문에 위안부 문제가 복잡해지고 장기화해 피해자 단체는 지금도 강하게 반발한다.

화해를 하기 위한 사업이라면 피해자가 거부하는 이 기금을 연장하는 정책을 다시 제안해 1990년대와 같은 실수를 반복해서는 결코 안 된다. 고노 담화보다 한 걸음 더 전진하지 않으면 위안부 문제를 해결할 수 없다. 이것을 실현하려면 2015년 8월에 발표하는 아베 담화보다 먼저 한국 대통령이 과거와 미래를 함께 소중히 하자는 내용으로 신한일 공동선언을 발표하자고 제안하고, 이 선언을 기초로 한일 관계를 재정립하기 위한 과제별 시책을 검토하여 제의하는 방법밖에 없다.

안타깝게도 일본이 고노 담화보다 진전된 제안을 내놓을 가능성은 희박하다. 그것을 제안하고 요구할 수 있는 쪽은 피해자가 있는 피해국의 리더이고 또 대통령은 그 책임이 있다. 이러한 중요한 일을 재정립하는 일이 제한된 시간에 가능할까? 대부분의 사람은 불가능하다고 생각하는 듯한데, 아직 가능성과 희망이 있다고 본다. 2015년 8월은 귀결점이 아니고 재정립을 시작하는 지점이다.

:: **아리미쓰 겐** 有光健

와세다대학교 정치학 및 경제학과를 졸업했다. 현재 전후보상네트워크 간사대표, 시베리아 법률추진위원회 대표, 시베리아 억류자 옹호 단체 대표로 활동하고 있다. 주요 저서로 《シベリア抑留者たちの戦後》, 《歴史の継承へ―特措法制定3年目の課題》, 《シベリア特措法 3年―政府の課題・私たちの課題》, 《戦後補償 政治主導で解決急げ》, 《戦後処理 責任認めぬ日本政府》 등이 있다.

4. 독도 문제 70년, 이 문제를 어떻게 볼 것인가

현대송 국민대학교 교수

해방 후부터 지금까지 한일 양국은 여섯 차례 '독도 위기'를 겪었다. 그때마다 양국 국민 감정의 골은 깊어질 대로 깊어졌고 독도는 한일 양국의 단열선이 되었다. 그런데 왜 일본은 한일 관계를 크게 손상시키면서까지 독도 영유권 주장을 굽히지 않는 것일까? 그러한 주장은 장기적이고 치밀한 전략 아래 펼치는 것일까? 이 글에서는 이와 같은 의문에 답하기 위해 해방 후부터 현재에 이르기까지 독도 문제의 발전 단계를 시기별로 구분해 일본의 독도 정책 궤적, 정책의 대내외적 배경과 특징, 향후 정책 방향 등을 살펴보고, 마지막으로 우리가 어떻게 대응해야 할 것인지를 논하고자 한다.

태동기: 해방 후부터 샌프란시스코강화조약 체결까지(1945~1952)

일본 외무성은 1945년 11월, 강화회의에 대비하기 위해 '평화조약문제연구간사회'를 구성할 것을 결정하고, 다음 해 1월부터 활동을 개시했다. 당시 요시다 시게루 총리를 비롯한 일본 정부는 대일평화조약을 둘러싼 연합국 간의 타협을 이끌어내는 데 미국을 일본의 대변자로 삼기 위해 일본을 점령 중인 연합국 최고사령관 총사령부GHQ의 수뇌부와 빈번히 접촉하며 일본에 유리한 자료를 건네주었다. 이중 1947년 6월에 완성한 〈일본 본토에 인접한 작은 섬들〉의 '제4부 태평양 및 일본해의 여러 섬'이라는 자료를 9월 23일, GHQ 외교국을 통해 미 국무부에 전달했다. 이 문서에는 일본이 옛날부터 울릉도, 독도와 관계해왔고 1905년 2월 22일 공식적으로 일본 영토가 되었다는 점과 "다케시마는 한국식 이름도 가지고 있지 않고, 한국에서 작성한 지도에는 다케시마를 표시하지 않았으므로 한국은 다케시마의 영유권을 주장할 수 없다"는 주장이 적혀 있다. 이로써 일본은 전후 처음으로 독도 영유권을 미국 측에 공식적으로 제기한 것이다.

한편 냉전이 심화되자 미국은 일본을 아시아의 공산주의 방파제로 삼기 위해 관대한 강화조약을 맺었고, 결국 1951년 9월 체결한 샌프란시스코강화조약에서 일본 영토를 규정한 조항들이 '간결하고, 일반적'인 내용으로 처리되고 말았다. 이는 오늘날까지 일본이 한국을 비롯한 주변국과 영토를 둘러싼 갈등을 빚는 근원이다.

탄생기: 샌프란시스코강화조약에서 한일 국교 정상화까지(1952~1965)

독도 귀속과 관련한 문제가 모호한 상태에서 샌프란시스코강화조약이 체결되자 조약 발효를 약 3개월 앞둔 1952년 1월 18일, 이승만 대통령은 '인접 해양에 대한 주권에 관한 선언'을 선포하며 독도를 우리 영토로 천명했다. 그러자 24일 일본 외무성 정보문화국장은 한국의 영유권을 인정하지 않는다는 담화를 발표했고, 28일에는 정식으로 한국 정부에 구상서를 제출했다.

한편 일본 외무성은 같은 해 6월 2일, 5일, 9일 세 차례에 걸쳐 관계자들과 협의한 뒤 '다케시마 문제 대책 요강竹島問題對策要綱'을 결정하고, 7월 13일에는 독도 영유의 근거를 상술한 구상서를 한국에 송부했다. 외무성은 다음 해인 1953년 2월, 1956년 9월, 1962년 7월 세 차례 더 독도 영유권을 주장하는 구상서를 보내왔고, 한국 정부도 이에 반박하는 구상서를 전달해 약 10년간 영유권 공방을 벌였다.

또한 일본 정부는 1954년 9월 25일 자 구상서에서 독도 문제를 국제사법재판소에 맡기자고 제안했으며, 1962년 3월 12일 도쿄에서 개최한 제1차 한일 외상회담 제1회 회의, 9월 3일 제2차 정치회담 예비절충 제4차 회의, 10월 23일 김종필·이케다 회담, 11월 12일 제2회 김종필·오히라 회담에서도 국교 정상화 후 독도 문제를 국제사법재판소에 맡기는 데 합의해달라고 계속 요구했다. 특히 제2회 김종필·오히라 회담에서는 오히라 마사요시 외상이 청구권과 독도 문제의 일괄 타결을 주장하며 국제사법재판소의 판단에 맡기자고 요구했다.

이와 같이 독도 문제는 한일회담과 연동되면서 교섭을 정체시키는 요인이 되었지만, 미국의 정책적 요청에 따라 1962년경부터 한일 양국이 교섭을 서두르고 이때부터 회담 타결을 우선하자는 '독도 보류론'을 자민당 지도부가 자주 언급하기 시작했다. 또 제2차 정치회담 예비 절충 제4차 회의에서 이세키 유지로 국장이 '독도 폭파론'을, 다음 해 1월에는 오노 반보쿠 자민당 부총재가 '독도 공유론'을 제기하는 등 일본 측이 여러 가지 고육지책을 내놓았다. 그러나 독도 문제는 한일기본조약 조인 당일인 1965년 6월 22일 비로소 처리되었다. 사토 에이사쿠 총리와 이동원 외무부 장관의 최종 담판에서 교환 공문에 독도를 명기하지 않은 채 "양국 간 분쟁은 우선 외교상의 경로를 통해 해결하는 것으로 하고, 이에 의거해 해결할 수 없을 경우에는 양국 정부가 합의하는 절차에 따라 조정을 거쳐 해결한다"고 타협했다. 조인식을 불과 25분 앞두고 최종 타협이 성사된 것이다.

잠복기: 한일 국교 정상화 이후 영해법 개정까지(1965~1977)

국교 정상화 후 독도 문제는 일단 수면 아래로 들어갔다. 앞에서 언급한 바와 같이 일본 측으로서는 독도 문제를 해결하지 않고서는 한일 교섭을 타결할 수 없다던 완강한 자세에서 '해결하도록 목표를 정한다', '국제사법재판소에 의한 재판', '제삼국에 의한 중재', '제삼국에 의한 조정'으로 점차 태도가 완화되었고, 박정희 정권도 청구권 문제를 타결하기 위해 평화선 문제를 양보한 적이 있어 양국 정부 모두 독도 문제가 부상하는 것을 억제했기 때문이다. 그러나 일본은 한국의 '평화적이며 지속적인' 실효 지배를 저지하기 위해 국교 정상화 이후 지속적으로 구상서를 전달하며 항의해왔다. 또 〈외교청서〉에 "한국의 다케시마 불법점거를 항의하고 즉시 철퇴를 요구하는 구상서를 보냈다"(〈외교청서〉 1971)라고 기술하는 등 거의 매년 '불법점거에 항의'했다는 내용이 나온다.

소강기: 영해법 개정에서 UN해양법협약 비준까지(1977~1996)

국교가 정상화한 후에는 양국 정부가 독도 영유권을 두고 공식적으로 논쟁을 벌인 적은 없으며, 학술적 차원의 연구도 별로 이루어지지 않았다. 그런데 1977년 5월, 일본이 영해를 기존의 3해리에서 12해리로 확대하는 영해법을 개정·공포했다. 이 과정에서 당시 후쿠다 다케오 총리가 독도를 일본 고유의 영토라는 전제 아래 12해리를 설정한다고 국회에서 발언해 한국 측이 크게 반발했다. 같은 해 5월, 일본이 영해법을 공포하자 한국도 12월 독도를 포함한 12해리 영해법을 제정했다.

한일 양국이 독도에 법적 지위를 부여함에 따라 독도 문제는 단기간에 해결 불가능한 '구조적 외교 문제'로 자리 잡았다. 그러나 냉전이라는 국제정치 체제 속에서 미국 주도의 반공 광역 동맹 네트워크의 한 축을 담당해야 한 일본은 그 후 약 20년간 독도 문제로 한국 측을 필요 이상으로 자극하지 않도록 유의하며, 매년 〈외교청서〉에 독도 문제를 기술하는 정도의 정책을 유지했다.

전환기: UN해양법협약 비준에서 '다케시마의 날' 제정까지(1996~2005)

1990년대는 '냉전 체제의 종언'이라는 국제정치 시스템의 구조적 변화와 함께 일본의 정치 시스템도 1955년 창당 이후 줄곧 정권을 담당해온 자민당이 1993년 정권에서 물러나 이른바 '55년 체제'가 종언을 고하는 등 대변혁을 거쳤다.

이때 일본의 선거제도가 중선거구제에서 소선거구 비례대표병립제로 바뀌었는데, 이 같은 변화는 양대 정당제를 촉진해 새로운 정권의 창출과 정치인의 세대교체를 불러왔다.

일본 정치 구조의 이러한 변화와 궤를 같이해 독도 문제는 한일 양국이 UN해양법협약을 비준한 1996년에 다시 격랑에 휩싸였다. 이때부터 독도 문제는 '섬의 영유권 문제'에서 섬을 포함한 '바다의 문제'로 확대되었다. 일본은 비준과 동시에 독도를 일본 측 EEZ 확정의 기점으로 삼고, 한국 측이 독도에 선착장을 건설하는 것을 강력히 항의했다. 여기에 한국 여론이 크게 반발하면서 독도 문제가 한일 관계를 파국으로 몰고 가며 '분쟁화'하기 시작했다. UN해양법협약 비준으로 한일 양국 간에 200해리 EEZ 설정 문제가 대두하자, 어업권으로 직접 영향을 받는 시마네현의 움직임이 활발해졌다.

분쟁기: '다케시마의 날' 제정에서 민주당 정권까지(2005~2012)

한일 양국은 수교 40주년을 맞은 2005년을 '한일 우정의 해'로 정했다. 그러나 시마네현 의회는 2005년 3월, 독도 일본 영토 편입 100주년이 되는 2005년에 독도를 시마네현 영토로 고시한 2월 22일을 '다케시마의 날'로 하는 조례를 제정했다.

'다케시마의 날' 제정은 지방정부 차원에서 시작했다. 일본 외무성은 한일 관계가 악화될 것을 우려해 제정에 반대하는 입장을 표명했으나, 시마네현 의회가 밀어붙이면서 결국 한일 관계는 급속도로 냉각되었다. 시마네현은 2006년부터 '다케시마의 날' 기념행사를 시작했다. 2007년 2회째 행사부터는 시마네현 지역구 출신 중의원 2명, 참의원 2명 등 국회의원 4명이 참석했다. 그러나 2008년에 1명, 2009년에 3명이 참가할 정도로 국회의원들의 관심은 미미했다. 그런데 2009년 8월에 실시한 중의원 선거에서 민주당이 총 480의석 중 308석을 확보하는 전후 일본 선거 사상 최대의 압승을 거두면서 반세기에 걸친 자민당 집권에 종지부를 찍었다.

자민당은 정권을 잃은 뒤 영토 문제에 대해 적극적으로 변했다. 2010년 행사에 자민당 의원 8명이 참석하자, 2011년에는 집권 민주당에서도 가세해 의원 13명이 참석하는 등 정치인 수가 늘어나기 시작했다. 2012년에는 11명, 2013년에는 20명, 2014년에는 국회의원 16명이 참석했다.

그렇다고 하더라도 '다케시마의 날'은 어디까지나 지방정부의 행사에 불과한 것이었다. 2012년 4월 11일, 일본 국회의 초당파 의원 연맹인 '일본의 영토를 지키기 위해 행동하는 의원연맹'이 주최하고 시마네현이 후원해 도쿄에서 처음으로 개최한 독도 문제 관련 집회에 당시 외무성 부대신과 총리보좌관이 참석했으나, '다케시마의 날' 기념행사에 정부 고관이 참석하는 일은 없었다. 그런데 2013년에는 아베 총리의 지시에 따라 해양 정책·영토 문제 담당 내각부 정무관이 참석함으로써 '다케시마의 날' 기념행사가 사실상 정부 행사 수준으로 격상되었고, 2014년에도 내각부 정무관이 참석했다.

일본의 고유영토론과 영토 교육

고유영토론의 강화

일본의 영토 문제에서 '고유영토'라는 용어가 등장한 것은 1955년부터이며, 일본 정부는 '한 번도 다른 나라의 영토가 된 적이 없고, 계속 일본의 영토이던 토지'라는 의미로 이 용어를 사용하고 있다.

일본 정부는 1962년 7월 13일, 한국 정부에 보낸 구상서에서 독도를 '예로부터 일본 고유의 영토'라고 주장한 이래 기회가 있을 때마다 "독도는 역사적 사실에 비추어도, 국제법상으로도 명백한 일본 고유의 영토"라는 주장을 일관되게 펼치고 있다.

일본의 〈외교청서〉에 독도에 관한 내용이 등장한 것은 1963년판부터지만 1990년판부터 "한국과 사이에 귀속 관련 분쟁이 있는 독도는 법적으로도 역사적으로도 일본 고유의 영토라는 점은 분명하며, 한국에는 수시로 일본 측 입장에 입각해 항의하고 있다"고 고유영토론을 기술하고 있다.

〈방위백서〉에서는 1978년판부터 독도에 관해 언급하기 시작했고, 2005년부터 "일본 고유의 영토인 북방 및 다케시마 영토 문제가 여전히 해결되지 않은 채 존재한다"며 독도가 일본의 고유영토라는 주장을 강조하는 기술로 바뀌면서 2014년판까지 계속해서 이를 답습하고 있다.

다케시마 영토 교육 강화

2006년 12월 15일, 아베 내각은 개정 교육기본법을 완성했다. 약 60년 만에 개정한 교육기본법은 교육 목표로 "전통과 문화를 존중하고 우리 나라(일본)와 향토를 사랑하는 태도를 함양한다"라고 규정하며 애국심과 영토애를 전면에 내걸었다. 교육기본법이 개정되자 문부과학성은 이를 근거로 2008년에 초·중교 학습 지도 요령, 2009년에는 고교 학습 지도 요령을 새로 만들었다. 일본에서는 중·고교 학습 지도 요령은 10년, 중·고교 학년별 교과서 검정은 3년 주기로 이루어진다. 학제가 3년이기 때문에 매년 교과서 검정 결과를 발표한다. 문부과학성은 2008년 7월 14일 공표한 〈중학교 신학습 지도 요령 해설서〉에 처음으로 '독도 문제'를 명기했다. "우리 나라와 한국이 다케시마를 둘러싸고 주장을 달리하고 있다는 점 등도 언급해 북방 영토와 마찬가지로 우리 나라 영토 영역에 대해 이해를 심화시킨다"고 기술하고 있다. 고유영토라는 표현은 피했지만 한국의 불법점거를 간접적으로 언급한 것이다. 그 결과 검정을 통과한 중학교 사회 교과서의 약 70%가 일본의 독도 영유권을 주장한 것이다. 문부과학성은 2009년 3월에 발표한 고교 학습 지도 요령에서 "일본의 영역을 둘러싼 문제도 다루라"고 지시했고, 같은 해 12월 개정한 〈고등학교 신학습 지도 요령 해설서〉에는 "중학교 학습에 이어 고등학교에서도 당면한 영토 문제를 우리 나라의 정당한 주장을 기초로 명확하게 다뤄 좀 더 깊게 이해할 수 있도록 해야 한다"고 강조했다.

그 결과 문부과학성이 2013년 3월 26일 발표한 고교 사회과 교과서 검정 발표에 따르면, 2012년 시행한 1차 검정을 통과한 교과서 22종과 더불어 2년에 걸쳐 검정을 통과한 전체 60종의 고교 교과서 중 일본의 영유권 주장을 기술한 것은 37종(62%)에 달했다.

독도 문제를 둘러싼 한일의 극한 대립

물리적 충돌 위험

2006년 4월, 한국 정부는 한국의 동해 쪽 EEZ 내에 있는 해저 지명을 국제수로기구IHO에 등재하겠다고 밝혔다. 이에 맞서 같은 달 14일 일본 정부도 독도 주변 해양 조사를 위해 탐사선을 보내겠다고 국제수로기구에 통보했으며, 18일 일본 해상보안청의 해양 탐사선 두 척을 도쿄 항에서 출항시켰다.

이에 대해 한국 측은 크게 반발했다. 19일 민주당이 대변인 성명으로 "과거 침략의 역사를 반성하기는커녕 침략의 야욕을 노골적으로 드러내는 일본의 해양 탐사선 파견은 한국의 영해를 도발하는 것이며, 나아가 동북아 질서를 유린하고 평화를 해치는 침략 행위다. 일본 정부는 양국 간의 긴장을 고조하고, 동북아 평화를 위협하는 해양 탐사선 파견을 즉각 중단하라"고 주장하는 한편 "정부는 일본의 침략 행위에 단호히 대처할 것"을 촉구했다. 한 달 전인 3월 일본 고교 교과서 검정 발표에서 드러난 일본군 위안부와 독도에 관한 수정 내용으로 고조된 반일 여론도 최고조에 달했다.

노무현 대통령은 일본 해양 탐사선이 독도 근처에 오면 해양경찰청 함정으로 밀어붙여 탐사선을 부수라고 지시했다. 이처럼 해상에서의 물리적 충돌로 번질 상황으로까지 사태가 악화되자 한일 양국은 외교차관회의를 통해 타협을 시도했다. 결국 한국은 해저 지명 등재 신청 연기를, 일본은 독도 인근 해역의 탐사 계획을 중단했다.

불법점거론을 둘러싼 대립

2006년 4월 24일, 스즈키 무네오 의원이 정부에 '다케시마 문제에 관한 질문주의서'를 제출했다. 다섯 개 항목으로 이루어진 질문서에서 스즈키 의원은 다케시마가 일본 고유의 영토인 역사적·법적 근거에 대한 정부의 견해'를 물었다. 이에 대해 5월 12일, 일본 정부가 '한국의 다케시마 점거는 불법점거'라는 답변서를 각의에서 결정하자 한국 정부는 즉각 "독도에 대한 우리의 정당한 주권 행사를 일본 정부가 불법점거라고 주장하는 것을 결코 용인할 수 없다"며 반박했다.

한국 정부는 종전까지 독도 문제와 EEZ 협상을 분리 대응하는 차원에서 울릉도와 일본 오키섬의 중간선을 EEZ 경계선으로 제안해왔다. 그러나 6월 5일, 그다음 주 도쿄에서 열릴 예정인 한일 EEZ 협상에서 한국 측 기점을 기존 울릉도에서 독도로 변경하기로 결정했다.

그리고 7월 2일, 해양 탐사선 '해양 2000호'가 독도 해역에 파견되었다. 그러자 아소 다로 일본 외상은 3일 반기문 외교통상부 장관에게 전화를 걸어 해양 조사를 취소할 것을 요구했다.

한국 측이 조사를 강행하자, 일본 측은 해상보안청 순시선을 보내 중단을 요구했고, 당시 노무현 대통령은 해군 함정을 주변 해역에 파견해 유사시엔 발포하라는 명령까지 내렸다. 일본 측이 물리적으로 조사를 저지하면 총격전까지 벌어질 수 있는 상황이 전개되자 당시 아베 신조 관방장관은 순시선의 조사 저지 활동을 중단시켰다.

일본의 독도 정책 변화

관저 주도의 해양 정책

2007년부터는 일본의 독도 정책에 관한 결정 과정에 중대한 변화가 생겼다. 2007년 4월 20일, 일본 정부는 해양기본법을 제정하고, 내각관방에 총리를 본부장으로 하는 종합해양정책본부를 설치해 해양 정책에 관한 주요 정책을 결정·추진하도록 했다. 21세기 새로운 경제 발전의 동력을 해양에서 찾아 '해양 입국'을 모색하던 일본은 해양 환경오염, 수산자원 감소, 해적 사건 등 일본의 해양 권익에 영향을 미치는 사건이 빈번히 발생하고, 해양 영토를 둘러싼 문제가 가시화함에 따라 해양에 관한 시책을 종합적으로 추진하기 위한 제도적 틀을 새롭게 구축할 필요가 있었기 때문이다.

해양기본법에 따르면 종합해양정책본부는 5년간 시행하는 '해양기본계획'을 작성·실시해야 한다. 2008년 3월 18일에 제1기 해양기본계획을, 2013년 4월 26일에는 제2기 해양기본계획을 각의에서 결정했다. 해양기본법 시행 이전에는 해양에 관한 관계 성청의 국장급이 참가하는 '해양개발관계성청연락회의(내각관방, 문부과학성, 총무성, 외무성, 농림수산성, 경제산업성, 국토교통성, 환경성 참석)'와 '대륙붕 조사, 해양자원 등에 관한 관계성청연락회의(내각관방, 외무성, 문부과학성, 농림수산성, 경제산업성, 국토교통성, 환경성, 해상보안청, 방위성 참석)'를 통해 정책을 조율했으나, 해양기본법 시행 이후에는 종합해양정책본부 간사회가 그 역할을 맡아 내각관방 기능을 강화했다. 이 같은 제도 변화에 따라 영토정책의 중심축이 외무성에서 관저로 이동하면서 영토 문제에서 정관관계는 정치가 확실한 우위를 차지했다. 이는 독도 정책이 포퓰리즘과 내셔널리즘에 한층 더 영향을 받을 것임을 의미한다.

다케시마 홍보 강화

시마네현 의회가 2005년 3월 제정한 '다케시마의 날' 조례(시마네현 조례 제36조)는 제1조 제정의 취지에서 "현민県民, 시정촌市町村 및 현県이 일체가 되어 다케시마의 영토권 조기 확립을 목표로 운동을 추진해 다케시마 문제에 대한 국민 의식을 높이기 위해 '다케시마의 날'을 정한다"라고 하고, 제3조 현의 책무에서는 "현은 '다케시마의 날'의 취지에 맞는 대책을 추진하기 위해 필요한 시책을 강구하도록 노력한다"라고 쓰여 있다. 시마네현은 '다케시마문제연구회'를 구성해 영유권을 주장하는 연구를 추진했다. 동 연구회는 2007년 3월 최종 보고서를 작성해 현에 제출했고, 현은 같은 해 7월 12일 최종 보고서를 외무성에 제출했다. 보고서를 받은 야마다 시게오 동북아 과장은 "보고서 내용을 공부해서 활용할 수 있는 부분은 외무성 홈페이지에 게재하고 싶다"고 답변했다.

결국 2008년 2월, 외무성은 홈페이지에 '다케시마 문제를 이해하기 위한 10개 포인트'라는 제목의 글을 여러 나라 언어로 게재했다. 또 2009년 12월에는 국제사회에 일본의 독도 영유권을 주장하기 위해 '다케시마 문제의 개요'를 10개 국어로 게재했다. 일본 정부는 1952년부터 약 10년간 한국 정부와 이어오던 영유권 논쟁을 다시 한 번 벌이기 위해 도화선을 당긴 것이다.

국제사법재판소 제소 제안

2012년 8월 10일 이명박 대통령이 전격적으로 독도를 방문하면서 촉발된 '2012년 독도 문제'는 한일 관계를 파국으로 몰고 갔다. 대통령의 독도 방문 열흘 후인 8월 21일, 일본 정부는 '다케시마의 영토 문제에 관한 관계각료회합'을 개최했다. 참석자는 노다 요시히코 총리를 비롯해 부총리, 관방장관, 외상, 재무상, 경제산업상, 국토교통상 그리고 경제재정정책 및 과학기술정책 담당 특명대신 총 8명으로, 한국 측을 필요 이상으로 자극하지 않기 위해 방위상은 제외했다. 회합에서 노다 총리는 한국 정부에 국제사법재판소 제소 합의 회부와 분쟁 해결에 관한 교환 공문에 따른 조정의 제안에 응해줄 것을 요구했다. 한일회담을 진행하던 1954년 9월 25일과 이어 1962년 3월 12일, 제1차 한일 외상회담 제1회 회의 등에서 국제사법재판소에 제소할 것을 제안한 이래 약 50년 만에 독도 문제는 다시 문제가 발생한 초기의 분쟁 상황으로 돌아가고 만 것이다.

아베 내각의 독도 중시

아베 총리는 제1차 내각 때부터 '강한 일본', '강한 관저官邸'를 캐치프레이즈로 총리가 리더십을 발휘하는 관저 주도의 정치를 펼쳐나갈 것을 명백히 했다. 관저의 정책 기능을 보강하기 위해 국회의 견제를 받지 않는 총리보좌관제를 도입해 제1차 내각에서는 국가 안전보장 문제, 경제 재생, 납치 문제, 교육 재생, 홍보 등 다섯 부문의 보좌관을 임명했다. 제2차 내각에서는 해양 정책·영토 문제 담당 내각부를 설치한 뒤 특명대신으로 야마모토 이치타 참의원을 임명한 것을 비롯해 고향故鄕·국가안전보장회의 및 선거제도, 국정 중요 과제, 국토 강인화 및 재건 등의 사회자본 정비와 지역 활성화 및 건강 의료에 관한 성장 전략, 정책 기획 등 다섯 부문의 보좌관을 임명했다.

또 제2차 아베 내각은 경제 재생과 함께 교육 재생을 일본의 중요 과제로 정하고, 2013년 1월 15일 각의 결정으로 총리, 내각관방장관, 문부과학대신 겸 교육 재생 담당 장관 및 지식인으로 구성하는 교육재생실행회의를 설치해 월 2회 회의를 개최하고 있다. 2월 5일에는 영토 문제를 전담하는 총리 직속 기구로 15인 규모의 '영토주권대책기획조정실(이하 영토실)'을 신설했다. 이는 2012년 8월 이명박 대통령이 독도를 방문한 것을 계기로 같은 해 11월에 발족한 '다케시마문제대책준비팀'을 개편해 센카쿠 열도 관련 업무를 추가한 것이다. 영토실의 임무는 내각부의 북방대책본부와 연계해 독도를 비롯한 센카쿠 열도, 북방 영토 등의 상황 조사 및 검증, 국내 및 국제사회를 향한 계몽 활동의 기획, 입안, 종합 조정 등이다(〈일본경제신문〉 2013.02.06). 영토실은 같은 해 6월 20일부터 30일에 걸쳐 독도에 관한 특별 여론조사를, 7월에는 센카쿠에 관한 여론조사를 실시하는 등 활발하게 활동하고 있다.

한편 자민당 정무조사회 산하 '영토에 관한 특명위원회'는 2013년 12월 17일 '영토 주권에 관한 정보 발신 및 교육에 관한 제언'을 정리해 다음 날 아베 총리에게 전달했다. 제언은 크게 국제 여론 형성, 국내 개발, 기타 세 부문으로 나뉘는데 해외 발신 거점으로서 대사관과 영사관 등의 경비 태세 강화, 관계국 주장에 대한 적절하고 신속한 반론, 정부 홍보 자료, 국내외 연구자와 미디어 매체와의 연계 및 지원 강화, NHK 국제방송과 라디오·통신사를 통한 발신 강화, 인터넷 및 SNS의 활용, 교과서 영토 기재 사항의 충실, 북방 영토와 다케시마의 영토 반환 국민운동에 대한 정부의 지원 강화 등을 내용으로 담고 있다.

강온 반복의 독도 정책

이처럼 전후 일본의 독도 정책은 결코 즉흥적이거나 일회적인 것은 아니지만, 처음부터 장기적 전략에 따라 치밀하게 진행된 것으로 보기도 어렵다. 일본의 정치 시스템, 국제정치 시스템, 국제 해양법 질서의 변화라는 구조 변동과 상호 연동하며 한국과의 상호작용 속에서, 결과적으로 장기간에 걸쳐 서서히 강화하는 방향으로 추진해왔다. 즉 대외적 직접 요인으로서 1996년의 UN해양법협약 비준으로 상징되는 국제 해양법 질서의 변화가 있었으며, 냉전 체제의 붕괴는 반공 광역 동맹 네트워크로서의 한일 간 결속의 약화를 가져왔다. 이는 영토 문제에 따른 갈등이 쉽게 표출되는 간접적 원인으로 작용했다.

대내적 요인으로는 1993년 발생한 자민당 일당우위 체제의 종언과 뒤이은 중선거구 제도에서 소선거구 제도로의 변화에 따른 자민당 파벌 정치의 약화, 정치인의 세대교체, 행정개혁에 따른 정관 관계의 변화 등이 일본의 독도 정책을 규정하는 요인이 되었다.

이러한 제반 요인 속에서 일본의 독도 정책은 '고유영토 주장'과 '국제사법재판소 제소'라는 두 가지 축을 중심으로 법 제도의 정비, 영토 교육과 해외 홍보의 강화, 영토 문제 전담 기구 설치 순으로 진행되어왔고, 적극적 공세 후에는 다시 소극적 공세로 돌아서는 단순 반복 주기를 띠고 있다. 그리고 전후 일본의 독도 정책은 결정 주체가 관료에서 관저로 옮겨가면서 정치적 입김이 강하게 작용하고 있다.

한국의 대응 전략과 한국인의 자세

앞으로 일본은 독도 정책을 북방 영토 정책의 수준으로 끌어올리려고 할 것이다. 내각부에 독도를 소관하는 조직은 이미 설치해놓았으니 앞으로 '다케시마의 날' 기념행사의 중앙정부 주최, 다케시마 자료관 건립, '다케시마의 날' 국가 기념일 지정 등의 절차만 남았다.

영토 문제는 한번 전진하면 좀처럼 뒤로 물러설 수 없는 특성이 있다. 독도를 실효 지배하고 있는 한국 정부 입장에서는 위와 같은 정책으로 일본이 독도와 관련해 '도발'해올 때 감정적으로 부딪칠 것이 아니라, 현 상황에서 더 이상 분쟁 수준이 심화되지 않도록 저강도 정책으로 유연하게 반응하는 전략이 필요하다.

국경을 이웃한 나라에서 영토 문제는 흔히 있는 일이다. 그러나 한일 관계의 특수성 때문에 독도는 한국의 독립과 주권의 상징일 뿐 아니라 어느 사이엔가 애국심과 내셔널리즘의 아이콘이 되었다. 독도 문제가 발생할 때마다 한국 사회에서는 반일 감정이 고조되고, 때로는 과도한 내셔널리즘이 분출되기도 해 일본 사회의 반한 감정을 촉발하는 악순환이 되풀이되고 있다. 덩샤오핑은 도광양회를 외교 기조로 삼고 인내하며 현재 중국의 국제적 위상의 기초를 다졌다. 진정 독도를 사랑하고 나라를 사랑하는 길이 무엇인지 한국과 일본에 시사하는 바가 크다 하겠다.

:: 현대송

도쿄대학교에서 국제정치 석사 및 박사학위를 받고 도쿄대학교 동양문화연구소 조교수를 지냈다. 현재 국민대학교 일본학연구소 연구교수로 재직 중이다. 주요 논문으로 〈전후 일본의 독도 정책〉, 〈영토 문제 넘어서기: 독도 문제 해법 시론〉, 〈스캐핀SCAPIN이란 무엇인가?〉, 〈Korea: A Confucian Society in Culture Shifts〉 등과 저서로 《영토내셔널리즘의 탄생》, 《한국과 일본의 역사인식》(편저), 《독도사전》(공저) 등이 있다. 본고는 《한국정치학회보》 48집 제4호에 실린 〈전후 일본의 독도정책〉을 바탕으로 작성되었다.

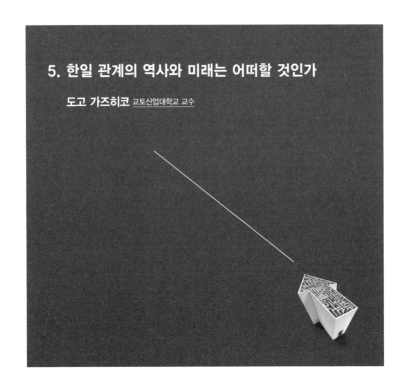

5. 한일 관계의 역사와 미래는 어떠할 것인가

도고 가즈히코 교토산업대학교 교수

제2차 세계대전이 끝난 지 70년이 지난 지금, 일본인이 한국을 보는 관점은 상당히 바뀌었다. 전쟁이 끝났을 무렵 일본인은 식민지 체제가 어떻게 한국에 상처를 남겼는지 충분히 살피지 않았다. 물론 1945년 1월에 태어난 나는 그 시대를 살아본 경험이 없다. 정확히 말하자면 8개월 동안 산 셈인데 전혀 기억도 없고, 식민지 체제라는 실감도 하지 못했다.

그러나 그 시절의 자료를 읽어보고 여러 사람에게 들은 이야기를 종합해보면 일본이 한국의 심리를 이해하는 데 시간이 걸린 것 같다.

1952년에 시작한 외교 관계 설정 협정이 1965년까지 이어진 것도 이러한 점에 이유가 있다.

하지만 외교 관계 설정 과정과 그 후의 과정에서 한국을 보는 일본의 인식은 바뀌었다. 1973년부터 1983년까지 일본의 민간 측(민간 기업)이 포스코에 협력하고 1984년 전두환 대통령과 1990년 노태우 대통령이 방일했을 때 일왕이 발언한 내용, 1993년 고노 담화, 1995년 무라야마 담화, 1998년 김대중 전 대통령의 방일, 김대중 대통령과 오부치 총리의 공동성명 그리고 2010년에 발표한 간 나오토 총리 담화 등 이러한 일본의 인식 강화는 나름대로 일관된 흐름이 있다.

물론 이때도 한국을 보는 일본의 견해 중 한국 입장에서 생각하기를 거부하는 사상적 흐름이 있었고, 그러한 움직임이 확산된 측면도 부정할 수 없다. 그러나 국민 전체의 일반적 느낌을 전후 직후 태어난 세대의 표현으로 정리한다면 느리지만 일관되게 한국을 보는 관점은 심화했다. 그러나 놀라운 점은 이러한 인식의 변화와 함께 일본인에게 전후 한국의 발전을 존경하고 칭찬하는 마음도 생겨났다는 것이다.

첫째는 한국 민주주의의 발전이다. 목숨을 걸고 싸운 학생운동의 내면에서 솟아나온 강력한 힘은 한국전쟁 후 군사 독재 체제로 시작한 한국의 정치제도를 바꾸는 원동력이 되었다. 1960년 이승만 정부를 무너뜨리고 1979년 박정희 대통령 죽음 후에 시작된 학생운동 의식의 고조와 그 정점인 1980년 광주민주화운동, 그리고 1987년 민주화 선언까지 자력으로 민주주의를 일구어낸 민족의 강인한 힘을 느낄 수 있다.

둘째로 한국의 경제 발전이다. 일본은 패전 후 1960년대 경제성장률이 두 자릿수에 이르는 기적을 이루고 1970년대에 두 번의 석유 파동을 극복해 G7 회원국으로 올라섰으며 1980년대에는 'Japan as Number One(미국의 사회학자 에즈라 보겔이 전후 일본 경제의 성장 요인을 분석하고 일본식 경영을 높이 평가한 저서 이름에서 따옴―옮긴이)'이 되었다.

이즈음 한국 경제는 아시아의 네 마리 용 가운데 하나로 일본 뒤를 잇는 아시아 경제의 리더로 냉전 시기를 마쳤다. 그러면서 1996년에는 OECD 회원국이 되었으며 자동차와 선박에서는 현대, 전자와 조선에서는 삼성, 제철에서는 포스코 등이 일본의 경쟁 회사와 어깨를 나란히 하거나 일본을 뛰어넘는 세계적 회사로 성장해 강한 인상을 심어주기 시작했다.

셋째로 문화이다. 1998년 김대중 전 대통령의 일본 방문은 한일 양국이 공통 기반에 서는 획기적 행사였는데, 그 성과 중 하나로 한국이 일본 문화의 문을 개방했다. 한편 일본에서는 2002년 월드컵 공동 개최를 거쳐 2003년부터 2004년까지 NHK가 방영한 드라마 〈겨울연가〉와 주인공 배용준의 영향으로 한류라는 완전히 새로운 현상이 나타났다.

일본 여성과 주부들이 〈겨울연가〉의 팬이 되었다. 전후 처음으로 과거의 전쟁 문제와 완전히 분리해 순수하게 배용준을 좋아하고, 드라마에 나타난 한국 사회를 멋있게 생각해 한국어, 한국 문화, 한국 생활과 친숙해지려는 마음이 일본 사회에 넘쳐났다.

주부야말로 다음 세대를 짊어질 어린이를 키우는 핵심이다. 주부들 사이에 생겨난 한국을 향한 순수한 호의와 관심은 한일 양국의 미래가 밝을 것이라는 기대를 하게 만들었다. 물론 한류는 혐한류라는 현상을 낳아 한일 관계를 복잡하게 만든 요인이 되기도 했다. 하지만 한류로 다져진 사회 저변을 뒤집기에는 역부족일 정도로 강한 흡입력을 지닌 새로운 흐름을 낳았다.

일반적으로 성공하면 자신감이 생기고, 자신감이 생기면 타인에게 관용을 베푼다. 한국의 성공은 오랫동안 기다려온 한일 양국의 화해 분위기를 조성하는 데 기반을 다지지 않았을까? 2000년대 초반의 한류 현상을 보면서 수많은 일본인은 마음속으로 양국 관계를 낙관했다. 하지만 그 낙관주의는 그저 순진한 생각이었다는 것을 2010년대에 들어서서 일본은 깨달았다.

2010년대의 한일 정치 대립의 심화

최소한 일본 입장에서 보면 이때까지 예상하지 못한 사건이 연달아 일어나기 시작했다. 성공으로 다져진 자신감은 한국에서 전혀 다른 양상으로 나타나 오랫동안 해결되지 않은 양국 간 역사적 문제를 인식하고, 그 분노가 이번에야말로 완벽한 형태로 폭발해 일본의 철저한 반성을 요구하는 듯 보였다. 그렇다고 분노가 국민적 · 대중적으로 결집한 것도 아니었다. 사회, 경제, 문화 분야에서 양국의 연결고리는 결코 약해지지 않았다. 하지만 정치 분야만은 양국이 현재 매우 어색한 관계라는 것 또한 사실이다.

한국 사법 판결의 충격

그 시작은 2011년 8월 한국의 헌법재판소가 내린 "한국 정부가 위안부의 권리를 지키지 않고 문제를 해결하려는 노력이 부족한 것은 위헌이다"라는 판결이었다. 1980년대 말부터 위안부 문제가 한일 관계에서 중요한 현안이 되었고, 최소한 한국 정부가 위안부 할머니들의 상처받은 처지를 지켜주지 않은 것은 일본에서 보면 놀랄 만한 일인데, 위헌 판결을 받은 한국 정부는 국내에서 곤혹스러운 입장에 처했다.

결국 2012년 5월 대한민국 대법원은 이른바 전시 강제 노동의 보상 문제는 1965년 한일 청구권 협정으로 해결된 것은 아니라는 판결을 내렸다. 이 판결에 많은 일본인이 놀랐다. 이 사건의 발단은 2003년 미쓰비시중공업과 신닛테쓰스미킨으로부터 강제 노동을 당한 한국인이 일본 재판소에 제기한 손해배상 청구 소송에서 패소한 데서 비롯되었다.

그 한국인이 동일 사안을 한국 법원에 다시 제기하자 하급심은 기각했으나 대법원이 하급심의 판결을 뒤집고 파기 환송했는데, 그 이유를 일본의 국가권력이 관여한 반인도적 불법행위나 식민지배와 직결된 불법행위로 제기한 손해배상 청구권은 한일 청구권 협정의 적용 대상에 포함되지 않는다고 판시한 것이다. 말할 것도 없이 청구권 협정은 1965년에 진행한 모든 협상 중에서 가장 어려움을 겪었는데, 식민지 성격이나 1910년 한일강제병합의 성격을 놓고 한일 양국의 입장이 엇갈렸지만 결국 타협을 이루어냈다.

그러나 강제 노동 문제를 협상 과정에서 제외해 훗날 청구 대상이 되었으며, 식민지 성격을 보는 의견 차 또한 좁혀지지 않았음에도 일본은 그런대로 해결되었다고 이해했다. 청구권 협정은 식민지 문제에서 한국의 주장을 인정하지 않는 내용으로 채워졌다. 따라서 강제 노동 문제를 해결하지 못했다는 주장은 65년 체제를 근본적으로 부정하는 꼴이다. 게다가 한국 정부가 조사한 내용을 보면 같은 소송을 당할 수 있는 일본 회사는 299개에 달하고, 모든 회사가 한국 법원에서 패소해 보상 배상 지급을 위한 강제 집행 조치를 받을 경우 양국 관계는 걷잡을 수 없는 상황에 빠질 것이다.

양국 지도자 간의 신뢰와 존애

여기에 2012년 8월 10일 이명박 전 대통령이 독도를 방문했는데, TV와 인터넷으로 중계된 이 장면은 많은 일본 국민의 뇌리에 강한 인상을 남았다. 게다가 이 모습에 한 달 전 러시아의 드미트리 메드베데프 전 대통령이 러시아와 영토 분쟁 중인 구나시리섬에 두 번이나 방문했을 때 느낀 불쾌감이 겹쳐졌다. 그 직후 일왕의 방한과 관련해서도 한국인에게 진심으로 사과해야 한다는 발언이 일본인의 마음에 상처를 주었다는 것은 두말할 필요가 없다.

이명박 전 대통령이 독도를 방문한 이유로 한국의 헌법재판소가 위헌이라고 판결한 위안부 문제를 노다 내각이 무시해서라는 설이 널리 퍼졌는데, 그 진위야 어찌 되었든 아마 전후 처음으로 2012년

여름 일본의 감정이 한국의 감정보다 더 심하게 폭발했을 것이다.

2013년 박근혜 대통령이 취임한 후 아베 내각과 몇 번 역사 인식에서 문제가 생겼다. 그러자 박근혜 대통령은 삼일절 기념식에서 일본과 한국이 가해자와 피해자라는 역사적 입장은 천 년이 흘러도 변하지 않을 것이라고 언급해 이 말을 들은 많은 일본인의 마음에 일종의 피로감을 안겨준 것도 사실이다.

2014년에는 특히 위안부 문제가 여러 형태로 제기되었다. 게다가 2013년 12월 아베 총리의 야스쿠니 신사참배와 2014년 7월 집단적 자위권 행사를 각의에서 결정했을 때도 한국이 격렬하게 반발했다. 아베 총리와 박근혜 대통령의 관계가 뚜렷하게 개선되는 조짐이 보이지 않자 2014년 4월 헤이그에서 오바마 대통령이 중재해 한 차례 회담을 했지만, 그 외에 아직 두 정상이 만나서 대화한 적은 없다.

이상의 내용을 종합해보면 현재 한일 관계를 어렵게 만드는 주요한 정치 문제는 여섯 가지다. 박 대통령과 아베 총리 간의 신뢰 결여, 위안부 문제, 강제 노동 소송, 독도, 야스쿠니 참배, 일본국 헌법 9조의 집단적 자위권이 그것이다.

지금 일본에 필요한 관점: 일곱 가지 한의 기억

일본인은 한국인의 마음속에 식민지배를 당한 것에 대한 분노와 한이 얼마나 깊이 쌓여 있는지를 제대로 이해하지 못하는 듯하다. 일본인은 전후 자신들이 경험한 일을 되새기며 다시 생각해야 한다. 일본은 패전이라는 정신적 공백을 겪은 후 7년 동안 점령당했다는 트라우마에서 여전히 헤어나지 못했다. 동경재판, 샌프란시스코강화조약 11조, 야스쿠니 신사참배, 무라야마 담화 등에 대해 아직 국민적 합의를 이루어내지 않았다. 아베 내각이 세계 각국과 관계하는 데서 처리할 수 없는 가장 어려운 문제가 역사 인식이다.

일본에 대한 한국인의 일곱 가지 한

만약 일본이 한국에 36년 동안 식민지배를 받고 게다가 마지막 15년을 완전 한국화해 민족의 전통과 자부심을 부정당한 체험을 했다면 몇 년이 지나야 마음의 상처가 아물까?

일본인은 이러한 심정을 결코 잊어서는 안 된다. 그런 마음을 담아서 나는《역사 인식을 다시 묻다》라는 저서에서 한국인은 일본에 일곱 가지 한을 품고 있다고 서술했다. 그 내용은 다음과 같다.

① 민족의 굴욕감. 화이질서 華夷秩序에서 자신보다 위치가 낮은 집단에 지배받은 기억.
② 배신. 한국의 독립을 보증하겠다고 시작한 러일전쟁에서 승리해 5년 후 한일강제병합을 강행한 점.
③ 한일강제병합 전과 병합 초기에 탄압한 점.
④ 황국신민화. 1930년대 이후 한국인을 일본인으로 만들려 한 점.
⑤ 미국과의 전쟁에서 일본인으로서 함께 싸우게 한 점.

⑥ 남북 분단. 왜 한국은 분단되고 일본은 일체성을 유지했는가.

⑦ 한국전쟁. 분단된 민족 간의 살육.

이러한 의미에서 지금 일본이 할 수 있는 일, 해야 할 일은 가해자와 피해자의 구도 속에서 일어난 일들을 결코 잊어서는 안 된다는 것이다. 이것이야말로 일본이 견지해야 할 도덕적 입장이다.

식민지주의에서 지배한 일본이 가해자고 지배당한 한국이 피해자라는 사실은 논의할 여지가 없다. 식민지를 지배한 서양 국가가 거의 사죄하지 않았다거나 일본의 식민통치 정책 중에서 평가받아야 할 점이 있다거나 하는 것은 본질적 논의가 아니다.

일본은 먼저 반성, 사죄, 보상, 기억을

이 같은 시점이 명확하다면 현재 일본인이 쉽게 말하는 것 중 결코 해서는 안 되는 말이 두 가지 있다.

하나는 역사를 인식하는 데 화해하자는 것이다. 가해자와 피해자 사이에 가해자가 할 수 있는 일은 사태를 반성하고 사죄하고 보상하고 기억하는 것이다. 화해는 피해자가 판단하는 것이지 가해자가 요구하는 것이 아니다.

또 하나는 미래 지향적 관계를 만들자는 것이다. 물론 미래로 나아가기 위해 건설적 관계를 만들자는 말은 특정 문제를 논의할 때 언급해야 한다. 하지만 역사 문제를 논의할 때 가해자가 결코 해서는 안 되는 말이다. 가해자가 미래 지향이라고 하면 피해자는 과거를 잊자고 말하는 것처럼 들리기 때문이다. 이것만큼은 가해자에게 듣고 싶지 않은 말이다. 사람 사이에서 일어나는 문제를 생각하면 금방 이해할 수 있는데 그걸 왜 모를까?

1998년 발표한 김대중 대통령과 오부치 총리의 공동성명이 훌륭한 점은 우선 오부치 총리가 양국 간 불행한 역사를 통절히 반성하고 마음에서 우러나오는 사과를 표명하자, 김대중 대통령이 과거의 불행한 역사를 넘어 화해와 선린 우호 협력에 기초한 미래 지향적 관계를 발전시키자고 화답했다는 것이다. 그리고 마지막에 두 정상이 함께 젊은 세대가 역사 인식을 심화하는 것이 중요하다고 합의한 것이다. 이 내용과 순서는 바꾸어서는 안 된다. 일본의 정치인이 미래 지향적인 한일 관계를 안일하게 언급하는 것은 참으로 개탄스럽다. 일본인의 의식이 적어도 그 시점으로 되돌아가야 한다.

관계 개선의 관점: 상대의 입장에서 협상을

'한'의 악순환을 호순환으로

이렇게 생각하면 역사 문제는 일본이 스스로 돌아보고 최선의 양심으로 반성하고 사죄하고 보상해 그 문제를 잊지 않겠다는 도덕성을 유지하면서, 상대가 용서하고 화해를 제안할 때까지 기다려야 한다는 밑그림이 그려진다. 물론 상대의 깊은 '한'을 이해했다면 지금까지의 수준을 뛰어넘는 반성이 일본에서 나올 것이다.

그러나 지금까지의 경과를 보고 판단하건대 시간이 걸리는 과정이다. 현재의 한일 관계로 장기적 밑그림을 그릴 수는 없다. 앞에서 언급한 여섯 가지 주요 문제는 어떠한 형태로든 모두 해결해야 한다. 역사 문제라고 해서 피해자인 한국의 뜻에 맞게 일본이 대응할 때까지 해결하지 않고 내버려두면 이러한 문제는 역사 인식의 범위를 넘어 지금까지 쌓아온 국가 간의 관계를 무너뜨릴 가능성이 높다. 게다가 현재 상황에서 앞에서 언급한 여섯 가지 문제가 악순환을 불러일으키고 있다. 한 문제가 복잡해지면 다른 문제를 해결하는 것도 더 어렵게 만드는 악순환이다. 이런 상황은 피해야 한다.

그렇다면 어떻게 하면 좋을까? 이러한 악순환을 끊고 어떠한 형태로든 호순환을 만들어야 한다. 우선 악순환에서 빠져나오려면 그 흐름을 끊어야 한다. 그리고 문제를 하나하나 다뤄 각각을 개선할 방법을 찾아야 한다. 먼저 국제경제론에서 사용하는 정지standstill다. 더 이상 사태를 악화시키지 않아야 한다. 그리고 그 지점에서 되감기를 해 조금이라도 사태를 개선해야 한다. 이렇게 해서 전체 방향이 밝아지면 머지않아 한일 관계 전체가 호순환에 접어들 것이다.

역지사지의 기본으로 돌아가라

그렇다면 협상 하나하나를 호순환으로 만들기 위해 어떤 방법으로 끌고 나가야 할까? 우선 외교의 기본으로 돌아가야 한다. 그것은 상대 입장에서 생각하는 것이다. 외교 협상이라는 발상은 전 세계 외교관이라면 누구나 공감하는 원리다.

역사 인식처럼 민족주의 색채가 짙은 문제라면 결코 쉬운 일이 아니다. 가해자와 피해자라는 입장에서 생각하면 서로 기준으로 삼는 도덕적 상황이 다르다. 피해자인 한국이 가해자인 일본 입장에서 생각하는 것은 쉬운 일이 아니다.

가해자로서 여러 가지 노력을 했는데도 더 노력하라는 말을 탐탁지 않게 생각하는 사람에게 한 번 더 상대 입장이 되어보라고 말하기는 결코 쉬운 일이 아니다. 하지만 문제를 해결해야겠다고 마음먹었다면 상대 입장에서 생각한다는 외교의 기본에 입각한 자세가 반드시 필요하다. 여섯 가지 문제 중에서 한일 관계를 복잡하게 만드는 가장 어렵고 중요한 문제는 위안부, 강제 노동, 독도 세 가지다. 나 또한 나름대로 이 세 가지 문제를 해결하는 방법을 찾고 싶다.

아베 총리의 사과와 충분한 보상의 필요성

먼저 위안부 문제다. 나는 향후 오랫동안 한일 관계가 이 문제로 악화되지 않으려면 현재 한국에 사는 약 50명의 위안부 할머니들과 화해하는 것이 가장 좋은 방법이라고 생각한다. 한국에서 이 문제에 절대적 권위를 가지고 발언할 수 있는 사람은 이분들뿐이다. 이분들과 화해하는 것이야말로 반드시 필요한 숙제다.

최근 한국의 관계자와 논의하면서 위안부 할머니들이 마음속에 품은 심정을 말로 표현하는 것이 먼저 필요하다는 생각을 하게 되었다. 예를 들어 아베 총리는 2014년 3월 14일 참의원 예산위원회에서 "필설筆舌로 다 할 수 없을 만큼 힘든 일을 겪으신 분들을 생각하면 무척 마음이 아프다. 이 심정은 나 또한 역대 총리와 다르지 않다"라고 답변했다. 문제는 아베 총리가 그 마음을 어떻게 그분들에게 전달할 것인가.

또 하나는 구체적 행동인데 아시아여성기금과 민간에서 마련한 보상금을 정부 예산으로 편성하는 것을 핵심으로 하는 계획을 세우는 것이다.

이상의 두 가지 화해의 틀을 짜기 위해서는 아베 내각이 명시적 발의와 행동을 해야 하고, 박근혜 대통령과 한국의 전면적 협조가 필요하다. 한국 정부와 협조하지 않고 화해하는 길은 없다.

징용 피해자에게는 한국 정부가 조치를

다음은 강제 노동 문제다. 이 문제는 매우 어려운 방향으로 흘러가는 듯하다. 2013년 7월 신닛테쓰스미킨과 미쓰비시중공업의 파기 환송심이 시작되었다. 대법원의 판결이 남아 있는데, 파기 환송심 판결은 원고가 승소하고 일본 기업은 상고를 했다. 조정도 거부했다. 향후 대법원에 재상고해 유죄 판결이 확정되면 사태가 어떻게 전개될지 예측할 수 없다.

조약 형태를 기초로 전후 화해를 구축했는데, 65년 체제를 근본적으로 부정하려는 한국의 논리를 일본 정부가 받아들일 가능성은 매우 낮다. 그러나 한국의 독립기관인 사법부가 움직여 한국에 있는 주요 일본 기업을 범죄인으로 취급한다면 향후 상황은 예상할 수 없다. 특히 한국 사법부의 판결은 한국 내부의 사정이다. 한국에서 어떠한 지혜를 내면 일본도 그 지혜에 힘을 보태 어떻게든 해결 방법을 이끌어낼 수 있지 않을까?

독도 문제가 한일 간에 정치적 장애가 되지 않도록 관리

다음은 독도 문제다. 나는 지금껏 이 문제가 한국인에게 얼마나 민감한 일인지 일본인에게 설명하려고 지금까지 노력해왔다. 앞서 언급한 저서《역사 인식을 다시 묻다》에서 일본의 독도 점령이 식민지화의 첫걸음이라고 생각한다는 것과 독도는 한국의 정체성이라는 것을 설명하려 했다.

더불어 한국인도 이해해주었으면 하는 점은 한국이 1954년에 독도를 실효 지배한 후 일본은 이 문제를 한일 문제의 중심 과제로 제기하지 않고, 말하자면 독도 문제와 공존하기를 원했다는 것이다. 일본이 현재 상황을 바꾸려고 하는 또 하나의 영토 문제인 북방 영토와 비교해 일본의 대응 면에서 큰 차이가 있다는 사실을 진지하게 이해하는 한국인은 매우 적다.

일본이 현재 상황을 바꾸려 하는데 어떤 공존이든 납득할 수 있다면 독도 문제를 한일 간의 정치적 장애가 되지 않게 하는 지혜는 있을 것이다. 그러기 위해서는 여러 차원에서 조용히 대화를 진행하는 것도 가능하고 또 필요한 일이다.

한일 관계 개선의 필요성: 국가이익과 역사적 관점

마지막으로 한 번 더 생각해보자. 현재 한일 양국이 겪는 정치적 곤란은 역사 인식 문제, 구체적으로는 일본이 36년 동안 한국을 식민 지배한 일을 어떻게 결론지을까 하는 의견 차이에서 비롯되었다. 이렇게 어려운 문제를 해결하면서까지 왜 한일 관계를 개선해야 하는가? 인터넷에서 우익이 논의하는 것을 보면 양국 관계를 더 이상 개선할 필요가 없다는 내용이 활개를 친다.

물론 국토를 옮길 수 없는 이웃 나라라든가, 역사적 문화의 공통성이라든가, 싸우기보다 사이좋게 지내는 편이 낫다는 등의 여러 가지 당위론이 있을 것이다. 하지만 역사 인식 문제가 이 정도까지 뒤틀리면 이러한 일반적 당위론으로 통하지 않을 수 있다.

처음 나오는 의견은 양국이 사이좋게 지내면 서로 이득이고, 사이좋게 지내지 않으면 손해를 본다는 현실주의에 근거를 두고 있다. 이런 관점에서 자주 등장하는 의견 중 나름대로 설득력 있는 세 가지 의견을 언급하겠다.

우호 관계가 상호 이익이 되는 경우

미국이 아시아로 거점을 옮긴 이유는 중국이 대두하고 북한이 위험을 가중하는 상황에서 아시아 정세를 안정시키고 자국의 권익을 확대해 국익을 창출하기 위해서다. 이러한 미국에 한국과 일본은 동북아에서 가장 중요한 동맹국이다. 한국과 일본도 안전보장을 포함한 미국과 맺은 동맹 관계는 국가 정책의 핵심이다. 이러한 동북아에서 역학 관계상 한국과 일본은 당연히 연대를 강화해야 한다.

한국과 일본은 사회와 경제 문제에서 공통점이 많거나 입장이 같다. 중국을 핵심으로 하는 동북아 경제권 안에 위치했고, 미국 이외의 글로벌 무역과 투자 환경에서 이익을 창출해야 하며, 세계에서 가장 먼저 저출산·고령화 문제에 노출되었다. 이러한 공통 문제를 양국 관계자가 정보와 문제의식을 공유해 대처하면 양국 모두에 이익이 된다. 그런데 심리적 벽 때문에 협력하지 못하면 얻을 수 있는 많은 이익을 놓치고 만다.

현재 국제 관계에서 한일 양국의 태도 중 가장 두드러지게 차이가 나는 부분은 중국과의 관계다. 센카쿠 열도 문제가 불거진 후 중국과 일본 상황이 악화되면 무력 충돌로 이어질 수 있으며, 아베 총리와 시진핑 주석은 한 번도 회담을 하지 않은 상황이다.

이에 비해 일본에서 보면 한국과 중국은 급속히 가까워지고 무역이나 교류로 관계가 강화되었을 뿐 아니라 중국이 북한보다 한국과 관계를 중시하겠다고 전면에 내세웠으며, 항일 역사 인식 문제에서 한국과 공동 투쟁을 강화하는 모습이 두드러져 보인다.

그러나 표면적으로 현저한 차이를 보이는 한일 양국 정책의 밑바탕에는 얽히고설킨 여러 관계가 교차한다. 이렇게 복잡한 여러 문제의 정보를 공유해 관계를 개선하려고 노력하는 것이 결국에는 한일 양국의 국익에 도움이 될 것이다.

이러한 관점으로 한일 양국 관계자는 관계 발전을 위해 힘을 쏟아야 한다. 이런 논의는 현재의 국제정치나 경제 관계에서 왜 한일 관계를 강화하는 것이 양국에 이익이 되는지 생각해보게 한다. 이 문제를 생각하는 데 더 유익한 방법은 역사를 거슬러 올라가 한반도와 일본이 역사적 혼란에 빠졌을 때, 혹은 그 후에 조상들이 그 상황에서 어떠한 교훈을 일구어냈는지 살펴보는 것이다.

역사에서 배우는 교훈

그런 의미에서 우리가 먼저 되돌아봐야 할 역사적 사건이 있다. 일본 고분 시대 야마토 정권에서 국가 통일이 본격화되고 한반도에서는 고구려, 백제, 신라가 세력 경쟁을 하던 시기에, 강국 당나라가 관여해 663년 백촌강에서 나당 연합군에 의해 백제와 야마토 연합군이 대패한 사건이다.

이 패배로 야마토 정권은 한반도에서 영향력을 잃고 백제의 일부 왕족과 귀족이 야마토에 이주했다. 그 후 약 600년간 한반도와 일본의 관계는 가깝지도 멀지도 않은 시대가 이어지는데, 지금 돌이켜보면 일본인의 기억에 뚜렷하게 각인된 수많은 일본 고유의 문화가 한반도를 경유해 일본으로 들어왔고, 백촌강 전투 패배로 왕국이 멸망한 후 일본에 이주한 백제 왕족이 일왕 가문의 혈통에 들어 있다는 것이다.

2010년 10월 나라奈良에서 개최한 헤이조 천도 1300주년 기념식에서 일왕이 한 말은 현대 일본인의 인식을 잘 보여준다.

《속일본서기》에 다카노노 니이가사는 헤이조쿄에 재위한 고닌왕의 부인이 되어 다음 왕인 간무왕을 낳았는데, 백제의 무령왕을 시조로 하는 도래인의 자손이라고 나옵니다. 일본에는 나라 시대 이전부터 백제를 비롯한 도래인이 많이 이주해 일본의 문화나 기술 발전에 크게 기여했습니다.

한편 한반도와 일본 관계는 일본이 여몽 연합군의 침략을 받으면서 크게 흔들렸다. 그러나 1274년 제1차 원정과 1281년 제2차 원정 모두 이른바 '신풍神風', 즉 태풍 때문에 여몽 연합군은 패배하고 일본이 승리해 한반도와 일본의 가깝지도 멀지도 않은 관계가 300년간 더 지속되었다.

그러나 도요토미 히데요시의 조선 침략(1592년 임진왜란, 1597년 정유재란)은 결국 일본군의 패배로 끝나 한반도에 큰 상처를 남겼다. 이 전쟁 때문에 위기를 맞은 양국 관계를 빠르게 수습하고 그 후 평화의 시대를 구축한 인물이 도쿠가와 이에야스다.

도쿠가와 이에야스는 도요토미 히데요시의 조선 침략을 애초에 탐탁지 않게 여겼고, 자신의 병사를 조선으로 보내지 않았다. 1600년 세키가하라 전투에서 서군을 무찌르고 일본 제일의 권력자가 된 도쿠가와 이에야스는 즉시 대마도 영주에게 명령해 조선과의 평화 협상을 시도했다.

국서를 보내고 성종과 중종의 능을 도굴한 왜적을 잡아 보내는 등 사전에 여러 가지를 절충한 끝에 조선은 1607년 일본에 화답하고 일본에 끌려간 포로를 데려오겠다는 명분으로 사신을 파견해 에도성에서 도쿠가와 정권 제2대 쇼군인 도쿠가와 히데타다를 만나 국서를 교환하고 국교를 회복했다.

조선으로 돌아오는 길에 당시의 스루가인 시즈오카에 들러 조선 달력으로 6월 19일에 세이켄지라는 절에서, 6월 20일에 스루가성에서 도쿠가와 이에야스를 만났다. 이후 260년간 평화로운 시대가 이어지는 동안 조선통신사는 일본을 열두 번 방문했고 쇄국 시대에 귀중한 대화와 교류의 장이 되었다.

현재 일본에서 일본과 조선의 관계가 가장 악화된 시기에 이를 극복하고 평화와 교류의 장으로 바꾼 도쿠가와 이에야스의 지혜를 다시 배우자는 움직임이 일고 있다. 2014년 6월 20일 조선통신사가 들렀다는 세이켄지에서 가와가쓰 헤이타 시즈오카현 지사의 제안으로 우라센케 다도 15대 대종장大宗匠인 센겐시쓰를 주인으로 하고 주 요코하마 대한민국 총영사인 이수존이 주객, 도쿠가와 종가 제18대 당주인 도쿠가와 쓰네나리가 차객이 되어 차회茶會를 개최했다. 2015년에는 박근혜 대통령을 초대해 행사를 개최하기 위해 진지하게 검토 중이다.

마지막으로 에도 시대의 일본과 한반도의 관계를 근본적으로 바꾸어버린 사건은 두말할 필요 없이 명치유신 이후 일본의 급속한 세력 확장, 청일전쟁과 러일전쟁의 승리, 제국주의화 그리고 1910년의 한일강제병합이다. 이러한 움직임을 막기 위해 1904년에 이토 히로부미를 암살한 사람이 안중근으로, 한국에서는 의사이자 최고의 애국자로 널리 국민에게 존경을 받는 인물이다.

그러나 안중근 의사를 존경하는 것은 한국인뿐만이 아니다. 명치 유신의 공로자인 이토 히로부미를 암살한 것은 일본인으로서 긍정할 수 없다 하더라도 일본인 중에는 안중근 의사의 인격과 조국애, 신념을 알고 나서 안중근 의사는 훌륭한 사람이다, 암살 사건 때문에 안중근 의사의 진정한 모습과 고매한 이상을 놓쳐서는 안 된다고 주장하는 사람들이 있다.

그런 사람 중 한 명이 안중근 의사를 여순 감옥에서 감시한 지바 도시치인데, 안중근이 처형당하는 아침에 지바 도시치에게 보낸 책 《위국헌신군인본분》은 오랜 세월 지바 가문의 가보로 간직해오다가 지금은 서울에 있는 안중근의사기념관에 보존되어 있다.

아베 총리의 외교 문제 최고 브레인이던 오카자키 히사히코는 젊은 외교관으로 서울에 부임한 1983년에 명저인《이웃 나라에서 생각한 것》을 출판했다. 당시 미국인 친구가 안중근 의사를 이토 히로부미를 암살한 한국인 광신도라고 말하자, 미국인의 상식으로 안중근 의사가 한국인 애국자라는 말을 할 때까지 일본과 미국 양국은 한국 근대 정치사를 이해하는 성숙함이 필요하다고 서술했다.

2007년 가을에 내가 서울의 안중근의사기념관을 방문했을 때 본 영상에 안중근 의사가 말한 다음과 같은 구절이 있었다.

지금 대한제국과 일본은 매우 불행한 형태로 결별하고 말았다. 그러나 언젠가 대한제국과 일본, 청(중국)이 함께 손을 맞잡고 동북아의 평화와 번영을 이루어야 한다. 그러기 위해 세 나라가 공동 은행을 설립하는 것이 유익할 것이다. 세 나라의 젊은이가 모여 지역의 안전보장을 책임질 무대를 만드는 것도 생각할 수 있다. ······ 3국이 일정한 재정을 출자해 공동 은행을 설립하고 공동 화폐를 발행해 어려운 나라를 서로 돕자.

2014년 1월에 하얼빈역 안에 안중근의사기념관을 건립한 중국 정상과 이것을 지지한 한국 정상이 안중근이 품은 아시아인의 이상을 티끌만큼이라도 이해했을까? 반일 도구로 건립한 이 기념관을 가장 깊은 슬픔으로 본 사람은 안중근 본인일 것이다.

:: 도고 가즈히코 東郷和彦

도쿄대학교 교양학과를 졸업하고 현재 교토산업대학교 국제정치학 교수 및 동 대학 세계정세연구원 소장으로 활동하고 있다. 캘리포니아 산타쿠르즈대학교 객원교수, 서울대학교 객원교수를 지냈고 주미 일본대사관 공사, 네덜란드 일본대사, 유라시아 국장, 외무성 조약국장, 유럽아시아 국장, OECD 일본 정부 대표부 장관으로 활동했다. 저서로 《Japan and Reconciliation in Post-war Asia: The Murayama Statement and its Implications》(공저), 《Japan's Foreign Policy 1945~2009》, 《East Asia's Haunted Present: Historical Memories and the Resurgence of Nationalism》(공저) 등이 있다.

6. 한일 역사 인식과 과거사의 갈등을 넘어서

정재정 서울시립대학교 교수

한국과 일본은 지리적·역사적·문화적·인종적으로 아주 가까운 사이다. 또한 앞으로도 그런 관계를 유지하지 않으면 안 되는 운명적 관계다. 국경을 맞댄 국가와 국가의 관계는 담 하나를 사이에 둔 이웃과의 관계와 달리, 서로 마음에 안 든다고 해서 다른 곳으로 이사할 수 있는 처지가 아니기 때문이다. 한국과 일본의 관계가 그런 숙명이라면 서로 이해하고 존중하며 평화롭게 교류하고 협력하는 것이 두 나라가 함께 이기는 길이다. 먼저 양국 국민은 좀 더 통 큰 자세로 이것을 하나의 섭리로 받아들여야 한다. 그러면 양국이 겪고 있는 역사 갈등은 결코 해결하기 어려운 중상重傷이 아니다. 오히려 치유를 통해 더욱 건강한 체질로 바꿀 수 있는 경상輕傷이라고 할 수 있다. 한국과 일본이 함께 민주주의와 시장경제를 실현하고 자유와 인권 등의 가치관을 공유한다면 역사 갈등은 능히 극복할 수 있다.

한일 양국 역사 인식의 수렴

공명 관계에 있는 한국과 일본의 역사 인식

한일의 역사 갈등을 극복하기 위해서는 상대방의 역사 인식만 문제 삼아 개선하라고 요구해서는 곤란하다. 양국 국민은 자신의 역사 인식만 옳다는 고정관념에서 벗어나 좀 더 유연하고 세련된 자세를 보여야 한다. 특히 국민의 역사 인식을 형성하는 데 크게 영향을 미치는 정치 지도자와 언론 종사자 및 연구자 등은 더욱 폭넓은 역사관과 세계관으로 국민이 배타적 민족주의와 국가주의에 빠지지 않도록 항상 주의를 기울여야 한다.

한국과 일본의 상대방에 대한 역사 인식은 서로 공명하는 특수 관계에 놓여 있다. 일본의 한국 인식이 개선되면 한국의 일본 인식도 개선되고, 한국의 일본 인식이 개선되면 일본의 한국 인식도 개선되는 경향을 보여온 것이다. 그러므로 두 나라 국민은 이 점을 명심해 서로 먼저 상대방에 대한 역사 인식을 개선하는 데 노력해야 한다. 그것이 바로 상대방의 역사 인식을 개선하는 지름길이다.

사죄와 반성으로 전환한 일본 정부

한일 국교를 재개한 이후 지금까지 일본에서는 유력한 정치인이 한국의 역사를 폄하하고 왜곡하는 망언을 늘어놓아 한국 국민의 자긍심에 상처를 입히고 반일 감정을 불러일으킨 일이 자주 발생했다. 그렇지만 큰 흐름에서 보면 이런 반목과 갈등 속에서도 일본의 역대 정부와 국민의 한국에 대한 역사 인식은 기본적으로 개선의 길을 걸어왔다. 즉 두 나라 정부와 국민의 역사 인식이 서로 접점을 향해 가고 있다는 뜻이다. 좀 더 엄밀하게 말하면 부분적으로나마 일본의 역사 인식이 한국의 역사 인식에 가까워지는 것이다. 이 점은 역대 일본 정부와 총리가 발표한 역사 인식에 관한 담화 등에서 확인할 수 있다.

1965년 국교 재개 당시만 하더라도 일본 정부는 식민지배에 대해 사죄와 반성의 뜻조차 표명하지 않았다. 1980년대 초에도 나카소네 야스히로 총리는 중국에는 침략전쟁을 인정하면서, 한국에는 "양국 사이에 불행한 시기가 있었음을 유감으로 생각한다"는 식으로 애매하게 표현했을 뿐이다. 1990년대에 들어 자민당의 장기 집권 체제가 무너지자, 호소카와 모리히로 총리는 창씨개명 등을 구체적으로 거론하면서 식민지배에 대해 비로소 사죄와 반성의 뜻을 표시했다. 그 후 사회당이 집권하자 무라야마 도미이치 총리는 각의 결정으로 '식민지배를 통해 엄청난 손해와 고통을 끼친 데 대해 통절한 사죄와 반성'의 뜻을 표명했다. 하지만 이때의 이른바 무라야마 담화는 연립 정권의 파트너인 자민당의 견제가 작용해 아시아 전체를 대상으로 한 포괄적 언급이었고, 한국을 구체적으로 지칭한 것은 아니었다. 식민지배에서 일본을 가해 주체로, 한국을 피해 객체로 명시하면서 '사죄와 반성'의 역사 인식을 분명히 천명한 것은 1998년 말 오부치 게이조 총리와 김대중 대통령의 '한일 파트너십 선언'이었다.

이처럼 식민지배에 대한 일본 정부와 총리의 역사 인식은 한일 국교 재개 이후 30년 정도 지난 1990년대에 이르러 괄목할 만한 변화를 보였다. 국교 재개를 위해 14년 동안 논쟁을 벌인 한일회담에서도 식민지배에 대한 사죄와 반성은 가장 민감한 주제였고, 한일조약에서도 공통 문안을 만들어내지 못한 채 얼버무린 난제였다. 이런 사정을 감안하면 한일 국교 재개 이후 30년이 지나 식민지배에 관해 일본 정부와 총리의 역사 인식이 한국의 역사 인식 쪽으로 가까워지는 경향을 보인 점은 주목할 필요가 있다. 이러한 추세는 2000년대 이후에도 기본적으로 지속되었다고 볼 수 있다.

고이즈미 총리는 재임 기간 중 해마다 야스쿠니 신사참배로 한국과 역사 갈등을 일으켰지만, 서대문형무소 유적지를 방문한 뒤 '사죄와 반성'의 역사 인식을 계승하겠다는 의지를 분명히 밝혔다. 그러한 역사 인식은 고이즈미 총리와 김정일 국방위원장이 함께 발표한 '조일평양선언'에도 그대로 반영되었다.

2010년은 '한일강제병합' 100년을 맞는 뜻깊은 해였다. 민주당의 간 나오토 총리는 이를 계기로 발표한 성명에서 '한국인의 의사에 반한 식민지 지배'라는 표현을 구사했다. 이것은 간접적으로나마 '한일강제병합'이 강제로 이루어졌다는 뉘앙스를 풍기는 발언이다. 한국 정부는 당초부터 '한일강제병합'과 그로 인한 식민지배를 불법적이며 부당하다고 주장했고, 일본 정부는 합법적이며 정당하다고 강조했다. 그러다 1990년대에 이르러 일본 정부는 합법적이지만 부당하다는 쪽으로 선회하는 듯한 경향을 보였는데, 2010년에 와서 여기에 강제성을 인정하는 듯한 인상을 준 것이다. 민주당 정권이 국민적 지지를 급격히 상실해 단명으로 끝나는 바람에 '간 담화'는 일본 국민 사이에서 곧 잊혀졌지만, 일본 총리의 역사 인식이 한국 쪽과 공명한 것을 보여준 사례임에는 틀림없다.

현재 집권자인 아베 총리는 한일 간에 첨예하게 대립하는 역사 갈등의 장본인으로 지목되고 있다. 그렇지만 아베 총리도 기본적으로는 식민지배에 대한 사죄와 반성의 역사 인식에서 완전히 벗어난 것은 아니다. 그는 국회 답변을 통해 자신은 일본이 침략하지 않았다고 말한 적이 없으며, 식민지배와 관련해서도 결코 부정한 적이 없다고 해명했다. 또 무라야마 담화와 고이즈미 담화를 포함해 역대 내각의 역사 인식을 전체적으로 계승하겠다는 뜻을 밝혔다. 현안으로 다시 부각된 일본군 위안부 문제에 대해서도 고노 담화를 번복할 생각이 없다고 밝혔다. 아베 총리의 이러한 발언은 한국과 중국의 반발을 누그러뜨리기 위한 변명일 수도 있지만, 일본 정부의 공식적 역사 인식을 확인하는 데는 무리가 없을 것이다.

개선의 길을 걸어온 일본의 역사 교과서 기술

일본의 보편적 역사 인식의 일단을 보여주는 역사 교과서 기술에서도 개선의 흔적을 찾아볼 수 있다. 한일 국교 재개 당시와 지금의 일본 역사 교과서 기술을 비교하면, 한일 관계사에 관한 내용이 늘어났을 뿐 아니라 질적으로도 괄목할 만한 변화가 일어났다. 특히 근대 일본이 강화도를 침입한 이래 여러 사건을 일으키며 한국을 침략하고 식민지로 만드는 과정, 식민지배에서 자행한 차별과 억압, 동화와 동원, 저항과 탄압 등에 관련한 사안은 실례를 들어 요령 있게 잘 기술했다. 논란이 되고 있는 일본군 위안부에 대해서도 대부분의 고등학교 일본사 교과서에서 간략하게나마 언급하고 있다. 1997년 이후 몇 년 동안은 7종의 중학교 역사 교과서 모두가 일본군 위안부를 한두 줄 기술한 바 있다.

일본 역사 교과서가 개선의 길을 걷는 데는 1982년에 발생한 '역사 교과서 왜곡 사건' 등이 계기가 되었다. 한국과 중국의 강력한 비판에 직면한 일본 정부는 이른바 근린제국조항을 마련해 교과서 검정에 참고하도록 했다. 요점은 "아시아 여러 나라와 관련한 근현대 역사를 기술할 때는 국제 이해와 국제 협조 차원에서 배려를 해야 한다"는 것이다. 독일은 이미 1950년대부터 가까운 여러 나라의 역사 인식을 배려하면서 교과서를 편찬해왔다. 일본도 역사 교과서에 대한 국제사회의 비판에 대응하는 과정을 거쳐 1980년대 이후 여러 이웃 나라의 역사 인식을 감안해 교과서를 만드는 단계로 진입한 것이다.

역사 인식을 개선하는 데는 민간 차원에서 펼친 한국과 일본의 연대 활동도 중요한 역할을 했다. 두 나라 역사 연구자와 교육자 사이에 역사와 관련해 다양한 이야기가 오갔다. 그 내용은 언론과 저술 등을 통해 국민에게도 알려졌다. 한국과 일본에서 동시 출판한 역사 공통

교재는 다섯 종류에 이른다. 그리하여 일정 부분에서는 한국과 일본이 역사 인식을 공유하는 현상도 나타났다.

현재 집권 중인 아베 정권은 애국과 애향을 강조하고, 전통과 영토를 중시한다. 정부의 이러한 방침은 국민의 역사 인식에 직접적으로 매우 큰 영향을 미친다. 지금 한국과 일본 사이에서 고조되는 역사 인식을 둘러싼 갈등은 여기에서 비롯했다고 보아야 한다.

그렇지만 앞에서 살펴본 것처럼 이러한 상황에서도 한국과 일본은 끈질긴 대화와 교섭을 거듭해 역사 인식에서 상당한 접근을 이룩해왔다. 양국의 정부, 학자, 언론, 시민 등은 이 같은 엄연한 사실과 흐름을 확실히 파악하고 이해할 필요가 있다. 그리고 양국 사이에 나타난 역사 인식의 수렴 현상을 좀 더 적극적으로 평가하고, 부족한 점을 찾아내 개선해나가는 지혜와 아량을 발휘해야 한다. 잘못을 비판하고 질타하는 것 못지않게 잘한 부분을 칭찬하고 격려하는 태도도 중요하다. 역사 인식을 둘러싸고 경색된 한일 관계를 풀어나가는 데 한층 유용한 방법은 바로 칭찬과 격려일 것이다.

과거사 처리 보완의 필요성

애매하게 처리한 식민지배에 대한 보상

한국과 일본이 역사 인식의 차이를 좁혀 서로 화해하고 동아시아의 평화와 번영을 도모하기 위해서는 과거사 문제를 슬기롭게 극복해야 한다. 이 또한 지난날의 경험에서 지혜와 힌트를 얻을 수 있다. 한일 양국은 역사 인식에서뿐 아니라 과거사 처리 문제에서도 빈번한 대화를 통해 상당한 성과를 거둔 바 있기 때문이다.

일본은 원칙적으로 샌프란시스코강화조약에 따라 관련 당사국과 각각 조약을 맺어 과거사를 처리했다. 그것은 침략전쟁이나 식민지배에 대해 국가의 책임을 인정하고 배상하는 방식이 아니라, 인도적 견지에서 경제 협력을 제공하는 것이었다. 한국은 일본의 조처에 대해 정면으로 반발했다. 그렇지만 일본에 대해 징벌 대신 부활을 조장한 샌프란시스코강화조약의 국제 질서를 무너뜨리기에는 역부족이었다. 그리하여 국교 재개를 전제로 체결한 한일조약에서 과거사 처리 방법을 규정한 부속 협정은 '한국과 일본 간의 재산 및 청구권에 관한 문제의 해결과 경제 협력에 관한 협정'이라는 어중간한 명칭을 얻었다. 한일 양국 정부는 이 협정을 토대로 식민지배에 따른 피해 보상, 곧 과거사 처리는 최종적으로 완전히 끝났다는 식으로 합의했다. 그 후 한국 정부는 이 협정에 따라 받은 청구권 자금을 활용해 1970년대에 징용 피해자 등에게 일정 금액을 보상해줬다.

과거사 처리의 보완: 사할린 잔류 한인과 재한 피폭자 문제

그런데 1980년대 이후 역사 인식과 더불어 과거사 문제가 다시 현안으로 부상했다. 한일조약을 체결할 당시 충분히 논의하지 못한 사할린 잔류 한인, 재한 피폭자, 일본군 위안부 등에 대한 책임과 보상 문제가 잇달아 제기되었기 때문이다. 일본과 한국에서 민주주의가 발전하고 역사 인식이 개선됨에 따라 종래 애매하게 봉합해놓은 과거사 처리 문제가 다시 도마에 오른 것은 어쩌면 당연한 결과였다. 일본 정부는 국가적 책임은 회피하면서도 인도적 차원에서 기금 등을 통해 해결하는 방안을 모색했다. 한국 정부도 일본 정부에 요구할 것은 요구하고 받아들일 것은 받아들이는 태도로 대응했다. 그리하여 피해자의 기대에는 미치지 못하지만, 한일 양국의 협의 아래 사할린 잔류 한인과 재한 피폭자 문제에서 주목할 만한 진전을 이룩했다. 일본은 전후 처리에서 일본 국적 여부를 자의적으로 판단해 지금의 일본인에게만 혜택을 주는 방침을 엄격히 지켜왔다. 그런데 1990년대 들어 원폭 피해자는 한국인도 일본인과 같이 치료와 지원을 받을 수 있는 방향으로 선회했다.

일본 정부가 과거사 문제는 한일조약을 통해 모두 해결되었다는 원론적 입장을 견지하면서도 피해자의 고통을 일부나마 덜어주려는 인도적 태도를 보였다는 점은 평가할 만하다. 따라서 한국과 일본은 이러한 경험과 실적 등을 면밀하게 검증해볼 필요가 있다. 그리고 잘한 것은 잘한 대로, 못한 것은 못한 대로 양국 국민에게 실상을 소상히 알리고 이해를 구해야 한다. 또 부족한 점은 머리를 맞대고 숙의해 보완하는 방법을 모색하는 것이 좋다.

일본군 위안부 문제: 피해 당사자의 존엄과 명예를

지금 최대 현안으로 부각된 일본군 위안부 문제는 좀 더 복잡한 성격을 띠고 있다. 이 문제가 앞의 두 사안보다 더욱 어렵게 꼬인 원인으로는 주요 관련 당사자 간에 의사소통이 제대로 이루어지지 않은 점도 무시할 수 없다. 그러다 보니 문제를 주도적으로 해결해야 할 한일 양국 정부, 일본군 위안부 피해자, 이들을 지원하는 양국 시민 단체 사이에 서로 납득할 만한 접점을 찾아낼 수 없었다. 한국의 시민 단체는 일본 정부에 일본군 위안부 범죄 인정, 진상 규명, 국회 결의를 통한 사죄, 법적 배상, 역사 교과서 기술, 위령탑과 사료관 건립, 책임자 처벌 등을 요구하고 있다. 이에 대해 일본 정부는 국가의 책임을 인정할 수 없을 뿐 아니라 배상 문제도 한일조약으로 완전히 끝났다는 자세를 고수하고 있다. 다만 인도적 차원에서 아시아여성기금을 조성해 일정 한도에서 보상하고 일본 총리의 사과 편지도 전달했다. 한국에서는 이에 대한 반대가 심해 실제로 이 기금을 수령한 사람은 4분의 1 정도에 불과한 것으로 알려졌다. 한국 정부는 이와 별도로 몇 차례 입법을 통해 이들에게 상당한 수준에서 생활과 의료 등을 지원해오고 있다.

위와 같은 사정을 감안하면 일본군 위안부 문제도 지금까지의 경위와 조처를 철저히 검증해 부족한 부분을 보완하는 방향으로 해결 방안을 모색해야 한다. 그런데도 지금 일본에서는 일본군 위안부 문제에 대해 강제로 연행한 사실이 없다는 주장만 되풀이하고 있다. 위안부 모집 과정에서 강제성의 강약 여부에는 이론이 있을 수 있지만, 그러한 강제성이 아주 없었다는 주장은 사실에 맞지 않을 뿐 아니라 국제사회도 용납하지 않는다. 나무를 보되 숲을 보지 못하는 이 같은 태도는 일본군 위안부 문제를 진흙탕 싸움으로 몰아넣어 해결은커녕 더욱 꼬이게 만들 뿐이다. 일본군 위안부 문제는 논쟁하면 할수록 일본의 품격을 떨어뜨리고, 한국 국민을 반일 정서에 물들게 만드는 악재이기 때문에 양국 지도자가 정치적 결단을 통해 조속히 해결해야 할 사안이다.

징용 피해자 문제: 한국 정부의 선제 조치를

최근 한국의 대법원 판결로 다시 주목을 끈 징용 피해자 문제는 한일조약으로써 해결했다는 것이 한국과 일본 정부의 공식 견해다. 그렇다면 이 문제는 한국 정부가 앞장서서 한일 간의 외교 현안에서 제외하는 조치가 필요하다. 그리고 한국 내에서 이 문제를 해결하는 방안을 모색해야 한다. 한국 정부는 이미 여러 차례 입법을 통해 징용 피해자에게 상당한 보상을 해왔다. 이러한 조처를 바탕으로 미진한 부분은 보완하는 방법을 찾아야 할 것이다.

한편 일본 정부가 책임, 사죄, 보상 등을 실행하도록 하기 위해서는 한국이 두 나라의 처지와 여론 등을 감안해 유연성과 탄력성을 용인해주어야 한다. 표현이나 문구 실행 방법 등은 서로 납득할 만한 수준으로 적절히 조정하는 게 가능할 것이다. 또 양국 국민은 과거사 처리를 둘러싸고 한국과 일본 정부가 지난 수십 년 동안 그들 나름대로 애써온 노력을 이해하고 평가해줄 필요가 있다. 양국 정부 또한 이러한 경위와 성과 및 과제를 두 나라 국민에게 소상히 알리고 이해를 구하는 작업을 해야 한다. 두 나라 국민 사이에는 양국 정부가 과거사 처리를 둘러싸고 아무런 일도 하지 않은 것처럼 알고 있는 사람이 무척 많다. 이러한 무지와 오해가 역사 갈등의 원인이 될 수 있다.

세상의 모든 일에는 공功이 있으면 과過도 있게 마련이다. 지금부터라도 한일 양국의 정부와 국민은 그동안 씨름해온 과거사 처리의 경위와 성과 및 과제를 면밀하게 재검토하면서 공과를 따져보고 잘한 점은 칭찬하고 못한 점은 반성하는 작업이 필요하다. 그리고 정부와 시민 및 피해자 등이 함께 모여 허심탄회하게 논의해 당사자에게 실질적으로 도움이 되는 좀 더 나은 방안을 모색해야 한다. 과거사 피해자가 모두 고령임을 감안하면 이러한 조처는 빠르면 빠를수록 좋다. 이를 위해서는 양국이 소리小利에 집착하지 말고 대리大利를 추구하는 자세로 바꿔야 한다.

독도 문제: 현상 인정과 저강도 정책을

독도 문제에 관해서는 종래 일본이 영유권을 주장하면 한국이 영토주권을 더욱 강화하는 조치를 취해왔다. 독도는 현재 한국이 엄연히 주권을 행사하고 있는 국토다. 일본이 영유권을 주장한다고 해서 그대로 실현될 가능성이 거의 없다는 이야기다. 따라서 한국이 앞장서서 독도를 이슈로 만들 필요는 없다. 오히려 독도가 '분쟁 지역'으로 비화하지 않도록 세심하고 단호하게 관리하는 쪽이 낫다. 일본은 한국의 이러한 사정과 방침을 이해하고 용인해야 한다. 그 대신에 다른 분야에서 서로 이익이 되는 방법을 찾아야 한다.

한국과 일본은 독도가 두 나라 사이에서 다른 현안을 압도하는 큰 문제로 부상하지 않도록 신경 써야 하며, 나아가 독도 이외의 다른 사안에서 서로 협력하고 교류하는 분위기를 강화해야 한다. 그러면 독도 문제는 시급히 해결해야 할 현안에서 점차 멀어질 것이고, 더불어 한국의 독도 영유권은 기정사실화하는 쪽으로 굳어질 것이다.

과거사의 포괄적 해결: 한일우호신뢰재단의 설립

한국과 일본이 불행한 역사를 교훈 삼아 평화와 공영의 미래를 함께 실현하는 프로젝트를 추진하는 일이야말로 궁극적으로는 과거사 처리에서 가장 바람직한 방법이다. 독일이 설립해 운영하는 '기억책임미래재단'이 참고가 될 것이다. 한국과 일본에서도 정부와 기업 등이 함께 출연한 재단을 설립해 피해자에 대한 보상과 장학, 국민에 대한 교육과 기념 사업 등을 진행한다면 역사 문제에서 비롯한 갈등과 대립은 상당히 완화될 것이다. 이 재단의 이름은 '한일미래재단' 또는 '한일우호신뢰재단'이 좋겠다. 한국에서는 '대일 청구권 자금'을 활용해 창업하고 대기업으로 성장한 몇몇 회사가 위와 같은 목적의 기금을 출연하겠다는 뜻을 밝힌 바 있다. 한국에서 식민지 시기와 그 이후에 큰돈을 번 일본 기업이 이에 동참하면 더욱 좋을 것이다.

마침 박근혜 정부는 '동북아 평화 협력 구상'과 '한반도 신뢰 프로세스'를 추진하고 있다. 여기에는 남북한의 평화와 신뢰뿐 아니라 국제 관계에서의 우호와 신뢰도 포함된다. 이러한 프로젝트를 진행함으로써 한국과 일본이 우호와 신뢰를 구축해 동아시아의 평화 협력과 공생 공영을 선도한다면 오히려 전화위복이 될 수도 있다. 그 상징적 조치가 바로 '한일우호신뢰재단'의 설립일 것이다. 일본 최고재판소도 전후 보상 문제를 다룬 재판에서 일본군 위안부의 경우에는 입법을 통한 조처를, 강제 동원의 경우에는 기업과의 화해를 권고한 바 있다. 따라서 일본의 국회, 정부, 기업이 문제를 해결하려는 의지를 보이면 이러한 재단의 설립과 운영은 결코 불가능한 일이 아닐 것이다.

한일 역사 갈등의 관리

역사 갈등의 치유 방법

한국과 일본이 화해와 상생의 역사 인식을 확립하기 위해서는 양국 정부가 솔선수범해야 한다. 두 나라 정부는 국민의 역사 인식에 깊이 관여해왔기 때문에 적극적 의지만 있으면 할 수 있는 역할이 적지 않다. 하지만 대립의 칼날을 세우고 있는 현재 상황에서 양국 정부가 당장 앞장서서 이 같은 활동에 나서는 걸 기대하기는 어렵다. 그렇다면 차선책으로, 두 나라의 역사 갈등이 다른 현안과 결부되어 합병증을 일으키지 않도록 적절한 수준에서 관리하는 방안을 모색하는 게 좋다. 현재로서는 상황이 더 악화되지 않도록 조심하면서 2010년대 이전 수준으로 회귀하는 것만으로도 성공이라 할 수 있다. 따라서 한국과 일본은 양국에서 역사 화해를 지향하는 뛰어난 지도자가 나타나기 전까지는 역사 문제를 단칼에 해결하겠다는 조급증을 억누르고, 서로의 처지와 언동을 사려 깊게 관찰하면서 갈등이 더욱 심화하지 않도록 배려해야 한다.

앞에서 한일 양국의 역사 갈등을 질병에 비유한 바 있다. 질병의 치유 방법에는 흔히 세 가지가 있다. 병인요법, 대증요법, 생활요법이 그것이다. 역사 갈등의 관리 방법도 이것에 비유할 수 있을 듯하다.

첫째, 병인요법. 병의 원인을 알아내 병소를 도려내는 등 근본적으로 치유하는 것처럼, 역사 갈등의 원인이 되는 사안에 대해 공동으로 자료를 발굴하고 연구함으로써 인식의 차이를 좁히는 것이다. 또 서로 역사교육이나 역사 교과서 기술을 개선해 배타적 민족주의를 억제하고 상호 이해의 역사의식을 함양하는 작업이 이에 해당한다.

둘째, 대증요법. 환자가 40℃ 정도의 고열에 시달리면 우선 해열제 등을 복용해 체온을 낮춰야 한다. 마찬가지로 역사 갈등이 고조된 상황에서는 언론 등을 통해 정확한 정보를 많이 제공함으로써 상호 적대 감정을 완화해야 한다. 그리고 다양한 채널의 대화를 가동해 불신과 오해를 제거하고 신뢰와 포용을 확대해나간다.

셋째, 생활요법. 평소 적절하게 운동과 식사를 지속함으로써 질병에 걸리지 않도록 면역력을 기르는 방법이다. 양국 국민이 역사교육과 사회교육 등을 통해 균형 잡힌 역사의식을 지닌다면 편향된 역사 인식에 빠지지 않을 것이다. 설사 그런 주의 주장이 난무한다 하더라도 쉽게 휩쓸리지 않을 것이다. 이를 위해서는 정부 간뿐 아니라 시민단체 차원의 교류와 협력도 중요하다.

양국 정부의 공동 규범 마련

최근의 한일 간 역사 갈등을 돌아보면 역사 문제에서 정부, 특히 지도자의 언행이 대단히 중요하다는 점을 새삼 느낄 수 있다. 양국 정부는 먼저 역사 갈등의 발생 경위와 대응 자세를 면밀히 검토하고 서로 반성함으로써 무너진 신뢰를 회복해야 한다. 그 방법 중 하나로 '21세기의 새로운 한일 파트너십' 선언(1998.10)의 역사 인식을 다시 한 번 확인하고 준수하겠다는 의지를 밝히는 것도 좋다. 그렇지만 양국 정부가 그 후에 오히려 더 심각한 역사 갈등을 겪었다는 현실을 감안하면, 역사 인식의 준거를 새롭게 만들고 그것을 양국 정상이 함께 공표하는 퍼포먼스를 연출하는 것이 좀 더 효과가 클 것이다.

한일 양국의 새로운 공동선언이 어렵다면, 최소한 두 나라 정부 요인이 역사 갈등을 초래할 수 있는 언동을 자제하도록 규제하는 장치를 만들어야 한다. 어쩌면 자유민주주의 사회에서 개인의 사상과 신념을 억압하는 장치를 만드는 것은 어불성설이라고 비판할 수도 있다. 하지만 정부의 요인이 되면 자국과 타국이 약속한 것을 존중하고 지키는 것은 당연한 의무다. 하물며 한국과 일본이 역사 인식처럼 미묘한 문제를 합의한 사안이라면 정부 요인은 그것을 반드시 지켜야 한다. 따라서 한일 양국은 정부 요인이 역사 인식을 다루는 언동에 가이드라인을 만들고 그것을 준수하겠다는 다짐을 대내외에 천명하는 것이 좋다. 이렇게 함으로써 양국의 정권이 바뀌더라도 정부 요인이 돌출된 역사 인식을 표명해 갈등을 초래하는 일을 막고 일관성 있는 역사 인식을 유지할 수 있을 것이다.

위와 같은 규제 장치를 만든다고 해도 언제 역사 갈등이 다시 불거질지 모른다. 이때를 대비해 양국 정부는 이것을 빨리 진화하거나 완화할 수 있는 행동 강령을 만들 필요가 있다. 양국 정부가 역사 갈등을 방치하는 것은 좋지 않다. 역사 갈등이 반일 감정과 혐한 감정으로 번지는 것을 막아야 한다. 역사 갈등에 대처하는 매뉴얼은 양국 정부가 협의해 함께 준수하는 내규로 만드는 방법도 바람직하다. 단, 매뉴얼은 갈등을 무리하게 봉합하려는 임시방편의 꼼수여서는 안 되고, 양국 국민의 동의를 얻을 수 있는 당당한 것이어야 한다. 앞에서 제시한 세 가지 관리 방법을 사용하면 어렵지 않게 매뉴얼을 만들 수 있을 것이다. 게다가 한국과 일본은 오랫동안 역사 갈등에 시달려온 만큼 이에 대응하는 노하우도 그 나름대로 축적되어 있기 때문이다.

요즘 한국과 일본에서 발생하는 여러 가지 일을 보면, 위와 같은 제안은 실현하기 어려운 꿈에 불과하다는 생각도 든다. 내셔널리즘의 영향이 강하기 때문이다. 그렇지만 세상일은 궁즉명窮卽明이고 정반합正反合인 경우도 많다. 한국과 일본에서 국가와 민족에 대한 소명 의식이 강한 정치인들이 집권했기 때문에 그만큼 통 큰 해결 방안을 마련할 수 있을지도 모른다. 그들은 보수주의에 기반을 둔 투철한 국가관, 안전보장, 애국심 등을 강조하고 있다. 그들이 한일 관계의 개선이 진정한 국익, 안보, 애국 등에 도움이 된다는 점에 합의한다면 대국적·전략적 차원에서 역사 문제를 극복할 수 있는 계기를 만들 수 있다. 독일과 프랑스·폴란드가 갈등을 극복하고 역사적으로 화해한 것도 사실 각국 지도자가 국익을 고려한 대국적·전략적 차원에서 결단을 내렸기에 가능한 일이었다.

동아시아의 평화와 공영을 향한 역사 인식

지금 '동아시아 공동체'가 인구에 회자되고 있다. 제국을 경험한 중국이나 일본은 역사적 업보 때문에 이것을 드러내놓고 주장하기 어렵다. 그렇다면 역사적 원죄가 없는 한국이 좀 더 큰 역할을 할 수도 있다.

"위기는 기회다"라는 말이 있다. 역사 문제가 초미의 관심사로 다시 부상한 요즘, 한국 정부는 일본 정부를 끌어들여 위기를 기회로 만드는 프로젝트를 추진해야 한다. 그것이 한반도뿐 아니라 동아시아의 평화와 번영을 담보하는 시스템을 구축할 수 있다면 더욱 좋은 일이다. 그리고 한국과 일본의 연구자, 교육자, 여론 주도층, 일반 시민 등도 밀접하게 교류·협력하면서 역사 문제를 극복하기 위해 적극 나서야 한다. 물론 종국의 목표는 동아시아의 평화와 공영에 있다.

한일 양국 정부는 국민에게 역사 갈등을 어느 한쪽의 결단이나 행동으로 영원히 그리고 완전히 해결할 수 있다는 환상을 심어주어서는 곤란하다. 역사 갈등은 원래 상대방이 있기 때문에 발생하는 문제다. 상대방이 맞장구를 치지 않으면 소리가 날 수 없다. 더구나 역사 인식의 옳고 그름을 판단하는 기준은 개인이나 국가의 처지에 따라 다를 수 있다. 따라서 역사 인식을 논의할 때는 사관의 옳고 그름 못지않게 그것을 말하는 태도 역시 중요하다. 한국은 자국의 역사 인식을 일본에 분명히 밝히고 정확히 알리되, 일본의 역사 인식을 무시하거나 매도하는 태도는 바람직하지 않다. 한국과 일본은 상대방이 왜 그러한 역사 인식을 갖게 되었는지 정확히 파악하고, 그것을 자국의 역사 인식에 접근시킬 수 있는 방안을 모색해야 한다. 이때도 서로 납득할 수 있는 논리와 언어를 구사해야 한다. 품격 있고 세련된 말과 행동으로 상대방을 감동시킬 수 있다면 역사 갈등은 훨씬 더 쉽게 극복할 수 있을 것이다.

평화를 위한 역사 화해의 모색

역사 화해의 전략과 방법

한일 관계의 과거와 현재를 정확하게 이해하고 미래와 비전에 대해 확고한 신념을 갖는다면 역사 인식을 둘러싼 갈등과 대립도 해결할 수 있다. 양국 국민은 먼저 역사 문제를 다음 세대에 미루기보다는 지금 세대에서 책임지고 해결하고 화해하겠다는 각오와 의지를 새롭게 다져야 한다. 그러기 위해서는 양국의 여론과 환경을 그와 같은 방향으로 전환해야 한다. 여기에서는 양국의 정치인, 언론인, 연구자 등 여론 주도층의 역할이 중요하다. 특히 양국의 최고 지도자는 인류가 지향해온 보편적 가치 기준에서 한일 관계의 역사를 해석하는 식견을 지녀야 하고, 이러한 인식을 토대로 자신들이 솔선해 역사 화해를 실현하겠다는 의지를 보여야 한다. 그런 다음 함께 양국 국민을 납득시키고 선도할 수 있는 전략과 방법을 마련해 실천해야 한다.

한일 양국은 충분하지는 않지만 이미 역사 문제를 다뤄온 경험을 많이 축적하고 있다. 이제 역사 문제의 경위와 성과, 한계와 결함 등을 면밀히 검토하고 평가함으로써 보완과 개선, 극복과 해결의 지혜를 얻을 수 있을 것이다.

첫째, 낮은 단계로서 자신과 일정한 거리를 둔다. 역사 이해에서는 전통적·전형적 인식에서 벗어나려고 노력해야 하며, 행동 수정에서는 우월의식이나 열등의식 등으로 편향되거나 왜곡된 역사의식을 제거한다. 타자 상대에서는 과거를 잊지 않되 자국과 외국의 관계를 과거의 잣대로 보는 것을 멀리한다.

둘째, 중간 단계로서 행동에 옮기는 것이다. 역사 이해에서는 역사를 보는 시각과 사안을 선택하는 기준을 비교하며 어떤 변화가 일어났는지 점검한다. 행동 수정에서는 자신의 생활과 역사 기술에서 서로 다가가고 함께 나아간다. 그리고 타자 상대에서는 적대적 역사를 무릅쓰고 공동의 미래와 기회를 찾는다.

셋째, 높은 단계로서 상호 관계를 구축한다. 역사 이해에서는 역사 담론과 지향을 체계적으로 비교하고 내용을 교환하며, 행동 수정에서는 조금이라도 양립 가능하거나 공유 가능한 역사를 새롭게 구성한다. 타자 상대에서는 공동 작업과 생산을 통해 서로 공감할 수 있는 역사를 만들어내고 사회가 수용하도록 노력한다.

역사 화해의 실현을 위한 행동 지침

첫째, 양국의 역사 연구자와 교육자 또는 역사에 관심을 가진 사람들이 모여 더욱 적극적으로 역사 인식 문제를 논의하고 대화해야 한다. 아직도 한일 양국의 역사 인식은 정치적·외교적 현안으로 대두해 정부 차원에서 반목하고 대립하는 상황에서 벗어나지 못하고 있다. 이에 휩쓸려 양국 국민도 서로 오해와 불신이 커졌다. 원칙을 말한다면, 한일 양국의 역사 인식 문제는 정치적·외교적 현안에서 벗어나 역사 연구와 역사교육에 종사하는 민간인에게 맡겨야 한다. 그것을 위한 중간 과정으로서 양국 정부가 지원하는 '한일역사공동연구위원회' 등을 다시 운영해 역사 갈등을 빚고 있는 주제에 대해 연구와 토론을 깊게 하고, 그 결과를 양국의 역사 교과서 집필자나 교육자가 참고할 수 있도록 제공한다. 한국과 일본의 역사 연구자와 교육자는 이미 역사와 관련해 대화를 나누고 공통 교재를 개발한 경험을 많이 축적하고 있다. 이러한 경험을 바탕으로 서로 신뢰와 연대를 구축하고 국민 사이에 이해와 공감을 넓혀가야 한다.

둘째, 한일 양국은 역사 갈등이 언제라도 내셔널리즘을 자극하고, 정치·외교에 이용당하기 쉬운 특수 사안이라는 점을 잊어서는 안 된다. 민간 차원에서 역사를 주제로 대화할 때 이 점을 항상 경계해야 한다. 그리고 역사 인식은 국가·민족·개인 사이에 서로 다를 수 있다는 점을 인정하는 여유를 가져야 한다. 아울러 한일 관계사를 객관화·상대화하려는 노력을 게을리해서는 안 된다. 무릇 역사를 완전히 객관적·상대적으로 볼 수는 없지만, 한일 관계사를 지나치게 자국 중심의 시야에서 바라보려는 자세는 의식적으로 탈피해야 한다. 우여곡절로 점철된 복잡한 한일 관계사를 탄력적이고 유연하게 이해하기 위해서는 자국사를 절대화하는 자세에서 벗어나 양자 간 혹은 다자 간 관계 속에서 되돌아보는 태도를 갖춰야 한다. 이것은 한국과 일본의 실체를 정확하게 이해하는 데 도움을 줄 것이다.

셋째, 한일 양국의 평화·교류의 역사를 중시해야 한다. 2000년 넘게 이어온 한일 관계 속에서 한국과 일본은 때때로 침략과 저항 등의 대척 관계로 뒤틀린 적도 있지만, 그것은 평화·교류의 장구한 역사에 비하면 아주 짧은 기간이었다. 따라서 앞으로 한국과 일본이 우호 협력의 동반자 관계를 강화해나가기 위해서는 평화·교류의 역사에 좀 더 많은 관심을 두어야 한다. 그럴 경우, 전근대에서의 평화·교류도 중요하지만, 현대에서의 평화·교류를 더욱 중시해야 한다. 특히 1965년 한일 국교 재개 이래의 역사를 제대로 이해할 필요가 있다. 이때는 정부 간 우호 협력뿐 아니라 민간 차원의 경제 문화 교류, 나아가 시민 사이의 연대 운동도 활발했다. 일본군 위안부, 재일 한국인, 역사 인식 등의 문제를 둘러싸고 한국과 일본 시민들이 벌여온 연대 운동 그리고 학교, 단체, 지방자치기구 사이의 자매 활동 등은 양국의 여론과 정부를 움직여 상황을 개선하거나 이해를 촉진하는 데 긍정적 효과를 가져왔다. 이러한 사실을 좀 더 부각한다면 차세대가 시민 차원의 연대를 통해 한일 관계를 공존 공영의 방향으로 바꾸어갈 수 있다는 확신을 갖게 될 것이다.

넷째, 한일 관계를 논의할 경우에는 북한도 시야에 넣어 파악할 수 있는 방법을 모색해야 한다. 현실적으로는 남한과 일본의 관계가 압도적으로 중요하기 때문에 자칫하면 북한의 비중이 상대적으로 약화하거나 사라질 우려가 있다. 그러나 북한을 무시하고는 한반도의 현대사, 나아가 한일 관계의 실상을 충분히 이해할 수 없다. 그리고 한

민족 전체로서 역사상을 구성하기도 어렵다. 따라서 현대의 한일 관계에서는 한국과 북한, 북한과 일본의 관계가 빚어내는 다양한 모습에 충분히 주의를 기울여야 할 것이다.

다섯째, 한국과 일본은 상대방을 한일 관계사의 시야에서만 인식하려는 태도를 지양해야 한다. 당연한 일이지만 일본은 한국만, 혹은 한국은 일본만 상대해온 나라가 아니다. 역사적으로 볼 때 한국과 일본은 국제 활동을 매우 폭넓게 해왔다. 그렇기 때문에 양국의 역사와 문화는 한일 관계사적 시각만으로는 도저히 이해하기 어려울 만큼 다양하고 풍부하다. 조금 과장하면 두 나라 역사에서 상대방과 관련한 부분은 일부에 불과하다고 할 수도 있다. 따라서 양국이 상대방을 좀 더 깊게 인식하기 위해서는 자국과 관련한 사안을 통해서만 상대를 바라보는 좁은 시야에서 벗어나 상대방의 역사와 문화를 다양한 시각에서 '있는 그대로' 바라보는 태도를 갖춰야 한다. 양국이 상대방을 향해 이렇게 유연한 자세를 견지한다면 역사 갈등을 완전히 해결하지는 못하더라도 어느 정도 극복할 수는 있을 것이다.

여섯째, 국가 간 역사 인식을 개선하고 상호 이해를 높이는 일은 저절로 이루어지는 것이 아니다. 지식인과 여론 형성자의 선도와 노력이 이를 견인해야 한다. 특히 언론의 역할이 중요하다. 현재 한국과 일본의 언론은 오히려 양국의 역사 갈등을 부추기는 데 앞장서고 있다. 특히 일본의 주간지, 월간지 등은 한국을 폄하하고 모욕함으로써 판매 부수를 늘리려고 혈안이 되어 있다. 심지어 주류 언론도 이에 편승하는 경향을 보이고 있다. 이래서는 결코 역사 갈등을 극복할 수 없다. 양국의 언론은 감정에 물든 비방과 중상을 자제하고 사실과 균형에 입각한 보도와 논평을 해야 한다.

미래의 공유 과정에서 과거의 싸움 정리

한일 사이에 역사 문제가 중요하기는 하지만, 이것이 양국 관계의 모든 부문을 좌지우지할 만큼 유일무이한 사안은 아니다. 다른 현안과 함께 풀어가야 할 과제인 것이다. 2015년이면 한일 국교 재개 50주년을 맞는다. 모처럼 맞이하는 역사의 마디를 계기로 한국과 일본이 세계를 향해 공동의 미래 비전을 제시하고, 그런 가운데 역사 문제를 해결하고자 시도하는 것도 하나의 방법이 될 것이다.

한국과 일본은 잦은 마찰과 갈등을 빚었음에도 세계 수준에서 본다면 해방과 패전 이래 70년 또는 국교 재개 이래 50년 동안 절차탁마하면서 괄목할 만한 성과를 거두었다. 두 나라는 민주주의, 시장경제, 법치주의, 인권 옹호 등 글로벌한 가치를 공유하는 동질의 국가를 이룩했다. 그리고 각각 미국의 동맹국으로, 동아시아의 안전과 평화를 담보하는 지렛대로서 기능해왔다. 또 국민의 생활양식과 문화 수준에서도 한국과 일본은 선진성과 보편성을 공유하고 있다. 최근 양국 국민 사이에 유행한 한류와 일류가 그것을 상징적으로 보여준다. 따라서 한국과 일본이 서로의 성취를 긍정적으로 평가하고 좀 더 적극적으로 협력 방안을 모색한다면 세계 문명의 발전에 기여할 수 있는 길이 열릴 것이다.

혼자 가는 길은 외롭고 힘들지만 함께 가는 길은 즐겁고 신난다.

한국과 일본은 서로 믿고 친하게 지냄으로써 둘 다 이익을 확장할 수 있는 이웃이다. 밉고 싫다고 해서 이사 갈 수 있는 처지도 아니지 않는가? 그러므로 두 나라는 역사 인식의 충돌을 완화하고 과거사 처리의 불만을 보완해 역사 화해를 이루지 않으면 안 된다. 역사 화해에 이르는 장정은 서로 타협과 양보가 뒤따르는 험난한 여정이다. 그렇지만 두 나라 국민이 함께 추진할 만한 충분한 가치가 있는 사업이다. 한일 양국은 과거와 싸우기보다 미래를 함께 만들어간다는 신념을 갖고 공동의 프로젝트를 개발하고 실행해야 한다. 그러다 보면 어느새 미래가 과거를 정리해준 현실을 맞을 것이다. 두 나라 정부와 국민의 미래 지향적 의지와 활동을 기대한다.

:: 정재정

서울대학교 역사교육학과를 졸업하고 도쿄대학교 한국사학 석사학위, 서울대학교 한국사학 박사학위를 받았다. 한국 근대사와 한일 관계사의 전문가다. 현재 서울시립대학교 국사학과 교수로 재직 중이다. 동 대학교의 인문대학장, 대학원장 등을 역임했다. 동북아역사재단 이사장, 한일관계사학회 회장, 국사편찬위원회 · 서울시사편찬위원회 · 역사문제연구소 · 서울역사박물관 등의 위원, 한일미래포럼 · 대한민국역사박물관의 자문위원장 등을 맡았다. 한일 양국 정부가 지원하는 한일역사공동연구위원회 간사로도 활약했다. 저서로 《주제와 쟁점으로 읽는 20세기 한일 관계사》, 《교토에서 본 한일통사》, 《일제 침략과 한국 철도, 1892~1945》, 《한국의 논리―전환기의 역사교육과 일본 인식》, 《일본의 논리―전환기의 역사교육과 한국 인식》, 《新しい韓国近現代史》, 《韓国と日本―歴史教育の思想》, 《帝国日本の植民地支配と韓国鉄道》 등이 있고, 주요 역서로 《일본의 문화 내셔널리즘》, 《한국병합사 연구》, 《식민통치의 허상과 실상》 등이 있다.

한일 관계 정상화, 어떻게 이룰 것인가

이종원 와세다대학교 교수

2015년이면 한일 양국은 국교 정상화 50주년을 맞는다. 강제 병합과 식민통치라는 불행한 역사를 딛고, 국교를 수립한 이후 다양한 분야에서 폭넓은 관계를 구축해온 것이다. 1965년 연간 1만 명이던 인적 왕래는 2004년경부터 '1일 1만 명' 시대를 맞이했고, 최근에는 연간 500만 명에 달한다. 이처럼 경제적 상호 의존의 심화와 더불어 사회적·문화적 교류가 일상화되고 있다.

반면 정치적·외교적으로는 갈등이 증폭하면서 양국 사회의 상호 불신도 전례 없이 확산되고 있는 것 또한 현실이다. '아시아 패러독스'라 일컫는 역설적 구도가 가장 뚜렷하게 드러나는 것이 한일 관계라 해도 과언이 아니다. 그 요인으로서 역사 인식과 영토 문제를 둘러싼 대립을 자주 지적한다. 그러나 이들 문제는 최근에 등장한 것이 아니라 이전부터 존재해왔다. 주목해야 할 것은 이들 문제가 왜 지금 새

롭게 대두하고 있는가다. 이러한 분석을 토대로 새로운 한일 관계의
반세기를 구축하기 위해 노력해야 할 것이다.

한일 관계는 왜 삐걱거리는가

한일 외교전

지금 한일 관계는 1965년 한일 국교 정상화 이후 최악의 상태다.
한일 양국에 새로운 정권이 탄생한 지 2년 가까이 되었지만 아직 단
독 정상회담조차 실현하지 못하고 있다. 외교 수장 간 회담도 다자
간 회담을 빌려 단시간 시행하는 변칙적 상황이 이어지고 있다. 국
가 관계에서 여러 문제를 둘러싸고 외교적 마찰은 흔히 있는 일이며,
2005년 당시 고이즈미 총리의 야스쿠니 참배를 둘러싸고 한국 정부
가 '외교전'을 선언하면서 정상회담이 수년간 중단된 적도 있다.

그러나 최근 한일 관계의 악화는 정부뿐 아니라 양국 사회에서 상
대방에 대한 인식이 극도로 나빠지고, 반감이 사회적으로 확산되고
있다는 점에서 이전과 다른 양상을 보인다. 외교 관계의 정상화가 급
선무지만, 깊어진 양국 사회의 감정적 골을 어떻게 좁힐 것인지가 장
기적으로 보다 크고 심각한 과제로 등장하고 있다. 특히 일본 사회의
대한국 인식은 단기간에 엄청난 변화를 겪고 있다. 2000년대 초반에
확산된 한류 선풍은 '혐한류'에 밀려나고 있으며, 일본 사회의 심각한
문제로 등장한 헤이트 스피치도 한국 또는 재일 한국인이 주 타깃이

되고 있다. 외교적 갈등은 한일 간의 경제 관계, 특히 인적 교류에도 적지 않은 영향을 미치고 있다.

한일 관계가 이렇듯 악화된 원인을 둘러싸고, 일본에서는 2012년 8월 이명박 대통령의 독도 방문을, 한국에서는 민주당 노다 정권 이래 현저하게 나타난 일본 정치 및 사회의 우경화와 역사수정주의의 대두를 지적한다. 요컨대 '영토'와 '역사' 문제를 걸림돌로 여기고 있는 것이다. 그러나 여기에서 생각해야 할 것은 이전부터 존재하던 영토와 역사 인식을 둘러싼 갈등이 왜 지금 첨예하게 쟁점화되고 있는가다.

관리 가능한 한일 관계

일본이 외교적 갈등을 겪고 있는 것은 한국과의 관계만이 아니다. 중일 관계도 외교적 공백이 지속되고 있다. 이 두 관계를 비교해 중일 대립은 '구조적'인 데 반해 한일 갈등은 '감정적'이라는 견해도 있다. 중일 간 갈등은 세력 전이에 동반된 보다 포괄적인 구조적 대립의 측면이 있으며, 영토 문제에 관해서도 센카쿠 열도를 둘러싸고 양측 모두 '현상 변경'을 물리적 '행동'과 더불어 추진하고 있어 국지적인 군사적 충돌까지 우려되는 심각한 상황에 처해 있다. 그에 비해 한일 갈등은 과거사 문제처럼 '인식'의 대립에 초점이 있으며, 영토 문제를 둘러싸고도 아직은 〈방위백서〉나 교과서 기술 강화 등 말과 주장이 충돌하는 단계에 머물러 있다. 다시 말해 중일 관계에 비해 한일 관계는 관리 가능한 쟁점이 대부분이라는 뜻이다.

한일 관계 악화의 구조적 요인

이러한 지적은 어느 정도 타당성이 있지만, 한일 관계에서도 단순히 과거사를 둘러싼 역사 인식 등 감정적 측면뿐 아니라 동아시아 세력 전이에 동반된 구조적 과제가 연동되어 있음을 인식하는 것이 향후 대응 방안을 검토하는 데도 필요하다.

최근 한일 관계가 악화되자 일본에서는 한중 접근에 대한 경계심이 높아지는 한편, 북일 교섭의 진전에 대해 한국이 민감하게 반응하는 등 종래의 냉전 구도와 다른 국제 관계 양상이 나타나고 있다. 2014년 7월 초 동아시아 국제 관계의 합종연횡을 상징적으로 보여주는 움직임이 동시에 나타났다. 7월 3~4일 중국 시진핑 국가주석의 방한 및 한중 정상회담에 맞추거나 한 듯 7월 4일 일본 정부가 5·28 북일 합의에 따라 대북 제재 조치를 일부 해제한 것이다. 이는 단순한 우연의 일치라기보다 한중 접근과 북일 교섭이 서로 연동하며 전개되는 과정에서 발생한 것이다. 중국 국가주석으로서는 처음으로 북한보다 한국을 먼저 방문했다는 역사적 의미를 지닌 시진핑 주석의 방한이 북중 관계가 소원하다는 사실을 반영한 것이었고, 이 같은 중국의 대한반도 정책 변화에 따른 대응의 하나로 북한은 지난해 중반부터 대일 접근에 박차를 가해 전략적으로 폭넓은 내용을 담은 북일 합의를 실현한 것이다. 아베 정권 또한 일본인 납치 문제 같은 양자 간 현안 해결뿐 아니라 동북아 외교 지형에서 북일 관계 개선이 지닌 전략적 함의를 충분히 의식하고 있다. 앞으로도 북일 및 남북 관계, 나아가 북미 관계는 일정 부분 견제를 하면서도 서로 연동하는 구도를 띨 것이다.

동북아 외교 구도의 개편

이 같은 움직임은 냉전기에 형성된 동북아 외교 구도가 크게 변화하고 있으며, 중국이 대두하면서 세력 전이 과정을 거쳐 국제 관계가 재편되고 있음을 보여준다. 중국의 대두는 주변 관계국에 기회와 위협의 양면성을 지니는 지정학적 변화다. 어느 국가나 대중 정책에서는 두 측면을 고려한 균형점을 모색하는 데 고심하고 있다. 이 구도 속에서 한일 양국은 미국과의 안전보장 관계, 중국과의 경제적 관계라는 두 가지 요청 사이에 적절한 균형과 연계를 찾아나갈 수밖에 없다는 점에서 궁극적으로는 공통된 이해관계를 지니고 있다. 그러나 한일 양국의 지리적 차이 같은 요인으로 중점의 배분이라는 면에서는 일정한 상위가 있는 것은 사실이다. 한국은 '경제'와 '통일(북한 문제)'이라는 문제 때문에 중국과의 관계를 강화하는 일에 보다 적극적인 데 반해, 일본은 '안보' 측면에서 중국을 견제하는 대내외 체제를 구축하는 데 주력하고 있는 것으로 요약할 수 있다. 일본 아베 정권이 '적극적 평화주의'를 내걸며 헌법 해석을 변경함으로써 집단적 자위권 보유를 공식적으로 확인하는 등 안전보장 체제를 강화하고 있는 것도 이러한 배경에서다. 다시 말해 한반도 기류의 급변과 같은 주변 지역의 안보 상황에 주체적으로 대응하고 관여하겠다는 의사를 표명한 것임과 동시에, 호주·인도 등과의 안보 협력, 중국해 영유권을 둘러싸고 중국과 분쟁을 겪는 베트남과 필리핀에 대한 경비정 제공 등 군사 협력을 강화함으로써 중국을 견제하는 지역적 안보 체제를 구축하겠다는 의미다.

동북아 세력 전이와 한일 갈등

이처럼 동아시아 지역의 세력 전이에 대한 전략적 대응의 상위가 한일 간 상호 불신과 갈등의 배경 요인이 되고 있음을 우선 인식할 필요가 있다. 한일 양국이 각기 국익의 판단에 따라 서로 달리 대응하는 것은 불가피하다. 하지만 궁극적으로 공통된 이해관계가 있다는 점을 토대로 상호 유기적 역할 분담과 연계를 모색하는 전략적 협조 체제를 구축하는 것이 바람직하다. 미소 냉전기에 두 초강대국 사이에서 각기 다른 역할을 하면서도 유럽 통합의 협조 체제를 이끌어낸 영국, 프랑스, 독일 등 유럽의 경험이 하나의 교훈이 될 수 있을 것이다. 현재 한일 관계가 교착 상태에 있기 때문에 한중 접근과 북일 접촉을 놓고 한일 양국이 서로 실제 이상으로 민감하게 받아들이며 상호 경합하는 구도를 보이고 있는 상황이다. 이것은 한일 양국에 모두 소모적인 만큼 이를 시급히 해소해야 한다.

도전에 직면한 65년 체제

65년 체제의 극복

우선 한일 관계의 양자적 현안이 되고 있는 과거사 문제에 관해서는 이른바 65년 체제의 한계를 극복하는 노력이 필수적이다. 1965년에 체결한 한일협정이 많은 문제점을 내포하고 있는 것은 부인할 수 없다. 14년이라는 장기간에 걸친 협상이었음에도 한일 양국은 기본적 역사 인식을 포함해 많은 쟁점에 합의하지 못한 채, 양측의 주관적 해석이 가능한 애매한 문구로 정치적 타협을 한 것이 사실이다. 자주 지적해왔듯이 '냉전 논리'와 '경제 논리'에 빠져 '역사 논리'를 배제하고 봉인했다고 할 수 있다. 한일협정은 남북 분단과 냉전 대립의 구도 아래서 정치적·경제적으로 불안정한 한국의 반공 체제를 지원하고 이를 재구축하기 위한 정치적·외교적 타협의 산물이었다. 불행한 역사를 청산하고 새로운 관계를 구축하기 위한 국교 정상화였음에도 네 개의 협정과 25건의 문서로 이뤄진 한일협정에 역사에 대한 언급은 전무하다. 한일기본조약 전문에 "양국 국민 간 관계의 역사적 배경"을 고려한다는 구절이 '역사'라는 단어 자체를 사용한 거의 유일한 예다.

이와 더불어 과거사에서 기인하는 많은 문제도 애매하게 처리했다. 한국 측은 '청구권 자금'이라 부르고, 일본 측은 '경제 협력'으로 규정한 조치도 대상과 성격이 명확하지 않은 채 모든 문제를 "완전히 그리고 최종적으로 해결했다"고 합의했다. 당시 한국 정부는 개인 청구권 등의 명목으로 수령한 자금을 국가 경제를 건설하는 데 투입했으며, 결국 피해자 개인에 대한 보상은 뒷전으로 밀려났다.

정치적 타협과 민주화

이 같은 국가의 논리에 따른 정치적 타협은 권위주의적 통치를 통해 유지할 수 있었다. 그러나 1990년대 이후 한국의 정치적 민주화와 더불어 억압받아온 피해자의 요구가 표면화되면서, 65년 체제는 위기에 직면했다. 그 배경에는 민주화에 따른 국가와 시민사회의 상대적 역학 관계의 변화뿐 아니라, 인권 개념의 확산이라는 세계적 추세가 있었다. 식민지배와 국가의 통치에 기인하는 개인적 피해를 단지 과거사 청산의 문제뿐 아니라, 보편적 인권의 과제로 인식하기 시작한 것이다.

한일협정 보완론

이처럼 한일협정의 불완전성에서 기인한 과거사 청산 요구가 대두하면서, 1990년대 이후 한일 양국 정부는 기본적으로 '보완론'에 입각한 조치를 취해왔다. 즉 65년 체제의 부족함을 점진적으로 메워나가는 방식이다. 1998년 김대중 대통령과 오부치 총리의 정상회담에서 합의한 공동성명(한일 파트너십 선언)은 무라야마 담화의 표현을 계승하는 형태로 '식민지배에 대한 반성과 사죄'를 표명했다. 이는 과거 식민지배의 '반성과 사죄'를 명기한 최초의 양국 간 공식 문서로, 이 점에서 1965년 한일협정의 부족함을 메운다는 역사적 의의를 지닌다고 평가할 수 있다.

과거사 청산의 쟁점으로 부상한 일본군 위안부 등 여러 문제도 구체적 조치를 시도했다. 1990년대 초부터 일본 외무성 내에서도 일본군 위안부, 사할린 잔류 한인, 재한 원폭 피해자 문제를 이른바 '3점 세트'라 부르며 '인도적 과제'라는 틀에서 행정적 구제 조치를 취했다. 이들 문제는 1965년 한일협정 당시 명확히 인식하지 못한 채 누락한 것으로, 청구권 협정의 대상인지 여부가 불명확하다는 점이 그 배경에 있었다. 관민 합동 형태로 아시아여성기금을 설립한 것도 이 같은 맥락에서다.

한국 정부의 과거사 문제 입장 정리

한국 정부도 2005년 한일회담 관계 외교 문서를 공개하면서, 위 세 가지 문제는 한일협정 과정에서 논의된 바가 없으며, 청구권 협정 의 대상에서 누락된 것으로 새로운 구제 조치가 필요하다는 입장을 밝 혔다. 한편 징용 등 피해에 관해서는 청구권 자금에 포함된 것으로 한 국 정부에 책임이 있다고 정리하면서, 그를 위한 새로운 입법 조치를 추진해 독자적 보상을 실행해왔다. 이처럼 1990년대 초부터 한일 양 국에서 65년 체제의 불완전성을 보완하려는 노력이 보이기 시작했 다. 그러나 국가의 법적 책임을 둘러싸고 양국 정부의 입장에는 여전 히 큰 차이가 있어, 결국 양국 간의 외교 현안으로 떠올랐다.

일본군 위안부 문제에 관한 헌법재판소 위헌 판결

2011년 8월 일본군 위안부 문제에 관한 한국 헌법재판소의 판결 은 2005년 한국 정부의 견해를 정리한 것을 토대로 했으며, 이 판결 에 따라 한국 정부는 청구권 협정의 해석에 관한 협의를 일본에 공식 제기했다. 그러나 일본 정부가 이를 거부함과 동시에, 이에 대한 외교 적 조치로서 '분쟁 해결에 관한 교환 공문'을 근거로 독도 문제에 관 한 협의를 공식 제기할 움직임을 보임으로써 양국 관계는 급속히 악 화해 현재에 이르고 있다. 한일 관계가 파탄에 이른 직접적 계기가 된 이명박 대통령의 독도 방문도 이런 맥락에서 일어난 것이다. 거의 반세기 동안 유지해온 65년 체제에 대해 시민사회뿐 아니라 정부 차원에서 그 '해석'이 외교 현안으로 등장한 것이다.

식민통치의 불법성 표면화

나아가 2012년 5월 징용 피해에 관한 한국 대법원 판결은 한일협정이 재산 및 청구권에 한정된 것으로 식민지배에 따른 피해는 대상이 아니며, 나아가 식민통치 자체를 불법으로 규정함으로써 65년 체제에 보다 근본적인 문제를 제기했다. 이는 2005년의 견해를 뛰어넘은 것으로, 과거사 문제에 관한 한국 정부의 입장도 큰 도전에 직면해 있다고 하겠다.

이러한 판결을 계기로 한국 사회 내에서는 한일협정 개정론 등 급진적인 주장도 대두하고 있다. 역사적으로 불평등 조약 등 문제가 많은 조약에 관해서는 국제적 합의임에도 개정한 예가 없지 않으며, 논리적으로도 가능하다. 그러나 실제로 이를 추진하는 데는 정치적·외교적 자원이 많이 필요하며, 장기간에 걸친 갈등이 불가피하다. 거시적이고 전체적인 시점에서 고도의 정치적 판단과 사회적 합의를 이뤄내야 하는 사항이다.

보완론 강화

다양한 이해관계를 공유하는 한일 관계를 대국적 견지에서 고려하면, 65년 체제의 문제점을 점진적으로 메워나가는 '보완론'의 노력을 더욱 가속화하는 것이 현실적이며 바람직하다. 최근 수년간의 경위가 보여주듯 보완 형태를 둘러싸고도 한일 양국의 입장차가 매우 크며, 외교적 절충 과정이 양국 사회의 여론을 한층 악화시켜 상황이 전보다 후퇴한 것도 사실이다. 하지만 그 과정에서 외교적 타결 가능성이 보이기도 했다. 양국 정부와 사회의 대국적 판단과 정치적 결단이 필요한 상황이다.

글로벌화 시대와 내셔널리즘의 충돌

한일 내셔널리즘의 대두

현재 한일 관계의 큰 특징은 국가와 정부 차원뿐 아니라 국민 사이에도 상호 간 부정적 인식과 반감이 크게 확산되고 있다는 점이다. 외교 관계를 개선하는 것만으로는 불충분할 수도 있으며, 보다 구조적 인식과 대응이 필요한 이유도 여기에 있다. 한일 양국 사회의 감정적 마찰의 큰 배경으로는 특히 한중일 등 동북아시아 각국에서 공통적으로 보이는 내셔널리즘 대두 현상에 주목해야 한다. 중요한 것은 이러한 현상이 특정한 국가뿐 아니라 모든 나라에서 공통적으로 나타난다는 사실이다.

여기에는 크게 두 가지 요인을 지적할 수 있다. 하나는 위에서도 지적한 동아시아의 세력 전이다. 즉 중국을 비롯한 아시아 각국의 대두, 일본의 상대적 후퇴 등 종래의 지정학적 세력 관계 변화가 각 사회의 대내외적 인식에 큰 영향을 미쳐 다양한 형태의 내셔널리즘을 자극하고 있는 구도다. 여기서는 내셔널리즘을 민족주의, 애국심, 국가주의 등 여러 측면을 포함한 현상을 가리키는 개념으로 사용한다.

대국 내셔널리즘과 반발 내셔널리즘

지정학적 세력 관계의 변화는 다양한 형태의 내셔널리즘을 연쇄 반응적으로 촉발한다. 새롭게 대두하는 세력은 일종의 '대국 내셔널리즘'을 따르며, 쇠퇴하는 세력은 우월적 지위 상실에 반응하는 '반발 내셔널리즘'으로 기울기 쉽다. 중국 시진핑 주석은 중화 민족의 중흥을 내용으로 하는 '중국의 꿈'을 국가 목표로 내걸고 있다. 지난 한 세기 동안 상실된 중국의 위상을 되찾겠다는 슬로건은 중국 사회 일반에 일정한 소구력을 지니며 확산되었다. 2008년 베이징 올림픽 무렵부터 중국 사회의 대국 내셔널리즘 대두 현상을 지적하는 견해가 많다. 한편 일본 아베 총리의 선거 슬로건은 '일본을 되찾자'였다. 추상적 표현이라 구체적 내용은 명확하지 않으나, 과거의 강한 일본에 대한 향수를 자극하는 면이 있음은 부인할 수 없다. 한국과 중국같이 지난 세기 동안 국력이 약화되어 많은 희생과 양보를 강요당했다는 인식이 강한 곳에서는 증대된 국력을 토대로 보다 적극적인 자기주장이 대두한다. 역사 문제를 분출하는 데 이 같은 배경이 작용하고 있다. 반면 일본 사회의 우경화와 역사수정주의에는 일본의 상대적 쇠퇴에 대한 감정적 반발의 측면이 적지 않다.

글로벌화와 아이덴티티 정치

글로벌화 추세 또한 역설적으로 내셔널리즘이 발흥하는 데 기여하고 있다. 이른바 '아이덴티티 정치'라 일컫는 현상이다. 아이덴티티 정치란 민족, 종교, 문화, 지역 등 다양한 아이덴티티를 정치적으로 동원하고 활용하는 메커니즘을 가리킨다. 글로벌화는 단순화해서 표현하면 국경이라는 장벽을 낮추는 것으로, 경제·사회·문화적으로 많은 편익을 가져온다. 경제적으로 생산력이 증대하며, 상대적 풍요의 대중적 확산 속에 생활수준도 향상된다. 그러나 그와 동시에 각기 사회에 불안과 격차라는 큰 문제를 초래하기도 한다. 글로벌화와 동시에 뒤따르는 사회적 불안과 격차가 내셔널리즘을 확산시키는 토양이 되고 있는 것이다.

'불안'이란 물리적 국경이 낮아져 외부로부터 '이질적' 문화와 집단이 대거 유입하는 것에 대한 저항감이다. 글로벌화의 진행과 더불어 각국 사회는 필연적으로 다문화 사회로 변화하며, 종래의 민족적 동질성은 희석될 수밖에 없다. 이에 대한 반발과 저항이 여러 형태의 내셔널리즘으로 나타나는 것이다. 글로벌화 시대에 물리적으로 국경을 차단하는 일은 더 이상 불가능하므로 의식 속에서 국경선을 긋는 외국인 차별과 배척 현상이 두드러진다.

또 글로벌화 시대의 신자유주의 정책은 경쟁적 시장 원리의 확산을 통해 사회 구성원 간의 격차를 심화한다. 중국의 사회주의적 평등 의식, 일본의 이른바 '총중류 사회' 등 종래의 공동체적 기반이 급속히 와해되면서 새로운 통합 기제의 필요성이 대두하는 것이다.

불안형 내셔널리즘의 시대

동북아 각국에서는 이 같은 불안과 격차에 대한 반응으로서 아이덴티티 정치가 내셔널리즘이 대두하면서 나타나고 있다. 일본의 소장 사회학자 다카하라 모토아키는 한중일의 내셔널리즘이 공동체 와해에 따른 불안을 배경으로 한다는 점에서 상호 공통성이 있다고 지적하며, 이를 '불안형 내셔널리즘의 시대'라 명명했다.

글로벌화의 불안과 격차를 배경으로 하는 아이덴티티 정치로서 내셔널리즘은 두 방향에서 작용한다. 하나는 밑으로부터의 아이덴티티 정치로서, 일반 대중이 주체가 되는 풀뿌리 내셔널리즘이다. 현재 일본에서 문제가 되고 있는 혐한류와 헤이트 스피치 등도 풀뿌리 운동적 측면이 강하며, 한중일에 공통적으로 보이는 인터넷상의 내셔널리즘도 이런 현상으로 설명할 수 있다.

또 하나는 위로부터의 아이덴티티 정치 즉 국가가 정책적으로 전개하는 공식적 내셔널리즘이다. 글로벌화 추세에 대응하기 위해 경제적으로는 국경을 개방하고 신자유주의 정책을 추진하는 각국 정부도 새로운 형태의 국민 통합을 이루기 위해서는 국민적 아이덴티티를 강조할 수밖에 없다. 시장경제를 도입한 중국 공산당 정권이 애국주의 교육을 강화하고, 신자유주의 정책을 가속화하는 일본의 아베 정권이 애국심 교육과 전통 가치를 강조하는 것은 이 같은 맥락에서 설명할 수 있다.

일본의 우경화를 포함해 동북아 각국에서 사회적으로 고조되고 있는 내셔널리즘은 어느 특정 국가만의 문제가 아니라 각국에 공통적으로 나타나는 현상이라는 점을 우선 명확히 인식하는 것이 중요하다. 또 내셔널리즘은 각국 사회의 내재적 요인을 배경으로 대두하지만, 국가 간 상호작용을 통해 널리 퍼지고 강화된다는 점에도 유념할 필요가 있다.

한일 관계 개선을 위한 과제

그렇다면 한일 국교 정상화 이후 최악이라 일컫는 현재의 상황을 타개하고, 새로운 반세기를 향한 양국 관계를 구축하기 위해 무엇을 해야 할 것인가? 현재 한일 마찰은 역사 인식과 영토 문제 등 양국 간 현안뿐 아니라, '중국의 대두'로 집약되는 동아시아의 지정학적 변화 등 구조적 요인이 작용해 해결하기가 용이하지 않다. 단기적으로 외교 관계를 회복하는 일부터 장기적으로 기반을 구축하는 일까지 폭넓고 다양한 과제를 동시에 추진해야 한다.

상대방의 중요성 인식

우선은 한일 양국이 서로 상대방의 중요성을 인식하는 데서 출발하는 것이 필요하다. 한국 입장에서 한반도에 평화를 정착하고 궁극적 통일을 달성하려면 무엇보다 주변 관계국과 유기적으로 협력해야 하며 일본도 중요한 국가 중 하나다. 미국을 매개로 한 냉전기의 한미일 관계가 유동적인 상황에서는 한국의 독자적 대일 관계 구축이 전략적으로 불가결하다. 한일 관계 경색이 남북 관계에 부정적 영향을 미칠 가능성은 전격적인 북일 교섭이 초래하는 외교적 파장에서도 엿볼 수 있다. 한편 일본에도 한국은 대두하는 중국을 끌어안는 포용적 지역 질서를 구축하는 데 중요한 파트너가 될 수 있다. 정치적 민주주의와 시장경제라는 측면에서 기본 가치와 제도를 공유하는 양국의 협력은 동북아에 바람직한 지역 질서를 형성하는 과정에서 주요한 역할을 담당해야 한다.

정상 외교의 회복

우선 단기적으로는 외교 수장의 접촉조차 여의치 않는 이례적인 외교적 공백을 타개하고 정상 외교를 회복해야 한다. 이를 위해 한국 정부는 무라야마 담화와 고노 담화의 계승, 일본군 위안부 문제의 해결을 제시하고 있다. 현재 일본 정치와 사회는 이 두 문제에 대해 수정주의적 견해가 지배적이어서 해결하기 더욱 어려운 과제인 것은 부정할 수 없다. 그러나 동아시아의 지정학적 변화 등을 고려한 대국적 관점에서는 일본 정부의 성의 있는 조치가 필요하다.

반면 한국 정부는 다양하게 제기되는 과거사 청산의 과제를 논리적·정책적으로 정리해 일관된 입장과 대응에 주력해야 할 것이다. 일본 정부뿐 아니라 한국 정부의 부작위도 역사 문제를 둘러싼 갈등이 확산하는 데 일정한 책임이 있음은 부인할 수 없다.

한일 양국 관계의 제도화

중기적으로는 한일 양국 관계의 독자적 제도화를 전략적으로 추진할 필요가 있다. 지난 반세기 이상 한일 관계는 독자적 양국 관계를 구축하지 못하고 여전히 미국을 매개로 한 삼각관계에 의존하는 측면이 적지 않다. 더구나 한일 양국 사회의 다양한 밀접성에도, 양국 간의 특별한 제도적 기반은 존재하지 않는다. 따라서 외교적 현안을 해결함으로써 정치, 경제, 사회부터 안전보장에 이르기까지 포괄적인 협력 체제를 제도화하는 방안을 전략적으로 모색하는 것이 필요하다.

다자 차원에서의 한일 협력

이와 더불어 한미일, 한중일 등 중층적 3국 협력 체제, 나아가 ASEAN+3와 EAS 등 다자간 지역 기구에서의 한일 협력 등을 다각적으로 추진해야 한다. 이들 다자 틀에서는 한일 간의 이해관계가 겹치는 부분이 적지 않으며, 이 같은 국제적 공조 체제가 각자의 외교에도 큰 자산이 될 것이다. 한일 양국 모두 객관적으로는 중견 국가로서 위상을 지니고 있으며, 다자 외교의 전략이 중요한 비중을 차지한다. 전통적 권력정치의 수단과 전략을 추구하기에는 기본적으로 제약이 많다. 동아시아의 '지역틀 짜기region-building'를 공동으로 추진한 과거의 외교적 경험도 있다. 2001년 ASEAN+3가 장기 목표로서 '동아시아 공동체'를 제창하는 과정에서는 김대중 대통령과 오부치 총리의 한일 협력이 큰 역할을 담당했다. 또 1999년부터 시작한 한중일 정상회담도 두 지도자의 전략적 협조로 얻어낸 결과물이다. 이러한 대국적 관점에 입각한 지역 외교의 비전이 필요하다.

양국 사회의 교류 촉진

장기적으로는 양국 사회의 교류를 획기적으로 확대하기 위한 조치를 전략적으로 고려하고 실행해야 한다. 근래 한일 간 갈등에는 정부 차원의 외교적 대립뿐 아니라 사회적 상호 불신감 확산이 중요한 요인으로 작용하고 있다. 양국 관계를 안정화하려면 무엇보다 사회적 상호 신뢰 구축이 필수이며, 이를 위해서는 인적 교류를 확대하는 것이 최선이자 유일한 방책이다. 전후 유럽 통합을 주도한 독불 관계의 토대를 이룬 것은 1963년 엘리제조약을 통한 다양하고 중층적인 사회적 교류의 추진이었다. 지난 반세기 동안 이 조약에 의거해 30만 개의 청소년(13~30세) 교류 프로그램을 시행했고, 그 결과 800만 명이 상대방 국가에 체류하는 경험을 했다고 한다. 정책 엘리트에서 노동 청년에 이르기까지 다양한 계층이 상대방 사회를 경험함으로써 상호 신뢰감을 높이는 방대한 인적 자원과 네트워크를 구축한 것이다.

한일 공통성의 확대를 위한 노력 강화

한일 간에도 다양한 교류가 이루어지고 있지만, 이를 역사적 경험을 참고로 하면서 질적·양적으로 획기적 방책을 전략적으로 추진하는 것이 바람직하다. 아르테ARTE(프랑스와 독일이 공동 출자해 설립한 문화 중심 TV 방송국)처럼 한일 양국 언어로 발신하는 다양한 매체를 설립하는 것도 좋은 시도가 될 것이다. 다행히 사회적 마찰이 증가했음에도 양국 사회, 특히 젊은 세대에서는 서로에 대한 문화적·사회적 관심이 여전히 높다. 상호 언어를 학습하는 젊은 세대는 여전히 상당수에 달하며, 현재 한국 사회와 문화의 변화하는 모습을, 그 고민과 더불어 다양하게 전하는 매체가 일본에서 새롭게 주목을 끌고 있다. 한일 양국이 '대립'하는 모습이 아니라 경제적 격차, 세대 간 갈등, 가족 관계의 변화 등 직면한 많은 과제의 '공통성'에 대한 공감이 그 배경에 있다. 이 같은 상호 관심의 사회적 확산이 새로운 반세기의 양국 관계를 구축할 커다란 자산이라는 전략적 시점이 필요하다.

:: 이종원

일본 국제기독교대학교를 졸업하고 도쿄대학교에서 국제정치학 석사 및 박사학위를 받았다. 현재 와세다대학교 대학원 아시아태평양연구과 교수 및 동 한국학 연구소장으로 활동하고 있다. 일본 도호쿠대학교 법학부 조교수, 릿쿄대학교 법학부 교수와 부총장 등을 역임한 후 미국 프린스턴대학교 동아시아연구과 객원연구원, 〈아사히신문〉 아시아네트워크 객원연구원, 한국 대통령정책기획 자문위원, 주일대사관 자문위원 등을 역임했다. 오히라 마사요시 기념상, 미국역사가협의회 OAH 외국인 저작상 등을 수상했다. 저서로 《국제정치에서 생각하는 동아시아 공동체》(공저), 《역사로서의 일한 국교 정상화》(공편), 《동아시아 냉전과 한미일 관계》 등이 있다.

- **A2AD** (Anti-Access and Area Denial)：반접근지역거부
- **ABF** (Asia Bond Fund)：아시아채권기금
- **ACMI** (Asia Capital Market Initiative)：아시아자본시장발전방안
- **ACU** (Asian Currency Unit)：아시아통화단위
- **AMF** (Asia Monetary Fund)：아시아통화기금
- **APEC** (Asia Pacific Cooperation)：아시아·태평양경제협력체
- **ARF** (ASEAN Regional Forum)：아세안지역안보포럼
- **ASEAN** (Association of South-East Asian Nations)：동남아시아국가연합
- **CGIF** (Credit Guarantee and Investment Facility)：신용보증투자기구
- **CICA** (Conference on Interaction and Confidence Building Measures in Asia)：아시아교류및신뢰구축회의
- **CMI** (Chiang Mai Initiative)：치앙마이 이니셔티브
- **CMIM** (Chiang Mai Initiative Multilateralization)：치앙마이 이니셔티브 다자화협정
- **EAS** (East Asia Summit)：동아시아정상회의
- **EEZ** (Exclusive Economic Zone)：배타적경제수역
- **EPA** (Economic Partnership Agreement)：경제연대협정
- **FTA** (free trade agreement)：자유무역협정
- **FTAAP** (Free Trade Area of the Asia-Pacific)：아시아·태평양자유무역지대
- **GDP** (Gross Domestic Product)：국내총생산
- **GNP** (Gross National Product)：국민총생산
- **ODA** (Official Development Assistance)：공적개발원조
- **QQME** (Quantitative and Qualitative Monetary Easing)：양적질적금융완화
- **RCEP** (Regional Comprehensive Economic Partnership)：역내포괄적경제동반자협정
- **RCU** (Regional Currency Unit)：역내통화단위
- **TPP** (Trans-Pacific Partnership)：환태평양경제동반자협정
- **WTO** (World Trade Organizatio)：세계무역기구

| 참고 문헌 |

서론

긴장과 갈등 속의 한일 관계, 무엇이 문제인가

- Joseph Schumpeter, 《Imperialism as a Social Atavism》, Harrison Wright, ed, The New Imperialism, pp.47~61.

- 이원덕, 〈한일 역사 마찰의 정치학〉, 한중일 국제 학술회의 발표 논문, 2014.09.12.

- 장달중, 〈동북아 패권 경쟁과 영토 분쟁〉, 동북아 공동체 연구회 세미나 기조 발제문, 2013.10.30.

- 〈중앙일보〉, 장달중, '한·미·중 공조, 성급한 등 돌리기 아닌지', 2013.07.04.

- 장달중·오코노기 마사오, 〈전후 한일 관계의 전개〉, 《세계화와 민족주의 사이의 한일 관계》, 아연출판부, 2008.

- 〈아사히신문〉, 藤原歸一, '歷史問題', 2014.01.21.

- 毛里和子, 〈한중일 3국 간 갈등을 넘어 협력을 향하여〉, 한중일 국제회의 발표 글, 2014.09.12.

제1장 | 외교·안보

1. 중국의 부상은 한일 관계를 어떻게 바꿔놓는가

- 국제관계연구회, 《동아시아 국제 관계와 한국》, 을유문화사, 2003.

- NEAR 재단, 《미중 사이에서 고뇌하는 한국의 외교 안보》, 매일경제신문, 2011.

- 조지 프리드먼, 《넥스트 디케이드》, 쌤앤파커스, 2011.

- 한국국제정치학회 중국분과, 《중국의 현대 국제 관계》, 오름, 2008.

- Richard Bernstein·Ross Munro, 《The Coming Conflict with China》, Alfred Knopf, Inc, 1997.

- John Ikenberry · Chung-In Moon, 《The United States and Northeast Asia: Debates, Issues and New Order》, Rowman & Littlefield Publishers, Inc, 2008.

- Martin Jacques, 《When China Rules the World: The End of the Western World and the Birth of a New Global Order》, The Penguin Press, 2009.

- James Kynge, 《China Shakes the World: A Titan's Rise and Troubled Future and the Challenge for America》, Houghton Mifflin Co, 2006.

- 兼原信克, 《戦略外交原論: A Grand Strategy of Japan for the 21st Century》, 日本経済聞出版社, 2011.

- 谷内正太郎, 《安倍戦略外交の核心》, 外交, pp.27~33, 2013.

2. 한일 관계에 대한 미국의 시각과 전략은 무엇인가

- 〈조선일보〉, 2014.04.25.

- Center for New American Security, 《The United States and the Asia-Pacific Region》, 2009.

- Center for Strategic and International Studies, 《Federated Defense Project: Concept Overview》, Washington, DC: Center for Strategic and International Studies, 2013.

- 〈뉴욕타임스〉, 'A Growing Chill Between South Korea and Japan Creates Problems for the U.S.', 2013.11.23.

- 〈조선일보〉, '최악 상황에 빠진 韓·日 갈등… 美 외교 전략에 큰 걸림돌', 2011.11.26.

3. 미중 갈등이 동아시아 협력에 미치는 영향은 무엇인가

- 아마코 사토시, 《중국과 일본의 대립》, 한울아카데미, 2014.

- 옌쉐퉁, 《2023년》, 글항아리, 2013.

- 후안강, 《2020년 중국》, 21세기북스, 2012.

- Richard Baldwin, 《Managing the Noodle Bowl》, Working Papers on Regional

Economic Integration 7, AsianDevelopment Bank, 2007.

- Michael, 〈China's Century? Why America's Edge Will Endure〉, International 36(3),Winter.

- James Dobbins, 〈Conflict with China: Prospects, Consequences, and Strategies〉, 2011.

- for Deterrence, Occasional Paper. Santa Monica, CA: ,.

- 〈The Diplomat〉, John Hemmings, 'For The DiplomatHedging The Real U.S. Policy Towards China?', 2013.05.13.

- 〈The Diplomat〉, John Hemmings, 'The Real U.S. Policy Towards China?', 2013.05.13.

- Paul Kennedy, 《The Rise and Fall of the Great Powers》, Vintage Books, 1989.

- Charles Krauthammer, 〈The Unipolar Moment〉, Foreign Affairs 70(1). Winter 1990~1991.

- Charles Krauthammer, 〈The Unipolar Moment Revisited〉, National Interest, 70. Winter.

- Aaron Friedberg, 〈The Future of U.S.–China Relations: Is Conflict Inevitable?〉, International Security 30(2). Fall 2005.

- Aaron Friedberg, 〈Ripe for Rivalry: Prospects for Peace in a Multipolar Asia〉, International Security 18 (3). Winter 1993~1994.

- Robert Ross, 〈The Problem With the Pivot〉, Foreign Affairs 91(6). November/ December 2012.

- William Wohlforth, 〈The Stability of a Unipolar World〉, International Security. 24(1). Summer.

- 〈이코노미스트〉, 'A tricky rebalancing act. Barack Obama is bound to disappoint on his forthcoming trip to Asia.', 2014.04.19.

- 李向陽 主編,《亞太地區發展報告》, 社會科學文獻出版社, 2014.

- 中國國際問題硏究所,《國際形勢和中國外交 藍皮書》, 世界知識出版社, 2014.

- 史桂芳,《中國的對日戰略與中日關系硏究》, 中國社會科學出版社, 2014.

- 梁云祥,〈中日關係 40年的經驗敎訓及走出僵局的途徑〉, 東北亞學刊, 第2期, 2013.03.

- 姜躍春,〈日本鉤島的主要背景及中日關係展望〉, 中日關係史研究, 第1期, 2013.

- 劉江永,〈安倍再度執政后的中日關系展望〉, 東北亞論壇, 第2期, 2013.

- 김흥규,〈시진핑 시기 중국 외교·안보 전략〉,《외교》, 110호, 2014.

- 〈조선일보〉, 안용현, '미소 뒤의 시진핑', 2014.07.28.

- 〈중앙일보〉, 유상철, '중국이 말하는 아시아의 새 질서', 2014.05.21.

- Richard Bush,《The Perils of Proximity: China-Japan Security Relations》, Brookings Institution Press, 2010.

- Michael Green,〈Understanding Japan's Relations in Northeast Asia〉, testimony before the House Committee on International Relations, 2006.09.14. http://csis.org/files/media/csis/congress/ts060914green.pdf

- Christopher Huges,〈Japan's Response to China's Rise〉, International Affairs 85, 2009.07.

- Mike Mochizuki,〈Japan's Shifting Strategy toward the Rise of China〉, Journal of Strategic Studies 30, 2007.08~10.

- Rishard Samuels,《Securing Japan》, Cornell University Press, 2007.

- Michael Swaine,〈Chinese Views Regarding the Senkaku/Diaoyu Islands Dispute〉, China Leadership Monitor, No.41, 2013.

5. 북일 합의에 따라 동북아 지형은 어떻게 변화할 것인가

- 신정화,《일본의 대북 정책 1945~1992년》, 오름, 2004.

- 李鍾元·平井久志, 〈東アジアは合従·連衡の時代に入るのか〉,《世界》, No. 252, 2014.09.

- 谷内正太郎, 〈安部政権の対アジア·米国外交〉,《東亜》, No.559, 2014.01.

- 〈조선일보〉, 2014.03.17, 2014.06.21, 2014.06.30, 2014.07.05.

- 〈한겨레신문〉, 2014.07.07.

- 〈요미우리신문〉, 2008.07.02, 2008.07.14.

- 〈교도통신〉, 2014.05.20.

- 〈조선신보〉, 2014.05.23.

- 〈아사히신문〉, 2014.07.02~04.

- 〈内閣総理大臣談話〉, 2006.09.26.

- 〈拉致問題における今後の対応方針〉, 2006.10.16.

- 〈拉致問題における今後の対応方針〉, 2013.01.25.

- 〈閣議決定 基本方針〉, 2014.09.03. http://www.kantei.go.jp.

제2장 | 정치·사회·문화

1. 한국은 아베 정권을 어떻게 인식하는가

- 아산정책연구원,《한일 여론조사》, 아산정책연구원, 2013.

- 진창수 외, 〈일본 정치권의 변화와 아베 정권의 역사 인식〉,《일본 아베 정권의 역사 인식과 한일 관계》, 동북아역사재단, pp.28~33, 2013.

- 진창수, 〈아베 자민당 정부의 대외 정책과 한일 관계〉,《GLOBAL AFFAIRS》, 세종대학교 세종연구원, 2013.

- 진창수, 〈아베 정권의 행방과 한일관계 정세와 정책〉, 세종연구소, 2014.03.

- 통일연구원, 《북일 스톡홀름 합의와 동북아 정세》, 통일연구원, 2014.

- 이면우, 〈일북 관계의 현황과 한일 협력 방향〉, 《북한 체제의 내구력 평가와 한일의 통일 전략》, 세종연구소, pp.158~160, 2014.

- 조정현, 《일본군 위안부 문제의 국제법적 검토》, 국립외교원, 2014.

- 동북아평화협력구상팀, 《동북아 평화 협력 구상》, 오름, 2004.

2. 한일 정상회담은 불가능한 일인가

- 〈아사히신문〉, '聞蔵IIビジュアル'. http://database.asahi.com/library2/

- 〈니혼케이자이신문〉, '日経テレコン'. http://t21.nikkei.co.jp/g3/CMN0F12.do

- 〈매일신문〉, '毎索'. https://dbs.g-search.or.jp/WMAI/IPCU/WMAI_ipcu_menu.html

- 〈요미우리신문〉, 'ヨミダス歴史館'. https://database.yomiuri.co.jp/rekishikan/

- Nifty, '新聞・雑誌記事横断データベース'. http://business.nifty.com/gsh/RXCN/

- 総務省統計局, '統計データ'. http://www.stat.go.jp/data/index.htm

- 浅羽祐樹・木村幹・佐藤大介共著, 《徹底検証韓国論の通説・俗説 日韓対立の感情vs.論理》, 中公新書ラクレ, 2012.

- 木村幹, 《日韓対史認識問題とは何か》, ミネルヴァ書房, 2014.

- 澤田克己, 《脱日する韓国》, ユビキタ・スタジオ, 2006.

- Alexis Dudden, 《Troubled Apologies Among Japan, Korea, and the United States》, Columbia Univ Press, 2008.

- Kosuke Mizuno・Pasuk Phongpaichit, 《Pppulism in Asia》, NUS Press, 2009.

- Marie Soderberg, 《Changing Power Relations in Northeast Asia》, Routledge, 2010.

- Kimura Kan, 〈Why Are the Issues of 'Historical Perceptions' between Japan and South Korea Persisting?〉,《国際協力論集》19(1), 2011.07.

- Kimura Kan, 〈Discovery of Disputes: Collective Memories on Textbooks and Japanese-South Korean Relations' Journal of Korean Studies〉, 17(1), 2012.11.

- Kagotani Koji · Kimura Kan · Jeff Wever, 〈Democracy and diversionary incentives in Japan-South Korea disputes' International Relations of Pacific-Asia〉, Vol.13 No.3, 2013.09.

- 木村幹, 〈韓国はなぜ中国に急接近するのか〉,《アジア時報》487, 2013.06.

- 木村幹, 〈新政権下の日韓関係：日韓両国は何故対立するか〉,《問題と研究》, 2013.10 · 11 · 12.

3. 평화적 한일 관계를 위한 공공외교를 말하다

- 이면우, 〈일본의 공공외교〉,《현대 일본 외교의 변용과 한일협력》, 한울, 2011.

- 조지프 나이,《소프트 파워》, 세종연구원, 1996.

- Jennifer Lind,《Sorry State: Apologies in International Politics》, Cornell University Press, 2008.

- 낸시 스노우 · 필립 타일러,《21세기 공공외교 핸드북》, 인간사랑, 2013.

- Robert Putnam, 〈Diplomacy and Domestic Politics: The Logic of Two-Level Games〉, International Organization. 42, 1988.

- Jurgen Habermas,《The Structural Transformation of the Public Sphere: An Inquiry into a Category of Bourgeois Society》, The MIT Press, 1989.

- 김상준, 〈기억의 정치학: 야스쿠니 vs. 히로시마〉,《한국정치학회보》, 39집 5호, 2005.

- Volfren Van,《The Enigma of Japanese Power》, Vintage/Random House, 1990.

4. 더 나은 한일 관계를 어떻게 구축할 것인가

- 小倉紀蔵,《歴史認識を乗り越える》, Kodansha, 2005.

- 小倉紀蔵,《韓流インパクト》, Kodansha, 2005.

- 小倉紀蔵,《日中韓はひとつになれない》, Kadokawa Shoten, 2008.

- 小倉紀蔵,《ハイブリッド化する日韓》, NTT出版, 2010.

제3장 | 경제

1. 동아시아의 평화와 안정, 번영을 어떻게 이룰 수 있는가

- Asian Development Bank (ADB) and Asian Development Bank Institute (ADBI), 〈ASEAN, the PRC, and India: The Great Transformation〉, Tokyo: Asian Development Bank Institute, 2014.

- ADBI, 〈ASEAN 2030: Toward a Borderless Economic Community〉, Tokyo: Asian Development Bank Institute, 2014.

- Masahiro Kawai·Innwon Park·Yunling Zhang, 〈Impacts of Trilateral Conflicts among China, Japan and Korea〉, Preliminary draft, Korea University, 2014.05.

- Masahiro Kawai·Ganeshan Wignaraja, 〈Patterns of Free Trade Areas in Asia〉, Policy Studies 65, Honolulu: East West Centers, 2013.

- Harinder Kohli,·Ashok Sharma·Anil Sood, 〈Asia 2050: Realizing the Asian Century〉, New Delhi: Sage, 2011.

2. 아베노믹스의 성공과 한일 경제 관계 복원의 조건은 무엇인가

- Joo Jack·Seom Choi, 〈Safe-Haven Korea? - Spillover Effects from UMPs〉, WP/14/53, IMF Working Paper, 2014.

- Peter Petri, 〈The New Landscape of Trade Policy in the Asia-Pacific〉, Presented at Symposium on The Trans-Pacific Partnership(TPP) and Asia-Pacific Economic Integration hosted by MOTIE and KIEP, 2013.08.30.

- Fred Bergsten, 〈Competitive Liberalization and Global Free Trade: A Vision for the Early 21st Century〉, Working Paper 96~15, Institute for International, Economics, 1996. http://www.iie.com/publications/wp/wp.cfm？ Research ID=171

- Evenett Simon, 〈Competitive Liberalization: A Tournament Theory？ Based Interpretation〉, University of St. Gallen and CEPR. 2005.

- 向山英彦,《訴えられる日本企業！経済にも悪影響を及ぼし始めた日韓関係修復への道》, DIAMOND ON LINE 特別レポート, 2014.

- 김도형, 〈한일 FTA 협상의 문제점과 재협상 조건〉,《경제논집》, 제46권 제2호, 서울대 경제연구소, 2007.

- 사공목·신현수·이우광·박승록, 〈한·일 산업 협력의 패러다임 변화와 과제〉, 연구보고서 13~663, KIET. 2013.

- 윤덕룡·김수빈·강상모, 〈금융 개방의 확대와 환율의 영향 변화 분석〉, 연구보고서 13~04, KIEP. 2013.

- 진창수·이승주·김웅희·오태헌·김도형, 〈동아시아 지역 거버넌스와 한일 FTA〉, 연구보고서, 한일산업협력기술재단. 2013.

3. 한중일 갈등이 통화 협력에 미치는 영향은 무엇인가

- 김정식·오정근,《글로벌 통화 전쟁과 동아시아의 선택 》, NEAR Press, 2009.

- 김정식, 〈아시아 통화 체제AMS의 구축과 EMU의 교훈〉, 대외경제정책연구원, 전문가토의 자료, 2002.08.

- Kim Jung-Sik, 〈Exchange Rate Regime and Inflation Stability in East Asia〉, Yonsei- Hokkaido Economic Conference in Japan, 2008.

- 김정식·오정근,《동아시아 채권투자 활성화와 금융투자 회사 진출 방안》, 한국국제금융학회, 2011.

- 김정식·오정근,《동아시아 금융 협력 방안과 한국의 전략에 관한 연구》, 한국국제금융학회, 2011.

- 김정식·오정근,《동아시아 역내 무역 결제 협력 방안에 관한 연구》, 한국국제경제학회, 2011.

- 김정식,《한국의 대외 경제 정책 과제와 전략》, 한국국제경제학회, 2013.

- 박성욱 외, 〈치앙마이 이니셔티브 다자화CMIM 역할 강화 방안〉, 금융VIP 시리즈, 한국금융연구원, 2012.02.

4. 한일 관계가 한중일 주요 산업에 미치는 영향은 무엇인가

- 사공목·신현수·이우광·박승록, 〈제2장 무역 흐름으로 살펴본 한·일 산업 협력의 새로운 패러다임 변화〉,《한일 산업 협력 패러다임의 변화와 과제》, 산업연구원, pp.54~105, 2013.

- 사공목·신현수·이우광·박승록, 〈제3장 글로벌 밸류 체인으로 본 한일 산업 협력과 패러다임 변화〉,《한일 산업 협력 패러다임의 변화와 과제》, 산업연구원, pp.106~148, 2013.

- 사공목·신현수·이우광·박승록, 〈제4장 일본 제조업의 패러다임 변화와 대한투자 확대〉,《한일 산업 협력의 패러다임 변화와 과제》, 산업연구원, pp.149~201, 2013.

- 사공목·신현수·이우광·박승록, 전게서, 2014.10.13, p.225, 2013.

5. 21세기 동아시아 지역 경제 질서는 어떻게 변할 것인가

- Richard Baldwin, 〈21st Century Regionalism: Filling the Gap between 21st Century Trade and 20th Century Trade Rules〉, Center for Economic Policy Research Policy Insight 56, 2011.

- 閣議決定, 〈包括的経済連携に関する基本方針〉, 2010. http://www.kantei.go.jp/jp/kakugikettei/2010/1109kihonhousin.html

- 日本商工会議所, 〈交渉早期参加について見解〉, 平成, 2011.09.14.

- 日本商工会議所, 〈TPP(環太平洋パートナーシップ協定)交渉の現状について〉, 2012.04.

- White House,《Remarks by Presiden Barak Obama at Suntory Hall》, Tokyo, Japan, 2009.11.14, www.whitehouse.gov

- Xinbo Wu, 〈Chinese Perspectives on Building an East Asian Community in the Twenty-first Century〉, Michael J. Green · Bates Gill, eds., Asia's New Multilateralism: Cooperation, Competition, and the Search for Community. Columbia University Press, pp.55~77, 2009.

- Evelyn Goh,《The Struggle for Order: Hegemony, Hierarchy, and Transition in Post-Cold Wwar East Asia》, Oxford University Press, 2013.

- 이창재 · 방호경,〈한 · 중 · 일 FTA 및 RCEP 협상의 개시와 우리의 대응방안. 대외경제정책연구원〉,《KIEP 오늘의 세계경제》, vol.12, no.24, 2012.

제4장 │ 역사

1. 한국의 시각으로 본 일본의 역사 인식

- 〈도쿄신문〉, 2014.07.30.

- 林博史 · 渡辺美奈 · 俵義文,《村山 · 河野談話》見直しの錯誤―歴史認識と'慰安婦'問題をめぐって》, かもがわ出版, 2013.

- 박철희,《자민당 정권과 전후 체제의 변용》, 서울대학교출판문화원, 2011.

- 山田朗,《日本は過去とどう向き合ってきたか》, 高文研, 2013.

- 熊谷奈緒子,《慰安婦問題》, 筑摩書房, 2014.

- 이원덕,〈한일 과거사 갈등의 구조와 해법 모색〉, 김영작 · 이원덕,《일본은 한국에게 무엇인가》, 한울아카데미, 2006.

- 斎藤貴男,《戦争のできる国へ―安倍政権の正体》, 朝日新聞出版, 2014.

- 조세영, '일본의 보수우경화와 중일 관계',〈성균차이나 포커스〉, 제10호, 2014.02.

- 조양현,〈동아시아 歷史論爭과 美 下院의 慰安婦 決議案 論議〉,《한일민족문제연구》, 제12호, 2007.06.

- 조양현,〈아베 정권의 출범과 한일 관계 전망〉,《주요 국제 문제 분석》, 외교안보연구원, 2006.09.29.

- 조양현, 〈제2차 아베 내각 출범 이후 일본 정국 및 대외관계 전망〉, 《주요국제문제분석》, 외교안보연구소, 2013.01.03.

- 中北浩爾, 《自民党政治の変容》, NHK出版, 2014.

- 〈중앙일보〉, '아베 내각 접수한 극우 대본영 '일본 회의'', 2014.09.04.

- 俵義文, 《ドキュメント '慰安婦' 問題と教科書攻撃》, 高文研, 1997.

- Sheila Smith, 〈Abe's Yasukuni Visit: the Consequences?〉, CFR, 2013.12.30.

- 김용복, 〈일본 우경화, 한일관계 그리고 동아시아〉, 《경제와 사회》, 제99호, 2013.

- 남상구, 〈아베 정권의 역사인식과 한일관계〉, 《한일관계사연구》, 제46집, 2013.

- 박명규, 〈1990년대 이후 일본 내셔널리즘 논의에 관한 연구〉, 《해방후 한일관계의 쟁점과 전망》, 경인문화사, 2005.

- 윤명숙, 〈일본군 위안소제도 및 일본군 위안부 문제를 둘러싼 주요 쟁점〉, 《한국과 일본의 역사인식》, 나남, 2008.

- 이규수, 《제국 일본의 한국 인식: 그 왜곡의 역사》, 논형, 2007.

2. 냉전 이후의 한일 관계는 역사 문제를 어떻게 바꿔놓았는가

- CHA, Victor, D., 〈AlignmentDespiteAntagonism: TheUnitedStates-Korea-JapanSecurityTriangle〉, Columbia University Press, 1999.

- Kimiya Tadashi, 《The Cold War and Relations between Japan and Korea》, HYUN, Dae-song, ed., The Historical Perceptions of Korea and Japan: Its Origins and Points of the Issues Concerning Dokto, Takeshima, Yasukuni Shrine, Comfort Women, and Textbooks, Seoul, Nanam, pp. 279~303, 2008.

- Kimiya Tadashi, 〈The Cold War and the Political Economy of the Park Chung Hee Regime〉, KIM, Hyung-a and SORENSEN, Clark W. eds., Reassessing the Park ChungHeeEra, 1961-1979: Development, Political Thought, Democracy, and Cultural Influence, Seattle, Center for Korean Studies Publication, The University of Washington Press, pp.66~82, 2011.

- Kimiya Tadashi, 〈South Korea-Japan Relations in the 'East Asian Community〉, IKENBERRY, G. John, YAMAMOTO, Yoshinobu, and HABA, Kumiko, eds., Regional Integration and Institutionalization: comparing Asia and Europe, Kyoto, Shoukadoh Publishers, 2012, pp.127~138.

- Kimiya Tadashi, 〈Japanese-Korean Relations at a Turning Point: Evolution Transcending Friction〉, nippon.comhttp://www.nippon.com/en/in-depth/a01301/,October 2, 2012.

- Kimiya Tadashi, 〈Kokusaseiji no nakano Kankoku Gendaishi(Korean Contemporary History in the International Politics)〉, Tokyo, Yamakawa Pub, 2013.

- Kimiya Tadashi(translated by SOHN, Seok-wi), 〈Ilbonui Hanbando Oegyo: Talsigminchihwa, Nengjeon Cheje, Kyeongje Hyeomryeok(The Japanese Diplomacy toward the Korean Peninsula: Decolonization, Cold War Regime, and Economic Cooperation)〉, Seoul, J & C, 2013.

- Lee Chong-Sik, 〈Japan and Korea: The Political Dimension, San Francisco, Hoover Institution〉, Stanford University Press, 1985.

- Lee Jong-won, KIMIYA, Tadashi, and ASANO Toyomi, eds., 〈Rekishi toshiteno Nikkan Kokkou Seijouka(The South Korea-Japan Normalization as History) 2 vols〉, Tokyo, Hosei University Press, 2011.

3. 위안부 문제 해결의 실마리는 있는가

- 1913~2000, 文筆家,《朝鮮人慰安婦と日本人—元下関労報動員部長の手記》, 新人物往来社, 1977,《私の戦争犯罪—朝鮮人戦制連行》, 三一書房, 1983.

- 日本語版は,《朝鮮人女性がみた '慰安婦問題'》, 三一書房, 1992.

- 〈아사히신문〉, 2014.08.04. http://www.asahi.com/topics/ianfumondaiwokangaeru/

- http://www.kantei.go.jp/jp/kan/statement/201008/10danwa.html

- 〈매일신문〉, 2014.02.27.

- http://www.kantei.go.jp/jp/kakugikettei/2014/__icsFiles/afieldfile/2014/06/20/20140620houkokusho_2.pdf http://japan.kantei.go.jp/96_abe/documents/2014/__icsFiles/afieldfile/2014/06/20/JPN_ROK_EXCHANGE.pdf

- http://www.mofa.go.jp/mofaj/press/release/22/9/0913_05.html

- 요시다 세이지,《조선인 위안부와 일본인: 전 시모노세키 노무보국회 동원부장의 수기》, 신진부쓰오라이샤, 1977.

- 요시다 세이지,《나의 전쟁 범죄-조선인 강제 연행》, 산이치쇼보, 1983.

- 윤정옥,《조선인 여성이 본 위안부 문제》, 산이치쇼보, 1992.

- 〈아사히신문〉, 2014.08.04.
  http://www.asahi.com/topics/ianfumondaiwokangaeru/
  http://www.kantei.go.jp/jp/kan/statement/201008/10danwa.html

- 〈마이니치신문〉, 2014.02.27.
  http://www.kantei.go.jp/jp/kakugikettei/2014/__icsFiles/afieldfile/2014/06/20
  /20140620houkokusho_2.pdf
  http://japan.kantei.go.jp/96_abe/documents/2014/__icsFiles/afield-
  file/2014/06/20/JPN_ROK_EXCHANGE.pdf
  http://www.mofa.go.jp/mofaj/press/release/22/9/0913_05.html

4. 독도 문제 70년, 이 문제를 어떻게 볼 것인가

- 외무부, 〈독도 관계 자료집(1) 왕복 외교문서(1952-76)〉, 외무부, 1977.

- 일본 외무성 한일회담 문서 제5차 공개 문서, 〈XV 竹島問題〉, 2008.05.02.

- 와다 하루키,《동북아시아 영토 문제, 어떻게 해결할 것인가》, 사계절, 2013.

- 한국해양수산개발원,《독도사전》, 푸른길, 2011.

- 현대송,《한국과 일본의 역사 인식》, 나남, 2008.

- 현대송, '아베 내각의 독도 정책과 한일 관계', 〈독도연구저널〉, 21권, pp.12~18.

- 塚本孝,《ISSUE BRIEF 竹島領有権問題の経緯(第3版)》, 日本国立国会図書館, 2011.

- 'Minor Islands Adjacent to Japan Proper', POLAD to the Secretary of State, 894.014/9-2347, RG 59, Internal Affairs of Japan.

- 〈XV 竹島問題〉, 15-7~8.

- 〈XV 竹島問題〉, 15-208~220-2.

- 와다 하루키, 《동북아시아 영토 문제, 어떻게 해결할 것인가 - 대립에서 대화로》, 사계절, pp.34~35, 2013.

- 현대송, 《방위백서(일본)》, 2011. 한국해양수산개발원, 《독도사전》, p.161, 2011.

- '사람 사는 세상 노무현 재단' 홈페이지, 노무현 대통령의 독도 연설.

- 김병준 전 청와대 정책실장의 증언. http://www.knowhow.or.kr/

- 〈산경신문〉, 2010.10.09. http://www.kantei.go.jp/jp/singi/kaiyou/konkyo4.pdf

- 현대송, 《종합해양정책본부》, 2011. 한국해양수산개발원, 《독도사전》.

- 〈산인주오신보〉, 2007.07.13. http://www.kantei.go.jp/jp/singi/kyouikusaisei/kaigi.html

5. 한일 관계의 역사와 미래는 어떠할 것인가

- 〈아사히신문〉, 2013.07.11.

- 東郷和彦, 《歴史認識を問い直す: 靖国・慰安婦・領土問題》, 角川ワンテーマ21, pp.150~151, 2013.

- 2014.09.21. http://www.kunaicho.go.jp/okotoba/01/okotoba/okotoba-h22e.html#D1008

- 岡崎久彦, 《なぜ, 日本人は韓国人が嫌いなのか: 隣の国で考えたこと》, WAC BUNKO, pp. 81~89, 2006.

- 東郷和彦, 《歴史と外交: 靖国・アジア・東京裁判》, 講談社現代新書, p.118, 2008.

- 도고 가즈히코, 《역사 인식을 다시 묻다: 야스쿠니, 위안부, 영토 문제》, 가도카와 원 테마 21, pp.150~151, 2013.

- 오카자키 히사히코, 《왜 일본인은 한국인을 싫어할까: 이웃 나라에서 생각한 것》, WACBUNKO, pp.81~89, 2006.

- 도고 가즈히코, 《역사와 외교: 야스쿠니, 아시아, 도쿄 재판》, 고단샤 현대신서, p.118, 2008.

6. 한일 역사 인식과 과거사의 갈등을 넘어서

- 한국서양사학회, 〈기억하고 싶은 과거, 잊고 싶은 과거: 미국, 영국, 프랑스, 독일, 러시아의 역사 교과서 사례 분석〉, 2002.

- 정재정, 〈한일 역사 대화의 구도: 역사 교과서와 역사 인식을 중심으로〉, 《일본은 한국에게 무엇인가》, 한울, 2006.

- 김승렬·이용재, 《함께 쓰는 역사: 독일과 프랑스의 화해와 역사 교과서 개선 활동》, 동북아역사재단, 2008.

- 한운석·김용덕·차용구·김승렬, 《가해와 피해의 구분을 넘어서: 독일·폴란드 역사 화해의 길》, 동북아역사재단, 2008.

- 아시아평화와 역사연구소, 《역사 인식을 둘러싼 자화상, 외부의 시선》, 선인, 2008.

- 아시아평화와 역사연구소, 《동아시아에서 역사 인식의 국경 넘기》, 선인, 2008.

- 한운석, 《독일의 역사 화해와 역사교육》, 선인, 2008.

- 현대송, 《한국과 일본의 역사 인식》, 나남, 2008.

- 동북아역사재단, 《동아시아 공동체의 설립과 평화 구축》, 동북아역사재단, 2010.

- 정재정, 〈역사에서 본 한일 관계와 문명 전환〉, 《역사교육》, 제128호, 역사교육연구회, 2013.

- 정재정, 〈한일 관계의 위기와 극복을 향한 오디세이: 영토와 역사를 둘러싼 갈등을 중심으로〉, 《영토해양연구》 5, 동북아역사재단, 2013.

- 신주백, 《역사 화해와 동아시아형 미래 만들기》, 선인, 2014.

- 정재정, 《주제와 쟁점으로 읽는 20세기 한일 관계사》, 역사비평사, 2014.

- 西川正雄編, 《自國史を越えた歷史敎育》, 三省堂, 1992.

- 黒澤文貴・イアン ニッシュ 編,《歴史と和解》, 東京大学出版会, 2011.

- UNESCO Asia Pacific Center of Education for International Understanding, Historical Reconciliation in Europe and Asia Focusing on Textbook Issue, 2004.

- Un-suk Han・Takahiro Kondo・Biao Yang・Falk Pingel(eds.), HISTORY EDU-CATION AND RECONCILIATION Comparative Perspectives on East Asia, PETERLANG, 2012.

- Gi-Wook Shin・Danial C.Sneider, History Textbooks and the Wars-Divided memories, Routledge, London and New York, 2011.

맺음말

한일 관계 정상화, 어떻게 이룰 것인가

- 이종원, 〈일본의 역사 인식과 전후보상 정책의 재검〉, 《한일협정 50년사의 재조명 Ⅲ》, 동북아역사재단, pp.143~176, 2014.

- 이종원, 〈한일협정과 남겨진 과제〉, 《한일강제병합 100년의 역사와 과제》, 동북아역사재단, pp.423~443, 2013.

- 高原基彰,《不安型ナショナリズムの時代—日韓中のネット世代が憎みあう本当の理由》, 洋泉社, 2006.